新时代家庭教育研究

徐 枫 / 主编

图书在版编目(CIP)数据

新时代家庭教育研究 / 徐枫主编 .— 上海：上海社会科学院出版社，2020
 ISBN 978 - 7 - 5520 - 3321 - 2

Ⅰ.①新… Ⅱ.①徐… Ⅲ.①家庭教育—研究 Ⅳ.①G78

中国版本图书馆 CIP 数据核字(2020)第 187880 号

新时代家庭教育研究

主　　编：徐　枫
责任编辑：杜颖颖
封面设计：黄婧昉
出版发行：上海社会科学院出版社
　　　　　　上海顺昌路 622 号　邮编 200025
　　　　　　电话总机 021 - 63315947　销售热线 021 - 53063735
　　　　　　http://www.sassp.cn　E-mail:sassp@sassp.cn
排　　版：南京展望文化发展有限公司
印　　刷：上海龙腾印务有限公司
开　　本：710 毫米×1010 毫米　1/16
印　　张：27.5
字　　数：435 千字
版　　次：2020 年 11 月第 1 版　2020 年 11 月第 1 次印刷

ISBN 978 - 7 - 5520 - 3321 - 2/G·1005　　　　　定价：95.00 元

版权所有　翻印必究

《新时代家庭教育研究》

主　编　　徐　枫
副主编　　王剑璋
　　　　　杨　雄

序

"家庭是社会的基本细胞,是人生的第一所学校。不论时代发生多大变化,不论生活格局发生多大变化,我们都要重视家庭建设,注重家庭、注重家教、注重家风。"党的十八大以来,在以习近平同志为核心的党中央坚强领导下,党和国家各项事业发生历史性变革,家庭教育事业取得长足进步。习近平总书记高度重视家庭建设,从党和国家事业发展全局出发,多次就加强家庭教育发表重要讲话,深刻阐述了新时代家庭教育事业发展的一系列重大理论和实践问题。

2020年是上海市妇女联合会建会70周年。

党的十一届三中全会以后,党中央将牵头做好抚育、培养、教育儿童少年的工作交给妇联。上海随即成立上海市儿童和少年工作协调委员会,下设包含市家庭教育研究促进会在内的7个专业委员会,自此,家庭教育成为妇联的一项重要工作被固定下来。

在实践基础上深耕家庭教育研究是妇联家庭教育工作的特色和传统。自20世纪80年代起,市妇联每年组织开展家庭教育重点课题研究,编写了《家庭教育讲座》《第一任老师》等家长学校教材和家庭教育基础知识普及读本。90年代,市妇联完成"五种"家庭(个体户家庭、留守和出国人员家庭、离异家庭、返沪知青子女家庭和普通家庭)比较研究、上海市民好家长标准调查、上海市0～3岁婴幼儿家长科学育儿指导实验研究等重点课题,形成《新世纪·新标准——1995年上海市家庭教育研究》《21世纪初上海市家庭教育发展趋势和应对策略》等研究报告,牵头发布《上海市家庭教育工作"九五"计划》,举办首届上海"为了孩子"论坛科研成果发布会暨理论研讨会,并先后出版《城市变迁与家庭教育》《和谐家庭——理论与实践探索》《家庭教育与儿童发展》等10册东方家庭丛书。进入21世纪,2000年,市妇联等在研究基础上发布《上海市家庭教育指导大纲》。此后,每年列出 10 个重点课题,以全额资助、部分资助和列为重点课题的形式开展招投标,2007 年起更名为上海市家庭文明建设重点立项课题,并编撰《2008—2009 年度上海市家庭文明建设重点立项课题论文集》一书。

2010 年至今,上海市家庭文明建设重点立项课题继续吸引各界专家、学者、有识之士共同探讨家庭教育有关议题。其中,既有围绕大局、展望未来的战略性研究;也有具有时代特点,社会关注、家庭关心、儿童渴求的现实性研究;还有切口小、挖掘深、运用性强的实践性研究。本书收录 2010—2020 年间上海市家庭文明建设重点立项课题中较有代表性的研究成果。

"生活即教育"。家庭教育的关键是德育教育,核心内容是践行社会主义核心价值观,培养孩子的好思想、好品格、好习惯,根本目标是培养担当民族复兴大任的时代新人。市妇联将继续为政府部门、专家学者、社会组织等搭建好分享成果、阐述思想、共商对策的平台,让全社会对家庭教育的独特地位和重要作用形成共识,为孩子的健康成长撑起一片晴空!

徐 枫
2020 年 8 月

目 录

序 ·· 徐 枫 1

家庭教育新理念

让家庭教育回归生活 ·· 杨 雄 3
从子女到家庭：再论家庭教育立法 ························ 姚建龙 13
社会福利与现代儿童抚育模式建设研究
　　——基于对2 000户上海家庭育儿压力与需求的问卷调查
　　·· 程福财 24
健康、正常成长的一代
　　——"90后"青少年发展状况及家庭教育策略
　　······································· 杨 雄　陈建军　何 芳 44
上海家庭教育本土化教材框架结构研究 ·················· 张 亮 58
从儿童视角探索儿童友好型城市建设 ········· 何彩平　黎 洁 70

家庭教育与亲子互动

古代中国家庭早期阅读教育及启示 ······················· 张明红 95
儿童阅读推广与全民阅读的构想 ·························· 谭旭东 107
上海亲子阅读现状研究及后疫情时代亲子阅读推广实践探索
　　····················· 张丽娜　崔卓缘　吴念阳 116
"大数据"背景下的学前儿童家庭教育需求调查研究
　　——以上海市为例 ············ 张惠敏　陈 露　宣红萍 124
通过亲子阅读促进学习型家庭的创建研究
　　······················ 吴念阳　李 星　柏 雪　崔卓缘 139

4～6岁幼儿父亲参与研究：定位、参与、效应
　　——以长宁区为例 …………………………………… 黎　洁　陈彩玉　155

家庭教育与社会支持

上海市职业学校家校合作育人现状研究 ……………………… 胡　兰　175
社会组织服务上海困境儿童的现状与成效 …………………… 华怡佼　184
新上海人家庭教育的困境与出路 ……………………………… 郁琴芳　196
基于"微时代"下拓宽家校沟通信息渠道的实践与研究 ……… 张卓倩　206
家庭教育指导服务中资源整合的策略及实践路径
　　——以上海市奉贤区为例 …… 张竹林　蔡叶蓉　戴宏娟　赵冬冬　215
建构"二孩"家庭的家庭教育指导与社会支持体系研究 ……… 何彩平　236
上海家庭时光社区服务中心在家庭关系调试和家庭教育指导的
　　实践与思考 ………………………………………………… 沈奕斐　250
上海市学龄前儿童性教育与安全自护实践研究——以宝山区为例
　　………………… 上海市科学育儿基地　宝山区妇联　宝山区教育局　274
家庭教育服务社参与承接家庭教育成长助教项目的
　　实践与思考 ………………………………………………… 杨慧玲　292
流动儿童的家庭指导策略 ……………………………………… 丁雪辰　321
远郊九年一贯制学校青春期学生家庭教育指导的实践研究
　　…………………………………………………………………… 孙乐晓　334

家庭教育与特殊儿童

中度智障儿童家庭功能及与其适应行为关系的研究 ………… 江琴娣　351
特殊儿童家庭的服务充足性与家庭生活质量
　　——基于上海市地区特殊儿童家长的研究 …… 周　晶　韩央迪等　393
中文版儿童用家庭功能评估量表 FFAS-C 的修订及
　　在 ADHD 患儿家庭评估中的应用 ……………… 栾风焕　杜亚松　416

后　记

…………………………………………………………………………………… 430

 家庭教育新理念

让家庭教育回归生活[①]

杨 雄

一、学校家庭教育指导：须把握好"三个一"

教育是衡量一个国家文明传承和经济社会发展水平的重要指标。习近平总书记在 2015 年新春团拜会上的讲话中指出："家庭是社会的基本细胞，是人生的第一所学校。不论时代发生多大变化，不论生活格局发生多大变化，我们都要重视家庭建设，注重家庭、注重家教、注重家风。"从社会结构而言，家庭作为社会的最基本单元，营造良好的家风、弘扬家庭美德是构建和谐社会最为重要的基础，更是社会文明程度的重要标志。

（一）家庭教育是一切教育的基础

从人的发展序列而言，家庭是个体生命成长的最初始的场所。在我看来，尽管家庭教育与学校教育有重叠部分，但是，家庭教育无法完全被学校教育所替代，也无法替代。家庭教育作为一切教育的基础、教育的重要组成部分，是学校教育的重要支撑和有益补充，它在孩子成长、发展过程中承担着独特的、终身的教化功能。

客观地说，改革开放近四十年来，中国的教育取得了举世瞩目的成就，为社会主义现代化建设培养了一亿多大学毕业生。当然，我们学生的学习压力，尤其是升学竞争压力仍然较大。高考、中考指挥棒，经层层放大，最终将压力传递到了每一个家庭，导致学生学业负担尚未完全减轻。一方面，我

[①] 本文系 2020 年上海市妇联"注重家庭、注重家教、注重家风"理论研讨会约稿，作者系中国教育学会家庭教育专业委员会副理事长、上海社科院青少年研究所研究员。

们天天喊"减负",另一方面,我们的家长又一直被迫给孩子"施压",这是一个悖论。这与中西方家庭代际传递文化有关,中国代际关系是"反哺模式"、西方是"接力模式"。前者对子女几乎是无限责任,另外,也与我们家庭受所谓"木桶理论"影响有关。中国家长喜欢告诉孩子,去补最短的一块"知识"。时下不少家庭对"家庭教育"的诠释主要就是抓孩子的学习。一项全国调查显示,52.5%家庭教育着重"为孩子安排课余学习内容";34.6%家庭多在"陪着孩子做功课"。结果导致多数中国家庭教育主要职责成为孩子"学习的拐杖"和学校老师的"助教"。而孩子身心健康、做人教育这些家庭最基本职责反而被忽略了,这很大程度上反映了我们家庭育儿职责的"越位""错位"。

(二)家长:孩子健康成长的"第一责任人"

教育始于家庭。家长的教育理念、教育方法、教养方式深深影响着孩子。父母是孩子生命中第一任老师,是孩子降生到这个世界最先看到的人,也是最关注孩子的亲人。在一个人的教育中,父母的教育、家庭教育是成功的关键,对一个人起着举足轻重的作用。

首先,父母对孩子的教育进行得最早、时间最长。胎儿在体内就受到母亲"体内环境"的直接影响,胎儿的健康与否与母亲有着密切的关系。比如孕妇愉快的情绪,平静的心境,可减少胎儿躁动,有利于其健康发育。即使日后入托、入园,以及入小学、中学,孩子大部分时间仍生活在家庭中,受父母的潜移默化影响最大。父母的教育是在孩子模仿性最强的幼小年龄进行的,不但占其"先入为主"的便利,而且父母的形象示范、言传身教给孩子以终身影响。如果父母语言、行为、习惯不良,那就较难保证孩子在这些方面能做到优良。因此,做家长首先自己要学习,学习家庭教育的科学理念与新知,不断提高自身素养与育儿能力。做父母的应明白,教育并不只是认字、读书、数数等,教育也包括孩子的举止行为、感知认知等各方面。家长在平时生活中应成为孩子潜移默化的行为示范。比如父母相亲相爱关系融洽,脾气各方面都很好,那孩子在以后的人生道路上也会平易近人。总之,父母理所当然地应该担负起教育孩子的第一责任。

其次,让孩子在规则与自由中健康"成人"。"自由过度"会导致孩子任性放肆。婴幼儿有以自我为中心的思维特点,如果一切都顺应他的本性,会导致为所欲为的倾向。如不服管教、攻击性强都与父母过度顺应孩子的自由需要有关。自由过度实际上就是放任纵容,对培养孩子的社会性和责任心是不利的,使孩子"长"不出个性却"长"出任性。而"规则过度"又易致使孩子缺乏个性。有的父母认为听话的孩子让人省心,少惹出麻烦事儿来,这种观念多表现在控制欲望比较强的父母身上,长期生活在这种环境中的孩子,做事和思维的依赖性比较强,害怕尝试新事物,而且调整情绪变化的灵活性比较弱,这将影响孩子的创新意识与个性成长。因此,应倡导让孩子学会规则又拥有自由的平衡教育策略。没有规则的自由是放任,没有自由的规则是遏制,都是家庭教育不得法的表现,理想的状况是把握好规则与自由的张力,这样的孩子将来将发展出既有责任心、又有开拓性的健康人格。

第三,培养孩子自信、悦纳、爱思考、善表达之品性。爱因斯坦早就预言,一个人提出问题的能力比解决问题的能力重要。想象力远比知识重要。爱因斯坦说这个话的时候,人们还不能够切身感受到这些话里蕴藏的奥秘,但在现在互联网时代,这一道理已经成为生动的现实。网络时代对于青少年而言,更重要的是具备如下能力:知识迁移与学习力;独立思考与表达力;承诺坚毅与执行力;自我悦纳与抗逆力。这些与知识和文凭无关,但在当代快速变化、变动、变革的社会特别重要。每个人都有优点和不足,关键在于自己如何看待。既要看到自己的优势,还要了解自身的弱点。

作为家长对于孩子的培养,重要的不在于孩子能考多少个 100 分,而在于把他培养成为一个"完整"的人,让孩子对生活和学习充满热情。一项关于儿童兴趣与幸福感的调查显示,如果有一件事情是孩子最喜欢做的,而大人又创造条件让他做这件事,那么他一定会很有幸福感。人有先天的基因,孩子的学习能力不完全是与生俱来的,但也不完全由后天的训练形成,而是由先天基因给出了某些能力和许多能力发展的框架,需要后天的经验来启动和发展。教育最大的成功是培养出自我悦纳、充满自信的学生。

(三) 学校:要帮青少年"扣好人生第一粒扣子"

2016 年习近平在会见第一届全国文明家庭代表时强调:成人社会"要重言传、重身教、教知识、育品德,帮助孩子扣好人生的第一粒扣子,迈好人生的第一个台阶"。并指出,家庭教育要从小处着眼,家长要做好示范,学校和专业机构要共同配合,大力推动家庭教育工作。习近平总书记在不同重要场合多次强调要引导和帮助青少年学生扣好人生的第一粒扣子,用十分通俗、形象、准确的语言强调了对青少年进行正确人生观教育的重要性。

所谓"扣好人生第一粒扣子",实际上包含了以下内涵:一是学校要帮助学生从小树立正确的人生观、价值观。观念是行动的指南,正确的观念才能引导出正确的行动,正确的行动才能产生好的结果,人才能走好圆满幸福的人生。二是学校要通过"家校共育"帮助青少年树立远大的理想。观念重在当下,理想关注未来,要引导学生胸怀大志、放眼世界,脚踏实地,成就未来。三是学校要积极组织实施丰富多样的家校合作、校园文化与社区公益活动,让孩子在集体生活中培养能力,在社会实践中增加才干。

显然,"扣好人生第一粒扣子"是十分重要的。衣服的扣子扣错了可以重来,而人生第一粒扣子如果扣错了,要想纠正将会相当困难,一旦错误的观念形成,要想改变它,要花费很大的力气。古人曰"入门须正,立志须高",意思就是要走好人生开始最关键的几步。如何才能帮助学生"扣好人生第一粒扣子",习总书记为我们学校指导家庭教育提出了一个重大命题。

如何走好未来生活道路的每一步,是由人生目标与信仰决定的。孩子在12~18岁的时候,是树立理想的关键时期。如何让青少年学会自主选择、自我决定,学校需要创造环境,教育引导青少年,尊重他们的抉择,帮助他们去实现。人生目标选择为什么重要?哈佛大学对一群智力、学历相似的人进行了25年的跟踪,发现:3%有清晰且长期目标的人,大都成了顶尖成功人士;10%有清晰短期目标的人,大都成为专业人士;60%目标模糊者,能安稳工作生活,无特别成绩;27%无目标的人,经常失业,生活动荡。尽管我们孩子中绝大多数终将成为普通人,但扣好人生"第一粒扣子",培养青少年迈好人生第一步,理应成为当前学校指导家庭教育之首要任务。

二、须把握好"家庭教育"与"学校教育"的边界

(一)"顺序模式"转向"重叠模式":导致家长普遍焦虑

伴随着经济增长与教育现代化进程,教育的"顺序模式"即家庭教育、社会教育和学校教育正在由在青少年个体成长中发挥各自作用转变为一种新的"重叠模式",即在青少年成长的每一个阶段,家教、家长、学校、教师、社

会,越来越呈现为相互重叠的联系,共同影响着孩子的成长和发展。如何将上述不同的教育因子有机结合在一起,形成一种整合优势,必将成为未来"家校合作""亲师共育"的一个重要课题。笔者前年曾在《光明日报》发表了《学校教育与家庭教育的边界在哪里》一文,引起同仁关注,转载量也很大,这切中了时下大家关注的议题,学校教育和家庭教育的责任和边界在哪?以及对家庭教育和学校教育如何形成合力?笔者看来,家庭教育与学校最大的区别如下。

第一,家庭教育是个别化的教育,针对孩子个别的关注、指导和教育,必须由家长来完成,学校无法替代;而学校则是面向大多数学生的教育,提供的只是一个公共的、普遍的教育,需按照统一的进度、统一的课程,很难真正关注每一个儿童的差异。

第二,家庭教育是终身性、示范性的教育。从生活时空来看,多数时间孩子是在家与父母一块儿度过。学校对于孩子只是人生的一小段,因此家庭环境对一个孩子成长的影响比学校要大得多、长得多。

第三,从教育内容上看,与学校主要是传授知识不同,家庭教育的任务主要是生活教育、人格教育和行为养成教育。

第四,从法律责权利上看,孩子与家长具有天然血缘关系,这是学校、老师无法替代的,故每一个家庭监护人都应有教育孩子的责任。

但当前,学校升学竞争导致孩子学业压力仍然较大。高考、中考指挥棒,经层层放大,最终将压力传递到了每一个家庭,导致学生学业负担尚未完全减轻。一方面,社会天天在喊"减负",另一方面,家长们又被迫给孩子"施压",而中国代际关系又是"反哺模式",父母对子女几乎是无限责任。因此,时下不少家庭对"家庭教育"的诠释主要还是抓孩子的学习。

(二) 信息化时代:融合教育是一个趋势

在工业化时代,学校教育和家庭教育基本上是分离的。工业化进程需要依靠学校训练来推动,经受了学校专门训练以后的人一般都能找到工作。但今天,我们的社会已全面进入后工业化时代、信息化时代,家庭教育和学校教育开始融合,两者的边界和分工不再像过去那样泾渭分明了。

举个最简单的例子。因为信息化水平、课外教育水平越来越高,学生不在学校里也能接受教育。这样一来,学校之于教育的重要性下降了,教师之于知识传授的权威性下降了,学生的学习动力也发生了变化。在这一不可避免的时代大势下,一方面,家校融合、家校合作势不可挡,另一方面,家庭教育的重要性、生活教育的重要性愈发凸显。

当代父母大多是 70 后、80 后,由于他们中许多人接受过高等教育,甚至不少有海外留学经历,他们与孩子相处变得更加民主、更加平等,但年轻的父母依然遭遇许多新挑战:时代变化太快,70 后、80 后家长的成长环境明显异于 00 后、10 后孩子的成长环境,许多生活概念完全不同,许多知识、经验已跟不上孩子的视线、需求,这是现代父母面临的最大挑战。

(三)"亲师互动"是家校合作的重要一环

这里"亲"是指家长,"师"则是指教师。研究发现,家长与教师交流、配合,是助力当代青少年健康成长的重要环节。学校任课教师,尤其是班主任对本班学生接触了解多,在学生眼中也最具权威性,当前由班主任指导家长实施、开展家庭教育,无疑是较为合适的。当然,我们也要确立学校教师对广大家长开展家庭教育的指导地位。

第一,强调家庭教育由学校来主导,并不等于家庭教育全部内容都由教师来实施,教师也无法承担这一职责。教师主要任务是通过帮助家长提高自身素养与能力,主要由家长来实施孩子的家庭教育。

第二,尽管学校教育与家庭教育有边界,但存在"重叠部分",因为孩子每天仍有相当多的时间在学校渡过,故学校有时空、教师有责任对孩子开展德育与人格教育。相形之下,社区、社会其他机构无论从时空、专业来看,都无法与学校教师的优势相比。

第三,在我看来,只有掌握了对家长开展家庭教育科学指导方法的教师,才能真正称得上是一名合格教师。由于家长的职业不同、层次不同,教育孩子观念也不同,要让他们与学校老师保持"步调一致"并不容易。为此,教师要懂得与家长沟通的技巧,学会与家长互相配合、和谐施教。同时,教师要放下"教育权威"的架子,经常向家长征求意见,虚心听取他们的批评建议,才会使家长心悦诚服,积极支持、配合教师工作,维护教师的威信。

第四,学校教师指导家长的重点是:帮助家长认识什么是家庭教育,它的本质、特点及规律;帮助家长树立正确的家庭教育思想,纠正一些不正确的教育理念;指导家长改变错误的家教态度和方法。与此同时,一名教师若要科学地指导家长开展家庭教育,必须系统地加强学习,提高自身素养与指导能力。若教师自己水平不高,甚至连自己孩子都教育不好,就无法指导家长来开展科学、有效的家庭教育。

质言之,学校教育应该是训练学生遵循生活"规定"、社会教育应是训练未来公民遵守社会"规则",家庭教育则是培养孩子学会做人"规矩"。

三、家庭教育须回归生活

(一) 让孩子回归自然

作为一名社会学研究专业工作者,10年前我主持了全国妇联、教育部委托的首部《全国家庭教育指导大纲》编制,开始关注家庭教育。我发现中国的大多数家长更多将孩子教育重心放在学业成绩上,而往往忽视孩子生活教育、日常生活能力的培养。自从习总书记提出"三个注重"重要讲话后,大家开始重视"生活教育""家校共育"。在较长一段时间里,我们讲家庭教育,主要聚焦于亲子关系与亲子教育。在美国则强调"生活教育"。上海社科院社会学研究所课题组曾做了一项调查,通过对上海6 000个家庭问卷调查,分析父母对孩子的教育期望如何影响到家庭教育及学校的差异。研究理论假设是,教育期望是如何影响到我们的家庭,影响到我们父母对孩子的家庭教育态度行为。教育期望的第一个假设是,家长对孩子的教育期望高低会直接影响到孩子的健康成长。研究发现,受教育程度越高的父母,对孩子投入就越大。

前年,笔者第四次访问英国,发现一个非常大的变化,即在英国大学里面,有很多中国老师。英国引进了不少中国教师,又引进了大量中国留学生,结果在英国大学城里出现了中国老师在教中国学生的现象。由于经济原因,英国现在越来越多青年人不愿意去读学位,英国家庭对学位看得并没有中国家庭那么重。我们大多希望孩子能够达到研究生学历,研究发现,越是学历高的家长,越是希望自己的孩子读到研究生,比例差不多一半以上。中国基础教育比美国、英国更好,英国进口了上海的教材,说明中国基础教育训练远比西方国家扎实。当然,如今特别是70后、80后的家长也开始关注家庭教育。现在的00后、10后孩子起点很高,越来越聪明,这就需要我们家庭、家长，除了关注孩子学习成绩与升学考试，更要关注孩子的生活能力、身心健康，这样的教育对孩子发展会更平衡、更加健康。

（二）孩子成长是一个缓慢过程

家庭教育应该回归生活、回归常识。孩子的成长是一个缓慢的过程。就像我们种蔬菜、种玉米，它都有一个自然生长周期。想必大家都不喜欢吃用化肥催熟的蔬菜吧？教育也是同样的道理。如果你过多地期待、过早地开发、过度保护和过度教育，就会给孩子带来巨大的心理压力，反而不利于他的成长。都市人喜欢散养鸡，觉得山沟里散养的鸡一定是好的。参观过工厂式的养鸡场可看到，巨大的标准化车间，灯光一打开，合成的喂料一放，鸡就去吃，吃饱，灯关掉，睡觉。过两个小时继续开灯，让它们继续去吃，吃完再睡觉，几个月就养成熟了。如果我们的孩子也是这样，关在屋里长大，不给他散养，不让他见阳光，不让他到农田玩，在野地撒欢，这样的孩子就会逐渐丧失自主能力。家庭教育要遵循规律，回归自然教育。教育是农业，而不是速成工业。时下我们家长都希望孩子吃没有污染的绿色食品，不吃反季节的蔬菜，那么家庭教育也应该按照顺天时、符人性的教育方式，来养育孩子。我提倡"有机教育"，不提倡"无机教育"。有机教育是一种慢教育，一种符合儿童天性发展、身心规律的教育。

（三）我为什么提倡"有机教育"？

这10年我一直在提倡"有机教育"理论。其理由有3个。

第一，不能让孩子过早地失去童真与快乐。现在市场流行的观点太多，什么0岁要学游泳，3岁要学什么，好像过了3岁没有学，孩子就完蛋了。除了睡觉外，孩子一天的其他时间全部安排满，包括周末。学了钢琴有舞蹈，学了舞蹈有音乐，孩子弄得很辛苦。家庭教育中这种保姆式的喂养，甚至扩展到了国外。在国外经常能看到这样的场景：星期天，一些中国妈妈背着小提琴，孩子背着大书包，东赶西赶。美国孩子在踢球、在玩的时候，中国家长则陪着孩子去补课，成为一道独特的"风景"。结果只要有"中国妈妈"居住的社区，美国妈妈逃走了，日本妈妈逃走了，就连我国台湾地区来的妈妈也逃走了，说："这样吃不消的，你们太厉害了！这样开发孩子，我们怎么活？"

第二，任何催熟、拔苗助长，后果都是不好的。不要让孩子过早地失去快乐、自由的童年。现在大城市里大多数孩子是怎样过日子的？曾有一位摄影记者抓拍了100张"中国式童年"照片，照片中的所有儿童，几乎都是房间里一堆玩具，但只能"自己和自己玩"，物质丰富，但不快乐。我们的基础教育被公认是世界上最好的，但为什么仍有不少中国妈妈要送孩子到国外上学？我看主要是因为在我们这儿，孩子上学不快乐，就是这个道理。孩子的成长有自然的规律，就像大自然的四季变化，当孩子的身心还没有发展到可以吸收某些知识或技能的阶段时，提早学习往往没有效果，甚至伤害孩子的心智。

很长一段时期来，我们的教育理念和社会流行的教育观念出现一些认识偏差，最典型的就是所谓"不输在起跑线上"这一口号。这实际上是在提前催熟孩子，让他们过早地学这、学那，过早开发孩子智力，事实上却是帮倒忙，甚至是摧残孩子，使得大多数孩子过早失去了童真、幸福与自由。

第三，培养孩子是一个陪伴与"发现"的过程。什么叫发现？就是父母陪伴孩子成长的过程中，会逐渐发现孩子在某一领域的天赋、特性和兴趣，因势利导加以开发。在这过程中，切忌盲目跟风，别人家长带孩子学英语，你也带孩子学英语，不管孩子喜欢不喜欢。教育培养孩子需要有一个耐心等待、陪伴发现的过程，这也是有机教育的核心理念。所以我主张"有机育儿"、个性发展。目的是恢复教育的本质，让孩子缓慢地成长，这是因为每个孩子的发展，存在着先后、个别的差异性。

对于每个孩子来说，发育不同。有的孩子开窍比较早一些，有些孩子比较晚一些，一定存在着差异性。因此，家庭教育只能借鉴，不能完全复制。将邻居家长培养孩子成功的范例，完全复制到自己孩子身上，却不一定成功。因为每个孩子的特性、发展的潜力都不一样。这里我要提一个现象，为何中国女孩比男孩成熟、功课成绩更好？在我看来，主要是女生更加适合我们"应试"教育体制，因为女孩比男孩更听话、更专心、更仔细、更认真，不像男孩子调皮，喜欢玩，心智成熟比较晚些。

因此，我认为，"有机教育"就是一种持续的"慢教育"，做家长得有耐心。教育过程就好像看足球比赛，原本都坐在体育场里，好好地看球赛，大家都看得清楚。突然有一个观众（家长）着急地站起来，影响了别人，结果是所有人都站起来，到头来，观赛效果会受到影响。所以，"有机教育"就是要大力提倡"慢教育",提倡日常生活式的教育,提倡润物细无声的教育,要变主要考知识为主要考见识,不要追求一节课里让学生强制性地记忆多少东西,而是启发他们的思维。让孩子们从学习做人开始学习文化知识。有家长说,我慢了,人家快了,人家抢"跑道"怎么办?这当然需要政府、媒体、学校、社区、家长形成合力,在社会形成舆论场,形成一种新的教育观念。

总之,如何培养孩子?未来家庭教育,应该更加重视阅读、体验,让孩子"读万卷书,行万里路",让家庭教育真正回归生活。

从子女到家庭：再论家庭教育立法[①]

姚建龙

笔者曾经在2001—2003年参与了上海市妇联组织的上海市家庭教育立法课题研究，并与徐建教授合作发表了《家庭教育立法的思考》一文，呼吁进行家庭教育专门立法并建议地方立法先行（徐建、姚建龙，2004）。近些年来，我国家庭教育立法已经从理论呼吁开始向立法实践转变，并在地方立法中率先取得突破。然而，在家庭教育立法中仍然存在一些亟待进一步厘清的问题，本文将主要以国家层面家庭教育立法为例，对家庭教育立法中的一些重大争议问题做一探讨性分析。

一、家庭教育立法的民意基础及现实价值

综合学术界和实务部门有关家庭教育立法必要性的呼吁及论证，可以将家庭教育立法的必要性概括为以下几点：一是完善我国教育法律体系的需要；二是规范、引导家庭教育及未成年人健康成长的需要；三是明确政府职责和家庭教育工作体系的需要；四是确立家庭教育成功经验与家庭教育工作体制的需要；五是总结、确认和推广家庭教育成功经验的需要（徐建、姚建龙，2004）。就当前而言，制定全国性的家庭教育法典既具备深厚的民意基础，也有着现实的价值，应尽快纳入新一届全国人大立法规划之中。

（一）希望通过立法促进家庭教育已成为全社会的共识

长期以来，我国对家庭教育的规范都是以全国妇联和教育部联合或者

[①] 本文系2020年上海市妇联"注重家庭、注重家教、注重家风"理论研讨会约稿，作者系上海社会科学院法学所所长、研究员、博士生导师，上海市法学会未成年人法研究会会长。

分别制定的部门规章与规范性文件为主,包括家庭教育的工作规划、家长学校的指导意见、家长教育的行为规范、家庭教育的指导大纲、关于加强家庭教育工作的指导意见等类型。这些规章和文件存在制定主体多元、立法层级低、约束力较差等问题。

针对上述问题及基于家庭教育重要性的考虑,我国一直有启动家庭教育立法的设想与呼吁,至少长达二十多年的时间。从1992年《九十年代中国儿童发展规划纲要》明确提出要制定"家庭教育法"以来,总共多达数百位全国人大代表提出过制定家庭教育法的议案,而全国妇联在近年就家庭教育问题进行的公众调查数据更直观的显示家庭教育立法已成社会共识。这次调查显示,高达74.3%的人认为有必要或非常有必要通过法律来规范家庭教育服务和管理工作。

受到《反家庭暴力法》立法成功的激励和启发,近几年地方性家庭教育立法加大了力度并取得了突破性进展。2016年5月27日,重庆市第四届人民代表大会常务委员会第二十五次会议通过《重庆市家庭教育促进条例》,实现了家庭教育立法的重大突破。2017年8月3日,贵州省第十二届人民代表大会常务委员会第二十九次会议又通过了《贵州省未成年人家庭教育促进条例》。此外,山西、河南、天津、吉林、江西等省市也已启动了家庭教育立法工作。通过地方立法先行、探路及促成国家层面立法的共识,是我国立法的重要经验也是推动立法进程的重要路径——也从另一个侧面反映了社会对家庭教育立法的急切期盼。

(二) 对家庭教育进行规范是中国数千年来的立法传统

除了立足现实需求与民意期盼外,对家庭教育立法必要性的认识还应考虑中国传统立法文化的特点。中华法系具有重视家庭的典型特征,立法规范家庭关系与家庭伦理也是中国数千年来的立法传统。当代中国对家庭教育立法的呼吁与实践,是对中国传统立法优良传统的继承和发扬。

薛允升、沈家本等近代学者研究认为,早在晋律中就有关于家长教令子孙的法律规定。而当代学者孙家红则进一步研究发现,有关家长教令子孙的"子孙违犯教令"条款的立法史可以前推到秦汉,并且具有极力强调家庭伦理秩序和等级差别,注重子女对家长的顺从义务,同时也十分注重在立法上防止家长教令权力滥用的特点(孙家红,2013:43)。被称为"我国封建法典的楷模""中华法系的典型代表"的唐律(乔伟,1985:48-49),进一步完善了有关家长管教子孙的法律条款。一方面改变了此前法律中不区分"不孝"和"子孙违犯教令"的做法(孙家红,2013:74),更接近于我国近代以来对家庭教育进行专门立法规定的做法;另一方面则在赋予家长惩戒子孙权力的同时,更进一步对家长的权力进行了较为细致的规范。此后宋、元、明、清历代封建法典,均基本延续了唐律中有家长教令子孙的立法规定。

近代以后,家庭教育立法则更进一步从附属条文立法形式发展到了专门立法模式,形成了制定家庭教育专门法典的特色。早在1903年,晚清就颁布了《蒙养院及家庭教育法》。南京国民政府教育部则在1938—1945年先后颁布了多部关于家庭教育的法令,即《中等以下学校推行家庭教育办法》(1938年12月)《推行家庭教育办法》(1940年9月)《家庭教育讲习班暂行办法》(1941年5月)《各县市家庭教育委员会暂行组织通则》(1941年10月)《各学校家庭教育委员会暂行组织通则》(1941年10月)《推行家庭教育办法》(1945年8月)。我国台湾地区延续了重视家庭教育立法的传统,在2001年4月通过《家庭教育法》(草案),2003年初正式颁布了《家庭教育法》,2004年公布实施了《家庭教育法施行细则》。

(三) 家庭教育立法是建设中国特色社会主义法律体系的要求

家庭教育立法也是中国特色社会主义法律体系的象征之一,还应当从这个角度和高度来认识家庭教育立法的必要性、迫切性及其重大意义。中国特色社会主义法律体系这一命题可以从文字上拆解为"法律体系""中国特色""社会主义"3部分来理解其核心内涵(黄文艺,2012),这也是深入理解家庭教育立法现实价值的3个视角。

首先,从"法律体系"的角度看,家庭教育立法是完善教育法律体系的需要。家庭教育是教育体制的支柱之一,家庭教育的地位迫切需要立法确认(徐建、姚建龙,2004)。就家庭教育、学校教育与社会教育的关系而言,"家庭教育具有基础性、早期性、终身性和独特性的特点,是学校教育和社会教育的基础。学校教育、社会教育的法律地位都已通过立法得以确认,但家庭教育始终没有得到法律确认",因而"亟待通过专门法规明确家庭教育的法律地位,明确政府、社会、学校、家庭在家庭教育中的责任义务,规范健全家庭教育服务与支持系统"(王春霞,2016)。

其次，从"中国特色"的角度看，对家庭教育进行专门立法就是中国立法区别于西方立法的独特之处。包括笔者在内的很多学者比较研究过中西方法律体系之间的差异，除了中国以外，还没有见到哪一个西方国家针对家庭教育制定独立法典的例子（农工党中央，2016）。其主要原因在于，西方主流文化认为家庭和家庭教育属于私人领域，国家不应干涉；而中国传统文化一直认为"家作为私法意义上的存在的同时，还是公法意义上的存在，即亦是通过国家权力掌握人民的单位"（滋贺秀三，2003：40），家庭教育具有"为国育才"的特点，家和家庭教育并不是完全排斥国家规范和干预的纯私人领域。

再次，从"社会主义"的角度看，家庭教育立法是贯彻习近平新时代中国特色社会主义法治思想的需要。习近平总书记关于家庭教育做出了一系列重要指示，应当体现于立法工作中。例如，2014年"六一"国际儿童节前夕，习近平总书记在北京市海淀区民族小学参加学校少年队主题队日活动、与师生代表座谈时指出，"家庭是孩子的第一个课堂，父母是孩子的第一个老师"，强调"家长要时时处处给孩子做榜样，用正确行动、正确思想、正确方法教育引导孩子"。在2015年春节团拜会上，习近平总书记的讲话又指出，"家庭是社会的基本细胞，是人生的第一所学校"，再次强调"要重视家庭建设、注重家庭、注重家教、注重家风"。总书记的指示和要求必须在立法中贯彻和体现。

二、当前家庭教育立法中的争议

（一）家庭教育主体之争

目前，我国理论与实务部门的通行观点基本上是把家庭教育等同于对子女的教育，并根据教育主体是否仅限于家长，还是包括了家庭中其他成员而作广义和狭义的区分。例如《辞海》将家庭教育解释为父母或其他年长者在家庭里对儿童和青少年进行的教育。面向"十三五学前教育专业规划教材"《家庭教育学》认为狭义的家庭教育是指在家庭生活中，由家长即由家庭中的长者（其中主要是父母）对子女及其他年幼者实施的教育和影响；广义的家庭教育是指家庭成员之间相互实施的一种教育（何俊华、马东平，2017；

6)。中国家庭教育学研究会编《家庭教育学》一书指出:"一般认为,家庭教育是在家庭生活中发生的,是以亲子关系为重心,以培养社会需要的人为目标的教育活动,是在人的社会化过程中,家庭(主要指父母)对个体(一般指儿童青少年)产生的影响作用"(邓佐君,2013:5)。尽管近些年来,出现了将家庭教育界定为家庭成员间互动关系、双向沟通的观点,但对家庭教育的核心主张仍然未脱离子女教育的范畴。

从立法角度看,家庭教育究竟应当如何界定,尚存在较大的争议。就现有的立法实践来看,主要表现在关于家庭教育的实施主体范围是"家庭成员"还是"父母或其他监护人"的分歧。例如《重庆市家庭教育促进条例》第三条规定:"本条例所称家庭教育,是指父母或者其他监护人对未成年子女的教育和影响",这一国内首部地方性家庭教育法规将家庭教育实施主体限定为"父母或者其他监护人",采取的是狭义家庭教育的立场。《贵州省未成年人家庭教育促进条例》第三条规定:"本条例所称的家庭教育,是指在家庭生活中父母或者其他有监护能力的家庭成员对未成年人进行的教育、引导和积极影响",这一地方性立法也将家庭教育的实施主体设定为"父母或者其他有监护能力的家庭成员"——尽管做了"其他有监护能力家庭成员"的限定。

(二) 家庭教育立法内容之争

作为地方立法,有立法权限的限制,需要考虑已有法律尤其是上位法的规定。重庆、贵州等省市先行通过的地方性法规总体上均将家庭教育界定为监护人对于被监护未成年子女的教育,是因为必须符合《婚姻法》《预防未成年人犯罪法》等上位法的规定,地方立法内容无法做过大的突破。然而,从国家层面考虑家庭教育立法应着眼于现实需要和我国法律体系的完善,不宜也不需要受限于已有法律所采取的狭义家庭教育立场。

广义的家庭教育是所有具有增进家庭关系与家庭功能的各种教育活动。例如,我国台湾地区家庭教育法即采用的是广义的家庭教育的立场,该法第二条明确规定:"本法所称家庭教育,系指具有增进家人关系与家庭功能之各种教育活动"。根据台湾地区家庭教育法实施细则(2014)第二条,这些家庭教育活动主要有:① 亲职教育,即增进父母职能的教育活动;② 子职教育,即增进子女本分的教育活动;③ 性别教育,即增进性别知能的教育活动;④ 婚姻教育,即增进夫妻关系的教育活动;⑤ 失亲教育,即增进因故未能接受父母一方或双方教养之未成年子女家庭生活知能的教育活动；⑥ 伦理教育，即增进家族成员相互尊重及关怀的教育活动；⑦ 多元文化教育，即增进家族成员对多元文化理解及尊重的教育活动；⑧ 家庭资源与管理教育，即增进家庭各类资源运用及管理的教育活动。

值得注意的是，对家庭教育活动事项内容的认识有一个发展的过程。在我国大陆地区，目前对家庭教育事项的认识还十分狭窄，大部分人和现行政策法规还仅仅理解成增进子女本分尤其是子女发展和社会化的"子职教育"，这种观念是值得商榷和改进。

广义的家庭教育具有教育"家庭"，以"家庭"而非"未成年子女"为中心的特点。在对象上不限于教育子女，而是还包括教育父母等成年家庭成员；在教育内容上，不限于亲职和子职教育，而是还包括了促进家庭功能所必需的性别教育、婚姻家庭、伦理教育等，并且具有逐步扩充和发展的特点。我国台湾地区的家庭教育立法渊源于民国时期的家庭教育立法，并且经历了从狭义向广义发展的立法历程。这一特点，值得我国当前思考家庭教育立法时认真研究和借鉴。

（三）家庭教育法归属之争

对家庭教育究竟采取何种立场，决定了家庭教育法在法律体系中的归属，以及该法的篇章结构甚至是法典名称。受制于地方立法权限以及对家庭教育的认识等因素，地方立法多采取的是教育子女的狭义立场。由全国妇联正在推动起草的家庭教育法建议稿采取的也是狭义概念，该建议稿最新稿第二条规定："本法所称家庭教育，是指父母或者其他监护人对未成年人进行的教育和影响。"（全国妇联，2017）

这一立场实际将家庭教育法规主要归属于未成年人法律体系的组成部分（当然也属于教育法的重要组成部分），应当说有其合理性的一面。但是，如果从现阶段、国家立法层面考虑家庭教育立法的选择，选择"教育子女"尤其是"教育未成年子女"的立场，恐值得商榷。首先，如果仅仅将家庭教育界定为教育子女，尤其是未成年子女，则该法的主要内容完全可以在修订未成年人保护法时通过充实"家庭保护章"予以吸收，家庭教育专门立法的必要性将受到严重质疑。其次，未成年人家庭教育问题实际是家庭诸种问题的综合折射，即便要加强未成年人家庭教育，也应将家庭教育立法规范的视野着眼于整个家庭,而不宜就未成年人家庭教育谈未成年人家庭教育。如果没有整体家庭关系与家庭功能的促进和健全,未成年人家庭教育只能是无本之木。再次,习近平总书记的指示和要求也不仅仅限于未成年人家庭教育,而是提出"要重视家庭建设,注重家庭、注重家教、注重家风"。即便对于习近平总书记"注重家教"的要求,也不宜狭义地理解为未成年人家庭教育。最后,基于立法资源的稀缺性与可行性,不宜采取家庭教育过于狭义界定的立场。

三、从子女到家庭的家庭教育立法转向

(一) 调整四大法律关系

关于家庭教育专门法典的名称主要存在3种观点:① 主张"家庭教育促进法";② 主张"家庭教育法";③ 主张"未成年人家庭教育法"或"未成年人家庭教育促进法"。法典名称的争议,反映了立法重心理解的差异。

笔者主张家庭教育专门立法的名称采用《中华人民共和国家庭教育法》(简称家庭教育法)。这一方面是因为笔者主张从立法的角度应对家庭教育采取广义立场,从子女转向家庭,因而不宜加上"未成年人"的限定。另一方面还因为这部法律所调整的法律关系不宜仅仅限于"家庭教育促进法律关系",还应包括"家庭教育指导法律关系""家庭教育实施法律关系"和"家庭教育干预法律关系",因而也不宜使用"家庭教育促进法"的提法。

法律关系是指被法律规范所调整的权利与义务关系,包括法律关系的主体、法律关系的客体和法律关系的内容三大要素。家庭教育法应当规范公权力部门在促进家庭教育发展中的职责和具体举措,以推动家庭教育事业的进步。但如果仅仅规定家庭教育促进法律关系,则此部法典的内容显然过于狭窄,也很难避免成为一部宣示性、"没有牙齿"软法的命运,这样的软法似乎没有占用稀缺立法资源的必要,而只需要出台相关国家政策文件即可。家庭教育是有专业性要求的活动,而并非与生俱来的能力,需要第三方尤其是专业性力量的指导,家庭教育法应当对家庭教育指导的主体、内容和对象予以规范和调整。家庭教育的实施并非法律不能涉足的私人领域,对于家庭成员在家庭教育中的权利和义务也应进行规范和调整,确保家庭教育活动在法律的轨道上运行。对于出现不当行为的家庭教育主体,法律

可以也应当进行必要的干预,包括应用强制性的措施和手段。

促进、指导、实施、干预形成了系统完整、逻辑严密的家庭教育法律关系体系,既保证了家庭教育法立法的严谨性,也能够重点突出且合理地对家庭教育进行法律调整和规范,还有利于形成科学的法典篇章结构。

(二) 高度综合性与独立的立法空间

家庭教育法与其他法律之间也有着密切的关系,体现了高度综合性的特点。

首先,家庭教育法是未成年人法的重要组成部分。尽管笔者主张广义的家庭教育,但无论是塑造良好的家庭关系还是健全良好的家庭功能,未成年子女毫无疑问仍然是这部法典主要的受益对象,未成年子女的家庭教育仍然是这部法典的主要考虑的内容。从这个角度看,家庭教育法也可以认为是未成年人法律体系的主要法典之一。

其次,家庭教育法是婚姻家庭法的重要组成部分。基于广义家庭教育的立场,家庭教育法的主要内容是规定增进家庭关系与家庭功能的各种教育活动,与规定婚姻关系发生和终止的婚姻法、规定收养关系的收养法等,共同构成我国调整婚姻家庭法律关系的重要法律之一。

再次,家庭教育法也是教育法的重要组成部分。如果以教育实施主体为标注,可以将教育法律体系分为家庭教育法、学校教育法和社会教育法三大组成部分,目前仍然缺位的家庭教育法显然属于其中不可缺少的支柱之一。

由上也可见,家庭教育法所调整的法律关系具有很强的综合性,其立法内容也很难为已有某一类型的法律门类所完全包容,因而具有独立立法的必要性、立法空间和专门法典的属性。在此前关于家庭教育立法的争论过程中,一直试图将家庭教育法完全归入上述某一种法律门类之中,这种窠臼性思维限制了家庭教育法的立法内容,也否定了家庭教育法作为独立法典的属性,必须予以纠正。家庭教育法所调整法律关系的综合性如图1所示。

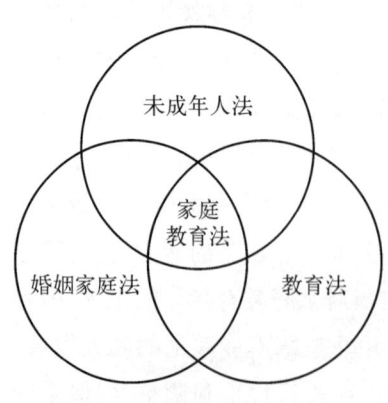

图 1 家庭教育法所调整法律关系的综合性

(三) 聚焦有针对性的"管用"制度

从法律关系的角度看,这部法律宜规定家庭教育的促进、家庭教育的指导、家庭教育的实施、家庭教育的干预四大法律关系。与上述调整法律关系相适应,法典篇章结构宜确定如下:第一章总则、第二章家庭教育促进、第三章家庭教育指导、第四章家庭教育实施、第五章家庭教育干预、第六章法律责任,并从聚焦有针对性的"管用"制度的角度,确定各章的主要条款内容。"管用"的关键是要明确家庭教育促进、指导、实施、干预四大法律关系主体的范围及其权利义务的具体内容,并回应当前家庭教育领域的疑难和争议问题。基于这样的考虑,对各章立法主要内容建议如下。

在总则章中,应至少有针对性的规定以下内容:① 明确家庭教育的定义。建议采取广义的立场,将家庭教育界定为增进家庭关系与家庭功能的各种教育活动。② 明确家庭教育的主要内容。建议借鉴近代中国及当地台湾地区的立法经验,以列举式方式规定家庭教育的内容包括亲职教育、子职教育、性别教育、婚姻教育、失亲教育、伦理教育、多元文化教育、理财教育等。③ 明确家庭教育的主管部门。关于家庭教育的主管部门目前争议较大,主要有两种观点:一是主张由妇联作为主管部门和执法主体,二是主张由政府教育行政部门主管家庭教育并作为本法的执法主体。考虑到教育主管部门的一体性,以及我国立法的传统[1],建议采用第二种观点。同时,考虑到目前妇联组织在家庭教育管理中所实际发挥的作用,可以在总则条款中授权妇联组织可以以政府妇儿工委的名义行使部分家庭教育管理权。

在家庭教育促进章中,宜主要规定国家相关部门(公权力部门)在促进和管理家庭教育中的职责和义务,特别应重点明确教育行政部门、民政部门(尤其是婚姻登记机关)、卫生计生部门,以及公安和司法机关的职责。考虑到家庭教育的特点,对于这些公权力部门的职责宜采用寓"管理"于"促进"之中的原则合理确定。

在家庭教育指导章中,宜主要规范群团组织(妇联、共青团、工会等)、基

---

[1] 民国时期《推行家庭教育办法》(1945)规定:"各省市教育行政机关应督导所属各学校、社会教育机关及文化团体、妇女团体,积极推行家庭教育"(第一条),"各省市教育厅局应于主管社会教育之科股,指定职员一人,办理家庭教育行政事宜"(第二条),推行家庭教育"由各该县市社会教育推行委员会主持办理"(第三条)。

层群众自治组织(村居委会)、学校、社会、市场等主体的责任及其关系,明确家庭教育指导的途径和方法,规范家庭教育指导服务。家庭教育指导既具有公益性,也具有市场性,两者不应当是排斥关系,而应当是互补的关系。群团组织(尤其是妇联)、村居委会、学校具有长期从事家庭教育指导的经验,在本章应当对于其好的经验和做法在立法中确认。近些年来,社会组织也在家庭教育指导中发挥着日益重要的作用,在本章中宜确定政府购买服务的原则支持其进一步发展。目前家庭教育指导的市场性行为乱象频出,在本章中宜加强管理和规范,例如明确准入资质标准、监督流程、投诉救济渠道等。

在家庭教育实施章中,宜主要规定家庭成员在家庭教育中的权利和义务,特别是明确亲职教育、子职教育、性别教育、婚姻教育、失亲教育、伦理教育、多元文化教育、理财教育等家庭教育活动的内容。对于一些社会关注度较高的争议,例如是否应当规定家长上岗证制度、是否应当明确赋予家长惩戒权等,应进一步深入调研后做出必要的回应。

在家庭教育干预章中,宜主要规定国家对不当家庭教育的干预制度,包括建立家庭教育监督制度、家庭关系调解制度、告诫书制度、强制亲职教育制度等具体制度内容。以强制亲职教育为例,宜吸收近些年来检察机关、人民法院探索的经验,对强制亲职教育的对象、条件、方式等做出明确和规范。

在法律责任章中,宜根据家庭教育违法活动的特点,有针对性的设计和细化相应的民事、行政和刑事责任条款。

四、结　语

家庭教育立法的呼吁与实践已经走过了近二十年的历程,但是对于立法的必要性和立法空间仍然存在诸多值得深入思考研究的地方。对于家庭教育立法的必要性应当从中国特色社会主义法律体系的特色与象征的高度来认识。家庭教育立法应当克服家庭教育等同于子职教育的传统观念,从以"子女"为中心走向以"家庭"为重心。这部法律的立法空间不能为传统的未成年人法、婚姻家庭法以及教育法所包容,而具有显著的综合性和独特的立法空间。同时,国家层面的家庭教育立法,不能再走重复宣示性规定的老路,而应当确定一些"有针对性"而且"管用"的制度,否则其立法的实际意义及必要性将大打折扣。

参考文献

[1] 邓佐君.家庭教育学[M].福州:福建教育出版社,2013.
[2] 何俊华,马东平.家庭教育学[M].北京:清华大学出版社,2017.
[3] 黄文艺.中国特色社会主义法律体系的理论解读[J].思想理论教育导刊,2012(6).
[4] 农工党中央.关于出台《中华人民共和国家庭教育法》的议案[EB/OL].http://www.zytzb.gov.cn/tzb2010/jcjyxd/201603/5ce6d8b7405c47c5a25090b24299f7c2.shtml.
[5] 乔伟.唐律研究[M].济南:山东人民出版社,1985.
[6] 全国妇联.中华人民共和国家庭教育法(项目建议稿第十二稿),2017.
[7] 孙家红.关于"子孙违犯教令"的历史考察——一个微观法史学的尝试[M].北京:社会科学文献出版社,2013.
[8] 王春霞.全国妇联提交相关提案家庭教育需要立法支撑[N].中国妇女报,2016-03-10.
[9] 徐建,姚建龙.家庭教育立法的思考[J].当代青年研究,2004(5).
[10] 滋贺秀三.中国家族法原理[M].北京:法律出版社,2003.

社会福利与现代儿童抚育模式建设研究

——基于对 2 000 户上海家庭育儿压力与需求的问卷调查[①]

程福财

一、研究背景

  良好地抚育孩童并保障他们健康成长,是家庭的首要责任,也是国家与社会的共同期待。不过,随着育儿成本的不断增加,不少年轻的家长面临沉重的育儿经济压力与照顾负担。2004 年的一项调查发现,上海家庭中,0~16 岁孩子的育儿总直接成本达 25 万元左右。如果加上孕产期的支出以及从孩子孕育到成长过程中父母因孩子而误工,以及减少流动、升迁等自身发展损失的间接经济成本,育儿的经济成本相当惊人(徐安琪,2004)。另一方面,伴随着家庭结构的小型化、妇女普遍进入劳动力市场,家庭日常照顾儿童的负担日渐沉重。按照现有的政策框架,除了母亲具有 3 个月的产假之外,在政策上,双职工家庭一般没有亲职假(Parenting leave),很难照顾家中婴幼儿。不仅如此,因为追逐利润的需要,部分用人单位对于带养幼童的员工的要求变得更加严厉。大量加入劳动力市场中的年轻父母要在工作和育儿之间寻找到平衡变得越来越困难,婴幼儿的照顾成为许多双职工家庭面临的严峻的现实问题。可见,不管是从维护儿童权利的角度看,还是从促进家庭稳定与和谐的角度看,都有必要系统关注家庭在抚育儿童方面的需要

[①] 本文系 2009—2010 年度上海市家庭文明建设立项课题之研究成果。作者系上海社会科学院国际合作处处长、社会学研究所副所长、研究员。

与压力,并探讨如何在公共政策层面发展儿童社会福利,协助家庭更好地养育孩童。国家如何建构适合新时代的儿童抚育模式并有效确保儿童福利,应成为我国儿童社会福利发展的重要议题。本研究的目的,是要通过问卷调查,了解家庭在育儿过程中面临的问题与压力、可以获得的资源与协助、在物质与育儿技能等方面的需要,进而探讨上海儿童社会政策发展的内容与路径。

二、研究方法

本研究主要采用定量的问卷调查方法进行。

(一) 调查对象

本研究的对象是本市 12 岁以下儿童的家长,含户籍与常住人口家庭。由于身心都未发育健全,12 岁以下儿童对于成人社会的依赖较重,家庭在养育他们的过程中承受着更大的负担。儿童社会福利政策的发展,首先应该关注这部分幼童及其家庭的福利需求。这是我们聚焦 12 岁以下儿童及其家庭的原因。

(二) 抽样与样本特征

本调查的样本按照分层随机抽样的原则抽取,样本规模为 2 000。其中,0~3 岁儿童家长 500 名;4~6 岁儿童家长 500 名;7~12 岁儿童家长 1 000 名。500 名的 0~3 岁儿童家长,分别由闵行、徐汇与松江三区儿童早教机构在本区随机选取。其中,闵行与徐汇各 150 名,松江 200 名。500 名 4~6 岁(学前教育阶段)儿童的家长,则分别来自本市市级示范性幼儿园、一级幼儿园与二级幼儿园。其中,示范性幼儿园与一级幼儿园各 150 名,二级幼儿园 200 名。其余 1 000 名小学生家长分别来自社会声誉高(250 名)、较高(250 名)和一般(500 名)的三类小学,小学一至五年级的样本数平均分配,均为 200 名。

本次调查实际回收问卷 1 543 份,有效回收率 77.2%。其中,0~3 岁儿童家长 225 名,4~6 岁儿童家长 497 名,7~12 岁儿童家长 821 名。

(三) 调查工具

调查的工具系自编问卷。除去调查对象的人口学特征与家庭社会经济地位特征外，问卷着重了解家庭在抚育儿童过程中的照顾压力与照顾资源、经济压力、福利需求及其对现有福利服务的满意度。

(四) 数据分析

问卷调查数据的录入与分析是通过统计分析软件 SPSS 完成。

三、调 查 发 现

统计分析发现，上海家庭在养育孩童的过程中面临着较为普遍的经济压力与照顾压力，家庭结构与功能的变迁使得传统的育儿模式出现了失灵的倾向，但是社会化的儿童福利服务的制度化水平有待进一步提高。

(一) 上海家庭育儿的经济支出状况

"孩奴"的说法直指现代家庭养育孩童面临经济负担的沉重。调查发现，2010 年，上海家庭养育一名 0～12 岁孩子的直接经济费用为 31 654.3 元（平均每月开支为 2 637.9 元）。从表 1 可见，家庭育儿的各项开销中，用在孩子日常生活方面的花费（吃、穿、玩、零花钱等方面的开支综合）最多，达 7 510.8 元；用于孩子参加各类课外辅导班、培训班、兴趣班的费用其次，达 4 966.8 元。其他方面的开销，依高低之分，分别为旅游费 3 779 元，保姆费（因照顾孩子而聘请保姆的开支）3 760.7 元，学校教育费用（包括校服购买、伙食费、学杂费、住宿费、上下学交通费、购买课外书籍与文化用品的费用等所有与学校教育直接相关的费用）3 636.6 元，为孩子购买的人身保险、医疗保险等商业保险的费用 3 209.2 元，参加各类亲子教育活动的费用 998.2 元。

进一步的分析发现，不同年龄段的孩童花费具有一定差异（详见表 1）。首先，低龄婴幼儿的养育成本高于相对大龄少年儿童。2010 年，上海家庭养育一个 0～3 岁儿童的直接费用平均为 32 719.5 元，养育 4～6 岁孩子的直接费用平均为31 943.3元,养育7～12岁孩子的直接费用平均为31 226.8元。其次,年龄不同的儿童主要开支项目也不同。在日常生活费之外的各项开销中,0～3岁婴幼儿开支最大的是保姆费用,4～6岁学前教育阶段儿童的最大开支则是学校教育费用,而7～12岁小学阶段儿童的最大开支则是校外的兴趣班费用。

表1 上海家庭的育儿费用(单位：元)

	医疗费用	保姆费用	兴趣班费用	学校教育费用	旅游费	亲子教育费用	日常生活费	商业保险费	其他	总和
0～3岁儿童	1 202.3	6 581.1	2 060.6	1 769.9	2 501	1 556.5	10 731	3 586.6	2 730.8	32 719.5
4～6岁儿童	1 516.1	3 373	3 361.6	5 328.1	3 184	1 366	7 434	3 651.3	2 729.7	31 943.3
7～12岁儿童	1 310	3 302.2	6 329.7	2 962.8	4 415	805.1	6 932.6	2 920.9	2 248.9	31 226.8
总体	1 355.3	3 760.7	4 966.8	3 636.6	3 779	998.2	7 510.8	3 209.2	2 437.7	31 654.3

调查发现,客观上,有9.9%的上海家庭将家庭可支配收入的50%以上用于养育孩子;7.1%的家庭用于养育孩子的费用占家庭可支配收入的40%～50%;15.3%的家庭用30%～40%的家庭可支配收入育儿(见图1)。进一步的统计分析发现,低收入家庭在育儿方面与高收入家庭相比,其育儿费用占家庭可支配收入的比重显著较高($p=0.000$)。

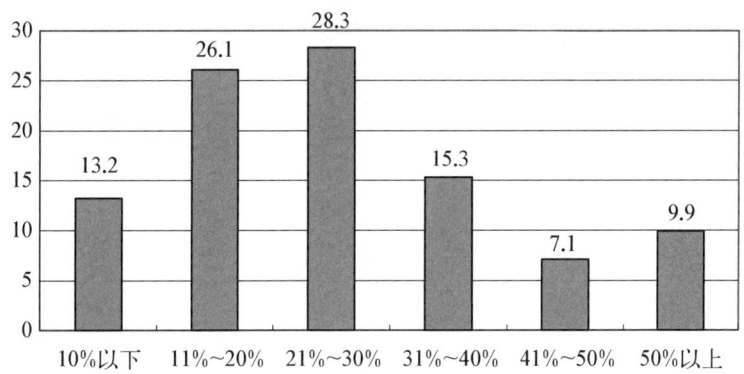

图1 2010年上海家庭育儿费用占家庭可支配收入的比例

(二)上海家庭的儿童照顾情况

照顾、监护儿童的日常起居是儿童养育的一个重要内容。如前文所述,婴幼儿生活自立能力的低弱、妇女普遍进入劳动力市场形成的双职工家庭结构、大家庭与社区对家庭育儿支持传统的削弱,都构成了现代城市家庭养育孩童的风险因素。本研究对上海家庭照顾孩童的主要方式、可获得的支持、面临的问题等议题进行了系统调查。

1. 儿童的主要照顾者

调查发现,在上海,0~12岁儿童日常生活的主要照顾者分别是孩子母亲、孩子的祖父母(含外祖父母)与孩子父亲。主要由这三者照顾的孩子的比例占全部受调查家庭儿童的55.9%、30.8%和10.1%。在儿童照顾的责任上,女性较男性承担得更多;隔代带养的现象也较普遍。进一步的调查发现,孩子年龄越大,祖辈照顾越少,父亲与母亲照顾的比例则相应增多。如图2所示,0~3岁婴幼儿、4~6岁儿童、7~12岁儿童主要由孩子祖辈照顾的比例分别为53.5%、31.6%和23.3%,明显下降;主要由孩子母亲照顾的比例则分别为36.7%、57.2%和61%,明显增多。可见,家庭在抚育婴幼儿的过程中对祖辈的依赖程度更大。

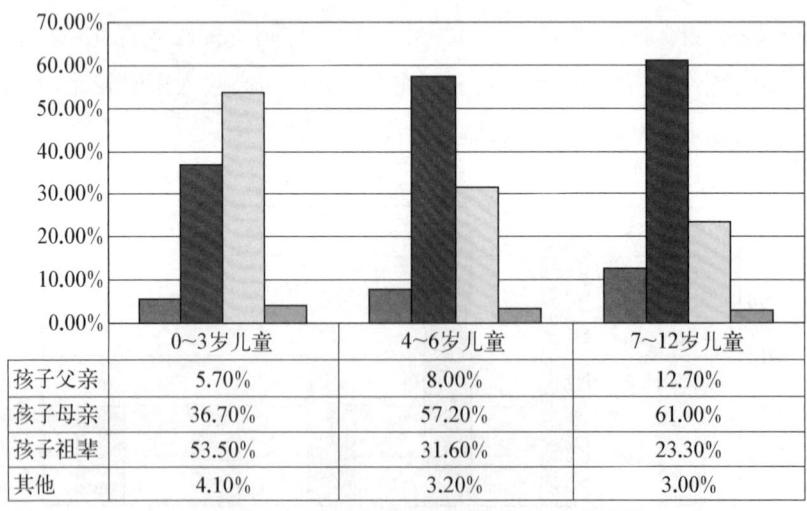

图2 年龄不同儿童的主要照顾者

对户籍不同家庭儿童照顾者的比较分析发现,上海本地人家庭在育儿过程中祖辈参与的最多(36.8%),其次为有上海户籍的新上海人家庭(26%),最少的则是没有上海户籍的常住人口家庭(15.3%);相应地,需要依靠夫妻双方独立自主地带养孩子的比例在这三者中的比例分别为60.5%、68.2%和82%,依次显著增大。这与后两者脱离自己的出生家庭与社区,移民到上海而无法获得祖辈支持有关,它标示着新上海人家庭与没有上海户籍的常住人口家庭在养育孩子的过程中对社会化的儿童照顾资源有更大的需求。

2. 可获得的育儿照顾支持

儿童养育虽然主要由父母承担,但是,这个任务的完成在理论上应该得到大家庭、社会、国家与市场的有效支持。那么,在经济社会快速变化之后的今天,家庭在照顾孩子的过程中能获得哪些支持呢?本研究对这个问题进行了系统调查。

调查发现,在被问到"在您需要的时候,家中祖辈有没有帮你照顾孩子"的时候,有39.3%的人表示祖辈"总是帮忙",28.3%的人说祖辈会"经常帮忙",但也有22.6%的人说祖辈只是"偶尔帮忙",更有9.8%的家庭不能得到祖父母任何的支持。可见,在新的变化的社会情境中,来自祖父母的支持在儿童抚育过程中虽仍广泛存在,但其削减之势也已明显。这一点,对于新上海人家庭和没有上海户籍的常住人口家庭尤甚。

进一步的分析发现,上海家庭能够从其他亲(家)属、朋友、邻里、社区与工作单位获得的照顾资源也相对有限。如表2所示,只有不到四成的家庭临时需要人帮忙照顾孩子的时候"完全可能"从祖父母之外的其他家庭成员中获得支持,有19.6%的家庭表示自己"不可能"甚至"完全不可能"从其他亲(家)属获得必要的照顾支持;确信在自己有需要的时候,朋友"可能"或"完全可能"帮助照顾自己孩子的家庭比例为36.8%;可能得到同事帮助照顾孩子的家庭比例为23%,邻居可能临时照顾自己孩子的家庭比例为28%,居委会可能临时照顾孩子的比例为11.2%,单位的比例则是10.3%。可见,当前,上海的年轻父母在照顾孩子方面可能从大家庭、非正式的社会关系网络、邻里社区中得到的支持都普遍不充分。

3. 父母照顾孩子遇到的风险事件

由于得不到外部的充分支持,上海家庭在照顾孩子的过程中普遍遭遇一定的困境。如表3所示,有超过一半的家庭平时曾经遇到过家中没人照

表 2　如果您临时需要人帮忙照顾孩子,下列
人员/单位是否可能帮助到您? (%)

	祖父母之外的其他亲属、家属	朋友	同事	邻居	居委会	单位
完全不可能	11.7	20.8	29.8	26.3	44.1	51.6
不可能	7.9	14.5	22.7	20.1	28.5	25.3
说不定	15.2	27.9	24.5	25.6	16.2	12.7
可能	28.1	29	18.5	22.3	9.1	8
完全可能	37	7.8	4.5	5.7	2.1	2.3

表 3　在照顾孩子的过程中,您的家庭是否遇到过下列事情? (%)

	从未遇到	很少遇到	有时遇到	经常遇到	总是遇到
平时没人照顾孩子	45.7	33.1	13.7	5	2.5
寒暑假没人照顾孩子	54.4	22.6	12.5	6.3	4.2
孩子课后没人照顾	54.3	25.1	12	5.6	3.1
因照顾孩子被单位警告	83.3	10.7	4	1.3	0.7
因照顾孩子被单位惩罚	86.1	8.8	3.2	1.2	0.7
因照顾孩子被单位开除	94.3	2.7	1.7	1	0.3

顾孩子的困境,有超过四成的家庭在孩子寒暑假曾经遇到过没人照顾孩子的问题,也有高达四五成的上海家庭面临过孩子放学后没大人看管的无奈难题,同时,有近一成的家庭因为照顾孩子、工作与家庭难以平衡被工作单位警告、惩罚甚至开除。从这个意义上说,有相当一部分的年轻上海父母在抚育孩子的过程中,面临了非常突出的家庭与工作关系的紧张。这种紧张不仅构成为人父母者生活压力的风险因素,也会导致年幼的孩子在事实上被忽视,甚至形成意外伤害。

4. 儿童忽视问题

调查表明,2010 年,有将近四成(39.2%)的本地 12 岁以下儿童曾经被独自留在家中、无人陪伴。其中,经常被独自留在家中的孩子的比例为

5.4%,有时被独自留在家的比例为 7.3%,偶尔被独自留在家的比例为 26.5%。特别地,即使是 0～3 岁的婴幼儿,也有 12.8%的人曾被独自留在过家中,3～6 岁幼儿曾被独自留在家中的比例更是高达 21.4%。在一些国家和地区,将 12 岁以下孩童独自留在家中被视为是严重危险的监护不作为行为,会受到法律指控。

在儿童忽视这个问题上,存在着显著的年龄差异。80 后父母将孩子独自留在家中的比例显著少于 70 后和 60 后父母。曾经将孩子独自留在家中的 80 后、70 后、60 后父母的比例分别为 17.4%、41.7%和 50.8%。这可能与 80 后的孩子通常更年幼有关,也可能是 80 后父母养育孩子更精细、要求更高的原因。

在户籍差异方面,没有上海户籍的流动人口子女被忽视的比例最高,有 49.1%的流动人口家庭曾经将孩子独自留在家中,同比在有上海户籍的新上海人家庭、本地上海人家庭的比例分别为 37.3%和 35.6%。可见,相对地,本地上海家庭能够为孩子提供更周到充分的照顾监护,新上海人家庭次之,外来人口家庭最弱。

父母教育程度的不同,对其是否可能忽视儿童也有一定影响。分析发现,父母教育程度越低,越可能将孩子独自留在家中;教育程度越高的父母,将孩子独自留在家中的比例越低。统计表明,将孩子独自留在家中的比例在父母为文盲、小学、初中、高中、大专、大学本科和研究生文化程度的家庭分别为 66.7%、62.5%、47.8%、43.7%、38.2%、32.8%和 33.8%。因此,要高度关注低收入家庭的儿童照顾养育问题。

(三) 上海家庭的育儿压力

面临较大的育儿经济开销与孩子日常照料难以得到外部支持的现实,上海家庭育儿的主观压力较大。从表 4 可见,在被问到您是否赞成"养育孩子对父母来说是一个沉重的负担"的说法时,有 10%的家庭表示"非常赞成","赞成"此种说法的比例更是高达 25%;而表示"完全不赞成"和"不赞成"这种说法的家庭的比例分别只有 28.4%和 5.9%。可见,有 35%左右的父母在主观上感觉养育孩子的压力沉重。

进一步的统计分析发现,上海家庭育儿压力的户籍差异明显。在户籍上,本地上海人主观感觉的育儿压力最大,拥有上海户籍的新上海人次之,没有上海户籍的外来人口最小。39.4%的本地上海父母认为育儿是沉重的负担,同比在新上海人和外来人口中分别为28.2%和26%。这种差异,可能是因为本地人育儿的标准更高,也可能是因为外来人口更吃苦耐劳。在年龄上,育儿压力没有显著差异。认为育儿是沉重负担的80后、70后、60后父母的比例分别为36.4%、34.7%和35.9%。

表4 您是否赞成"养育孩子对父母来说是一个沉重的负担"的说法?

	频数	百分比	有效百分比
完全赞成	152	9.9	10
赞成	379	24.6	25
说不清	466	30.2	30.7
不赞成	430	27.9	28.4
完全不赞成	89	5.8	5.9
缺省值	27	1.7	100
总数	1 543	100	

上海家庭养育孩子的压力具体表现在经济压力与照顾压力两个方面。在育儿的经济压力方面,调查发现,只有7.6%的家庭主观感觉目前育儿压力"非常小",感觉育儿压力"小"的家庭比例为20%;另一方面,明确表示目前育儿的经济压力"非常大"和"大"的比例分别高达5.3%和10.7%;其余56.4%的家庭表示目前育儿压力"一般"。在儿童日常照顾的压力方面,统计发现,分别有5.8%和23.6%的家庭在孩子日常生活照顾方面面临"非常大"和"大"的压力,感觉此压力"小"和"非常小"的比例分别只有11%和4.9%。对这两项统计结果的比较可见,上海家庭育儿的压力,更多地体现在对儿童的生活照顾方面。如何通过社会化的儿童照顾方式协助家庭照顾孩子,可作为未来儿童社会福利服务发展的优先领域。

育儿成本与压力的大小是影响家庭生育意愿的重要变量。调查发现,因为育儿压力的存在,上海家庭生育二胎的意愿相对较弱。总体上,因为养育孩子太辛苦,28.1%被调查的父母表示,即使政策允许生育二胎,自己也"会放弃"生育二胎的机会,表示"一定会放弃"因此放弃此种机会的比例为17.2%。换言之,有45.3%的家庭会因为育儿压力太大而放弃生育二胎的机会。明确表示"一定不会"因为育儿辛苦而放弃再生育的被调查父母仅占8%。另一方面,与育儿压力的户籍差异相应,本地上海人因为育儿辛苦而表示会放弃再生育机会的比例高达51.2%,同比在具有上海户籍的新上海人、没有户籍的流动人口中的比例分别为44.7%和30.7%。上海户籍居民生育二胎的机会明显较低。在收入差异方面,收入水平越高,再生育二胎的人的比例越多;收入越低,愿意生二胎的人越少。家庭月平均收入在5 000元以下的家庭不畏育儿辛劳而愿意生育二胎的比例为18.9%,而月收入在2万元以上的家庭愿意生二胎的比例上升为25.6%。

(四) 上海家庭对儿童福利政策服务的需求

在了解上海家庭育儿现状与压力的基础上,为了更好地了解上海家庭对儿童福利政策服务的需求,我们在调查问卷中罗列了家庭育儿可能需要的5大类14项儿童福利政策服务,让家长按其需要的迫切程度依5分制进行评分,其中5分代表非常需要,1分代表完全不需要,得分越高代表需要程度越强。从调查的结果看,家长对所有14项政策服务的需求度得分在3.28～4.30之间(详见表5),显示这些方面的需要,普遍而迫切,相关儿童政策服务的发展具有充分的现实性和紧迫性。

统计发现,上海家庭最迫切需要的五项育儿福利服务分别是科学育儿指导(得分4.17)、社区儿童娱乐设施服务(得分4.16)、育儿压力疏导服务(得分3.73)、育儿经济补助(得分3.60)、社会化儿童照顾服务(得分3.51)。可见,家长在科学育儿指导和社区儿童娱乐服务方面的需求强度最大,未来这方面的政策与服务需要优先强化、完善。不过,进一步的统计分析发现,不同年龄孩子的家长对儿童福利政策服务的需求具有显著差异。在育儿津贴(经济补助)、社会化生活照顾服务、育儿压力疏导3类需要方面,孩子的年龄越小,家长的需求程度越大。0～3岁儿童家长的需求度高于4～6岁,4～6岁家长高于7～12岁。在儿童社区儿童娱乐设施服务与科学育儿指导服务方面,4～6岁儿童家长的需求度最强,0～3岁儿童家长次之,7～12岁儿童家长相对最弱。

表 5 家长对儿童福利政策服务的需求程度评分

		全部调查对象	0～3 岁孩子家长	4～6 岁孩子家长	7～12 岁孩子家长
育儿津贴	儿童生活津贴（对孩子日常生活的补贴）	3.28	3.46	3.38	3.19
	儿童大病救助	3.81	3.95	3.91	3.74
	儿童居民医疗保险费用补助	3.84	3.95	3.92	3.77
	儿童交通费用补助	3.46	3.54	3.43	3.46
	平均值	3.597 5	3.725	3.66	3.54
生活照顾服务	儿童公益性临时托幼服务（协助暂时不能照顾孩子的父母照料孩子）	3.50	3.73	3.57	3.41
	社区内有提供孩子下课后的照顾服务（在孩子下课后到父母下班前这段时间照顾孩子的服务）	3.56	3.73	3.65	3.49
	公益性的日间托幼服务（为白天无法照顾孩子的家庭照顾孩子）	3.47	4.30	3.55	3.37
	平均值	3.51	3.92	3.59	3.423
在社区范围内建设儿童娱乐游戏的场所与设施		4.16	4.14	4.29	4.06
科学育儿指导	学校老师和家长多沟通孩子的情况	4.30	4.27	4.42	4.27
	有关教养孩子的咨询服务	4.14	4.34	4.31	4.01
	我需要儿童成长的专业知识	4.14	4.28	4.28	4.03
	我需要与子女沟通技巧的训练	4.12	4.26	4.26	4.00
	我需要儿童健康维护方面的指导	4.15	4.29	4.29	4.04
	平均值	4.17	4.288	4.312	4.07
我需要疏解养育子女产生的压力的服务		3.73	4.03	3.79	3.63

(五) 上海家庭对现有儿童福利政策服务的满意度

对家长对现有的 22 项上海儿童福利政策(服务)满意度的调查发现,总体上,市民对现有各项儿童福利政策服务的平均评分在 3.20～3.89 分之间(5 分代表非常满意,1 分代表非常不满意;分数越高,满意度越高),全部超过"及格分数线"的 3 分(详见表 6)。可见,儿童家长对现有的儿童福利政策与服务总体上基本满意。当然,值得注意的是,满意度的评分并不算高,在我们所调查的 22 项政策服务中,没有一项儿童政策服务的满意度超过 4 分。这一方面可能是因为现有政策服务的实践效果不理想,也可能与儿童家长对政策服务的期望值较高有关。

表 6　12 岁以下儿童父母对上海现有儿童福利政策服务的满意度评分

			全人群	80 后父母	70 后父母	60 后父母
儿童健康政策与服务	生理健康	新生儿访视服务	3.81	4.01	3.80	3.74
		新生儿疾病筛查服务	3.88	4.00	3.87	3.82
		对 0～6 岁儿童进行定期体格检查服务	3.89	4.04	3.87	3.92
		儿童感染性和传染性疾病的预防服务	3.67	3.76	3.64	3.69
		平均值	3.815	3.953	3.795	3.793
	心理健康	儿童心理保健与咨询服务	3.40	3.71	3.31	3.48
儿童早期教育与科学育儿指导服务		对儿童喂养和生活习惯培养的指导服务	3.54	3.83	3.46	3.565
		儿童早期智能发育促进服务	3.52	3.77	3.46	3.54
		亲子教育、家庭教育等科学育儿指导服务	3.54	3.87	3.45	3.56
		平均值	3.533	3.823	3.457	3.555

(续表)

			全人群	80后父母	70后父母	60后父母
生育政策	女职工产假哺乳假政策	女职工生育保险(生育生活津贴)政策	3.70	3.92	3.66	3.63
		女职工产假、哺乳假政策	3.71	3.85	3.68	3.66
		平均值	**3.705**	**3.885**	**3.67**	**3.645**
	独生子女家庭扶持	计划生育家庭扶助政策(如独生子女父母奖励费等)	**3.20**	**3.70**	**3.08**	**3.14**
儿童社会化照顾服务		学校提供的学生下午三点半放学后的照料和看护服务	3.62	3.89	3.56	3.61
		临时照顾儿童的社会服务	3.23	3.60	3.17	3.21
		儿童意外伤害的预防服务	3.39	3.60	3.33	3.44
		平均值	**3.413**	**3.697**	**3.353**	**3.420**
经济困难家庭儿童支持		对家庭经济困难儿童的粮油帮困政策	3.45	3.55	3.39	3.45
		对义务教育阶段家庭经济困难学生免除杂费、书本费和补贴生活费的"两免一补"政策	3.70	3.68	3.69	3.66
		减免家庭经济困难的儿童入读幼儿园的管理费的政策	3.58	3.66	3.57	3.41
		减免家庭经济困难的儿童参加居民医保的保费和少儿住院互助基金的个人缴费	3.58	3.64	3.54	3.54
		平均值	**3.578**	**3.633**	**3.548**	**3.515**
残疾儿童政策		对16岁以下残疾儿童的康复救助	**3.56**	**3.58**	**3.52**	**3.58**

(续表)

		全人群	80后父母	70后父母	60后父母
流浪儿童救助	流浪儿童的救助管理服务	**3.48**	**3.42**	**3.45**	**3.55**
外来人口子女教育政策	义务教育阶段非上海籍儿童入学读书政策	3.60	3.47	3.60	3.63
	3～6岁民工子女入读幼儿园的政策	3.41	3.31	3.39	3.51
	平均值	**3.505**	**3.39**	**3.495**	**3.57**

目前,上海家庭最满意的十项政策服务依序分别为儿童生理卫生健康方面政策服务(得分3.82)、女职工产假哺乳假政策(得分3.71)、经济困难家庭儿童扶助政策(得分3.58)、残疾儿童康复救助(得分3.56)、儿童早期教育与科学育儿指导服务(得分3.53)、外来人口子女教育政策(得分3.51)、流浪儿童救助管理服务(得分3.48)、社会化儿童照顾服务(得分3.41)、儿童心理保健与咨询服务(得分3.40)、独生子女家庭扶助政策(得分3.20)(本次调查是在新的奖励政策实施之前的6月份完成)。从这项排名可见,政府有必要建立普惠型的儿童福利政策服务,特别是发展社会化的儿童照顾服务,协助有需要的家庭,临时或长期照顾不能从家庭中得到照顾的孩子,协助年轻的家长平衡好工作和家庭的关系。(社会化儿童照顾服务的平均得分仅3.41,其中,临时照顾儿童的社会服务更是只有3.23。显示民众对这类服务有高度的期待。)此外,上海家庭对儿童卫生健康政策的评价两极化。一方面,儿童生理的身体健康服务得到家长最高最好的评价;另一方面,儿童心理健康照顾与服务的得分则几近最后。显示本市儿童卫生政策的理念要进一步更新,在关注儿童生理健康的同时,应该投入更多资源积极关注儿童的心理健康服务与社会健康服务(培养社会适应能力)。

进一步的分析发现,市民对现有政策服务的满意度呈现显著的年龄差异。21～30岁之间的80后年轻家长的满意度评分明显高于31～40岁的70后家长和41～50岁的60后家长。考虑到年长家长及其孩子接受儿童政策服务的时间更早,年轻家长享受政策服务的时间更晚,我们可以推测,本市儿童政策服务取得了积极进展,发展成效显著。

四、结论与政策建议

在经济快速发展的今日上海,主要依靠家庭养育儿童的传统育儿模式遭遇了较多困难。由于得不到来自大家庭、邻里社区与国家的充分支持,在深度养育的育儿文化的影响下,相当一部分上海家庭育儿的过程面临比较突出的经济压力与照顾压力。在这个背景之中,我们需要思考如何借鉴国际儿童福利发展的一般经验,来回应社会快速发展过程中出现的儿童福利问题,以有效应对社会转型与家庭失能给儿童发展与儿童福利带来的负面影响。

(一)迈向选择性的儿童社会福利:当前儿童福利制度建设的实践路径

改革开放三十年来,我国经济实力显著提高。至 2010 年底,我国 GDP 总量已经一跃超过日本,成为全球第二大经济体。在这样的经济发展形势下,如果儿童社会福利的对象仍然只是局限于很小一部分的孤残儿童,儿童福利的内涵与水平仍然在低位徘徊,政府的社会合法性会招致削弱,社会秩序的维持也将面临更多的挑战。或许正是基于这样的考虑,20 世纪 90 年代中期以来,中央与地方政府都开始关注流浪儿童、受艾滋病影响的儿童、服刑人员子女、单亲家庭子女等困境儿童的福利问题;2000 年之后,流动儿童的受教育权利与留守儿童的生活照顾与监护问题都开始得到越来越多的关注;2011 年胡锦涛主席更提出要建立健全家庭发展政策。

可见,在宣示性提出要保障儿童的生活过后,随着儿童问题的突出与国家干预能力的增强,政府开始尝试在公共政策层面系统回应儿童福利问题。但这样的尝试,仍处于起始阶段,并且在一开始就显得犹豫踌躇。向"左"走还是向"右"走,抑或是停步不走?发展面向处境困难儿童的剩余型儿童福利,还是发展面向所有儿童的普遍性福利?这成为建设现代儿童社会福利体系过程中一个充满争议的论题。由于规范性儿童抚育模式的影响,一部分政策制定者仍然希望家庭能够尽可能地担当起养育孩童的责任。他们担心政府主导的社会福利体系可能会对传统的一些宝贵价值观念造成冲击，影响到民众育儿的责任意识，削弱家庭内部的互助传统。尽管主张在经济与社会层面实施全面的国家干预，但是，无论是改革开放前还是市场化改革之后，我们都习惯将家庭看作是私人领域，公共政策较少对家庭进行讨论和干预。即使是在广泛动员妇女参与劳动力市场之后，即使是在世界女性主义运动蓬勃发展并持续控诉将妇女与家务、儿童抚育捆绑时，奉行威权主义的国家仍然坚持儿童照顾是私人之事务，并未出台系统的政策服务去支持原来承担照顾儿童的妇女更好地平衡家庭与工作的关系。在它看来，国家的介入，可能会破坏家庭内部的互惠行为，会有损爱幼慈幼的传统家庭美德，甚至会鼓励人们抛弃育儿责任等不负责任的行为。另一方面，有人更担心过多地发展儿童福利会增加国家的财政负担，甚至重蹈福利国家危机的覆辙。因此，在国家尚未起步协助家庭抚育儿童时，政府一再强调家庭的责任，在社会福利社会化的理念下强调发展由政府、家庭、第三部门等多重力量共同供给的社会化儿童福利。

但是，如上文所述，继续在国家不作为的道路上走，面临着多重风险。在意识形态层面，女性主义批评国家不作为、继续将女性与育儿捆绑，限制了妇女的发展；新保守主义者尽管反对福利国家并主张最小的国家干预和最大的个人自由，但坚持主张国家应该在不妨碍市场机制发挥作用的前提下，通过协助家庭、规范市场等方式，为有需要的儿童与家庭提供最低限度的生活保障（陈美伶，1991；李明政，1994）；福利国家的积极倡导者（例如公民权利论者）则认为，通过儿童福利服务的供给，可以在一定程度上消除市场经济发展引发的社会不平等的消极负面作用（Marshall，1950）。在社会实践层面，大量得不到家庭及时照顾的孩童的出现，直接引发了人道主义危机与社会秩序危机。创新儿童抚育模式，发展儿童社会福利，成为理论与实践的双重紧迫需要。

向"左"走而发展更积极更普惠的儿童福利，还是向"右"走而建设一个最低限度的儿童福利体系，是一个需要联系实际思考的理论与政策议题。考虑现时儿童抚育的现实、我国儿童抚育的传统以及我国经济社会发展的需要，笔者以为，发展一套面向得不到家庭充分照顾与教养的儿童（如孤残儿童、贫困儿童、流浪儿童、受艾滋病影响的儿童、双职工家庭子女等）的社会福利服务体系，具有现实的必要性与可行性。这种选择性的儿童社会福利,既可有效回应困境儿童与家庭的需要,亦可避免让国家在儿童社会福利发展之初就背上沉重的财政负担。

(二) 儿童福利服务内涵的战略选择:从经济与照顾两个方面支持家庭育儿

建设选择性福利政策模式,意味着要继续强调家庭在儿童抚育过程中的作用,意味着儿童社会政策只是回应那些无法从家庭获得必要照顾与教养服务的孩童,意味着国家干预的最小化。为此,儿童福利服务的供给要建立在资格审查的基础之上。

具体地说,选择性儿童社会福利的供给主要包括资金支持与照顾服务两个方面。为缺乏必要育儿经济能力的家庭提供必要的经济补助,为困难家庭孕育孩子、养育孩子、教育孩子提供最低限度的资金支持。最低限度的经济补助,有利于困境家庭儿童尊严的维持与福利的确保,有利于困境家庭儿童获得必要的发展机会,进而阻断贫困的代际传递。具体地说,我们建议探索建立贫困家庭儿童文化消费津贴制度,满足儿童精神需求。为有儿童的贫困家庭提供就业援助服务,增强父母的就业能力,减少贫困家庭儿童数量要强化对处境困难的特殊儿童的援助。要制定扶持政策,改善单亲家庭儿童、农村留守儿童、服刑人员家庭儿童、父母残疾或长期患重病儿童的生存条件,保障受艾滋病影响的儿童的各项权利。

另一方面,政府需要为临时或长期不能照顾孩子的家庭提供儿童照顾服务。家庭结构的小型化和妇女对劳动力市场的参与使得城市家庭对儿童照顾服务的需求普遍而强烈,部分特殊儿童因为父母服刑、疾病等原因而长期不能从家庭获得照顾。社会化的儿童照顾服务与支持父母照顾儿童的亲职假制度的实践,都能在一定程度上确保、提高儿童的福利水平。

从国外的发展经验看,为了协助双职工家庭、特别是劳动妇女平衡好工作与家庭的关系,不少国家和地区发展出社会化的儿童照顾服务,为有需要的家庭和儿童提供临时或长期的儿童照顾服务(陈美伶,1991)。在上海,受到传统的强调家庭责任的育儿照顾模式影响,社会化的儿童照顾服务尚未发展成熟。长期以来,国家大多数时候只是为 2~6 岁的幼儿提供日间儿童看护服务,看护服务的时间相对有限;对 2 周岁以下儿童则没有提供日夜间照料,有需要的家庭往往找不到社会化儿童照顾的力量来协助照顾孩子。

特别地,如表7所示,近年来,因为人口出生高峰的到来,为了将有限的学前教育资源满足3~6周岁孩子的教育需求,上海托儿服务的规模明显缩减,3周岁以下儿童进入托儿所的数量从2003年的近三万人下降到2010年的八千余人。此种变化显示,尽管家庭照顾儿童的能力出现下降,社会化的儿童照顾服务并没有得到相应发展。这使得不少又需要的家庭(特别是双职工家庭、新上海人家庭、流动人口家庭)难以获得必要的托幼服务。从上海市教委的有关文件可以看到,因为国家在这方面的投入不够,市场上一度出现了一大批没有得到审批、缺乏规范与相应资质的学前儿童看护点。从科学的角度看,这些看护点的软硬件设施都不足以充分照顾养育孩童,但在实际上却得到很多农村家庭与流动人口家庭的喜爱。这表明上海家庭对社会化儿童照顾服务的需求程度不仅广泛而且迫切。

表7　上海托幼机构的规模变化(2003—2010)[①]

	独立设置托儿所数	班数	托儿数	教职工数
2010	40	351	8 387	1 079
2009	90	361	8 340	1 404
2008	108	429	9 637	1 711
2007	119	506	11 516	1 873
2006	129	543	11 579	1 858
2005	158	778	17 028	2 128
2004	198	1 129	25 415	3 207
2003	187	1 352	29 700	2 875

因此,我们认为,自发展选择性儿童社会福利的过程中,我们要优先关注家庭育儿在生活照顾方面面临的压力。要按照《上海市儿童"十二五"发展规划》的精神,探索发展社会化的儿童照顾服务。这种照顾服务,可以是临时的,也可以是相对时间较长的;是否可以探索建立亲职假的问题,让养育有幼儿的家长可以在有需要的时候带薪、带半薪或不带薪请假回家照顾孩子,协助双职工家庭,特别是参加劳动力市场的女性平衡好工作与家庭的

---

① 资料来源:上海市教委官网(www.SHMEC.gov.cn)。

关系。实际上，社会化的生活照顾服务的发展，也是解决儿童忽视问题、儿童意外伤害问题的制度化办法。

(三) 探索建立专责的儿童事务的政府机构

我国儿童社会福利政策发展存在的另一个重要问题在于"政出多门"。迄今为止，中国没有独立的统筹儿童事务发展的机构，与儿童福利有关的事务分别由教育部门、民政部门、卫生部门、公检法部门以及妇联、共青团等群众团体分头负责。这种多部门共同致力于儿童政策实践的安排，充分发挥了各部门的专业优势与工作积极性，在一定程度上营造了合力推动儿童政策发展促进儿童成长的事业。但是，另一方面，也正是因为政出多门，儿童社会政策的发展在一定程度上呈现出了各自为政、相互不配套，甚至相互"打架"的局面。

中国儿童社会政策管理体制必须实现新的创新。专门机构的成立，有利于集中力量统筹推进我国儿童社会政策事业的发展，有利于在公共政策层面更好地促进儿童发展。所以，在儿童福利行政方面，我们需要探索建立专责儿童事务的机构(如"儿童局"或"儿童与家庭部")。专门机构的成立，有利于集中力量统筹推进我国儿童社会政策事业的发展，有利于在公共政策层面更好地促进儿童发展。

参考文献

[1] 陈美伶.国家与家庭分工的儿童照顾政策[D].台湾大学社会学研究所硕士论文,1991.
[2] 程福财.流浪儿——基于对上海火车站地区流浪儿童的民族志调查[M].上海：上海社会科学院出版社,2008.
[3] 邓伟志等.家庭社会学[M].北京：中国社会科学出版社,2001.
[4] 费孝通.乡土中国[M].上海：上海人民出版社,2007.
[5] 李明政.意识型态与社会政策模型[M].台北：台北冠志出版社,1994.
[6] 陆乐等."孩奴"现象困扰世界多国[J].精神文明导刊,2010(4).
[7] 陆士桢等.中国儿童政策概论[M].北京：社会科学文献出版社,2005.
[8] 孙立平等.改革以来中国社会结构的变迁[J].中国社会科学,1994(2).
[9] 王敏.中国高离婚率背后的婚姻困境[J].社会观察,2011(3).
[10] 王绍光.大转型：1980年代以来中国的双向运动[J].中国社会科学,2008(1).
[11] 谭友坤等.旋善与教化：中国古代慈幼恤孤史述论[J].学前教育研究,2006(12).
[12] 徐安琪.孩子的经济成本：转型期的结构变化和优化[J].青年研究,2004(12).

[13] 徐浙宁.我国关于儿童早期发展的家庭政策(1980—2008)——从"家庭支持"到"支持家庭"?[J].青年研究,2009(4).
[14] 张世峰.关于新时期我国儿童福利事业发展的几点思考[J].社会福利,2006(10).
[15] 郑杭生.社会转型论及其在中国的表现——中国特色社会学理论探索的梳理和回顾之二[J].广西民族学院学报(哲社版),2003(5).
[16] Marshall, T. H. *Citizenship and Social Class and other Essays*[M]. Cambridge: Cambridge University Press, 1950.

健康、正常成长的一代
——"90后"青少年发展状况及家庭教育策略①

杨　雄　陈建军　何　芳

伴随着青少年一代的快速成长,中国"90后"青少年开始进入人们的视线。作为独生子女一代,"90后"青少年所处的家庭环境发生了深刻变迁——家庭成员数目的减少使家庭人际关系趋于简单,生活方式的多元和易变导致了家庭成员之间的诸种价值观差异,大众传媒迅猛发展也对家庭教育带来隐性冲击。在这样的背景下,"90后"青少年往往表现出与"70后""80后"不同的成长特征。他们的某些问题行为及一些负面公共事件,经媒体特别是网络媒体放大后,也常容易引起公众担忧或误读。那么,"90后"青少年真实发展状况是怎样的? 本文运用上海儿童发展状况调查数据,对"90后"青少年成长发展的特征、问题及相关因素进行分析、归纳与解释。本次调查采用分层随机抽样的方法,结合区域发展特点和学校类型选定了卢湾区、长宁区、闸北区、浦东新区和金山区的15所中小学作为调研单位(每区抽取小学、初中、高中各一所),包括从小学三年级到高中二年级(初三除外)的8个年级,共计1 613人,回收有效样本数1 612份。

一、"90后"青少年发展的新特征

调查分析发现,"90后"上海青少年在身体健康、学校生活、自我认识、价值观、心理健康超出我们成人社会的想象,均显示出较为良好的发展态

---

① 本文系2009—2010年度上海市家庭文明建设立项课题之研究成果,由上海市妇联、上海社科院课题组共同实施。课题组核心成员:杨雄、陈建军、蔡红霞、何芳、雷开春。

势,呈现出如下鲜明的特征。

(一) 生活安逸轻松,幸福感与快乐感普遍较强

2007年一项研究指出,上海地区中学生主观幸福感的平均分为78.08±15.09。在总分120分的情况下,这一分值说明上海地区中学生的主观幸福感是偏高的(韩松落等,2009)。本调查进一步验证了这一结论。48.0%的"90后"青少年觉得自己"非常幸福"、34.5%认为自己"比较幸福",觉得"不太幸福"和"很不幸福"的学生分别仅为3.4%和1.7%。近半数(46.8%)青少年称自己"非常快乐",超过1/3的学生(32.9%)感觉"比较快乐",12.3%认为"说不清",感觉"不太快乐"和"很不快乐"的分别仅占5.9%和2.1%(见表1)。

表1 "90后"上海青少年的幸福感和快乐感(%)

你觉得自己幸福吗?		你觉得自己快乐吗?	
非常幸福	48.0	非常快乐	46.8
比较幸福	34.5	比较快乐	32.9
说 不 清	12.3	说 不 清	12.3
不太幸福	3.4	不太快乐	5.9
很不幸福	1.7	很不快乐	2.1

青少年普遍拥有积极的"心理感受",这与他们所处的安逸、富足的生活环境是紧密相连的。"90后"一代没有经历过历史和政治上的动荡,也没有经历过大的经济波动,他们还没真正步入社会,仍处在被呵护、被教育的阶段。这一代家庭的生活水平得到普遍提高,所能享有的物质生活和思想空间日渐丰富和宽松,消费主义、互联网、电子游戏、出国的刺激无处不在。他们在家庭中的地位越来越高,不仅能在吃穿用等方面自己做主,同时还对家庭的整体消费具有较高的影响力,从而使他们的幸福感与快乐感普遍处于较高水平。

(二) 身体健康总体状况良好

健康与发展具有十分密切的联系,因而成为联合国第三个"千年发展目

标"的重点。作为一个发展中国家,青少年儿童良好的健康状况是支持我国经济可持续增长和社会兴旺的重要基础。为此,身体健康是青少年成长发展的首要目标。在相当长一段时间里,受片面追求升学率和"重智轻体"思想的影响,一些学校和家长给学生施加了很大的学习压力,导致许多孩子睡眠时间不足,也无暇参加体育锻炼,若干身体指标呈现下降态势。然而,随着教育部为了增强学生的体质所进行的一系列的教育改革,有些措施已初见成效。上海出台一系列措施保证中小学生睡眠时间,将"上海中小学生每天至少有1小时体育活动时间"列为"上海学校体育工程推进计划"的6件实事之一。而上海家长对孩子的身心健康也越来越重视,不少家长反映,在身体健康与学习成绩之间选择,当然首先希望孩子身体健康。

调查显示,当前上海青少年的身体健康总体状况良好。约有94.5%的小学生能保证每天至少8小时的睡眠时间,这一比例在初中生中也达到了70.5%,而有71.7%的高中生能保证6～7小时的睡眠时间。多数小学生(86.7%)和初中生(75.0%)每天都有至少1小时时间用于体育锻炼,这一比例到高中阶段为五成左右。90%以上的学生表示自己在一学期中从未请过病假或只请过1～2次病假。这从一个侧面反映出政府改革措施已取得明显实效。

(三) 压力有所减缓,学习效能感增强

随着中小学生减负工作的推展,上海"90后"青少年学习压力有所减缓。被调查的学生中62.3%表示学习压力一般或不太大,4.0%的学生认为自己完全没有学习压力;27.2%的学生觉得学习压力较大,6.5%感受到非常大的学习压力。教育心理学研究表明,学习压力水平与学习效率之间存在着显著的倒U形曲线的关系,过高或过低的学习压力都不利于学习,只有适度的压力水平才能使学生处于学习的最佳动机状态。以此看来,小学五年级学生成为学习压力最为适度的群体,82.5%的五年级学生认为自己的学习压力一般或不太大,超过了整体平均水平。随着学段升高,学习压力程度逐渐加大。高考仍然是导致学生学习压力的重要原因,有半数(50.1%)高中生认为自己的学习压力非常大或比较大。从压力源来看,认为学习压力来自父母期望和自身期望的分别占36.6%和34.4%,

另有18.6%的学生的学习压力来自同学竞争,6.4%的学生认为老师责罚是压力的来源。可见,除父母的期望外,学生对于自己的期望也成为学习压力的重要来源。这说明,随着教育方式的转变,当前青少年学生的学习观念已逐渐发生变化,从"要我学"到"我要学",学习自主性大大增强。

同时,调查显示,大多数学生对自己的学习潜能有较充分的自信。对"我很聪明,只要努力就能成为优秀的学生"这一描述,表示"不太符合"和"完全不符合"的学生只占4.5%和1.6%。此外,有近一半(47.6%)的学生相信自己在恶劣的外界条件下仍然能够专心学习。这说明,当前上海青少年的天资感和努力感较高,他们有积极的自我预期和学习信念,抗干扰能力也较强。在学习中,他们的心态也比较开放,与人合作的意愿较为明显。当在学习中遇到困难时,绝大多数人(94.2%)都选择向别人求助,只有5.8%的学生选择"不告诉任何人"。

(四) 对未来充满期望,自我悦纳程度较高

作为我国经济基础最好、信息化起步最早、推进力度最大的城市之一,在"十一五"期末,上海信息化的主要指标预计将基本达到发达国家中心城市先进水平,这显示上海正在急速地迈入信息社会。信息渠道的多元和知识的丰富,令青少年的认知能力和思维能力不断发展,对外部世界的认识也不断广泛而深入。而近年来教育界强调给学生减负,强调建立平等、尊重、民主的新型师生和亲子关系,亦给青少年的成长创造了和谐的环境。

调查显示,无论是在人际交往,还是自我认识方面,上海"90后"青少年对自身的能力、外貌以及未来的发展都有较高的评价,表现出较高的自信,认可自身能力和自我价值,并对未来充满期望。64.1%的学生认为自己是一个聪明的人,只有10%的学生对自己的外表表示不满意;67.2%的学生认为自己有能力在社会上成就一番事业。同时,青少年普遍对自己的人际交往充满自信,超过七成(75.2%)的学生表示"只要我愿意,就能交到朋友",18.2%的学生对此表示"说不清",而认为自己"不太符合"和"完全不符合"的分别只占4.8%和1.8%。(见表2)

表2 "90后"上海青少年的自我认识(%)

	完全符合	比较符合	说不清	不太符合	完全不符合
我是一个聪明的人	32.4	31.7	27.5	7.1	1.3
我觉得自己有能力在社会上成就一番事业	33.8	33.4	27.4	4.3	1.1
只要我愿意,就能交到朋友	45.6	29.6	18.2	4.8	1.8

(五)认同主流价值,思想独立,行为自主

一段时间里,由于少数"90后"青少年在网络和媒体上出现的一些争议性事件,对"90后"的批评和质疑也纷至沓来,有人甚至认为"90后"属于"比垮更垮的一代"。然而,本次调查显示,上海青少年并不像一些媒体所描述的那样"非主流"或"反主流",相反,"90后"中大部分青少年具有国家意识,认同社会主流价值观。

调查显示,绝大多数学生(89.1%)表示"我为自己是中国人而感到自豪",觉得"说不清""不太符合"和"完全不符合"的分别为7.8%、1.9%和1.3%。另一方面,青少年也乐于为社会服务,且坚持社会共识性的价值观与道德观,但其行动更趋于独立、务实。例如,在参加社会公益活动(如捐助灾区、义务劳动、学雷锋等)方面,表示"经常主动参加""看到或碰到才会参加""视情况而定"和"不参加,觉得没意思"的学生分别为28.2%、50.1%、18.6%和3.1%。这表明大部分"90后"青少年并不排斥奉献行为,只是参与公益活动的主动性还不够。并且随着年级增长,学习紧张,表示"经常主动参加"的人数比从57.3%下降到10.4%。当问到在公共场所看到有人损坏公共设施时的反应,选择"与我无关,不管他""上前劝阻,不听就算了"和"找来管理人员(或保安人员)阻止他"的学生分别为16.5%、26.6%和57.0%。这表明"90后"青少年能做出正确的价值判断,但其行动却是基于独立、务实的准则。

改革开放使上海发展成为一个国际大都市,社会容许度及接受多元文化和价值观的能力大大增强。市场经济改变了人们过去在计划经济条件下只强调国家集体利益、忽视个人正当利益的价值观念。从小在一个社会日

益宽容的环境中成长起来的"90后",他们更关注自己的切身利益,关注自己如何融入社会,关注如何为社会所接受。这集中体现在他们对个人生活的追求上。问到"你的个人未来发展目标是什么样的?",37.5%的青少年选择"快乐度过每一天";28.7%选择"个人发展与事业有成";25.4%则选择"赚钱孝敬父母";而选择"其他"以及目前没有明确目标的学生仅占3.3%和5.1%。这说明"90后"上海青少年的价值取向日益多样化,他们在树立人生目标时,更多考虑的是"务实"而非"务虚"、更多采纳"现实主义"而非"理想主义"。

(六) 不能忽视"90后"青少年存在的问题

当然,在肯定"90后"上海青少年健康、正常发展的同时,我们也要客观地看到独生子女一代青少年身上的不成熟之处。调查显现,"90后"青少年在以下方面存在不足:① 部分青少年缺乏对他人的理解,缺乏现实交往和沟通的技能。有近七成(67.3%)的学生不同程度地认同"我觉得有些同学很讨厌"的说法,有近一半学生(47.5%)表示"和不熟悉的同学交往时,我感觉不自然",近三成学生(27.5%)认为自己"常常被同学捉弄";② 部分青少年在追求个人价值最大化时,过于强调实惠实用,导致道德界限的模糊不清。在对待考试作弊的问题上,有超过1/4的学生认为"只要能考得好成绩就可以"或"无所谓",23.8%的学生承认"如果其他人作弊,我可能也会跟着作弊";③ 部分青少年存在着情绪稳定性较差的问题,可能会对其身心发展造成潜在的危害。有21.7%的学生经常感到很沮丧,有4%的学生承认自己在遇到重大挫折时经常想到放弃生命;④ 部分青少年在对待生命、对待性的问题方面存在模糊认识,青春期与生命教育有待进一步加强。

对于"90后"青少年存在的缺点不足,要高度重视,同时需要加强研究与正确引导。我们认为,首先,青少年时期是一个在生理和心理上都具有特殊性的人生阶段,青少年的某些不成熟在特定阶段是正常的,只要加以适当引导,它们会随年龄的增加而逐渐消失。其次,青少年身上的不成熟也同时反映了社会的不成熟,是由社会转型造成的社会问题所致,因此解决问题需要从整个社会的变革入手。第三,作为受教育者,青少年发展中的一些缺憾与某些教育基本制度、家庭教育以及社会文化环境所密切相关,因此,学校、家庭、社会形成统一的教育力量便显得至关重要。

二、"90后"成长背景的社会学分析

从青年社会学理论出发,关于青少年的成长,目前学术界存在"问题"与"发展"两种不同的研究视角。前者将青少年期看作充满不稳定因素的急剧动荡阶段,因此着重关注青少年的问题心理与行为;而随着20世纪末西方积极心理学运动的兴起,一些学者则打破这种负面的研究取向,转而提出青少年的正面成长理论(Larson,2000;Damon,2004)。在这一理论的指导下,青少年被看作有待开发的积极个体,整个社会都为青少年的健康成长提供支持。从这一角度出发,青少年的成长就不仅仅关乎个体自身,而是与其所处的社会政治、经济、文化环境密不可分;青少年研究就不仅仅旨在修正青少年自身的问题,而是着眼于社会环境与青少年健康发展的关系。因此,要正确评价当代青少年的发展状况,首先要认清这一代青少年所处的社会环境。

(一)一个有利于青少年发展的正常社会环境,赋予"90后"许多新特质

改革开放30年,从经济发展的角度看,中国经济从20世纪90年代进入新一轮经济增长的高峰期;[①]从社会发展的角度看,香港澳门回归、"神州"系列飞船升空、奥运会成功举办等意义深远的重大事件,显示出国家综合国力的极大提升。生存环境的不同,决定了生活态度的差异。在缺乏安全保障的环境里,人们不得不接受和顺从严苛的思想和行为规范,在自律和自我压抑中求大同、顾大局;而在安全无虞和物质殷实的环境里,人们大多不愿接受各种清规戒律的束缚,不轻信、不盲从形形色色的权威,张扬个性和独立思考的求异倾向会日益普遍(杜平,2009)。这正是"90后"青少年成长的时代背景。

[①] 据《上海青少年发展"十一五"规划》统计,2005年生活在上海的14~35周岁青少年共665万人,占全部常住人口总数的37%;其中,外来青少年273万人,占外来人口总数的62%。另据报道,上海青少年的生长发育,各年龄组身高均高于全国标准,分别高出0.5~5 cm不等(王雅君,2009)。

我们认为,中国社会现代化建设的巨大成功,极大地改变青少年发展的社会条件,造成有利于青少年发展的社会机制,赋予青少年新的品质和特征。随着城市经济社会的发展,社会财富极大增长,国家形态逐步进入一个正常化社会。它所产生的结果是:作为"90后"新一代,他们从一出生就身处这个政治稳定、经济优越、文化开放的社会环境之中,青少年整体素质得到提高,人口构成更加多样化,家庭教育环境合理,信息化程度较高。[①] 这使"90后"青少年成为健康、正常成长的一代。

(二) 经济持续增长使"90后"青少年能接受更多的优质教育

作为中国改革开放的排头兵,上海经济发展实现了历史性飞跃。以半年以上常住人口计算,2008年上海人均GDP已经达到73 124元。如果按当年度人民币对美元的年平均汇率来计算,上海2008年人均GDP已达到10 529美元,首次突破万元大关。从全球范围看,经合组织(OECD)成员的一般人均GDP都超过1万美元,这一突破表明上海已进入中等发达经济体行列。社会经济的快速增长,极大地激发了社会活力,促使新一代国民素质得到改善和提高。

教育经济学认为,一个地区的经济发展对人口文化素质起积极作用,经济越发达,这个地区的人均受教育水平就越高。研究也证明,我国各地的人均受教育年限与人均GDP均呈现极为显著的相关。[②] 上海经济的飞速发展,无疑为上海青少年创造了优越的受教育环境。2008年上海市教育经费继续稳步增长,全市教育部门财政预算内教育事业预算数比上年增长19%;九年义务教育入学率保持在99.9%以上,高中阶段教育新生入学率达98%。普及九年义务教育的各项指标均达到或超过国家标准。[③] 这表明,一个面向现代化、面向世界、面向未来的现代国民教育体系业已初步建成,

---

① 根据李培育的研究,中国经济自1991年开始出现回升,GDP增长从1990年3.9%的波谷上升到8.0%。1992年,由于邓小平南巡讲话的发表,经济增长迅速加快,全年GDP实际增长达13.2%。1992年10月召开的十四大,进一步刺激了本已旺盛的投资热情,使来年的经济形势更趋高涨。1993年上半年,GDP的增长幅度高达14.1%(李培育,1995)。

② 通过对人均GDP代表的经济发展水平与人均受教育年限进行相关分析显示:1990年两者的相关系数为0.670 2,2000年两者的相关系数为0.637 7(沈百福、杜晓利,2004)。

③ 参见:上海市教育委员会.2008年上海市教育工作年报[EB/OL].http://www.shmec.gov.cn/html/xxgk/200901/9042009001.php.

这从客观上为青少年成长提供了良好条件。

（三）独生子女家庭使"90后"青少年获得更多关爱

中国社会发展的成就不仅在于经济体制转型、经济结构变化以及经济总量的快速增长，更值得关注的结果是社会的全面转型以及社会生活组织方式的根本性转变，使社会生活的各个层面都发生显著变化。与前几代青少年相比，"90后"青少年的父母的经历、家庭的物质生活和受教育方式，使青少年的微观成长环境较为优越，从而为"90后"新一代的健康、稳定、快乐成长提供了条件。

"90后"青少年的父母大多是出生于60年代，当1978年改革开放时，"90后"的父母们刚好开始迈入社会，他们的青年时期是在改革开放的社会变革中度过的。张永杰、程远忠曾在其《第四代人》中对"60后"一代的特征作了描述：随着高考恢复、西方文化的传入和市场经济观念的盛行，"60后"的价值观是自我设计、自我实现、自我负责（张永杰、程远忠，1998）。这一点折射在他们对孩子的教育观念上，过去那种绝对服从的教育观念被竞争、消费等符合市场经济的教育理念所取代。在这样家庭背景下成长起来"90后"青少年，他们更自信，更善于表达和选择，更大胆地追求独立的生活方式。

我们认为，独生子女的家庭结构，使"90后"的父母更重视子女的健康成长，物质生活水平的提高，使他们有能力为子女提供家庭和优质教育条件。与同是出生于改革开放时期的独生子女一代"80后"相比，"90后"在其童年期没有经历从计划经济到市场经济的巨大转变，他们出生于一个物质条件更加丰富的年代，从小处于更自由的环境、获得更多的商品、接触更多的信息，养成了与市场经济天然切合的消费生活方式、开放思想观念。他们对自己所享有的物质财富习以为常，物质对他们的影响已不再是刺激而是一种习惯。"90后"一代家庭的父母教育方式已变得更为合理，亲子关系朝着平等民主的方向转变。① 由于从父母那里获得的满足度和关注度高，"90

---

① 中国青少年研究中心（2005）开展的一项有关少年儿童发展状况调查发现，在"90后"青少年心目中，父母已由高高在上的"家长"逐渐变为与孩子平起平坐的"朋友"。51.2%的少年儿童将母亲视为自己的好朋友（1999年为36.5%），46.7%的少年儿童将父亲视为自己的好朋友（1999年为36.2%）（"当代中国少年儿童发展状况"课题组，2006）。

后"青少年没有理由反叛父母,他们能够更能体验家庭生活的幸福与快乐。

(四) 新媒体为"90后"新一代提供了更开放的文化环境

20世纪90年代诞生的因特网,标志着人类社会进入了以网络、信息为特征的数字化时代。随着"经济全球一体化"的推进,中国也于1994年接入国际互联网,从此进入信息飞速发展的时代。[1] 以网络、手机、MP3等为代表的新媒体日益成为城市家庭日常生活的必需品。"90后"青少年可以说是信息时代、技术时代的宠儿,他们对新媒体的熟悉程度和亲和力远远超过上几代人。[2] 调查发现,6~18岁之间的网民占青少年网民总数的五成以上,这表明"90后"青少年取代了"80后",成为青少年网民的最大群体(张永杰、程远忠,1998:9)。

"90后"青少年视野更开阔,接收信息的渠道方式更多元化,因此其知识面、早熟度远远超过父母辈。致使其思维变得更加独立,喜欢独立地观察、认识和思考问题,独立判断的能力越来越强;评判事物的标准更为多元,尊重利益多样化,尊重个性,不强求整齐划一;没有了传统社会中的信息不对称,他们养成了批判精神,对事物有自己的理解途径,注重事实,敢于质疑,反对不加思考接受强加的说教,渴望话语权平等。

质言之,进入21世纪,中国经济开始进入了平稳高速增长发展阶段,"90后"青少年遭遇的生活环境空前优越,社会文化环境更为开放,没有政治动荡,没有大的经济波动。中国社会已开始进入了一个"正常发展"的社会,为"90后"新一代健康成长提供了一个正常社会环境。"90后"青少年所面临的是一个全新的、积极的、正面的成长环境,从这个意义上说,"90后"新一代比起前几代青少年,他们属于更健康、更正常成长的新一代。

---

[1] 截至2009年6月30日,中国网民规模达到3.38亿,较2008年底增长13.4%,半年增长了4 000万;互联网普及率达到25.5%,保持平稳上升的态势;使用手机上网的网民达到1.55亿,半年内增长了32.1%。此外,我国网民规模、宽带网民数、国家顶级域名注册量(1 296万)3项指标均稳居世界第一。

[2] 根据中国互联网络信息中心的调查,截至2008年12月31日,中国青少年网民数达到1.67亿,每周上网时间长达14.6小时,比2007年约增加了1.9小时。80.2%的青少年网民使用即时通信软件,高于网民总体平均水平4.9个百分点;有20.5%的青少年网民使用交友网站,高于网民总体平均水平1.2个百分点。有66.8%的青少年网民拥有自己的博客,高于全国平均水平12.5个百分点。中小学生使用博客的比例较大,分别有65.6%、52.0%的中学生和小学生网民拥有自己的博客,近七成青少年网民在半年内更新过博客,有四成多的中小学生将网络作为其发表意见的主要渠道。

三、家庭、社会教育的若干政策思考

促进青少年发展是一个系统的工作,需要全社会多方面力量的参与,针对"90后"上海青少年发展现状,本文提出以下对策与建议。

(一) 用发展眼光来观察"90后"

青少年的成长发展与社会的发展变革息息相关。一方面,作为社会的新生代,青少年的生存与发展取决于社会能否为他们提供满足物质和文化需要的资源、实现个人价值的条件、进入社会结构以及参加社会事务的机会;另一方面,作为最富创新性的社会群体,青少年在自身发展阶段会不断产生新的愿望和要求,并在为实现愿望而努力的过程中,不同程度地推进社会的发展。因此,对于青少年的成长状态,可以通过"发展"这一概念加以充分表述。当代青少年表现出许多新的特质,说到底是由反映了社会进步的发展环境决定的。同时,也应以发展的眼光看到青少年问题存在的客观必然性,看到青少年问题自然解决的可能性,看到青少年问题与社会问题的同构性,并以社会发展视野解决青少年发展问题。

(二) 制定与完善青少年社会公共政策与家庭教育法规

美国学者卡伦·皮特曼等人指出,青少年的经验、影响青少年生活的制度和成人世界等方面都存在着地区性(群体内)与全球性(群体间)差异,因此,政策制订者应该令社会公共政策适合于特定文化和社会背景特征的青少年(皮特曼等,2004)。在我国社会急剧转型的背景下,即便上海这样的大城市,内部仍然存在"二元结构现象"。一部分青少年因家庭背景、自身(如"民二代")等因素导致成长发展状态不佳,这要求青少年社会公共政策应做进一步的改进和完善。要在理解不同青少年、不同家庭、不同发展水平差异的基础上制定更加公平、合理的社会政策,尤其要向处于弱势地位的青少年群体加以倾向性关注。具体来说,在出台有关教育、社会保障、青少年福利政策时,应把公平公正原则置于更加重要的位置,并在政策法规中能够具体落实。形成有利于青少年弱势群体的社会政策环境,建立青少年弱势群体的社会保障机制,促进全体青少年和谐、健康成长。其次,建议全国人大尽快制定"家庭教育法",从法律地位来保证家庭教育的开展。时下,厨师、技工、驾驶员、公务员等行业都要进行资格考试,持合格证才能上岗,家长作为一个知识化、专业化要求相当高的"岗位",更应该持"家长教育合格证"上岗。各级教育部门和每个社区可以通过开办"家长教育学校",从各个方面多个角度对家长进行强制性培训(如要做父母,首先要接受综合性培训,拥有"家长教育合格证"后才能领取生育指标)。另外,师范学校应开设家庭教育专业;妇联等群众组织也可以通过社区开展、普及这一项工作。

(三) 加强传统文化、核心价值的引导

任何一个正在逐渐走向富强的国家,除了经济强大、社会平等、文化昌盛之外,在国家层面上,需有一套能凝聚人心、稳定的核心价值体系。尤其在当前价值多元化的社会转型期,如果没有一个被大家(包括青少年)所认同的主导文化或核心价值,那么这个社会将是"一盘散沙"。因此,在尊重青少年精神自由的同时,必须加强对其核心价值观的引导。在核心价值的内容方面,必须加强对当代青少年(诸如诚实、友爱、敬畏、合作、尊重等)核心价值的领引;在核心价值的构建上,成人社会应承担示范作用,为青少年树立起遵循核心价值的榜样;在引导方式上要与社会生活接轨,价值观教育如果不与社会生活接轨,不考虑社会生活的导向作用,就无法落实价值观教育的基本内容。价值观教育如果只强调精神的价值、理想的价值,而忽视物质的价值、现实的价值,就无法收到应有的效果。在未来20年中,"90后"青少年将全面走上社会,承担起建设国家的重任。只有他们构筑起稳定的核心价值观,才能获得强大的精神动力,支撑起中华民族的崛起。

(四) 倡导"权威——民主型"家庭教养方式

当前家庭教育应倡导"权威——民主型"教养方式。根据鲍姆令德(D. Baumrind)理论,"放任型"与"专制型"的养育都不是理想的养育类型。他认为:教育放任型的父母对孩子的成长表现出漠不关心的态度,既不会对孩子提出什么要求和行为标准,也不会表现出对孩子的关心。实行这类养育方式的父母与孩子之间的互动很少,孩子出现适应性障碍的可能性很

高。而教育专制型的父母就是典型的"暴君",他们只是一味对孩子提出高要求,却不理会孩子的要求与需要,忽视和抑制了孩子的想法和独立性。专制型养育下的孩子相对有更多的焦虑、退缩等负面情绪与行为。而"权威——民主型"家庭的父母对孩子有合理的要求,对其行为做出适当限制,为孩子设立一定的行为目标,并坚持要求孩子服从与达到这些目标;同时,家长也表现出对孩子成长的足够关爱,能够耐心地倾听孩子的心声,懂得恰如其分地激励孩子自我成长。在"权威——民主型"养育下的孩子不但有较强的自信力和较好的自控能力,且心境比较乐观、积极;到了青春期,也相对更具有社会成熟度,学习更勤奋,学业成绩也较好。因此,当代独生子女父母尤其要克服"放任自流"与"严管包办"两种教育偏向。在家庭教育中提倡既尊重孩子的意愿、选择和权力,又给予他们必要的引导、帮助和提醒。

(五) 建立家庭—社区—学校"三位一体"的心理支持系统

当前,在加快经济建设的同时,重视"社会建设"和"心理建设"是构建和谐社会的重要举措。针对部分"90后"青少年的心理健康问题,要重视和加强对广大青少年良好情感、综合素质的培养,切实减轻青少年的心理负担,营造积极健康的成长环境。学校、家庭、社会都应该根据青少年的发展需求,建立家庭、社区、学校、社会"三位一体"的心理支持系统,培养和形成青少年快乐的人生理念、生活态度、健康的心智需求。有针对性地对青少年的心理健康出现的问题进行有效干预。对于出现心理状况的青少年,要深入分析和解决其问题发生的个体、家庭、社会原因,帮助他们充分了解自身的生活困境和症结,明了自己的生活愿望,学会正确的压力排解和心理疏导方式。并通过多层次、多途径的心理干预,从内在、基础层面增强青少年对生命的认识、心理承受能力和心理自我调节能力。

参考文献

[1]"当代中国少年儿童发展状况"课题组.中国少年儿童发展状况调查报告[J].中国青年研究,2006(2).
[2]杜平.政经革命六十年,中国迈向新门槛[J].联合早报,2009-08-19.
[3]韩松落等.透析"90后"[J].新周刊,2009(8).
[4]卡伦·皮特曼等.21世纪青少年社会政策:框架问题[J].当代青年研究,2004(2).
[5]李培育.90年代以来中国经济发展回顾与展望[J].管理世界,1995(6).

[6] 沈百福,杜晓利.人口文化素质与经济发展水平的相关分析[J].北京大学教育评论,2004(1).
[7] 王雅君.申城青少年身高高于全国标准[N].上海商报,2009-06-04.
[8] 张永杰,程远忠.第四代人[M].北京:东方出版社,1988.
[9] Damon, William. What is Positive Youth Development? [J]. *The Annals of the American Academy of Political and Social Science*, 2004, 591(1): 13-24.
[10] Larson, Reed W. Toward a Psychology of Positive Youth Development [J]. *American Psychologist*, 2000, 55(1): 170-183.

上海家庭教育本土化教材框架结构研究[①]

张 亮

一、研究背景与目标

家庭是社会生活的基本单位,一方面连接个人与社会,传承与培育行为规范、价值观念和文化,另一方面,家庭是最初与最持久的教育与学习的场所,"在家里孩子们学会认识他们是谁,他们能够和应该期望在生活中得到什么,应该怎样对待别人,等等"(D·波普诺,2004)。然而,在全球化、工业化、城市化等急剧社会变迁的影响下,家庭不再自然地成为一个有效的或有效能的教育场所,亲子关系恶化、青少年厌学、逃学甚至犯罪等等,都在显示现代家庭的教育功能面临着巨大的挑战与冲击,亟须来自外在的专业化服务的支持。在西方社会,始于19世纪中期,蓬勃发展于20世纪,目前依然方兴未艾的家庭生活教育运动,正是用以巩固家庭、改善家庭生活,以及通过家庭教育机会而减少与家庭有关的社会问题(夏岩,2006)。

中国传统家庭深受儒家思想的影响,历来重视家庭教育,在内涵方面注重家风的传承、重视家庭伦理教育。同样地,随着现代化进程的推进,传统的家庭教育内涵和方式逐渐难以适应时代的变化与需求,预防家庭问题形成与提升家庭发展能力的现实需求不断凸显。20世纪80年代以来,国家与政府开始重视推进现代化的家庭教育,尤其是近年来,有关家庭教育的政策性文件接连出台,国家领导人对家庭教育相继做出了一系列重要指示,家

[①] 本文系2016年上海市家庭文明建设立项课题之研究成果,由上海社会科学院社会学所课题组实施。课题组核心成员:张亮、刘汶蓉、薛亚利。

庭教育成为当前中国一个重要的社会议题。

从家庭教育的发展历程来看,培养具有专业知识技能的家庭教育指导者、探寻适合的家庭教育发展方式,以及研发本土化的家庭教育教材,是困扰各国家庭教育专业化发展的三大困境(Charles et. al., 2013)。本课题将以本土化家庭教育内容架构为关注点,首先分析我国家庭变迁及对家庭教育的挑战,继而回顾我国家庭教育架构内涵的演进,最后从对国际推进家庭教育的经验总结上,探讨适合本土化的家庭教育的框架结构,作为发展与改进上海家庭教育课程及教材的参考。

二、中国家庭变迁及对家庭教育的冲击

自 20 世纪 80 年代开始,中国经济发展取得了举世瞩目的成绩,经济持续稳定增长,跃居成为世界第二大经济强国。中国经济快速发展使得家庭生活水平显著提升,然而,社会结构急剧变迁,价值观念趋向多元化,人口结构转型,也致使家庭结构转变,家庭功能式微,人们生活压力骤增,这不仅影响到家人关系、夫妻关系与亲子关系的联系,更因而导致了许多社会问题,这些问题都在显示我国家庭面临前所未有的冲击与挑战。

(一) 家庭规模缩小、家庭结构简化,家人关系面临新的调适

在工业化、城市化、个体化以及生育政策等多种因素的共同影响下,我国家庭户的规模持续缩小,平均每家庭户的人口数从 1982 年的 4.41 人降至 2010 年的 3.10 人(徐安琪等,2016)。从结构上来看,自 80 年代以来,核心家庭一直占据最大的比重,1982 年为 68.3%,2010 年虽有所减少,但仍超过六成(60.9%)(王跃生,2013)。家庭人口数量减少与结构的简化直接影响到家庭的内部关系的改变。在亲子关系方面,亲子互动频率增加,情感互动与相互依存的需求加强,子女成为家庭的焦点,父母教养的职责加重,相对的也强化了父母对子女的高期望。

日渐加深的人口老龄化趋势也在影响着家庭成员之间的关系。随着人口寿命延长,大部分家庭的年龄结构已由金字塔形转变为"豆荚形",家庭的

结构形状变得细长,代际数增多但每代的成员减少,这种从"金字塔到豆荚"的结构变迁对家庭功能和关系有着重要意义(Bengtson,2001)。多代际间"更长时间的共同生活"使不同代际间有更多的可能进行互动、获取支持和相互影响,比如说祖父母已成为孙辈社会化的重要角色榜样,是儿童成长和进入青年期过程中的一种资源,尤其是在留守家庭、独生子女家庭、隔代抚养家庭。

(二) 家庭形态多元化,挑战家庭教育的需求与内涵

在社会经济转型和现代化的影响下,以及国家对个人生活领域的干预减少,社会组织对包括家庭生活行为等个人社会生活行为约束的减少,人们的婚姻家庭观念发生改变,离婚率持续攀升,家庭不稳定性增加,家庭形态出现多元化,单亲、再婚、继亲家庭增多。此外,我国还出现了一些与西方不同的具有中国特色的多元化家庭形态,比如留守家庭、流动人口家庭、拟单亲家庭、临时直系家庭等。这些多元化的家庭对教育的价值与对教育内含的需求亦各有差异,如何提供符合不同形态家庭需求的家庭教育,如何面对不同家庭,是值得重视的课题。

(三) 家庭关系平等化趋势,改变家庭教育的角色分工

尽管自20世纪50年代以来,中国女性一直保持着相当高的就业率,但在家庭内部,传统的男主外、女主内的性别角色分工依然非常明显,女性在家庭照料、子女抚育、家人关系维系等方面承担着主要责任。近年来,随着父亲角色对儿童成长发展重要性被发现和强调,父母亲在家庭中所扮演的亲职角色定位开始发生变化,如何调适父母与子女互动的亲职内涵,如何实现夫妻的共亲职是家庭教育中出现的新课题。

中国传统社会崇尚孝道所盛行的家长制,随社会变迁而逐渐瓦解,亲子关系日趋平等,父母不再是"高高在上"的"家长",另一方面,随着信息技术的迅猛发展,双亲的经验和知识失去资源优势和传承价值,子代的知识和信息优势转化为资源优势和话语权威,亲子间在价值目标、兴趣爱好、消费意向和生活方式等方面的代沟随之加剧。亲子关系的革命性变化使得如何在双向社会化的撞击、磨合中建立独立、互惠和融洽的家庭关系是现代家庭面临的新挑战。

(四) 工作对家庭生活的侵扰日趋加剧

随着全球工业资本主义的发展,工作日益被竞争性的、生产主义的精神所主导,个体越来越难以兼顾工作与家庭生活。比如,为了维持在劳动力市场的竞争力,或是为了获得更多工资以提高家庭生活水平,许多人长时间投入工作,从而不得不牺牲家庭生活。我国的工业化、城市化进程的加快,使人口的地域和职业流动规模空前,原本的家庭关系、家庭功能往往会因为家庭成员的流动而受到考验甚至破坏,而子女是最可能受到父母流动带来的影响。额外的工作压力还会带给家庭各种侵扰,诸如不规律的上班时间、临时出差、周末加班等这些非标准工作时间使得成年男女精疲力竭,无暇顾及家庭事务,已成为我国社会面临的诸多问题的一个主要因素,包括家庭冲突、婚姻解体以及代际情感交流缺失等。

三、我国家庭教育专业化发展的现状特征

20世纪80年代以来,我国日益重视家庭教育,对家庭教育的目标、实施办法和策略提出越来越深入和具体的阐述或规定,一系列国家层面政策、文件充分肯定了家庭教育在我国国民教育体系中的地位和作用(关颖,2015)。相应地,关于家长教育指导、青少年性教育、夫妻婚姻关系的经营培训及家庭生活问题的心理治疗与社会工作介入等成为各级政府与社会福利改革关注的重要内容,不断获得社会各方面的广泛关注与积极支持,为那些处于家庭生活发展困境与压力中的家庭提供着一系列有用有益的知识、信息及专业治疗,家庭教育服务的地方性创新实践经验正在不断涌现,与之相关的针对家庭生活的教育的对象、内容与范畴也正在悄然扩大。

(一) 家庭教育从单一学科向多学科发展

在20世纪80年代和90年代早期,我国的家庭教育主要受教育学推动,侧重于运用教育学的概念和方法来研究分析家庭教育现象,探寻家庭教育规律。随着家庭教育服务实践的发展以及家庭问题的多样化,远超出了教育学单一学科所能认识、解释的范围(郁琴芳等,2008)。基于这种现实社

会需求,21世纪以来,一批借助社会学、心理学、文化学、人类学、经济学、伦理学等学科知识的指导家庭教育的著作、教材出版发行。

(二)家庭教育的内涵不断拓展

在30多年的推展过程中,我国对家庭教育这一概念的理解也在不断拓展。在早期,无论是政策性文件还是相关的教材与著作,主要基于传统家庭教育的概念,即家庭中父母对子女或长辈对晚辈施与的训斥或教诲(吕慧等,2015)。此种对家庭教育内涵的理解在我国具有长期影响,如在2010年出台的我国首份家庭教育指导性文件《全国家庭教育指导大纲》,强调的仍然是家庭中未成年子女的教育。

不过,随着社会转型与社会改革的推进,家庭教育的内涵还是在不断拓展,其主题从"亲职教育"向其他主题延伸,包括:① 婚姻教育,如婚前教育、新婚调适与家庭计划等;② 健康教育,如青少年性与生殖健康教育、疾病预防教育、心理卫生教育等;③ 老年生活教育。此外,家人关系、家庭休闲、家庭理财等主题在地方性的家庭教育服务中也有所涉及。

即使是"亲职教育",其内涵也在不断延伸。在1980年代的家庭教育教材中,亲职教育的内容主要包括的是儿童发展、儿童教养以及家庭伦理(如郑其龙等,1985;赵忠心,1988),而在最近几年出版的教材中,增加了父母角色、亲子沟通、家庭关系等内容(如关颖,2015;缪建东,2015)。

(三)家庭教育开始关注多样性家庭的需要

随着中国现代化进程的推进,受城市化、社会流动、人口老龄化多重因素影响,我国家庭呈现出具有中国特色的多元形态,例如留守家庭、拟单亲家庭、隔代家庭等。这些新的家庭形态也逐渐进入家庭教育的服务视野,开始研究不同类型家庭的教育重点,以便更具有针对性与有效性。

尽管经过30多年的推进,我国家庭教育在服务体系、制度建设与理论研究等方面取得了比较大的发展,但其中的不足之处也非常明显。

首先,在概念内涵上,家庭教育仍局限于家庭内部的、父母对子女的教育。尽管在家庭教育的服务实践中,婚姻、健康等主题逐渐被纳入其中,但总体来看,"养子使作善也"的传统家庭教育的界定与文化规定仍然主导着我国家庭教育实践的发展,强调教育的场域在家庭之中,以亲子关系为中心,主要以父母为教育者,未成年子女为教育对象,以子女社会化与个性化发展为主要教育内容。即使后来的概念指出家庭教育是家庭成员之间的相互实施的一种教育,即家长对子女、子女对家长、双亲之间、子女与子女之间、子女与祖辈之间,这种理解虽然跳出了单向的亲子教育,但仍局限于家庭内部的教育。

其次,从专业化发展来看,家庭教育尚未形成自身的理论体系。家庭教育的领域涉及众多学科知识系统,需要整合相关理论与实务内容,以发展适合家庭教育的理论基础。早在2001年主办的"加强家庭教育学科建设"学术研讨会上就提出要构建家庭教育学科体系,借助教育学、社会学、心理学、文化学、人类学、伦理学等学科的视野、方法论和研究成果,找到自己的研究范式,繁荣自身的学科领域,将理论系统化、逻辑化,形成家庭教育完整的理论体系(厉育纲等,2001)。然而从目前来看,尽管人们越来越多地从多学科、多视角审视家庭教育,涉及心理学、社会学、文化学、经济学等领域的知识比重不断增加,但整合与拓展这些学科理论知识的程度还非常低,还未发展出支持家庭教育作为一门独立学科的概念框架。

四、西方家庭教育的内涵架构及变迁

19世纪中叶以来,伴随着工业资本主义的发展,新的经济组织发展所带来的社会结构和生活方式变化所产生的不良后果在西方社会逐渐显现,家庭领域首当其冲,工业化及城镇化等社会变革使得家庭的传统功能失调,一系列家庭生活问题与困难不断涌现,贫困、失业、青少年不当与犯罪行为、家庭暴力、精神疾病等家庭问题"外溢"成社会问题,为此,一些社会改良者与关注家庭的理论者大力倡议为家庭提供适当而切合需要的学习活动,以帮助人们有效地管理家庭、提高养育子女的水平,改善家庭生活质量、增进家庭福祉。美国是推行家庭教育的先驱,1862年第一个以联邦立法方式支持教育系统培训与家庭有关的工作,1887年出版了第一本家庭社会学教科书,到1895年已有16个学院提供家政课程(Rowley-Lewis et al.,1993)。早期的家庭生活教育主要受现代家政学和家庭社会学所推动,侧重于家庭生活技能与管理实务的学习。

进入20世纪，人们越来越意识到家庭生活问题需要一定的专门知识、技能与信息的传递。家庭成员需要来自增进家庭婚姻关系、养育子女、保持家庭经济收入、促进家庭身体健康等方面的专门辅导与咨询，以便于提升家庭生活的品质。在这种社会需要的刺激下，卫生与健康、社会学、心理学、生物学、医学，甚至历史学、经济学及大众传媒学科纷纷开始对家庭感兴趣，有关儿童发展、健康教育、家庭管理教育、性教育等方面的知识剧增，一系列专业刊物开始发行，专业学会组织也开始运作，共同推动着家庭生活教育作为一种教育实践新的形态的蓬勃发展。

到20世纪五六十年代，西方社会的工业化与现代化给家庭生活带来了新的压力与问题。民权运动、与工业化相连的个体化不断地挑战传统家庭生活价值，未婚同居、离婚率快速上升，单亲家庭大量出现，非婚性行为变得普遍，对家庭的忠诚、奉献和义务感下降，家庭陷入"去制度化"的危机。家庭领域的这些变革带来严重的社会问题，婚姻关系稳定性下降导致大量青少年儿童失去家庭的依赖与保护，家庭成员之间的关系变得疏远，家庭压力与危机增加。许多国家对家庭的干预明显加强，一系列关于家庭性教育、婚姻教育、家庭经济关系、家庭伦理、家庭关系及亲职教育等相关的项目得到开发、设计与实施，以协助、支持和满足家庭成员的发展需要，预防或减少家庭内外形成的问题。

经过百余年的实践发展，西方社会对于家庭教育内涵的认识变得日益深入、全面与具体，从早期局限在家庭场域以及主要针对父母对于子女的教育，逐步拓展到不仅仅局限在家庭中进行的教育，扩展到更为广阔的家庭生活主题与领域，对象也扩大至"所有家庭成员"。为进一步提高家庭教育的专业化水平及地位，美国家庭关系委员会（NCFR）于1997年提出了家庭教育架构内涵，该架构以人生的发展阶段为纵轴，以生活中面临的议题为横轴，纵轴包括儿童期、青少年期、成年期及中老年期，而横轴包括社会中的家庭、家庭动力学、人类成长与发展、人类的性、人际关系、家庭资源管理、亲职教育、家庭法律与公共政策、伦理等九大主题（Bredehoft，2001）。

NCFR提出的家庭生活教育内涵框架，实际上包括了亲职教育、婚姻教育、伦理教育与性教育在内的家庭生活教育内涵，亲子关系、夫妻婚姻关系及代际互动关系的家庭人际关系内容，以及聚焦家庭人力、物力及经济等多方面家庭资源管理与经营教育等三方面的内容。既反映了学术领域与需求层面涉及比较广泛的概念,同时这些主题内容又涵盖家庭生活知识与技能学习的目标内容,并提供了具体可行的课程与教学指导标准,成为指导家庭生活教育实践的重要纲领,并快速成为许多国家或地区制定、实施与评估家庭生活教育实践项目、方案或课程依托的主要内容来源基础,在家庭生活教育实践领域中具有重要的影响力。

简而言之,西方推行的家庭教育是基于19世纪以来西方社会、经济与家庭变革的现实需要的产物,旨在预防家庭问题与家庭危机的产生,使家庭免于受到社会转型与变革导致的冲击而破碎或瓦解。时至今日,其在预防家庭问题、优化家庭功能、凝聚家庭关系与家庭价值认同、赋予家庭成员权能、加大家庭人力资本投资建设等方面发挥着越来越重要的作用。

尽管中国与西方国家在社会经济发展、制度和文化传统等方面存在着较大差异,家庭形态、结构以及所面临的挑战与问题也有所不同,但西方国家在推进家庭生活教育过程中,在课程内容架构、本土化与专业化方面有许多可供借鉴之处。

五、建构上海本土化的家庭教育教材框架

(一) 建构本土化家庭教育课程内容的基本思路

20世纪80年代以来,不少国家都在根据世界发展趋势、本国具体情况制定教育改革方案和措施,其中一个十分重要的特点是,在政府的教育改革方案中,都对家庭教育的重要性、实施办法和策略做了具体阐述或规定,开展针对家庭的教育服务已经成为国际社会增强家庭福祉与应对全球风险社会的重要选择。从上述分析可看出,与西方社会相比,我国的家庭教育在概念内涵、涵盖对象、主题设置以及专业化程度上均有待发展与完善。在借鉴西方各国推进家庭教育的经验之上,我们认为建构上海家庭教育课程内容要基于如下几条思路。

一是家庭教育是关于个人及家庭生命周期全程的教育。家庭教育的目标在于丰富与改善个人、家庭的生活质量,因此要面向家庭的全体成员又贯穿家庭生命周期全程不同阶段,并以此为基础来确立课程框架的主题内容。

二是家庭教育不能只限于家庭内部关系,尚须关注家庭与社会环境背

景的关系。随着全球化、工业化、城市化、信息化和个体化的快速发展,家庭生活愈加受到来自外部社会变革的影响,就业的稳定与安全、工作相关的政策与法律、教育与住房政策,无一不对家庭产生影响。因此家庭教育不只是改善家庭成员间的关系,还要促进家庭与社会环境有良好的互动。

三是需关注并呈现多元家庭形式。社会、经济、文化变迁解构了传统的家庭结构,家庭的本质、家庭关系、家庭以及个体在家庭中的角色与地位等问题需要重新认识。家庭教育应重视家庭的多元化、传统婚姻的减少、亲密关系的重新建构、性别平等、经济自主、性与生殖等议题,用批判性反思方法强调祛除传统思维与尊重多元、差异。

四是要融合多学科的理论基础。家庭教育是在集聚与融合家政学、社会学、心理学、生物学、医学、社会工作、经济学等学科知识基础上逐步形成与发展起来的,正是这些不断更新的专业支持,才使得家庭教育的实践不断取得有效的成就,得到社会的认可。

(二) 家庭教育课程的内容架构

家庭教育的实施内涵是反映社会发展所需,在不同社会经济发展阶段其所关注的重点也有所不同。在借鉴美国 NCFR 规划的家庭生活教育知识内涵的基础上,我们认为符合当前中国和上海本土需求的家庭教育内容架构应涵盖如下九大主题。

1. 社会中的家庭

该主题旨在让学习者了解家庭与社会中其他机构体系的关系,强调从社会生态系统理论看待家庭发展问题,它不是孤立与自我封闭的系统,而是与社会中其他机构息息相关并受其影响,如教育、政府、职业等与家庭发生着紧密联系。具体知识内涵包括:各种家庭结构与功能;不同文化传统下的家庭;社会变迁中家庭的发展;目前与未来家庭与人口结构变迁的趋势;家庭成员与工作场域之间的相互影响,如政府、教育、经济等组织;有特殊需要的家庭,包括留守、低收入、身心障碍、隔代家庭。

2. 家庭内部的互动

该主题旨在让学习者了解自己日常生活在其中的家庭的优势(strengths)与弱点(weaknesses),同时熟悉家庭成员间互动的状况并识别其与家庭优势劣势之间的关系。具体知识内涵包括:家庭成员合作与冲突关系;夫妻与亲子之间的沟通形态与问题；家庭中常态性与特殊性压力与危机；生命全程的代际间关系的发展；家庭中的权力与权威；影响家庭互动形态的因素（伦理、性别、社会、文化）。

3. 人类成长与发展

该主题主要是让学习者了解个人在家庭中终其一生的发展，以及每个阶段的发展变化的特征。具体知识内涵包括：怀孕期、婴儿期、幼儿期、儿童期、青少年期、成人期、中老年期等阶段在生理、心理、情感、认知、社会、道德和个性等方面的基本特征。

4. 人类的性行为

该主题主要是让学习者了解在生命全程中，理解"性"在生理、心理、社会层面的发展规律，通过教育与学习拥有健康的性调适能力，重塑适宜的性知识、态度与行为。具体知识内涵包括：性的生理；性的生物与遗传基础；性的情绪与心理；性行为；与性有关的价值观与决策；家庭生育计划；性对人际关系的影响；性的文化意义；性别议题与两性关系。

5. 人际关系

该主题主要是让学习者了解人际关系的发展与维持，包括人际沟通技巧、对亲密关系的表达，及以尊重、关怀等态度面对他人等。具体知识内涵包括：自我与他人；人际沟通技巧；亲密、爱情与浪漫；人际间的关怀、尊重、真诚与负责。

6. 家庭资源管理

该主题主要是让学习者了解个体与家庭对各类有形、无形资源的获取及分配管理，以实现生活目标。具体知识内涵包括：家庭目标、资源、计划、决策、实施等概念；家庭资源管理在不同生命阶段及不同家庭结构中的改变；增进家庭生活品质的相关家庭生活信息（含营养、消费教育、休闲等）。

7. 亲职教育与指导

该主题主要是让学习者了解父母的教育与引导，及其将如何对儿童与青少年产生影响。具体知识内涵包括：父母的权力与责任；不同生命阶段父母的角色以及亲职角色的变化；中国传统教养的习俗、方法与禁忌；不同教养形态（如隔代教养、共亲职等）；家庭暴力、虐待与忽视的问题；协助亲职的资源：家庭、邻居及社区；平衡工作与家庭。

8. 家庭法律与公共政策

该主题是让学习者了解家庭的相关法律,以及法律对家庭的影响。具体知识内涵包括:相关家庭法律的发展;有关两性、婚姻、离婚、子女监护权、儿童权益保障、生育等相关法律;家庭政策。

9. 家庭伦理道德

该主题是让学习者了解家庭中的伦理道德规范。具体知识内涵包括:个人自主与社会责任;多元社会中价值选择的复杂性;生活礼仪;中国传统家庭规范的时代意义。

六、结　语

我国正处于以"后发性""压缩性"与"不平衡性"为最大特征的社会转型时期,在这样一个快速变革并涌现新的社会内容的发展阶段,关于家庭生活的传统实践与经验越来越难以满足现实生活的需求,我们需要什么样的家庭教育内涵来应付当前与未来的挑战?这是一个值得长期探讨的理论与现实问题。本课题提出的本土化家庭教育课程内容架构是一种初步尝试。总而言之,我们认为,家庭教育也许不能消除所有的社会问题,但它能减轻问题的紧张程度,家庭教育是避免家庭问题的最重要的预防措施。

参考文献

[1] 关颖.家庭教育社会学[M].北京:教育科学出版社,2015.
[2] 厉育纲,赵忠心."加强家庭教育学科建设"学术研讨会综述[J].教育研究,2001(7).
[3] 缪建东主编.家庭教育[M].北京:北京师范大学出版社,2015.
[4] 吕慧,缪建东.改革开放以来我国家庭教育的法制化进程[J].南京师范大学学报(社会科学版),2015(2).
[5] 王跃生.中国城乡家庭结构变动分析——基于2010年人口普查数据[J].中国社会科学,2013(12).
[6] 夏岩.美国家庭生活教育导论.载于史秋琴主编.城市变迁与家庭教育[M].上海:上海文化出版社,2006.
[7] 徐安琪等主编.现代化进程中的家庭:中国和俄罗斯[M].上海:上海社会科学院出版社,2016.
[8] 郁琴芳,林存华.家庭教育研究近三十年的发展特点与趋势[J].上海教育科研,2008(10).

[9] 赵忠心.家庭教育学[M].哈尔滨：黑龙江少年儿童出版社,1988.

[10] 郑其龙等编.家庭教育学[M].长沙：湖南教育出版社,1985.

[11] Bengtson, Vern. L. Beyond the Nuclear Family: The Increasing Importance of Multigenerational Bonds[J]. *Journal of Marriage and Family*, 2001, 63(1): 1-16.

[12] Bredehoft, D. J. The Framework for Life Span Family Life Education Revisited[J]. *Family Journal*, 2001, 9(2): 134-139.

[13] Charles, B., Hennon, M., Elise, R., & Stephan, M. Family Life Education: Issues and Challenges in Professional Practice.转引自杨启光、曹艳彬.台湾家庭生活教育专业化的发展路径及其启示[J].探索,2016(4).

[14] Doherty, W. J. Boundaries between Parent and Family Education and Family Therapy: The levels of Family Involvement Model[J]. *Family Relations*, 1995, 44(4): 353-358.

[15] Rowley-Lewis, M. et al. The Evolution of Education for Family Life. In Arcus, M. E., Schvaneveldt, J. D. & Moss J. J. (Ed.): Handbook of Family Life Education: Foundations of Family Life Education (vol. 1) [M]. USA: Sage Publications, Inc. 1993.

从儿童视角探索儿童
友好型城市建设[①]

何彩平　黎　洁

儿童发展与城市发展之间的权衡,是一个重要的议题。联合国儿童基金会前执行主席 Carol Bellamy 说过"儿童,不仅是我们的未来,也是我们的现在"(梁巍,2018)。1989 年《儿童权利公约》提出儿童有权利生活在卫生、安全的环境中,有权利自由地玩耍、休闲,提出儿童权利应该作为城市发展的核心要素考虑。1996 年联合国儿童基金会和联合国人居署共同制定了"国际儿童友好城市方案(CFCI)",提出儿童友好型城市是一个明智政府在城市所有方面全面履行儿童权利的结果,目的旨在保障儿童权利,将儿童发展纳入城市发展中。

儿童发展与城市环境的研究经历了一系列主题转变,城市对儿童的态度把从儿童作为被保护的对象转向儿童作为参与主体。在 20 世纪 30 年代以前,研究重点是如何通过儿童游戏场所、公园和其他设施的供给为儿童创造适合成长的城市环境(布伦丹·格利森、尼尔·西普,2014)。游戏场所被认为是儿童与同龄人获得生理、情感和社会化发展必需的城市空间[26]。一些发达国家起步较早,制定了一些相应的法律法规来保障儿童游戏场有计划地建设和使用。在美国许多州(如马萨诸塞州,1908)制定了儿童游戏场的重要法律,规定最低儿童户外游戏面积,并且作为社区开发、管理的主要指标(汲晓辉,2010)。居住社区儿童游戏场的建设方面已经从定性提高到了定量的水平。

20 世纪 60 年代,研究重点转移到城市环境与儿童发展的关系[4],比如儿童的精神发展、独立性、对周围环境的相互作用和感知等。到了 20 世纪

[①] 本文系 2017 年上海市家庭文明建设立项课题之研究成果,作者单位为上海市科学育儿基地。

70年代,这种学术研究形成了一股社会力量,儿童问题得到世界许多国家学者的关注,研究得到全面国际化。20世纪80年代,研究将儿童观点和视角整合到相关政策文件中。90年代以后,儿童健康和城市环境方面的研究有了重大的转变,从以前对儿童精神健康方面的关注转移到具体的儿童身体健康,如童年期肥胖症和行为迟缓。这个领域的研究者呼吁更多的学科共同来对付肥胖症问题,包括城市规划、交通、公共健康和医疗。近代研究,关注主题转向加强儿童在规划和决策机制中的参与(布伦丹·格利森、尼尔·西普,2014)。这一类研究关注儿童如何感知和体验周围的城市环境。

儿童友好型城市是一座承诺实现儿童权利的城市或地方政府系统,是一座把少年儿童的呼声、需求、优先权和利益作为公共政策、公共项目及公共决策有机组成部分的城市,是一座适合所有人群的城市(关巍,2017)。儿童友好型城市意味着社会和物质环境能够为儿童带来归属感、受重视感和价值感,使儿童拥有培养独立能力的机会。儿童获得便利安全的活动空间与朋友进行交流、玩耍的同时,还能在充满野趣的场所与大自然建立友好情感。

本研究强调基于儿童视角的公共参与,关注儿童在规划和决策机制中的参与,以及儿童如何感知和体验周围的城市环境。意义在于,寻找真正适宜儿童成长和发展的城市环境,打造儿童视角下的"友好型城市"。我国对儿童友好型城市建设的研究和关注时间不长,刚开始主要从儿童公园设计入手,近几年有学者介绍国外友好型城市建设的案例与经验(李方悦、李宝章,2015;韩雪原、陈可石,2016),也有儿童教育、校外教育领域的专家关注生态环境对儿童身心健康成长的重要性(谭玛丽,2008)。但总体而言,我国的城市建设中尚未给予儿童活动空间与成长环境足够的重视,现行的法规、规范不健全,也缺乏相关部门的监督管理(梁巍,2018;戚文娟,2016)。所以,与国内当前的研究相比,本课题的创新之处在于——"儿童视角"。从儿童的视角,让儿童作为城市的主角,来评估和探讨目前我市在与儿童相关领域的建设和发展。本次研究的落脚点在社区,社区是城市的缩影。社区是儿童可以社会交往、观察和学习社会如何运转的地方。在儿童使用频率上,社区空间具有可达性高、社会化、促进儿童自发参与等特点。而儿童对社区的理解和直观感受比城市的大概念更为聚焦和具体。从社区的儿童友好度评判为缩影来看我市建设中对儿童生存环境各方面的发展状况。

一、调查方法

(一) 调查问卷

本研究采用问卷的调查方式。问卷的设计框架主要依据联合国评判"儿童友好型城市"的指标体系、基本框架和组成要素；原始问卷主要采用儿童友好城市倡议(CFCI)运动中，由儿童观察国际研究网络(the Childwatch International Research Network)和 UNICEF Innocenti Research Centre (IRC)2008年发起并设计的一套参与性评估工具中的儿童参与性问卷《A Child Friendly Community Assessment Tool for Children (8 - 12)》和《A Child Friendly Community Assessment Tool for Adolescents(13 - 18)》。问卷通过翻译，并在原有基础上，进行本土化(刘子桀,2014；任泳东、吴晓莉,2017；Maria Nordström, 2010)，在部分维度增加了我市儿童比较关注和重视的内容。问卷设计维度及内容见表1。

表 1 问卷设计维度及内容

维 度	具 体 内 容	题 量
娱乐休闲	安全的游玩和运动场所 残疾儿童可以获得无障碍的游乐区域 有可用的绿地/公园 对文化多样性的尊重 有与朋友互动的机会……	10
参与感与公民权利	参与社区决策 对互联网的使用 可以获取有关儿童权利的信息 有以儿童为中心的财政预算……	11
安全与保护	社区内的行动安全(步行、骑自行车或公共交通) 尊重多样性/不歧视 针对环境危害和自然灾害的措施 免受虐待、暴力和欺凌的安全 受到虐待/暴力伤害可以寻求相关服务和心理咨询 保护儿童远离毒品 可以获得对儿童友善的司法保护……	15

(续表)

维　度	具　体　内　容	题　量
健康和社会服务	有可使用的保健设施 可以获得免疫接种 获得社会服务和咨询服务 获得生殖保健服务和艾滋病—性病预防 有垃圾收集和废物处理系统……	9
教育和资源	教育资源获得(学前、小学、中学) 性别平等(平等机会) 尊重儿童和父母的意见 尊重多样性/不歧视 在安全和受保护的环境……	14
家庭生活	可以获得水(饮用水和生活用水) 可以获得安全的住房或充足的住房条件 家里的安全……	11

为确保问卷的信效度，本研究开展了试问卷调查。通过信度分析表明，问卷各维度与总体量表的内部一致性系数均在 0.89～0.93 之间，量表的可靠性较好。使用 AMOS 软件验证结构方程模型，χ^2/df 为 4.5，RMSEA 为 0.11，NFI、RFI、IFI、TFI 及 CFI 各拟合指数达到了 0.906～0.955，拟合良好。

基本情况包括儿童性别、年龄、是否独生子女、户籍以及家庭社会经济地位问卷。家庭社会经济地位的测量方式参考国内外相关文献，采取对父母受教育程度和家庭财产状况两个变量：父母受教育程度调查选项分别为未上过学、小学、初中、高中(含中专)、大学(含专科)、研究生及以上 6 个等级，并转换为受教育年限进行分析，未上过学赋值 3，小学赋值 6，研究生及以上赋值 19；原始分标准化后最大值 1.73，最小值 −3.08。家庭财产状况由调查家庭拥有物品间接获得，从电器、家庭工具、书籍等项目进行综合评分，题目组内部一致性信度 0.76，信度处于可以接受范围。采用因子分析的计算方法，将相关指标进行因子分析，KMO 值为 0.723，各题项之间相关性较好，Bartlett 球体检验显著性水平为 0.000，适合因子分析。总方差解释在 62.3%。将家庭社会经济地位的综合指标进行统计计算，平均值为 0，标准差为 0.45；最大值为 0.92，最小值为 −3.02；并将家庭社会经济地位的为 3 组。

(二) 调查对象

本次研究采用简单的分层整群抽样的方法,选取具有代表性的4个区,并根据学校综合水平、学段、年级等条件,选择自然班为调查对象,下发问卷3 600份,有效问卷3 004份,总体有效率达83.4%。调查对象抽样情况见表2,调查对象的基本信息见表3。

表2 调查对象抽样情况

区	学校综合水平	学段	年级	班级	有效/发放	有效率
城 区	高、中、低	小学 初中 高中	三/四年级 初一/初二 高一/高二	1个 自然班	816/900	90.7%
城郊区					790/900	87.8%
近郊区					697/900	77.4%
远郊区					701/900	77.9%
合 计					3 004/3 600	83.4%

表3 调查对象的基本信息

区级	人数	学段	人数	性别	人数	独生子女	人数	户籍	人数
城 区	816	小学	275	男	402	是	550	本市	559
		初中	267	女	411	非	264	外省市	245
		高中	274	缺省	3	缺省	2	外籍	10
城郊区	790	小学	291	男	346	是	599	本市	658
		初中	260	女	442	非	188	外省市	119
		高中	239	缺省	2	缺省	3	外籍	11
近郊区	697	小学	180	男	325	是	466	本市	521
		初中	264	女	370	非	226	外省市	167
		高中	253	缺省	2	缺省	5	外籍	8
远郊区	701	小学	187	男	314	是	545	本市	605
		初中	253	女	385	非	155	外省市	93
		高中	261	缺省	2	缺省	1	外籍	1

(续表)

区级	人数	学段	人数	性别	人数	独生子女	人数	户籍	人数
总体	3 004	小学	933 (31.1%)	男	1 387 (46.2%)	是	2 160 (71.9%)	本市	2 343 (78%)
		初中	1 044 (34.8%)	女	1 608 (53.5%)	非	833 (27.7%)	外省市	624 (20.8%)
		高中	1 027 (34.2%)	缺省	9 (0.3%)	缺省	11 (0.4%)	外籍	30 (1%)

二、调查结果

(一) 儿童对"儿童友好型城市"指标的评价结果

根据六大维度,每个维度有不同数量的题目用陈述句的方式阐述,并要求儿童进行 5 级主观性评价,分为"非常不符合""不符合""不确定""符合"和"非常符合",得分从 0~4 分计;不同维度的得分按总计得分的平均数来确定。具体见图 1 与表 4。

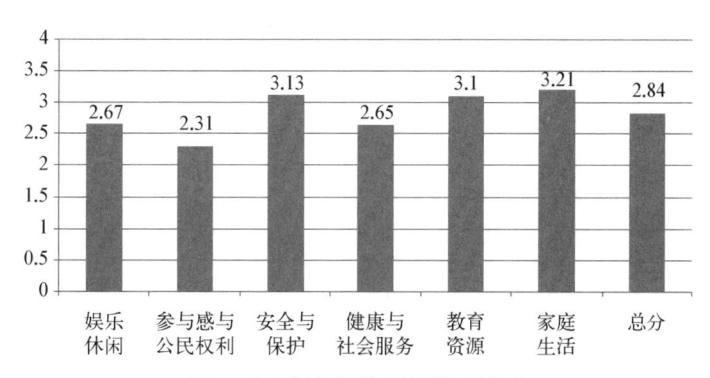

图 1 "儿童友好城市"指标评估分

表 4 "儿童友好型城市"指标评估分(儿童)

儿童友好型维度	最小值	最大值	平均分(标准差)	非参数检验秩均值
娱乐休闲	0	4	2.67(.67)	2.86
参与感与公民权利	0	4	2.31(.71)	1.79

(续表)

儿童友好型维度	最小值	最大值	平均分(标准差)	非参数检验秩均值
安全与保护	0	4	3.13(.59)	4.43
健康与社会服务	0	4	2.65(.79)	2.83
教育资源	0	4	3.1(.67)	4.38
家庭生活	0	4	3.21(.68)	4.71
总 分	0	3.94	2.84(.55)	Sig 值 0.000**

注：**表示统计数据呈极其显著性差异；*表示显著性差异。

从 6 个维度的得分显示，我市儿童对儿童友好型城市维度的评估均尚可。进行非参数检验显示在 0.01 水平上显著差异，家庭生活维度的评估得分最高，其次为安全与保护以及教育资源两个维度的评估得分较高，娱乐休闲和健康社会服务略低，参与感与公民权利维度的得分最低。

休闲娱乐方面，儿童对目前游玩运动的地方、亲自然性、互动的朋友以及儿童活动场所中有面向儿童的讲解等方面的评价显著较高；其次对游戏休息的时间、校外活动、活动场馆、社区中活动设施的适龄性以及适合儿童观看的电影、电视剧的评价居中；关于网络与电子游戏的适龄性和有益性，儿童的友好度评价显著最低。

参与感与公民权利维度，儿童对自身能主控、可参与、与自身相关的参与事项上给予了更高的评价，而对社区规划决策、政府对儿童相关的政策、学校少代会、家庭内的重大事务等参与受众不多，且与自身相关性相对弱化的参与事项，评价得分显著较低。

安全与保护方面，儿童对免受虐待、暴力和欺凌的安全、对自护安全及网络安全的了解方面，整体评价较高；对安全保护相关的实践活动、应对危险的解决措施知晓等评价也略高；但对基本的生活安全角度诸如轨道交通安全、行车骑车安全、食品安全以及口头暴力及网络安全（暴力或色情的信息暴露）、寻求家庭外的帮助或法律援助等方面的评价显著低于信息的宣传与获悉维度。

健康社会服务维度，儿童对社区的基础设施如图书馆、体检服务、垃圾污水处理，以及与自身身心发展相关的信息获得方面，持较高的评价；但对针对儿童的公益性活动、儿科门诊以及空气环境等的评估显著略低。

教育资源维度,儿童对基本教育平等及教育基础设施如学习用品的供应、清洁用水、干净的厕所、校园环境等给予了高评价;在教育过程中,尊重兴趣爱好多样性、尊重儿童的意见、获得(健康生活、环境、生殖健康)的相关教育各方面的评估得分略低;在安全与受保护的环境创设、获得职业培训/安置机会、获得儿童权利相关教育方面的评价得分最低。

家庭生活维度是儿童6大维度中评分最高的一个领域。其中,儿童对家庭的硬件环境创设、家庭生活安全诸如没有暴力、意外伤害以及父母的帮助等给予了较高评价;在尊重儿童的意见、空间隐私、家庭民主氛围、亲子陪伴、家人关爱及重视儿童个性发展方面,儿童给予的评价略低;在家庭邻里互动的方面,儿童的评价得分显著最低。

为更好验证儿童对儿童友好型城市各维度评价的准确性,问卷设计了从城市、社区、学校和家庭4个方面整体评估的主观题作为效标题。相关性分析表明,各维度的评分与4个不同领域的整体评估呈极其显著正相关。"儿童友好型城市"指标评估分与效标题的相关见表5。

表5 "儿童友好型城市"指标评估分与效标题的相关

	城市友好度整体评价	社区友好度整体评价	学校友好度整体评价	家庭友好度整体评价
娱乐休闲	.419**(.000)	.428**(.000)	.392**(.000)	.314**(.000)
参与感与公民权利	.385**(.000)	.405**(.000)	.365**(.000)	.298**(.000)
安全与保护	.496**(.000)	.483**(.000)	.458**(.000)	.420**(.000)
健康与社会服务	.437**(.000)	.466**(.000)	.393**(.000)	.339**(.000)
教育资源(学校)	.524**(.000)	.518**(.000)	.543**(.000)	.429**(.000)
家庭生活	.479**(.000)	.482**(.000)	.440**(.000)	.538**(.000)

从儿童对城市、社区、学校和家庭的总体评价来看,儿童对家庭的评价是最高的(平均数3.39±0.92),其次是学校(平均数3.3±0.94),最后是社区(平均数3.19±0.96)和城市(平均数3.19±0.97)。

(二) 不同年龄段儿童对"儿童友好型城市"指标的评估比较

从不同年龄层来看,呈现年龄越大,对儿童友好型城市维度评价相对降低的趋势，即小学阶段的孩子评价较高，高中阶段孩子的评价较低；各维度发展趋势近似。不同年龄段儿童对"儿童友好型城市"指标的评估比较见图2与表6。

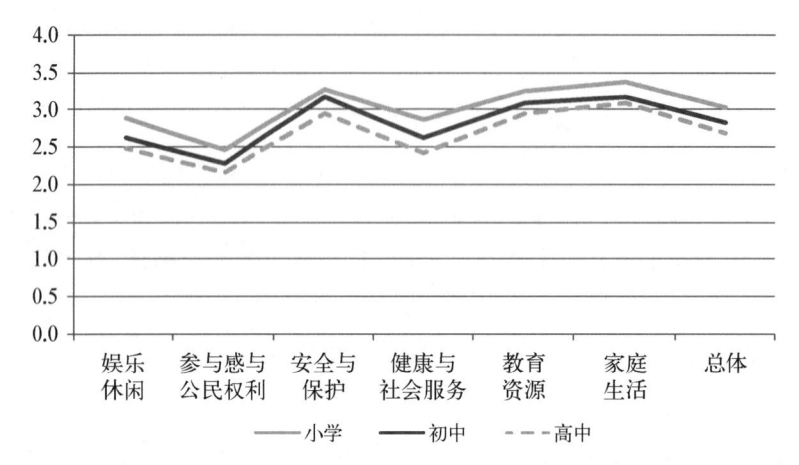

图2 不同年龄段儿童对"儿童友好城市"指标的评估比较

表6 不同年龄段儿童对"儿童友好型城市"指标的评估比较

	人数	娱乐休闲	参与感与公民权利	安全与保护	健康与社会服务	教育资源	家庭生活
小学	933	2.91±.6	2.47±.7	3.27±.6	2.88±.8	3.26±.6	3.38±.6
初中	1 044	2.64±.6	2.29±.7	3.18±.6	2.64±.8	3.09±.7	3.18±.7
高中	1 027	2.49±.7	2.17±.7	2.95±.6	2.44±.8	2.95±.7	3.09±.7
总体	3 004	2.67±.7	2.31±.7	3.13±.6	2.65±.8	3.10±.7	3.21±.7
F(Sig)		106.8** (.000)	45.46** (.000)	82.86** (.000)	80.61** (.000)	55.5** (.000)	46.98** (.000)

娱乐休闲维度，在关于网络、电子游戏等的评价上，高中生显著评价高于小学和初中生。这其实呈现出高中阶段学生在其他休闲娱乐方面相对欠缺的特点。对于目前适合青少年观看的电影、电视剧的评价上，3个年龄段没有呈现出差异。

参与感与公民权利维度，在参与社区规划、决策或相关活动方面，高中生的评价明显低于另两组儿童，这可能与其学业繁忙有关。仅在"我参与家庭内的重大事务"（如择校、父母离异等）方面，高中生的评价显著高于初中和小学生，这与其能力发展有关。

在安全与保护方面,"在上网时,我没有收到过网络上的暴力或色情等不良信息"的评分普遍最低。小学生对社区里行走和骑自行车的安全评估显著低于其他两个年龄段;而高中生则在"知晓互联网上的风险""没有受到口头暴力或危险""没有受到性骚扰或暴力"等方面,评价得分显著低于初中生和小学生。

健康与社会服务维度,3个年龄段间没有出现偏差现象,普遍是年龄段越高,评价得分较低。

教育资源维度,"学校里,男孩与女孩是平等的"这一内容普遍得到认同,没有显现年龄差异。在未来职业规划等相关信息上,初中生的评价显著低于小学与高中。

家庭生活维度在六大维度中属于评分最高的,不同年龄阶段儿童评分的分析,目前家庭比较注意尊重儿童及其空间隐私,儿童在"没有受到家庭暴力和虐待"以及"有自己的空间和隐私"方面,没有年龄差异。但在"家庭氛围民主,父母听取我的意见""父母除陪伴学习外,给予我足够陪伴""需要帮助时,父母或家人给我积极回应""父母更注重我的全面发展而不单纯是学习成绩"等方面,初中与高中阶段儿童的评价显著低于小学阶段儿童,值得父母反思是否过度关注儿童学业而忽视了高年龄儿童对亲子互动的需求。

(三)"儿童友好型城市"指标评价的性别差异比较

不同性别儿童在安全与保护和家庭生活两个维度不存在显著差异,其他4个维度存在显著差异,表现为女童普遍比男童的评价高,但差异并不非常显著。不同性别儿童在"儿童友好型城市"指标上的差异比较见表7。

表7 不同性别儿童在"儿童友好型城市"指标上的差异比较

	人数	娱乐休闲	参与感与公民权利	安全与保护	健康与社会服务	教育资源	家庭生活	总体
男	1387	2.64±.7	2.23±.7	3.12±.6	2.61±.8	3.04±.7	3.21±.7	2.81±.56
女	1608	2.71±.6	2.37±.69	3.14±.6	2.68±.76	3.15±.6	3.22±.7	2.88±.53
t值		−2.8** (.004)	−5.4** (.000)	−0.9 (.37)	−2.6** (.009)	−4.4** (.000)	−0.29 (.8)	−3.5** (.000)

在娱乐休闲方面,女生总体评价普遍高于男生,男生更认可"网络或电子游戏是适合我们的"以及"现在有很多适合儿童观看的电影、电视剧"。

"在社区,活动设施适合不同年龄的儿童使用"以及"我有足够的游戏、休息、玩耍的时间"方面,男女生没有显著差异。这一结论在另一项研究得到证实,即不同儿童年龄、性别、是否为独生子女以及家庭经济文化水平的儿童分类中,本市儿童自由支配时间均未显现差异性。

在参与感与公民权利方面,女生的评价普遍显著高于男生;但在权利信息的知晓度上不存在男女性别差异。

在安全与保护维度,男女生的差异不明显,男生更认可"乘坐轨道交通时的安全""社区内行走与骑自行车的安全",而女生更认可"没有受到身体的暴力和虐待"。

健康与社会服务方面,普遍存在女生评价高于男生的特点。社区卫生环境上的评价无性别差异。

在教育资源方面,普遍女生的评价显著高于男生,但在教育物质资源、师生互动等方面不存在性别差异。

在家庭生活方面,没有呈现出男女性别差异。

(四)不同户籍儿童在"儿童友好型城市"指标评价的差异比较

从户籍分类分析,本市户籍与外籍的儿童对儿童友好型城市各指标的评价趋于接近,但外省市户籍的儿童除了对家庭生活的评价没有差异外,其他指标普遍评价高于本市户籍儿童。不同户籍儿童在"儿童友好型城市"指标评价的比较见图3与表8。

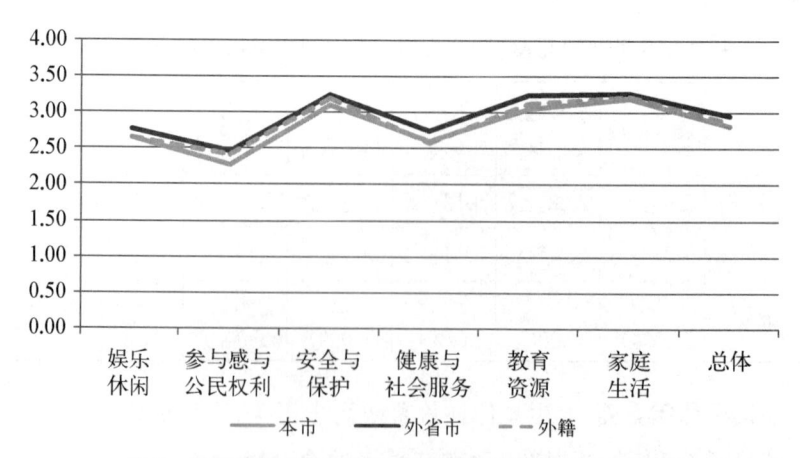

图3 不同户籍儿童在"儿童友好城市"指标评价的比较

表8 不同户籍儿童在"儿童友好型城市"指标评价的比较

户口	娱乐休闲	参与感与公民权利	安全与保护	健康与社会服务	教育资源	家庭生活	总体
本市1	2.65±.68	2.27±.7	3.10±.6	2.62±.8	3.06±.5	3.20±.7	2.81±.5
外省市2	2.78±.59	2.46±.7	3.24±.5	2.76±.8	3.24±.6	3.27±.6	2.96±.5
外籍3	2.65±.77	2.42±.6	3.20±.5	2.59±.8	3.13±.6	3.23±.6	2.87±.5
F(Sig)	6.97(.000)	13.89(.000)	10.4(.000)	6.2(.000)	14.3(.000)	2.32(.073)	12.85(.000)
显著差异	1*2	1*2	1*2	1*2	1*2	/	1*2

对娱乐休闲方面,本市户籍的儿童在"社区足够的地方游戏或运动""足够的游戏、休息、玩耍的时间"方面,评价低于外省市及外籍儿童的评估;反而更认可"网络电子游戏适合我们、对我们有帮助",家长及社会需要引以重视城市化进程带来的儿童与大自然的疏离问题,如与大自然缺乏接触带来的后续儿童发展问题诸如肥胖、近视等。

在参与感与公民权利方面,在家庭重大事务的决策、参与社区规划与决策、参与改造社区的活动3个方面的得分普遍较低;在家庭重大事务的决策、政府做出与儿童相关的社会重大决策方面,不同户籍儿童的评估没有显著差异。在自身相关事务、社区的参与方面,本市户籍儿童评价均低于其他两类儿童。

安全保护方面,基本安全出行、危险隐患的规避上儿童都评价较好,未呈现显著差异。外省市籍贯的孩子更认可"我们每天吃的食物都有安全保障""我知道哪里寻求法律援助""家庭外,碰到潜在危险知道找谁寻求帮助"。在其他诸如"上网时没有收到网络暴力、色情不良信息""没有受到口头的暴力和威胁""没有受到身体的暴力与虐待""不会被其他孩子欺负""学过安全自护相关知识""参加过安全自护的现场演练等活动"等方面,本市户籍儿童评估低于其他两组儿童。

健康与社会服务方面,医疗相关环境创设的评价未呈现户籍差异,但对社区环境创设、社区健康咨询等方面,外省市儿童的感知评价更积极。

在家庭生活方面,不存在显著的户籍差异。仅在"若有兄弟姐妹,父母给我的爱不会减少"以及"我们家经常与邻居互动"方面,本市户籍的儿童评价显著低于外省市与外籍儿童。

(五) 不同地域儿童在"儿童友好型城市"指标评价的差异比较

总体上城区儿童对"儿童友好型城市"的各指标评估高于郊区儿童。不同地域儿童在"儿童友好型城市"指标评价的比较见图4与表9。

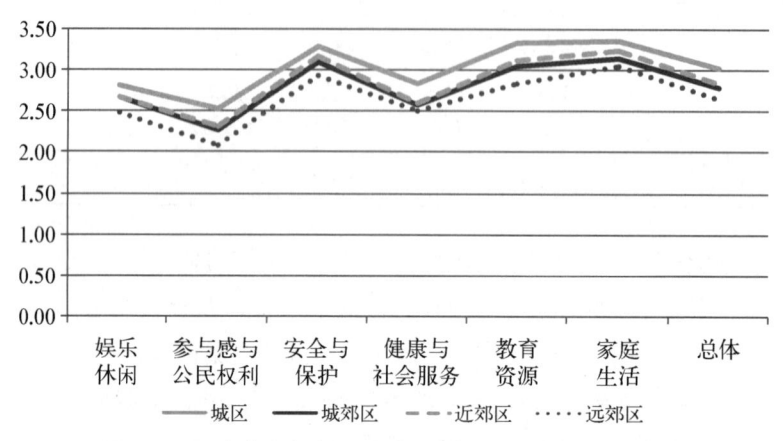

图4 不同地域儿童在"儿童友好型城市"指标评价的比较

表9 不同地域儿童在"儿童友好型城市"指标评价的比较

区 县	娱乐休闲	参与感与公民权利	安全与保护	健康与社会服务	教育资源	家庭生活	总 体
城 区	2.83±.6	2.53±.7	3.29±.6	2.85±.8	3.34±.6	3.36±.6	3.03±.5
城郊区	2.67±.7	2.28±.7	3.10±.6	2.58±.7	3.05±.6	3.16±.7	2.81±.5
近郊区	2.68±.6	2.32±.7	3.17±.6	2.61±.8	3.12±.6	3.24±.7	2.86±.53
远郊区	2.49±.7	2.08±.69	2.94±.6	2.52±.85	2.84±.7	3.06±.7	2.65±.57
F(Sig)	33.9 (.000)	52.7 (.000)	46.4 (.000)	26.2 (.000)	74.7 (.000)	27.8 (.000)	64.2 (.000)
差异显著性	1*2/3/4、2*4、3*4	1*2/3/4、2*4、3*4	1*2/3/4、2*4、3*4	1*2/3/4	1*2/3/4、2*4、3*4	1*2/3/4、2*4、3*4	1*2/3/4、2*4、3*4

娱乐休闲方面,远郊区的儿童在"经常去科技馆、博物馆、图书馆等活动场馆"和"儿童活动、参观的场所,有适合儿童使用的参观设备"方面的评价

显著低于其他类别的儿童;且在"足够的游戏、休息、玩耍的时间""与朋友互动的时间"和"参加校外小组或活动"等方面,也处于评价较低的水平。儿童对"现在儿童玩的网络或电子游戏适合儿童、对儿童有帮助"的评价相近,无差异。

参与感与公民权利方面,郊区儿童在"家庭内重大事务的决策""了解成人的权利"以及"参与儿童自主管理的团体"方面,评价显著低于其他类型的儿童。其他方面均存在城区儿童、城郊与近郊儿童、远郊儿童3个区域水平差异,城郊与近郊区域的儿童各方面评价相近。

安全与保护方面,基本也存在城区儿童、城郊与近郊儿童、远郊儿童3个区域水平差异。远郊儿童在"在上网时,我没有收到过网络上的暴力或色情等不良信息""学习过安全自护相关知识"和"参加过安全自护相关的现场演戏等实践活动"方面评价最低。

健康与社会服务方面,城区儿童在社区医院资源、社区图书馆、社区活动等方面的评价显著高于其他3类儿童,说明这方面城区的资源相对优于郊区。

教育资源和家庭生活方面,同样存在3个水平的评价差异,即城区儿童、城郊与近郊儿童、远郊儿童。

(六)"儿童友好型城市"指标评价的家庭社会经济水平比较

将儿童对家庭社会经济水平分为3组。随着家庭经济水平收入的增加,评价普遍越高。收入水平处于较高位置(上部33%)的儿童在各维度评价得分显著高于其他两组类儿童,而经济水平收入位于较低位置(下部33%)的儿童,其评价得分显著低于其他儿童。"儿童友好型城市"指标评价家庭社会经济水平的比较见表10。

表10 "儿童友好型城市"指标评价家庭社会经济水平的比较

家庭社会经济地位	娱乐休闲	参与感与公民权利	安全与保护	健康与社会服务	教育资源	家庭生活	总体
SES1	2.56±.65	2.23±.7	3.03±.6	2.51±.8	3.0±.7	3.02±.7	2.72±.6
SES2	2.69±.6	2.34±.7	3.17±.6	2.68±.8	3.14±.6	3.26±.6	2.88±.5
SES3	2.79±.6	2.40±.7	3.21±.5	2.77±.7	3.18±.6	3.37±.6	2.95±.5

(续表)

家庭社会经济地位	娱乐休闲	参与感与公民权利	安全与保护	健康与社会服务	教育资源	家庭生活	总体
F(Sig)	19.5**(.000)	9.41**(.000)	15.6**(.000)	17.74**(.000)	11.89**(.000)	46.97**(.000)	28.55**(.000)
差异显著性	1*2/3 2*3	1*2/3 2*3	1*2/3 2*3	1*2/3 2*3	1*2/3	1*2/3 2*3	1*2/3 2*3

从各维度的评价与父母亲的受教育程度的相关分析来看,除教育资源(学校)之外,其他各维度的评价得分与父母受教育水平大都呈现显著正相关。其中,在安全与保护维度,父亲受教育水平高的儿童,在互联网风险、不被其他孩子欺负、安全自护知识等方面的评价显著偏高。在健康与社会服务方面,家长的受教育程度与儿童对社区医疗资源、社区图书馆资源、社区环境及公益活动等的评价呈正相关。"儿童友好型城市"指标评价与父母受教育水平的相关见表11。

表11 "儿童友好型城市"指标评价与父母受教育水平的相关

	父亲教育水平	母亲教育水平
娱乐休闲	.061(.001)**	.045(.016)*
参与感与公民权利	.044(.019)*	.029(.12)
安全与保护	.042(.026)*	.037(.05)
健康与社会服务	.045(.016)*	.048(.01)*
教育资源(学校)	.033(.08)	.033(.08)
家庭生活	.094(.000)**	.080(.000)**
总分	.066(.000)**	.057(.002)**

三、讨论分析

为了解不同类型儿童在城市儿童友好度评价上的差异,本研究将与儿童相关的年龄、性别、户口性质、区域分类、家庭社会经济文化水平以及家长的最高受教育程度等进行影响因素分析（回归分析）。回归分析中剔除影响因素：是否是独生子女，具体分析结果见表12。

表12 "儿童友好型城市"指标评估的影响因素之回归分析

	β	娱乐休闲	参与感与公民权利	安全与保护	健康与社会服务	教育资源	家庭生活
影响因素	年龄	-.036	-.023	-.027	-.04	-.026	-.024
	性别	.060	.139	/	.68	.106	/
	户口性质	.069	.148	.092	.092	.108	.085
	区县分类	-.098	-.125	-.094	-.099	-.143	-.086
	SES	.307	.261	.312	.389	.319	.463
	父母最高受教育程度	.026	.019	.028	-.033	-.029	-.026
R		.312	.301	.313	.293	.343	.321
F(Sig)		47.59** (.000)	45.69** (.000)	47.13** (.000)	40.73** (.000)	51.36** (.000)	60.95** (.000)

（一）对城市儿童友好性的综合评价总体中等偏上

儿童对家庭生活、安全与保护、教育资源上的评价普遍更为积极；对休闲娱乐、健康与社会服务的评价略好，但在参与权与公民权利的评价上较为消极。因此，后3个维度是相对更有提升空间的领域。各维度的整体评价趋势与2011年韩国首尔的城市儿童友好度评测结论相一致，但首尔的城市儿童友好度的总体评价更低，更为消极(Seung Ae Hong, Jae Yeon Lee, 2011)。

与儿童友好型指标相关的儿童四大权利的保护状况分析可以发现，本市儿童感知到父母给予了儿童相关权利的保护和支持，父母尽量想给孩子提供最好的物质环境和发展机会。在儿童参与权方面，家长、老师等成人已经意识到要平等地对待孩子、尊重儿童自己的选择权。但当理念要付诸到具体行为时，仍有可能很大程度上剥夺了儿童的参与权（杨雄、郝振，2008）。所以从儿童对参与感和公民权利的现状评估中体现相对消极。

（二）低龄儿童普遍更认同城市对儿童的友好度

随着孩子的年龄增长，儿童对城市的儿童友好度评价呈降低趋势。这一结论与 2011 年韩国首尔的城市儿童友好度评测结论相一致。这与其认知的成熟度以及主观评价标准有关；但值得我们反思在城市规划与发展上，是否在城市建设与氛围营造上忽视了儿童的需求，应该如何聆听青少年的声音，更好地促进儿童发展与城市紧密相连。

从儿童对自身权利保护与现状的评估研究来看，青春期儿童对自身权利受到家庭保护的满意程度均显著低于低龄阶段儿童。相关研究认为主要归因于青春期儿童生身心日渐成熟，有了更为成熟的认知，有强烈摆脱成人保护的倾向（杨雄、郝振，2008）。从这一点来说，青春期阶段的儿童对家庭、学校、社会等各方面的认知可能更为成熟和全面，也有了相对独立的见解；在儿童友好型城市建设过程中，更需要倾听儿童主体的心声。上海市城市规划和国土资源管理局局长庄少勤在"2040 城市规划听取青年汇智团意见"的青年汇智营中就说"要明确明天的方向，就要知道后天的需要。"（周胜洁，2015）

（三）女孩对城市的儿童友好性的评价更为积极

这一结论与 2011 年韩国首尔的城市儿童友好度评测结论正好相反，首尔城市友好型评价中，男孩比女孩的评价更为积极（Seung Ae Hong, Jae Yeon Lee, 2011）。但本次研究与本市多个研究结果相一致。杨雄等研究发现本市女童普遍认为自己的权利比男童得到了更好的保护（杨雄、郝振，2008）；而家长对孩子保护的行为评价过程中，也呈现对女孩的权利保护显著高于对男孩的保护。因此可以说，在上海基本不存在重男轻女的现象；且相对来说，给到女童的环境创设还要略高于男童。这可能与女孩对各维度的参与度以及身心发展成熟度显著优于同年龄阶段的男孩有关。

（四）家庭社会经济因素好、城区的儿童和青少年评估城市儿童友好度各维度普遍比社会经济水平弱和郊区的儿童更为积极正向

这一结论与 2011 年韩国首尔的城市儿童友好度评测结论相一致（Seung Ae Hong, Jae Yeon Lee, 2011）。从儿童对各维度相关具体指标的

评价中可以发现,从家庭环境的营造,包括家长对儿童教育重视程度、教育理念等方面,也有着家庭经济文化因素的影响。杨雄等人(杨雄、郝振,2008)的研究结果表明:家长文化程度的提高、家庭收入的增高,儿童的生存权、参与权、发展权等就会受到越来越好的家庭保护。从环境创设上,儿童认为城区的就儿童相关的教育资源、社区设施、公共服务设施以及儿童参与的环境与机会等显著高于远郊区。这客观地反映了儿童的生活环境,也从另一个侧面说明儿童对自身所处社区环境评价比较客观中立。

(五)儿童有能力参与与其相关的事务

根据童年社会学的有关研究(马晓琴、曾凡林、陈建军,2006),作为社会能动成员,儿童完全有能力积极参与社会活动,并为整个社会做出有益的贡献。儿童参与对其自身发展也有帮助。

此次调研过程中,不同年龄阶段的孩子对本市各方面对儿童友好程度的评价真实客观,也能够直言不讳地指出城市发展中对儿童发展上的不足,并从儿童本位的角度出发,给出了自己对城市儿童友好度方面的建议和良策。三年级的孩子指出:"希望周末有一天街区有一段马路可以交通管制,让所有的车辆都不可以通过,街区所有的小朋友都可以到这段马路上来玩。这样可以增加孩子的独立能力,也不会有安全问题;小朋友可以一起长大,增加友谊。"初中的孩子指出:"现在社区中的游乐设施都偏向低龄儿童,不适合我们初中、高中的年龄阶段。希望有更多专门供儿童娱乐休闲的场所,场所除了有运动型、游玩型项目外,应该增加趣味益智类,考虑不同年龄儿童的需求与特点。"

四、建议思考

(一)儿童友好型城市建设中,需要更关注儿童在娱乐休闲、健康社会服务以及参与感和公民权利的环境创设

娱乐休闲维度,儿童期待更多的自由游戏、休息、玩耍的时间和空间;与朋友交流、互动的时间;儿童自发组织的活动内容等;更期待适宜儿童参观学习的活动场馆,以及场馆内亲儿童化的设施服务,如更易儿童理解的信息

介绍,或针对儿童讲解的参观服务,或针对不同年龄段儿童的游乐设施等;希望社会能够提供更多适宜儿童观看欣赏的文化服务,尤其适宜儿童玩的网络或电子游戏方面的提升空间最高(该领域中评估最低)。孩子希望"电影有分级制度,相对减少让我们观看到无法接受的电影"。

健康社会服务,儿童更期待社区环境的优化,包括空气质量、卫生环境、儿童图书馆等服务。儿童也希望社区有更多针对儿童、青少年的公益活动。有孩子表示希望"生活在一个未被污染的环境中,不会因为 pm2.5 的超标而天天开着空气净化器。我想独自上学放学,我想体会爸爸妈妈小时候在田野里奔跑,与小动物互动,可以独自约见小伙伴一起玩耍的感觉。""希望增强是食品监控,保障儿童食品安全。请进一步加强控烟力度,让孩子远离二手烟""是否可以增设校车,既可以节省资源,又可以缓解交通压力。""每一项小区或社会上的活动,不管老幼病残,都应该参加,不应该把小孩遗忘。……尽量办一些公益活动给小孩,这也是一种权利。"

参与感与公民权利方面,家庭内、学校内、社会关系中营造的尊重、鼓励、支持、积极聆听等的支持性环境有关,儿童的权利意识更好,儿童参与更为积极。儿童参与的实现离不开成人的支持和鼓励。成人需要为儿童建立一种安全、轻松的参与环境(沈颖,2018),更多地认识到儿童参与对儿童自身成长,包括对认知与非认知能力的积极作用,从而给予更多儿童参与的机会。儿童表示:"我想让所有的儿童都有自己的权利,每个人都关注儿童的成长,不强迫儿童做自己不想做的事情,而是要培养兴趣。""想要建成一座让孩子觉得安全、开心的城市,应该多听听孩子怎么想,让我们来当'儿童友好型城市'的评委。"

(二)儿童友好型城市建设中,需要考虑环境创设的公平性与普惠性,即倾斜相对资源欠缺的郊区或处境不利的儿童群体

儿童友好城市的目标是保障儿童对于基本服务的权利,如健康、教育、住宅、饮水、卫生以及免于暴力、虐待和剥削;同时致力于让年轻人影响关于城市的决策,表达他们对于城市的意见,参与社区和城市生活;提倡儿童安全独自出行,和朋友聚会和游戏,居住在一个没有污染的绿色环境中,参与文化和社会活动,成为城市平等的公民,获得各项服务而不受任何歧视。其初衷,是考虑如何实现城市与儿童的共同可持续性发展;同时儿童是社会未来的人力资源,但在城市规划和发展进程中属于特殊群体、弱势群体。城市发展,尤其是公共服务建设,需要代表城市人民的利益使用和分配城市全体人民的公共资源,其中也包括儿童;为确保城市公共服务的公平、公正,需要体现对弱势群体的关注与扶持。有学者在《城市处境不利儿童的成因结果及改善策略研究中》(解翠玲,2016)阐述:对于城市中的处境不利儿童来说,处境不利是社会转型和改革的产物。改善处境不利儿童处境及感受的措施是加强制度和法规建设,为处境不利儿童的权益保障提供依据;集合多方力量,构建社会支持系统,促进处境不利儿童的发展。

因此在儿童友好型城市的建设规划过程中,不均衡的空间容易让儿童受到伤害。在倾听儿童诉求的同时,需要考虑城市环境创设的公平性与普惠性。为实现尊重儿童权利和平等发展,要相对倾斜相对资源欠缺的郊区或处境不利的儿童群体。就像郊区三年级的孩子表示:"在我们现在医院里,专属于我们儿童的医生非常少,有时候由其他诊科的医生兼职的。对于我们住在郊区的孩子,看病一点都不方便,真希望我们郊区的孩子也能像市区的孩子一样,拥有良好的医疗环境和方便的就医。"

(三) 儿童友好型城市建设中,应积极倡导儿童公民权利与参与意识,这对儿童发展及城市建设均有着积极的促进意义

儿童友好型城市建设中,需要政府及时向公众公开政府决策,搭建公众参与的平台,尤其是让儿童最大限度地参与其中。联合国儿童基金会倡导建设儿童友好城市的过程包括以下9个关于儿童权利的要素:① 参与决策过程;② 儿童友好性的法律框架;③ 覆盖整个城市儿童权利计划;④ 一个儿童权利机构或者协调机制;⑤ 儿童影响评估;⑥ 关于儿童的专门预算;⑦ 定期发布城市儿童状况报告;⑧ 推动儿童权利;⑨ 独立的儿童代言人。全世界已经有许多城市和政府加入了实现"儿童友好城市"的行动。伦敦在2007年出版了第三期城市儿童报告。在意大利,政府环境部负责协调儿童友友好城市计划的实施。欧洲的"为少年儿童建设的城市"网络(M·欧伯雷瑟·芬柯,2008)于2007欧洲"为少年儿童建设的城市"论坛上正式建立;目的是为欧洲各城市提供一个跨国交流的平台,以探索如何进一步改善少年儿童、青少年以及家长在城市环境中的生活条件。发展中国家也已有很多实践,菲律宾从1990年代就开始开展儿童友好城市项目(永真公益基金

会,2017)。在南非,约翰内斯堡大都市区议会的发展计划中,包括了儿童行动计划,让儿童可以直接影响当地立法和城市规划。越南胡志明市(越通社,2017)在儿童友好型城市建设中着力推动如下策略：缩小公平差距,向处于社会边缘的儿童提供社会服务,保护所有儿童不受暴力侵害；促进安全、可持续的城市环境；设置合适的针对儿童的城市规划和预算；加强弱势儿童和青少年的发言权和参与；加强城市区域政策研究的实证基础。

相对来说,我市在儿童参与感与公民权利维度上评价最低。我市儿童的权利意识已经普遍较高,有孩子就表示："儿童同样是我们这个城市的一分子、一部分,所以我们也理应拥有和公民一样的权利,不应以年纪小为缘由限制我们的权利。"但从儿童参与现状与行为的自我评估中,呈现与儿童权利意识不相匹配的评估分。相关研究认为这与父母、教师等意识层面与实际操作间的不一致相关。

儿童参与意识及行为能力的提高是需要有意识地培养。父母或成人社会对儿童参与的鼓励行为将有利于儿童自主意识、权利意识的萌发,同时对儿童参与行为、参与环境营造等有着积极的促进作用。从相关访谈过程中,家长普遍认为儿童积极参与学校、社区的活动等,对儿童自身能力的提高是有着促进意义的。如曾参与"青少年对上海市儿童参与现状的调查研究"(张增修、卢凤、曾凡林,2017)的青少年表示,研究中虽然遇到了困难,但觉得非常开心,不仅是因为自己得到了锻炼,更重要的是觉得自己是在为儿童争取自己的权利,是"为社会献出自己的一分力量"。

儿童的参与,有利于强化孩子自我的认识,提高儿童责任感和主人翁意识,增强儿童社会责任感。这也就是城市发展需要的具有主人翁精神的建设者和接班人。

参考文献

[1] 布伦丹·格利森、尼尔·西普编,丁宇译.国外城市规划与设计理论译丛：创建儿童友好型城市.北京：中国建筑工业出版社,2014.
[2] 丁宇.城市儿童游戏空间研究与规划思考——以武汉儿童游戏空间为例.和谐城市规划——2007中国城市规划年会论文集.1256-1263.
[3] 关巍.儿童友好型城市的公共空间诉求.中国社会科学网.[EB/OL].http://news.cssn.cn/shx/shx_zhyj/201709/t20170919_3645419.shtml.2017-09-19.
[4] 韩雪原,陈可石.儿童友好型城市研究——以美国波特兰珍珠区为例.城市发展研究,2016(9)：26-33.

[5] 汲晓辉.中外城市居住区儿童游戏场所设计之比较研究.陕西建筑,2010(1):6-7.
[6] 李方悦,李宝章.创造儿童友好的空间和城市.Garden.2015(7):42-45.
[7] 梁巍.让城市回归儿童——儿童友好型城市政策框架及其中国探索.少年儿童研究,2018(4):26-28.
[8] 刘子桀.儿童友好型社区空间设计研究.西南交通大学,2014.
[9] 马晓琴,曾凡林,陈建军.儿童参与权和童年社会学.当代青年研究,2006(11).
[10] 欧伯雷瑟-芬柯撰.吴玮琼译.活动场地:城市——设计少年儿童友好型城市开放空间.中国园林,2008:49-55.
[11] 戚文娟.儿童友好型公园绿地调查与评价研究.安徽农业大学,2016.
[12] 任春荣.学生家庭社会经济地位(SES)的测量技术.教育学报,2010(10):77-82.
[13] 任泳东,吴晓莉.儿童友好视角下建设健康城市的策略性建议.上海城市规划,2017:24-29.
[14] 沈颖.儿童参与问题的困境与回归.教育导刊(下半刊),2018年第8期.
[15] 谭玛丽撰,周方诚译.适合儿童的公园与花园——儿童友好型公园的设计与研究.中国园林,2008:43-48.
[16] 解翠玲.城市处境不利儿童的成因结构及改善策略研究.江苏大学学报(社会科学版),2016(11):89-92.
[17] 杨雄,郝振.上海市儿童权利家庭保护的现状与挑战.社会科学,2008(6):82-88.
[18] 永真公益基金会.儿童友好是全球范围的共识.[EB/OL].http://www.cfc-c.org/view-43.html.2017-03-31.
[19] 越通社.联合国儿童基金会将胡志明市选为"儿童友好型城市倡议"实施城市.[EB/OL].https://zh.vietnamplus.vn/联合国儿童基金会将胡志明市选为儿童友好型城市倡议实施城市/67792.vnp.2017-07-19.
[20] 占盛丽.从个人和学校视角看家庭社会经济地位对学生学业成绩的影响——国际学生评估项目(PISA)的启示.上海教育研究,2009,12:10-13.
[21] 周胜洁.沪2040城市规划听取青少年意见.[EB/OL].http://app.why.com.cn/epaper/qnb/html/2015-08/03/content_264257.htm?div=-1.2015-08-03.
[22] 张增修,卢凤,曾凡林.让儿童成为儿童问题的研究者——促进儿童参与研究的策略.基础教育.2017(5):50-60.
[23] Childwatch international research network. Child Friendly Cities and Communities Assessment Toolkit. [EB/OL]. https://www.childwatch.uio.no/projects/activities/child-friendly-cities-and-communities-research-project/finaltoolkit2011.html.
[24] Maria Nordström. Children's Views on Child-friendly Environments in Different Geographical, Cultural and Social Neighborhoods. Urban Studies. 2010(3):514-528.
[25] Seung Ae Hong, Jae Yeon Lee. Children and Adolescents' Assessments of Child Friendly Cities. korean journal of child studies. 2011(32):1-18.
[26] UNICEF. What is the Child Friendly Cities Initiative? [EB/OL]. https://childfriendlycities.org/what-is-the-child-friendly-cities-initiative/.

家庭教育与亲子互动

古代中国家庭早期阅读教育及启示[①]

张明红

中国古代非常重视家庭教育,尤其是早期家庭教育思想,可谓源远流长。奴隶社会时已有儿童早期教育的主张被零散地记载在古籍中。在浩如烟海的文化典籍中,除了先秦的礼法,汉代的家法,六朝以后出现的家训、家规、家仪等,都有着对家庭教育的专门论述,还有大量散见于经史子集中的有关家教的名言、名篇和大量的古代传统家书以及传播于世的教子诗文等,也无不蕴含着丰富的家庭教育思想。

"耕读传家久,诗书继世长"的古训是古代书香家庭阅读的真实写照,隋唐科举制度的产生,使这种思想根深蒂固,于是形成了"半为儒者半为农"独特而又稳定的"耕读文化"(魏剑虹、郑秀花,2015)。在耕读传家思想的影响下,古代家长十分注重对子女的早期教育,尤其关注子女的读书行为。正是因为古人重视家庭教育和家风建设,读书与学习俨然成为培养子女文化修养的不二法门(宋丹丹、张守卫,2018)。

基于此文化背景,在"倡导全民阅读,建设书香社会"的时代背景和"促进幼儿多元化早期阅读"的教育愿景下,继承文化遗产,关注古代早期家庭教育中的阅读传统和方法,重拾中华民族优良的阅读传统,对今天的家庭阅读、儿童阅读有着重要的意义和价值。

一、中国古代重视家庭早期阅读教育的背景

家庭教育中最关键的部分就是家庭阅读,而家庭教育的根本任务和目

[①] 本文系2020年上海市妇联"注重家庭、注重家教、注重家风"理论研讨会约稿,作者系华东师范大学学前教育学副教授。

的是"修身、齐家、治国、平天下"。古人曾谈到"身修而后家齐,家齐而后国治""凡人进德修业,事事从读书起""玉不琢不成器,人不学不知道",因此,读书是"进德修业"和"成器"的重要途径。

(一) 个人原因——修身

在中国古代家训中,家庭阅读是为了教诫子孙明理修身,期望子女以德养才,以才进德,古代家长都希望能够培养出明礼诚信、德才兼备并且修身自省的子弟去传承家业和家风。书籍记载了先贤的人生感悟和思想财富,通过阅读,文化传统在一代代读书人之间传递,内化为他们的内心修养。

孔子曾教育儿子:"不学《诗》,无以言。不学《礼》无以立。"《三字经》中"子不学,断机杼"的故事讲的也是家庭教育情境中父母教予孩子学习和读书的重要性的。"孟子之少也,既学而归。孟母方织,问学所至,孟子自若。孟母以刀断其织,孟子惧而问其故。母曰:'子之废学若吾断斯织也'。"这个故事生动地阐明了人假设荒废读书,就会像快要织好的布被剪断一样中途停顿,有始无终。为有经过读书和学习,才气养成十分好的个人修养和品德。孟子听从了母亲的教诲,改正错误,坚持不懈地勤苦学习,终于成为天下名儒。

(二) 家庭原因——齐家

中国人历来重视子女培养。古人常常认为,个人的成功并不意味着真正的成功,只有既实现个人价值与社会价值,同时又将子女培养成贤人君子,人生才得以圆满。在中国的传统社会中,齐家既是修身的目标,又是治国的基础。所以,怎么样"齐家"便成为中国古代家庭教育的根本追求。在古代家训中,鼓励子孙为学,是因为"书中自有黄金屋""学而优则仕"等观念;至明清时期,这种思想被引申为"家之兴由子弟之贤,子弟之贤由乎蒙养。蒙养以正,岂曰保家,亦以作圣"(赵振,2014:171)。将家庭教育与个人成就、家族发展紧密地联系在一起。在特定的社会大环境下,这也是家庭得以更好生存发展的需要。

其次,对"书香继世"家风的向往也使古人更关注家庭中的早期阅读。"忠厚传家久,书香继世长",朴素的民谚折射出古代中国人对书香世家的倾慕。从家庭教育开始鼓励阅读,营造读书之风就是古代家庭教育中必须存在的且较为普遍的了。

最后，隋唐后盛行的科举考试也加深了早期阅读的重要性，科举考试不仅跟个人命运相关，更是家族改变门第，跻身上流的机会。于是，科举考试"显亲扬名"的功用，成为家长鼓励阅读最为直接的动力，诸如"万般皆下品，惟有读书高"之类的劝学诗在唐宋以后大量出现，颇能说明问题。

（三）国家方面——治国、平天下

春秋战国时期，自给自足的小农家庭的自然经济始终占主导地位，周天子统治天下的局面被打破之后，奴隶制日趋没落，各个诸侯争雄称霸，力求达到富国强兵的目标，实行"耕战政策"之前，军人皆是出自贵族，耕战制度建立后，军人皆出自农耕家庭，所以劳动力和兵源就成为决定各国兴衰的关键要素。高素质的兵源意味着可以更灵活地使用各种战术，可以更充分地完成各种战略要求，而阅读是古代读书人获得处理实际事务经验的主要方式。

此外，古人"修身"之后的更高追求是治国和平天下，学而优则仕。对于通过阅读，然后做官，被认为是治国方略的重要途径。隋唐之后，在科举制的刺激下，读书成为大多数士子唯一的进身之阶，科举考试一方面给了出身贫寒的读书人跻身仕途的机会，提供了一条实现"平天下"抱负的捷径，修身齐家本身是为了实现自我价值，为小我；而治国平天下则是为大我。以天下为己任而读书，实现社会价值才是古人家庭阅读的最高境界。

二、中国古代家庭阅读教育的内容

古人认为，家庭教育是群学之基，由于幼儿年纪小、记忆力好，在进入学校之前对儿童进行早期的家庭教育对其终身发展意义非凡。家庭教育的途径很多，但在传播手段并不发达的古代，阅读是进行家庭教育最为有效的方式。古代儿童培养的最终目标是由家而国，通过早期阅读教育能够培养儿童的多种能力，最终使其成为治国之才。

（一）中国古代家庭早期阅读的内容

古往今来，家庭教育的思想和方法汇集成了一个庞大的理论体系，留存至今的各类家训文献就是我们了解古代家庭教育内容的主要依据。颜之推非常重视儿童的早期教育,其编著的《颜氏家训》作为中国古代第一本系统完整的家庭教科书,对古代家庭教育内容进行了总结,主要涉及道德伦理教育、日常生活教育和文化常识教育 3 个方面。而中国古代家庭早期阅读也是围绕着这 3 个主题展开。

1. 道德伦理教育

朱熹说:"自小便教之以德,教之以尚德不尚力之事。"道德伦理教育是家庭教育的主要内容,在古人看来,良好的道德素养对人的一生有着深远的影响,因此应从小抓起。而伦理道德教育的内容主要分为以下几个方面。

第一是孝悌,教子以孝就是要求儿童顺从父母长辈,懂得侍奉父母;兄友弟恭则是"悌"教育的体现,要求兄弟和睦、礼让和团结。孝悌是道德的根本,是安身立命之所在。第二是诚信,孔子云:"人而无信,不知其可也",父母是儿童学习的榜样,通过潜移默化的教育示范和环境熏染,能够帮助孩子养成诚实守信的优良品质。第三是立志,古人教育幼儿应该早立志、立大志,例如诸葛亮在《诫子书》中提出的"非淡泊无以明志,非宁静无以致远"。第四是节俭,古人认为节俭有助于儿童长大以后的修身齐家,朱熹编写的《小学》一书中,有一个宰相要求自己的儿孙吃粗饭、穿布衣的故事,借此说明"由俭入奢易,由奢入俭难"的道理(王孟孟,2016)。

2. 日常生活教育

日常生活教育的目的是通过在日常生活中的行为训练,帮助儿童养成良好的生活习惯以及合理得体的言行举止。南宋教育家吕祖谦曰:"教小儿先教以恭谨,不轻忽",生活礼仪教育着重强调日常行为仪态,如站姿挺拔、坐姿端正等,在言谈视听方面要求蒙童缄默慎言,勿倾听倾视:"凡童子,不得轻乎出言,所言必须声气低下,不得喧哗,所言之事不得虚诞,……至市井、鄙秽之言,尤宜禁绝";在饮食习惯方面,要求儿童不挑食不浪费,在餐桌上仪态大方,举箸从容、不乱拨食物、不贪吃,形成一种良好的生活习惯,另外对于卫生方面更不应有所放松,要求儿童早睡早起,保持房屋整洁无杂物、衣服合体并注意清洁等。

3. 文化教育

"人生在世,耕读当先"。《颜氏家训》也把读书做人作为家训的核心。颜之推把圣贤之书的主旨归纳为"诚孝、慎言、检迹"六字;认为读书问学的目的,是为了"开心明目,利于行耳","若能常保数百卷书,千载终不为小人也"。他认为无论年龄大小,都应该读书学习,"幼而学者,如日出之光;老而学者,如秉烛夜行,犹贤乎瞑目而无见者也"。清代王筠在《教童子法》中指出:"蒙养之时,识字为先,不必遽读书",因此识字是接受教育的第一步。读书是在识字达到一定数量的基础上进行的。古人相信"书读百遍,其义自现",因此初读书时,并不要求儿童透彻理解文意,家长也不作详细解释,但是要求其反复阅读直到最后完全留在心间,最终达到信手拈来、出口成文的结果。除此之外,随着年龄增长和认知能力不断增强,儿童需要读背的知识也不断增加,最初是一词一句的背诵,后来则要求其背诵整篇文章甚至整本书。读书识字进行到一定阶段之后则是作文教育。

(二) 中国古代家庭早期阅读的书目

中国古代教育大致分为"蒙学""小学""大学"3个阶段。蒙学是4~8岁,小学是8~15岁,大学是15~20岁。古代家长在孩子不同的年龄段,为了符合对应的学制要求,会选择不同的书目让孩子进行阅读。蒙学教材是为蒙童编写的教科书,在教育史和文化史上都具有很高的研究价值,它体现了中国传统文化精神以及社会伦理价值,具有典型的代表性。因此,中国古代家庭早期阅读的书目可参考蒙学教材,大致有以下几类。

1. 道德伦理类

这一类的蒙学教材主要是对儿童进行封建道德伦理教育,其中对于儿童的一言一行都有明确的规定,为了使他们在开蒙之时将社会规范内化于心。因此学则训导类教材多采用三言、四言的格言类形式,易读易记,以对儿童留下深刻的印象。流传最广泛的要数清代康熙年间的秀才李毓秀所编的《弟子规》,采用三言韵语的形式对儿童的日常行为规范提出要求,如怎样孝敬父母、友爱兄弟、讲究卫生、仪态端庄等内容,帮助儿童养成诚信忠厚人格。此外,比较著名的还有《弟子职》《朱子家训》《神童诗》等。

2. 日常生活类

古代为女童而作的蒙学教材主要针对的就是日常生活教育,其以"三从四德""男女有别""男尊女卑"为主要内容,还包括一些日常生活中的待人接物之道。有成书于唐代的《女孝经》、明代的《内训》、吕坤的《闺范》和《闺诫》等。以《女儿经》为例,书中教导女童遵守礼教以及日常行为规范,如"着酱醋,要调匀。用器物,洗干净"等极其细微的生活要求。虽然这些教材从现代意义上来讲,属于文化糟粕,在内容上带有封建时期男权至上的思想,但对于有效管理幼儿的行为来说却具有一定的实际作用。

3. 文化教育类

识字是儿童学习的首要目标,因此识字类的蒙学教材的数量是最多的。我国古代最早的集中识字类教材是成书于周宣王时期的《史籀篇》,但这本书的大部分内容已失传。保存下来的完整的蒙学教材,最早则追溯到西汉时期的《急就篇》,全书分章叙述各种名物常识,在形式上以歌诀为主,对仗押韵,读起来朗朗上口。除此之外,此外,所谓的"杂字"类课本也广为流传,这种教材除了教儿童识字之外,更注重本土生活习俗和语言的学习,如《山西杂字必读》《山东庄农日用杂字》等都带有浓厚的地方特色。

三、中国古代家庭早期阅读的方法

读书有其乐,亦有其法。古人在家规家训中为何如此重视读书,又是怎么教育孩子读书的呢?他们的读书之道给予着今人的我们怎样的启迪?

(一) 读书应趁"早",幼教为先

读书要从小抓起,是古人家训中的共识。教育孩子同培育树苗一样,要自幼加以扶持和带领,使他们向着正确的方面发展。这也是我国古代家教理论中的一个明显倾向,即十分重视胎教和学前教育。《三字经·训古》在提到胎教时告诫人们:孕妇"目不视恶色,耳不听淫声,不出乱言,不食邪味,尝行忠孝友爱慈良之事,往往生子聪明,本领贤德过人"。颜之推说"人生小幼,精神专利,长成已后,思虑散逸,固须早教,勿失机也。"

读书应趁"早",这里的"早"包含两方面意思。第一,指一日之早。因为早晨是人们大脑进行学习的最佳时间,也是读书最有效的时段,正如颜真卿写到"三更灯火五更鸡,正是男儿读书时",所以古代私塾中,老师们总会安排早读,把重要的事情放在早上处理。第二,指年龄上的早。颜之推说"人生小幼,精神专利,长成已后,思虑散逸,固须早教,勿失机也。"少壮不努力,老大徒伤悲,古代家长未出生进行胎教,在其幼时就开始让孩子读书识字。

对古代的家庭教育颇有见地的清初朱子学家张履祥,他认为早年时人的记忆力要强于晚年,长大以后,即使加倍用功也没有年幼时的体会和感悟了。康熙皇帝七岁登基上位,十六岁亲自治理朝政,其一生都读书好学,对读书有很深的体悟。因此,古人认为,读书须趁早,莫使"白了少年头,空悲切",养成读书的习惯,要从小开始(宋丹丹、张守卫,2018)。

(二) 读书贵精不贵多

古人强调读书应当"专精有恒"。求业之精,别无他法,要在博览群书之后,找到一个适合自己的专业方向,持续用力。书有优劣之分,开卷未必有益,时还有害。读书就像交朋友,若非有足够定力,习染既久,则不可能不受其影响。倘若在选书之时不具备"出淤泥而不染"的能力,那么最好的方法便是远离污泥之书。曾国藩在写给4个弟弟的信中曾说:"用功譬若掘井,与其多掘数井而皆不及泉,何若老守一井,力求及泉而用之不竭乎?"掘井虽多却无泉可饮,坐这山、望那山之结果,往往会终生一无所成。

此外,古人强调读早期阅读中选读的书贵精不贵多。所谓"精",包括精选和精读。庄子云:"吾生也有涯,而知也无涯。以有涯随无涯,殆已!"人生有限,书海无涯,穷尽一生,即便手不释卷,所读书籍也不啻九牛之一毛而已,即是读书必须自设藩篱的原因之一。所以在读书时也要谨防幼儿从一生孜孜不倦走向一生碌碌无为,读书贵在专精,而不在于多矣。

(三) 读书应手抄口诵

抄写和背诵是中国古代非常重要的两种读书方法。俗语云"眼过千遍不如手过一遍",通过抄写和背诵的方式,熟记经典篇目,是古人读书作文的基础。李鸿章在给儿子的信中说:"读书之法,看读写作四者,每日不可缺一。"读、写、作综合培养,这也是曾国藩提出的读书之法。

古人读书名副其实,不但要用眼睛看、高声朗读,并且要抄、背、默,用心用脑。康熙朝理学名臣李光地在《家训·谕儿》中说:"凡书,目过口过,总不如手过。盖手动则心必随之。虽览诵二十遍,不如钞撮一次之功多也。"看过或诵读过,都不如读书时动手更有其效。这是因为,动手之时势必动脑,动脑则有助于理解书中的含义。可见,中国古代家庭的早期教育中注重孩子的习惯培养,养成随手记下的习惯,强调日积月累,方能有所成。

(四)读书要善思好问

读书要从小开始,具体怎么读?读书的次序和读书的思考方式也是有讲究的。

首先,古人强调,幼儿趁年纪小,记性好的时候,要读那些被时间证明过的经典著作,甚至要熟读成诵。张英《聪训斋语》提出:"凡读书,二十岁以前所读之书,与二十岁以后所读之书迥异。幼年智识未开,天真纯固,所读者虽久不温习,偶尔提起,尚可数行成诵。若壮年所读,经月则忘,必不能持久。故六经、秦汉之文,词语古奥,必须幼年读。长壮后,虽倍蓰其功,终属影响。自八岁至二十岁,中间岁月无多,安可荒弃或读不急之书?……何如诵得《左》《国》一两篇及东西汉典贵华腴之文数篇,为终身受用之宝乎?"(张英,2013:50)

此外,读书是一门学问,会读书是一种能力,最重要的在于勤学善思好问。学习与思考的关系,早在先秦时期就引起了人们的关注。孔子说"学而不思则罔,思而不学则殆"(《论语·为政》)。《尚书》说"好问则裕"(《仲虺之诰》),《礼记》说"独学而无友,则孤陋而寡闻"(《学记》),都是强调思考和质疑对学习的重要性。

由此可见,古代家庭的早期教育中强调要想在读书和学习中有所收获,不能仅靠泛听泛读,而是要在阅读之后,进行认真的思考,如有疑惑之处则要敢于提问,只有完全清楚并掌握其中的知识,这样的读书才能将知识为己所用(熊静,2017)。

(五)读书要循序渐进

读书是一种伴随着人们成长的生活方式。典籍浩繁,即使从识字起就开始阅读,也不可能穷尽,更无法一蹴而就,所以阅读需要按照一定的规律逐步展开。清康熙帝在《庭训格言》中说,"读书之法,当循序而有常致"。

第一是要择别好书。虽然我们提倡开卷有益,但是对于刚刚进入阅读世界的少年儿童来说,选择一个好的切入点是非常重要的。在这方面,少儿还缺乏相应的判断力,需要家长在指导阅读时特别注意并提供适当的帮助。

第二是要规定日程。清人汪帷宪在《寒灯絮语》中针对刚刚开始学习的幼童说"以中下之资自居,每日限读书若干,一岁之中,除去庆吊、祭扫、交接、游宴之事,大率以二百七十日为断。此二百七十日,须严立课程,守其道而无变"(张明仁,2007)。人在幼年时期,尚缺乏自我约束能力,制定合理的目标,有助于激发孩子阅读的积极性,从这个意义上说规定日程的阅读方法是值得我们借鉴的(熊静,2017)。

第三是要订立分段目标。每日日程可以看作短期目标,此外,古人还强调在阅读学习过程中长期目标的设定。清陆世仪在《思辨录》中提出:"古之学圣贤易,今之学圣贤难。只如读书一节,书籍之多,千倍于古。学者苟欲学为圣贤,非博学不可。然苟欲博学,则此汗牛充栋者,将何如耶?偶思得一读书法,将所读之书,分为三节:自五岁至十五为一节,十年诵读;自十五岁至二十五为一节,十年讲贯;自二十五至三十五为一节,十年涉猎。使学有渐次,书分缓急,庶学者可由此而程工。"(张明仁,2007)

(六) 注重父母的言传身教

曾子所说:"婴儿非与戏也。婴儿非有知也,待父母而有学者,听父母之教。今子欺之,是教子欺也。母欺子而不信其母,非因此成教也。"父母以身作则在我国古代家庭教育中起着至关重要的作用。孔子认为其身正,不令而行,以身示范,不言而威,即以身作则的力量。一代书法大家王羲之,东床快婿,成语"入木三分"就是来源于他。

父母是孩子最好的老师,以身作则应该是父母所应遵守的第一行为规范。要求孩子读书,自己却手机、电脑不离手,显然是没有说服力的。没有良好的榜样,没有父母的言传身教也不会有子女的发展。只有当父母严格规范自身行为,才能引导孩子投入到阅读中。

四、中国古代家庭早期阅读教育对现代的启示

(一) 传承优秀中华文化,注重传统文学研读

传统文学包括中国几千年沉淀下来的,传播中国民族精神、承载中国传统文化、彰显中国本土特色的诗歌、童谣、谜语、童话故事、寓言、神话、民间故事、成语故事等,它们都是中华大地的文化命脉,也是中国人民的文化基

因与文化元素。在家庭早期阅读中为孩子选择传统文学作为阅读材料,不仅有利于促进幼儿早期语言的发展,也有利于培养幼儿的文化自信和归属感。从最基础的《三字经》《唐诗三百首》开始,培养儿童对于传统文学的兴趣,传承优秀的中华文化,培养真正的中华儿女。

(二)关注早期阅读目的,树立良好阅读观念

古人在家庭教育中教诫孩子,读书应注重个人修养,勿以中举为念。"读书非图科第,志在圣贤",让读书本身的价值得到发挥,让人们感受到阅读带来的快乐和意义才是古人倡导的阅读观念。而当今社会中阅读的功利化和标准化非常严重,阅读的出发点往往是为了满足应试要求,因此许多家长给孩子施加压力,甚至强迫孩子进行阅读学习。错误的出发点,使孩子对阅读产生了抵触情绪。读书的出发点是人,落脚点也是人。早期阅读理应为人本身服务,坚持儿童本位。早期阅读是儿童认识世界、解释世界、融入社会、发展自我的重要过程,不必过于功利性和标准化,要着重于儿童良好阅读观念的培养。

(三)把握儿童年龄特点,选择适宜阅读材料

在古代,书籍获得不易,人的精力也有限,对阅读内容的选择必须慎之又慎。因此,哪些书应该读,是家庭教育首先要解决的问题。一方面,图画书的选择要基于对幼儿发展的考虑,既能激发幼儿的阅读兴趣,又能促进幼儿阅读、书写、识字、表达等能力的发展。有学者研究发现,幼儿喜欢"动物"美术作品,并且他们偏爱夸张和泥人风格的作品,色彩越丰富越鲜艳孩子们越感兴趣。另一方面,图画书的选择要依据幼儿的年龄特点,不同年龄段的幼儿其图画书的选择应有所不同,小班幼儿喜欢色彩鲜艳、画面较大、情节简单的图书,比较偏好于生活类阅读材料,并且形象表达较为直观的阅读材料;中班幼儿喜欢故事性比较强、角色较多的图书,比较喜欢关于社会生活类和认知性较强的相关的阅读材料;大班幼儿比较喜欢读和社会生活的相关阅读材料和带有文字内容的绘本阅读材料,他们往往对现实和超现实题材更感兴趣。

(四)把握早期阅读深度,掌握合理阅读方法

汪帷宪在《寒灯絮语》中说:"古人读书贵精不贵多,非不事多也,积少以

至多,则虽多而不杂,可无遗忘之患。"掌握阅读的方法,会事半功倍。读书不可尽读,对于经典著作,应当按照"精"的原则,反复钻研,吃透领会(宋丹丹、张守卫,2018)。家长应掌握故事正文的阅读指导,首先让幼儿自由翻阅图书,把看书、思考的空间留给幼儿,其次家长可采用大声朗读法、悬读法和角色扮演法进行故事朗读,最后是要帮助幼儿理解图画书中重点画面,帮助儿童理解图画书中语言、文字的特点,寻找故事中矛盾冲突并发生转折的画面,关注故事中幼儿特别感兴趣的画面,关注故事中幼儿看不懂、难理解的画面,关注图画书叙述故事情节发展的画面,运用形象联想法、解释概括法和观察法来分析图画书故事中的字、词,帮助幼儿积累书面语言经验。

(五)注重阅读氛围营造,创设温馨阅读环境

良好的阅读氛围对人的促进作用是巨大的,特别是在早期教育阶段,儿童容易受到环境因素的影响,营造一个良好的阅读氛围,对阅读兴趣和习惯的养成甚为关键。历代家训中也有大量论及营造阅读氛围的文字。例如,司马光在《家范》中说:"夫习与正人居之,不能毋正。犹生长于齐,不能不齐言也。习与不正人居之,不能毋不正。犹生长楚,不能不楚言也。"阅读环境既包括物理环境也包括心理环境,物理环境主要包括阅读材料、装备环境、照明环境、卫生环境和声控环境,心理环境主要包括人际关系环境创设、阅读指导和阅读组织形式。家长可以给孩子的书提供一个专门的小书架,这样做的目的是为了培养孩子爱护图书、物归原位的好习惯。孩子的书架需要方便幼儿拿取,研究表明,有吸引力的书架配合开放式的摆放书籍更能吸引孩子的阅读兴趣。

(六)提高早期阅读效率,注重阅读时间规划

古人早就认识到阅读时间的重要性,"三更灯火五更鸡,正是男儿读书时",早上是人精力最充沛的时刻,因为经过一个晚上的休息调整,人的状态能够达到最佳,而好的开始是成功的一半,因此儿童在家中阅读时,建议家长把阅读时间安排在上午。而除了短期的阅读规划外,长期的时间安排也应当重视,元初教育家程端礼在《程氏家塾读书分年日程》中按照朱子读书法以学问的循序渐进为线索,将时间划分若干个大大小小的单元,用于一系列典籍的学习,从而使读书学习有一套严格的日程可以遵循,同时也提供了

相应的方法指导。参照古代家庭早期阅读规划,组织儿童的阅读日程,能够有效提高其阅读效率,达到事半功倍的效果。

综上所述,中国自古以来就是以耕养家,以学兴业,尤为重视家庭阅读的传统。通过亲子共读,家长逐渐意识到自身的示范作用,关注到幼儿阅读兴趣的培养、阅读习惯的养成和阅读方法的多元对幼儿个人成长发展的重要性,不仅有利于新一代儿童阅读能力的培养、为幼儿未来的学业发展打下基础,更能营造书香家庭的氛围,弘扬新时代优秀传统文化。此外,中国古代家庭教育中早期阅读的伦理道德、日常生活和文化教育的内容以及读书趁早、贵精不贵多、手抄口诵、善学好思、循序渐进的阅读方法对现代的早期阅读也发挥着重要的启示作用。因此,在现代家庭的早期阅读中,家长能够放下手机,拾起书本,发掘与传承中国古代经典,塑造国人的气质和中国的文化自信,通过家庭早期阅读教育,关注并满足孩子的阅读发展变化,是新时代传承和发扬传统文化、促进幼儿早期阅读发展应有的态度。

参考文献

[1] 魏剑虹,郑秀花.我国古代家庭阅读秩序研究——以历代家训、家规为视角[J].图书馆工作与研究,2015(12).
[2] 宋丹丹,张守卫.中国古代家庭阅读传统研究及其启示[J].四川图书馆学报,2018(6).
[3] 赵振.中国历代家训文献叙录[M].济南:齐鲁书社,2014.
[4] 王孟孟.中国古代蒙学教育对现代幼儿教育的启示[D].武汉理工大学,2016.
[5] 张英.聪训斋语[M].合肥:安徽大学出版社,2013.
[6] 熊静.古代家庭教育中的阅读传统及其启示[J].图书馆,2017(9).
[7] 张明仁编著.古今名人读书法[M].北京:商务印书馆,2007.

儿童阅读推广与全民阅读的构想[①]

谭旭东

儿童文学创作要发展,需要阅读和推广。阅读和推广就是作品的读者接受。按照接受美学观点,一部作品只有到了读者手中,受到了读者的喜爱和批评,其创作过程才算是真正完成了。事实上,儿童文学创作是第一步,发表和出版是第二步,而阅读推广是第三步,也是走到产品的终端,即读者之中。

一、什么是儿童阅读推广

那么,什么是儿童阅读推广?很显然,所有让儿童亲近阅读、享受阅读快乐的读书活动、童书推荐和童书营销活动,都可以归结为儿童阅读推广。

就目前的情况看,儿童阅读推广的参与者主要有4类:① 专业儿童阅读推广人,他们有儿童教育、儿童心理、儿童哲学和儿童文学等方面的知识,而且也有儿童阅读的专门知识、经验和技巧;② 小学语文老师和幼儿园的老师,他们直接面对孩子,善于和孩子打交道,而且比较了解孩子的阅读兴趣和阅读状况,也有一定的教育经验和语文专业知识,因此他们指导儿童阅读或者切身为孩子读书,是非常合适的人选;③ 家长,家长对儿童阅读的推广,主要是在家庭阅读互动和社区阅读活动中实现的,如互相借阅图书、交流阅读经验等,都是一种阅读的推广;④ 童书编辑,童书编辑对童书比较熟悉,尤其对所在出版社的童书非常熟悉,因此,能够在一定范围内向家长和

[①] 本文系2020年上海市妇联"注重家庭、注重家教、注重家风"理论研讨会约稿,作者系上海大学中文系教授,儿童文学研究中心和语文教育研究中心主任,博士生导师。

儿童推荐比较优秀的童书，但童书编辑的阅读推广也容易带着明显的功利心和本位主义。比如说，有的童书编辑出于自身的利益，只推荐自家出版社的书，不推荐别家的，甚至会贬低别家的童书。

二、什么是亲子阅读

显然，儿童阅读推广可以由各类人群来参与，也需要专业人士来积极推动。如果全民来参与，那就更好了。事实上，儿童阅读推广不可能做到全民阅读推广的程度，而且儿童阅读推广，无论谁来参加，谁来主导，都无法替代父母这个角色。即各类儿童阅读推广活动搞得再好，儿童阅读习惯的养成、趣味的培养和阅读能力的增强等，都主要靠父母，也就是父母主导的亲子阅读。在儿童的启蒙教育中，亲子阅读是最重要的。众所周知，家庭教育环境某种程度上比学校和社会教育环境还重要，父母是孩子最早的老师，也是终生的陪伴。因此，所有家庭外的阅读推广活动都不能和家庭亲子阅读相比。那么，什么是亲子阅读呢？由于商业性的阅读推广比较乱，缺乏比较规范的标准，因此，很多人并不理解"亲子阅读"这个概念。不妨从如下 5 个方面来理解。

（一）亲子阅读的行动者

亲子阅读的行动者是父母亲和孩子。父母在亲子阅读过程中是主导者，掌握着阅读主动权和选择权，掌控着阅读的技巧，还控制着阅读的过程，调节孩子的阅读情绪。父母的文化水平、审美能力、阅读素养和耐心、毅力等，直接决定亲子阅读的质量。从生命价值来说，虽然父母和孩子都是平等的生命主体，但孩子处于身体和心灵的发展阶段，因此亲子阅读过程中父母亲扮演着引导者的角色，有着不可替代的教育作用。

（二）亲子阅读体现的主体关系

亲子阅读体现的主体关系是亲缘关系。这种关系只有父母和孩子之间才具有，爷爷奶奶和孙子孙女之间不是直接的亲子关系，属于隔代关系。爷爷奶奶没有抚育培养孙辈的社会责任和社会义务，父母也不应该把培育孩子的责任推给上一辈,也就是说亲子阅读是父母应该尽的家庭责任和义务。教师和学生之间是师生关系,这种关系是基于职业道德和职业准则的人与人之间的关系。教师应该在学校教育中对学生认真负责,尤其是课堂教学中尽职尽责,这是教师的职业准则所规定的,但师生关系再亲密,也不能取代亲子关系。

(三)亲子阅读的场所

亲子阅读的场所主要是家里。现在社会上对亲子阅读场所的理解比较宽泛,认为幼儿园、学校、图书馆、公园和社区,甚至火车上、飞机上等地方,只要能容纳父母和子女一起读书,都可作为亲子阅读的场所。其实亲子阅读最理想的场所还是家。父母虽然可和孩子在学校、社区和公共图书馆等地进行亲子阅读、亲子交流,但家才是父母和孩子朝夕相处的地方,家才可能真正保证孩子的心灵安静。亲子阅读是父母和孩子之间的交流,因此具有私密性,而这种私密性和家庭化才能真正促进亲子关系。亲子关系只有在家这个温馨、充满亲情的场所里,才能够得到强化,并使亲子阅读达到真正的教育效果。

(四)亲子阅读的主要资源

亲子阅读的主要资源是优质童书。有些教育专家过分地强调玩具、游戏和活动的重要性,甚至把知识教育过多地引入儿童教育。但很多人认识到了优质儿童读物不可替代的价值,开始把它当作儿童教育的重要材料。儿歌、童话、散文、生活故事、儿童小说和绘本等多种文体,包含趣味性、审美性、教育性、启蒙性等,符合儿童心理。欧洲学前教育史告诉我们,儿歌、故事都是最理想的教育材料之一。有学者把儿童文学比作"艺术的妈妈语""美德的种子""母亲给孩子说的悄悄话",这些都证明了儿童文学是最适合亲子阅读的。其他的知识性读物,包括手工类、益智类和动漫类图书可以在亲子阅读中使用,但不是最主要的材料。亲子阅读教育效果的产生主要靠优质的儿童文学类童书,尤其是儿童文学经典。

(五)亲子阅读的动力因素

亲子阅读的动力因素主要有 3 个。第一是父母之爱,这是一种天然的情感因素，就是一个老鼠妈妈也会疼爱自己的孩子，猪妈妈也会给小猪喂奶。第二是父母的责任，父母的责任不是天然的，而是社会的。作为社会角色的父母，有教育孩子、关爱孩子的社会责任和义务。欧美和日本等国的儿童立法健全，父母不认真履行养育责任，是要受到法律制裁的。我国法律也强调父母对家庭的责任。第三是儿童的成长力量，每一个生命都有天然向上的力量，原野里的小花小草小树，哪怕没人浇水施肥，仍会尽量往上长，儿童也一样，他们的内心有自我成长的智慧和力量。正是因为有了父母之爱、父母之责任、儿童的成长力量这三大因素，亲子阅读才包含了启蒙性，才包含了爱的精神内涵。

（六）总结

基于以上几个方面，亲子阅读可以大体定义为：在家庭场景里，在亲情关系牵引下，为了儿童的心智成长，由父母进行的以优质童书阅读（儿童文学阅读）为主的教育实践。它主要是父母亲给孩子读书，还可以是儿童和父母的互动式阅读或家长伴读。

三、商业儿童阅读推广的方式

随着儿童教育的升温，商业儿童阅读推广活动也越来越多。特别是出版社都认识到了儿童阅读也是一个很大的市场空间。如，新闻出版有关部门公布的2014年选题申报中，有528家出版社申报了少儿类选题。还有的出版公司一家申报189个少儿选题。在原创儿童文学方面，与曹文轩一人相关的选题就达200多个。近两年，全国585家出版社都在做童书，而且重复出版的童书数量很大。童书选题这种状况一方面反映了童书出版的热闹与火爆，另一方面也证明童书出版缺乏科学规范，还停留在追求畅销和市场利益的地步。

商业儿童阅读推广主要有10种方式：① 在报刊上刊登书评或做图书广告。如在《中国新闻出版广电报》《中国出版传媒商报》《出版商务周报》《出版广角》《出版人》和《中国出版》等专业性报刊上做书评或图书广告，相对比较多一些。也有的出版社会在地方报纸和杂志上刊登图书介绍和书评。② 在网站上介绍童书和销售童书。目前国内有当当、卓越亚马逊、京东、博库等网络书店,还有新浪育儿频道等推荐儿童教育和儿童图书的专业网站。③ 利用QQ群、微博、微信、微信公众号和抖音等新媒介介绍童书,扩大童书的影响力。尤其是近三四年,微信公众号推送图书信息已经成为一种儿童阅读推广的常态。今年,由于新冠疫情的营销,在线传播、抖音和网络直播成为儿童阅读推广的一个主要形式。④ 开办童书馆、绘本馆和亲子阅读馆。现在全国很多城市都开办了童书馆、绘本馆和儿童阅读馆,主要采用会员制,既提供有偿借阅服务,也出售童书,还提供一些专业阅读咨询。如"悠贝亲子阅读馆"和"老约翰绘本馆"等民营绘本馆就在全国多地开了连锁店。还有一些社区绘本屋,散布在大城市的一些比较成熟的社区。⑤ 利用公共图书馆和少儿图书馆。有些图书馆和出版社联合起来,开展一些软性的商业推广活动,扩大优质童书的影响力,从而提高购买度,这也是一个可行的办法。⑥ 社区阅读活动。有些出版社和文化公司,与社区绘本馆和其他机构合作,从事一些童书现场销售和宣传活动。⑦ 学校阅读活动。有些书店在学校里摆书摊,还有些图书出版机构或阅读馆走进学校做一些推广和宣传,但过分商业化的校园签售活动,应该禁止。⑧ 出版社新书首发式。现在很多出版社都会利用全国书市和国际图书博览会来开展新书首发式,借专家和媒体来宣传本社的图书。或者在童书刚出版时,召开媒体见面会,借媒体影响力来宣传新书。⑨ 出版社和新华书店联合举办的作家进校园。现在曹文轩、杨红樱、沈石溪、伍美珍、商晓娜和北猫等不少儿童文学作家出了新书,都在出版社和新华书店的组织下,进各地小学做阅读与写作讲座,然后再在书店做签名售书。⑩ 新华书店的签售会。如北京西单图书大厦、中关村图书大厦就举办过很多场读者见面会和签售会。其他省市自治区的新华书店及民营书店也常举办作家新书签售活动。这也是一种童书推广的方式,对家长和孩子来说有一定的吸引力。

但以上10种方式里,第5～7和第9种是值得注意的,要尽量考虑负面影响,不要干扰社区、学校的正常的生活和教学活动,尽量体现阅读活动的公益性、普及性。自2013年以来,童话作家郑渊洁已经多次在微博上对作家进校园签售提出了一些批评,认为这会干扰学校教学秩序,是一种不负责的行为。郑渊洁的每次批评都引起了媒体的关注和大众的讨论,有一个共识,那就是,商业性的儿童阅读推广不能影响学校教育,尤其不能影响语文教学，更不能带有欺骗性。

四、儿童阅读推广的意义

无论是商业阅读推广，还是公益性的儿童阅读推广，都是很有意义的。李克强总理2013年3月5日上午在全国人大会议上作政府工作报告时就倡导全民阅读，之后，连续七年，"全民阅读"都写进了政府工作报告。第十次全国国民阅读调查结果显示，2012年我国18～70周岁国民人均纸质图书和电子书合计阅读量为6.74本，比2011年人均增加0.97本。其中人均电子书阅读量大幅上升，从2011年的1.42本增至2012年的2.35本。第十七次全国国民阅读调查显示，2019年我国成年国民人均纸质图书阅读量为4.65本，略低于2018年的4.67本。人均电子书阅读量为2.84本，较2018年的3.32本减少了0.48本。纸质报纸的人均阅读量为16.33期（份），低于2018年的26.38期（份）。纸质期刊的人均阅读量为2.33期（份），低于2018年的2.61期（份）。我国国民每年人均阅读图书不到5本，远低于韩国的11本、法国的20本、日本的40本、以色列的64本。而且在我国有限的人均购书中，八成都是课本教材或者教辅资料。可见我国阅读状况非常不理想，应该引起重视。从阅读本身来看，它有如下几个方面的意义。

（一）阅读是教育的核心

不但学校中几乎每一门课都是通过阅读来学习的，而且阅读是人了解外部世界和感悟人生的最有效率的途径。给幼年、童年期的孩子读书，将有助于孩子养成良好的阅读习惯，并培养他们对文字的亲近。读得越多，孩子的知识越丰富；读得越多，孩子的理解力越强；读得越多，孩子的语言水平越高；读得越多，孩子对音韵节奏越敏感；读得越多，孩子的情商、智商越高。事实上，对儿童来说，越早养成好的阅读习惯，越能顺利地完成学校教育。

（二）阅读是情感的基础

阅读的过程不仅仅是接受知识的过程，而且还是接受情感的熏陶和感染的过程。优质的读物都是饱含情感的，而且经典的儿童文学作品更易打动读者。父母和孩子一起读书,或者父母为孩子大声朗读,拉近了两代人之间的心理距离,带来家庭的欢乐和亲情的温馨,更能让孩子满足好奇心,树立自信心。一个从小热爱读书、亲近书籍、爱好思考的孩子,长大了一定会变得情感丰富,变得更有韧性和毅力。研究表明,良好阅读习惯的养成和良好趣味的培养是做人的必备。阅读促进性格培育、人格养成和精神升华,爱读书、认真读书的孩子,更有耐心,更有毅力,更能静下心来思考。

(三) 阅读是童年的游戏

通常人们认为游戏有两种,一是活动游戏,二是器具性游戏,却忽视了还有"纸上游戏"。其实,阅读就是一种纸上游戏。儿童读书,读童书,读诗,是在玩纸上游戏;特别是在读童话的时候,会转换角色,进入新的故事的情景,展开心灵游戏,进入想象的空间。这是一种很智慧的、需要调动所有感觉和思维而进行的游戏。活动游戏和器具性游戏主要是锻炼儿童身体,使身体的协调性增强,而纸上游戏则主要是锻炼儿童思维,培养想象力和丰富情感。

五、全民阅读推广的构想

当然,儿童阅读推广不只是个人的事,也不只是家庭的事,更不只是学校的事,而是整个国家、社会和全民的大事,因此,儿童阅读推广需要政府、社区、学校和家庭一起来,才可能真正形成全民阅读的氛围。

(1) 政府要出台鼓励阅读的政策,包括加大对公共图书馆的建设,加强对图书馆从业人员职业素养及阅读素养的培训。让公共图书馆成为区域阅读场所,带动城市和社区阅读活动,而公共图书馆的职员也能够成为社区阅读推广的指导者。同时,政府要举办阅读活动,设立专门基金来奖励优秀图书的出版,鼓励儿童阅读好书,奖励书香家庭,尤其要关注和重视乡村儿童的阅读环境的建设。

(2) 新闻出版部门有责任做好儿童阅读推广工作,抓好童书出版的质量监管,同时组织优秀的童书评审、评选和推荐。进入 21 世纪,新闻出版有关部门在童书阅读和推广中做了不少工作,如每年的暑期青少年阅读推荐、

"三个一百"原创、中国好书和中华优秀出版物奖等图书的评审等,都推出了不少优秀的童书,引导了童书出版和童书阅读。但我国童书出版产量多,阅读推广工作还要做得更好更细,优质童书应该有更多读者。

(3)教育有关部门要做好学校图书馆的建设,让学校图书馆里有好书,也有能够指导学生读书的好馆员、好老师。中小学校要建设好图书馆,购买优质的童书,开展读书活动,大力推动校园阅读文化。校园文化的核心,就是阅读文化。学生不爱读书,不能读到好书,不会读好书,学校就有大问题了。学校还要把语文课和阅读课结合起来,让学生多读经典,读最优秀的儿童文学作品,读最纯正的文字。

(4)开展有效的社区阅读活动,把乡村、街道的职能转换为服务职能,其中包括对居民阅读的指导、对家庭阅读的指导。乡村和街道都应该开办农家书屋、社区书屋,鼓励和支持亲子阅读活动,建立社区阅读节和妈妈读书会。鼓励家庭读书,指导家庭购买图书,帮助贫困家庭购买童书,为家庭阅读提供有效的服务。

(5)规范社会阅读推广活动,尤其是要规范商业性儿童阅读推广,尽可能使儿童阅读推广成为社会公益文化,而不是商业文化。要规范各类童书评选、评奖,尤其是要规范出版社和新华书店组织的作家进校园活动,不要以卖书来取代对儿童的阅读引领。现在各种商业性童书评选、排行榜和书目很乱,背后都有强烈的商业因素支配。应该有一个专业的机构来统一协调童书阅读推广,增加儿童阅读推广的可行性,而不是让童书阅读推广完全商业化。

(6)要对童书出版和销售进行严格规范,对童书出版实行严格的审查、审读,同时对网络书店和实体书店销售进行严格的管理和监控,不要让劣质童书占领市场。2012年和2013年初,新闻出版有关部门对劣质童书进行了曝光和批评,有些出版社受到了比较严厉的惩罚,这是非常好的举措。童书质量不过关,不但有害孩子心灵,还会使社会走向文化的堕落。

蒙台梭利曾说过:"儿童时代所过的那种生活是与成人后的幸福紧密相关的。儿童会承担我们所有的错误。那些因我们的错误而酿成的后果在儿童身上无法磨灭,我们会死,但那些后果会跟随儿童一生。对儿童的任何影响都会影响到人类,因为一个人的教育就是在他的心灵的敏感期和秘密时期完成的。"受到的影响会持续一生,童年的快乐和幸福会让人一生快乐和幸福。亲子阅读会在幼小的心灵播下幸福的种子,会使幼小的心灵开出快乐的花朵,并结出美德的果实。整个社会给儿童提供一个良性的阅读环境,也是在他们童年心里播下美好的种子,相信他们长大了,在优质的阅读文化的熏染下,他们会长成智慧的大树,成为国家和民族的栋梁之材。

上海亲子阅读现状研究及后疫情时代亲子阅读推广实践探索[①]

张丽娜　崔卓缘　吴念阳

在现如今的时代背景下,尤其在疫情期间,人们的户外活动受到了较多限制,学校教育也受到了一定影响,因此亲子相处的时间变得更长,家庭教育越来越得到重视。亲子阅读作为家庭教育的重要组成部分也不容忽视,应该受到重视。

美国儿科协会建议从孩子6个月开始,父母就可以开始大声地给孩子读书了[1]。父母和孩子通过共同阅读绘本,不仅能促进儿童的语言、情感、社会性的发展,还能增加亲子之间的感情[2]。

实证研究证明亲子阅读与儿童的多方面发展都有着密不可分的关系,亲子阅读可以促进儿童的语言发展[3]、读写能力发展[4]、数学能力发展[5]以及学业成就提升[6]等。

中国新闻出版研究院 2019 年发布的《第十七次全国国民阅读调查报告》中提到,在我国 0~8 周岁儿童家庭中,七成家庭有陪孩子读书的习惯,这一数字较上一年有所增加[7]。

一、上海亲子阅读现状

(一) 阅读数量

本研究通过分析上海市 1 033 份《家长亲子阅读调查问卷》(共有 1 033

[①] 本文系 2020 年上海市妇联"注重家庭、注重家教、注重家风"理论研讨会征文,作者单位:张丽娜,上海师范大学教育学院博士研究生;崔卓缘,上海少儿图书馆馆员;吴念阳,上海师范大学教育学院博士生导师、教授。

位家长参与,其中母亲802人,父亲231人。调查家长对亲子阅读的实践、亲子阅读的环境创设以及指导策略等情况。结果表明:有30.7%的家庭从孩子0~12个月开始已经开始尝试亲子阅读,有32.3%的家庭从孩子12~24个月开始亲子阅读,有26.4%家庭从孩子24~36个月开始亲子阅读,有10.6%的家庭在孩子升入幼儿园之后才开始尝试亲子阅读。这说明家庭开始尝试亲子阅读的时间比较早。亲子阅读起始时间见图1。

有30.59%的家庭每周亲子阅读5次以上,约有60%的家庭每周亲子阅读在3次或3次以下,其中约有5.91%的家庭几乎没有亲子阅读。这个数据表明,大部分家庭已经具备了早期亲子阅读的意识,但是相比于欧美国家的数据,我们还需要进一步普及和提倡亲子阅读的理念。亲子阅读每周阅读次数见图2。

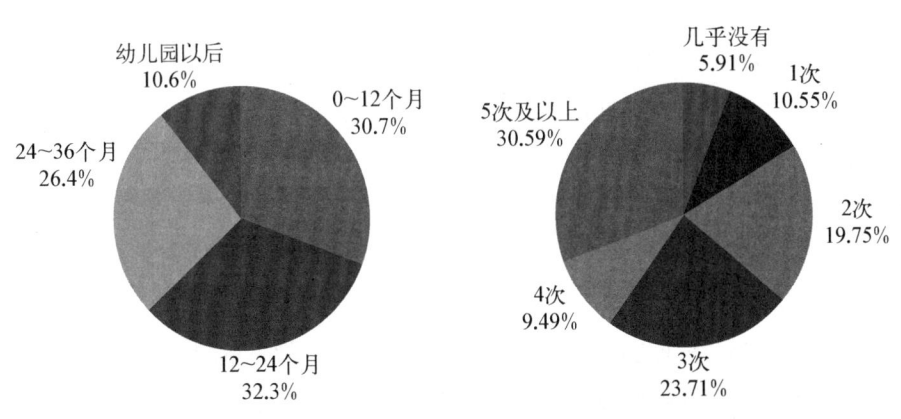

图1 亲子阅读起始时间

图2 亲子阅读每周阅读次数

约有28%的家庭每次亲子阅读时间不足10分钟,约有60%的家庭每次亲子阅读不足15分钟,有33.11%的家庭每次亲子阅读时间为10~15分钟,约有39%的家庭每次亲子阅读时间超过15分钟。这说明部分家庭每次亲子阅读的时间较长,也有部分家庭每次亲子阅读时间很短暂,这可能与亲子阅读的环境、亲子阅读的指导策略及儿童的个人特点等有关系。亲子阅读每次阅读时长见图3。

总体来说,相当一部分家庭具有亲子阅读的意识,认可亲子阅读的重要性,很多家庭开展亲子阅读的时间较早,每周也会主动开展亲子阅读。但是,大多数家庭仍然在亲子阅读的实践中因为没有合适的时间、书本、环境等原因而怠于进行亲子阅读,使得在亲子阅读推进中仍需提高亲子阅读数量。

图 3　亲子阅读每次阅读时长

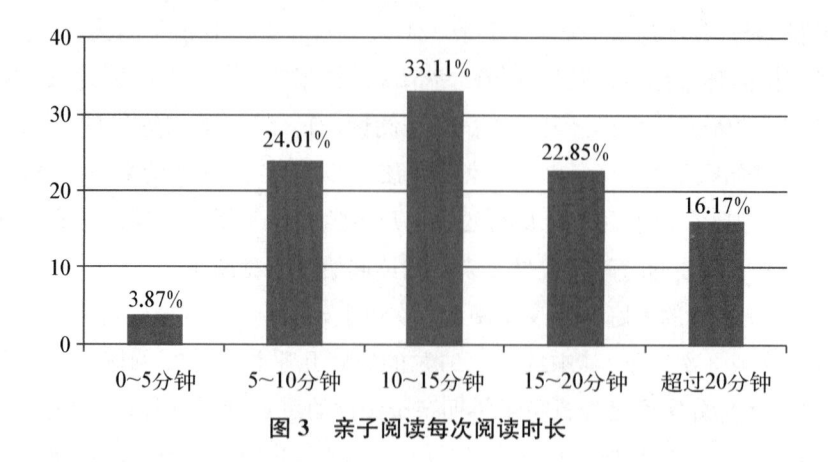

（二）阅读品质

分析 230 个亲子阅读互动视频（共计约 1 200 分钟，其中男孩 107 人，女孩 123 人），访谈亲子互动阅读视频的家长，发现家长在亲子阅读中存在几个阅读误区。

1. 缺乏科学的亲子阅读理念

家长对亲子阅读指导策略知之甚少，以指读认字为阅读指导方式的家长约占调查人群的 40%，这部分家长认为儿童基本听不懂书上的内容，只要家长自己"读"完书上的文字就算陪孩子阅读了。常见的错误是把阅读当作陪伴孩子的任务或者敷衍孩子的行为，不会选择阅读时机，没有阅读技巧，还认为"她才幼儿园，你看她在玩玩具，不管她听不听，她也不懂，就是给她快速地过一遍就行！"并且认为这样的做法是值得骄傲的，认为自己作为家长已经尽力在带孩子阅读了，对亲子阅读拓展方式更是知之甚少，甚至认为没有必要。

2. 亲子阅读目标功利

在亲子阅读中过多地识字、讲道理、学知识，违背儿童发展从动作思维、形象思维最后才能进行抽象思维的基本规律，幼儿教育小学化，拔苗助长现象比较严重。以儿童识字、学知识和道理为目标的家长约占调查人群的一半。常见的错误是在儿童阅读时要求一个字一个字地读，而完全忽略对图的观察，在阅读完之后要求儿童讲清楚"读懂了什么道理，学会了什么本领"。

3. 家长过于强势

家长在亲子阅读中表现强势,具有较强的控制性,破坏儿童的阅读节奏,不能以儿童为中心陪伴幼儿阅读,而是以指挥者的身份要求幼儿阅读家长认为重要的那一部分。常见的错误是家长强制幼儿"看这里！这里！"认为儿童感兴趣的页面不是整本书的"知识点",当儿童对某一页感兴趣想要多看一会时,家长却根据自己的阅读喜好和阅读目标强行翻页等。

由此可见,家长的亲子阅读品质仍然需要提升,亟须通过各种途径进行亲子阅读指导提高亲子阅读品质。

二、建立全社会亲子阅读推广网络

本团队多年致力于亲子阅读推广,探索了建立全社会亲子阅读推广网络的方法。

(一) 线下培训为亲子阅读推广奠定基础

多年来本团队几乎每周都到街道社区、幼儿园、小学、各区图书馆,培训家长和儿童、妇联干部、小学幼儿园教师。线下真实的亲子阅读互动可以为他们提供更直观、更深入、更系统、更个性化的指导,为儿童提供真实的物理空间,与真人进行互动交流。重点是要注重亲子阅读的实施和对其指导效果的评估,跟踪家长在实施亲子阅读后的反馈,根据在实践中出现的问题,有针对性地给出建议和策略。

我们团队在 2018 年和 2019 年暑假受妇联委托,承担了上海各区的阅读推广人项目,进入社区居委进行培训,培训了一批有能力有热情有能力的阅读推广人,通过实践证明社区可以在亲子阅读推广中发挥积极的作用。

在社区开展亲子阅读活动时发现,很多社区工作人员对社区内的儿童及其家庭了解比较全面,在召集亲子阅读活动方面拥有很多优势,可以充分利用这些优势,将亲子阅读活动开展到社区,惠及更多家庭。尤其是 0～3 岁尚未入托、入学的儿童,他们的家庭获得亲子阅读指导的固定渠道较少,家长们可能会因为儿童"吃书""撕书""孩子太小"等理由而放弃带孩子继续进行亲子阅读的实践,也可能会纠结一些细枝末节的问题而与家人发生不必要的争执而影响亲子阅读的开展,如因为家庭成员对"什么阅读姿势才是适合亲子阅读的""孩子要在书上涂涂画画行不行"等问题持不同意见而影响亲子阅读,这是非常令人感到可惜的事情,通过社区早期亲子阅读指导可以避免这些事情的发生,提升亲子阅读的数量和品质。

在阅读推广实践中还发现,由幼儿园发起的亲子阅读活动,家长参与度高,积极性好,培训的效果更持久,且幼儿园进行的亲子阅读活动具有对儿童了解更深入,对亲子阅读活动效果可以追踪并及时反馈的特点,使得在幼儿园开展亲子阅读活动有着得天独厚的优势。在儿童进入幼儿园后,可以由幼儿园进行主导实行家园合作的模式,由幼儿园提供建议、指导,组织亲子阅读各项活动,家长参加活动,进行学习和反馈,共同从促进亲子阅读活动的推广。

各区各级教育部门可以积极推进幼儿园建立特色家园合作亲子阅读指导课程,鼓励幼儿园以亲子阅读为特色建园,将会更利于亲子阅读的全面、广泛推广。

在实践中发现,家长对图书馆等公共设施的利用率各有差异,但共同的一点是在图书馆持续、固定地推出优质亲子阅读指导师培训、亲子阅读指导课程、亲子阅读活动时,家长的亲子阅读积极性得到极大提升,并能产生口碑效应,使越来越多的家庭接收到优质亲子阅读推广活动的熏陶。

图书馆可以鼓励以项目制推行亲子阅读指导师的培养,开展亲子阅读指导课程,特别是在3~6岁儿童阅读活动中,有必要增加一个与家长互动的环节,将活动的设计理念,儿童的活动表现进行一个简单的活动,回答家长提出的问题。这样既是理念的宣传,也能让家长结合儿童的实际情况,进行后续的亲子阅读推广。

以上实践表明,幼儿园和小学的家长学校、电视台、电台以及上海各区建立的居委会、妇联组织、高校志愿者、各区图书馆、民间阅读推广机构等组成的阅读推广网络,对于上海市家庭亲子阅读发挥了积极有效的作用。

(二)后疫情时代的亲子阅读推广实践

随着科学技术的发展,尤其是网络的发展普及,再加上疫情的影响使得家长更多选择在网络上接受亲子阅读教育。但是由于家长甄别力较差,往往容易受到不良亲子阅读理念和方式误导,这就需要由具有公信力的单位充分利用线上亲子阅读教育的机会,将正确的亲子阅读理念、阅读指导策略等传递给更多需要的家庭。线上课程更加便捷,是目前疫情期间的一种"补偿性"的方式。

2020年1月下旬,世界进入疫情时代,孩子的成长不能等待,我们团队在多年来线下阅读推广网络探索的基础上,开始进行线上课程的探索。我们从除夕夜开始了亲子阅读线上实践探索,共进行了百余次公众号推送(共约6万阅读量,含48次公众号绘本音频故事推送,18次公众号绘本阅读理论推送,136次图书馆公众号活动推送),22次抖音绘本故事课堂互动(共约1 000人次参加)、20余次腾讯课堂,50多个亲子阅读群内互动(共约3 000人次)、3次电台节目宣讲等。

在线上阅读推广实践中,探索使用微信公众号、微信群、抖音课堂、电台节目等媒体平台,帮助家长打破时间和空间上的限制的优势,最大范围满足在不同平台获取知识的家长的需求。

微信公众号的优势在于图文并茂、受众完全不受时间和空间的限制,可以充分利用家长的碎片化时间,也方便家长反复查看阅览。在进行亲子阅读推广的实践中发现利用这个渠道宣传和讲解科学的亲子阅读理念是很好的途径。搭配有图片、视频的公众号文章可读性强,可以让家长对抽象的理念有一个直观的体会。同时,微信公众号的"留言管理"也值得重视。家长的反馈、疑惑的及时回复对巩固亲子阅读指导的效果有很好的帮助。在进行微信公众号推文的实践中发现在当下碎片化阅读的时代,这类科普性质文章长度宜短不宜长,且需要能用幽默、风趣的语言阐述深刻的育儿理念,才能够增强粉丝黏性,吸引更多家长的关注。兼具专业性、可操作性和科普性的亲子阅读指导文章备受家长们的欢迎。

亲子阅读指导微信群在几年前"微课"刚刚流行的时候就受到了家长们的青睐。在微信群中以语音、文字、图片、视频等形式的素材传播亲子阅读理念也是一个很好的亲子阅读推广时间方式。现在不仅仅是微课可以形成亲子阅读推广的群,任何一次亲子活动之前都可以组建一个微信群从而进行亲子阅读推广的跟踪管理。这种方式最大的特点是互动的及时性。家长们可以时时地在群里提问、讨论。在实践中鼓励家长把自己家庭中亲子阅读的案例反馈在群里,既可以考察阅读推广的效果,也可以给其他家庭以激励或者启示。为了提高微信群的利用率,在微课或者活动结束之后,还需要长期维护,比如定期或者不定期推送亲子阅读指导的资料、点评家长反馈的亲子阅读案例、回答家长的困惑等。

今年疫情期间线上课程成为授课的主要方式,以抖音、钉钉课堂、腾讯课堂,腾讯会议等为代表的直播平台为授课提供了新的方式和可能。亲子阅读的指导也可以采纳这种方式。直播课的优势在于可以见到主讲人,交流感更强。评论区的互动比较及时,主讲人可以用肢体语言进行示范(比如亲子阅读方式的示范),还可以展示各种实物(书本、教具等)。直播课的缺点在于时间比较受限制,这一点可以通过设置回放来解决。

利用广播节目来进行亲子阅读理念的宣传也是很好的阅读推广途径。现在电视台、电台有很多亲子、家庭为主题的栏目,在这些栏目中展示、点评亲子阅读的案例,也具有很好的亲子阅读推广效果。

上述实践表明,在线上进行的网络课程,家长和小朋友的上课热情很高,互动性很强,积极进行回课打卡,及时反馈阅读的录音和录像作业,因此,后疫情时代,亲子阅读推进可以线上运行并能产生良好的效果。

三、结　　论

上海家长重视亲子阅读,认可亲子阅读的重要性,但亲子阅读的数量和品质都需要提高。

从政府进行阅读推广的角度来看,后疫情时代,可以采用线上和线下结合的方式:线上多渠道同步运行进行亲子阅读普及教育,将公众号、微信群、抖音课堂、腾讯课堂、电台节目等都纳入宣传体系;线下各部门发挥各自优势,将亲子阅读活动层层推进。社区积极跟进,更有利于发挥亲子阅读推广的优势;幼儿园家园合作,共同促进学前期儿童亲子阅读;图书馆等公共设施发挥专长,培养亲子阅读指导师和进行亲子阅读指导相结合共同促进亲子阅读的深入。

参考文献

[1] Zuckerman A B. Promoting early literacy in pediatric practice: twenty years of reach out and read[J]. Pediatrics, 2009, 124(6): 1660.

［2］Mol S E，Bus A G，Jong M T D，et al. Added Value of Dialogic Parent-Child Book Readings：A Meta-Analysis［J］. Early Education & Development，2008，19(1)：7-26.
［3］Ezell，Helen K，Justice，Laura M. Shared storybook reading：building young children's language & emergent literacy skills［J］. 2005.
［4］Demir-Lira ÖE，Applebaum LR，Goldin-Meadow S，Levine SC. Parents'early book reading to children：Relation to children's later language and literacy outcomes controlling for other parent language input［J］.Developmental Science 2019.
［5］Marja，van，den，Effects of reading picture books on kindergartners' mathematics performance［J］. Educational Psychology，2014.
［6］赵琳.儿童早期语言教育与其后继语文能力发展关系的研究报告———一项早期家庭教育的追溯研究［J］.学前教育研究,2003(11)：15-18.
［7］第十七次全国国民阅读调查报告[N].光明日报,2020年4月21日(09).

"大数据"背景下的学前儿童家庭教育需求调查研究

——以上海市为例[①]

张惠敏 陈 露 宣红萍

一、问题提出

家庭是儿童的第一所学校,家长是儿童的第一任老师。家庭教育是家庭的基本职能之一,在孩子的成长中起着奠基的作用,担负着幼儿认知发展、社会化发展、良好习惯、道德品质形成的重任。苏联著名教育家苏霍姆林斯基曾经强调过:"没有家庭教育的学校教育和没有学校教育的家庭教育,都不可能完成培养人这一极其细致而复杂的任务。"可见,家庭教育在孩子的成长过程中是不可缺少的。

《国家中长期教育改革和发展规划纲要(2010—2020年)》明确提出了家庭教育在教育改革和发展中的地位和作用,强调学校教育、家庭教育和社会教育要紧密结合。特别指出:"充分发挥家庭教育在儿童少年成长过程中的重要作用。家长要树立正确的教育观念,掌握科学的教育方法,尊重子女的健康情趣,培养子女的良好习惯,加强与学校的沟通配合。"它从国家行政政策的角度,进一步表明在新的信息化时代,家庭教育在学前儿童健康发展上的重要性。

作为家庭教育的承担者——家长,在如何教育学前儿童上,是否具备完备的知识和娴熟的技巧呢? 2009年,全国妇联儿童工作部在《儿童早期教育现状与需求调查报告》中提到广大家长重视儿童的早期教育,却存在缺乏

[①] 本文系2014年上海市家庭文明建设立项课题之研究成果,作者单位为上海师范大学教育学院。

育儿知识、技能和与长辈的协调能力,教育期望值与自身能力间存有差距,面临诸多困难急需社会各方的积极支持。李洪曾(2003)研究指出,家庭带养需要进行指导,其中"最需要指导的对象是母亲和祖辈家长;最需要的指导内容是科学育儿的系统知识、易发问题及其处理和具体的常规育儿方法"[①]。

上海作为中国东部的发达城市,经济发展迅速,人民生活水平较高,对儿童的教育要求也比较高,愿意在儿童教育上加大投资力度。家长们除关注学校等机构教育外,对家庭内的教育也越来越重视。但在家庭内如何教育孩子,面对孩子出现的各种问题如何正确地对待和处理,是年轻家长们感到困惑的地方。在家庭教育上该从何入手,如何做是最科学的等这些问题也是年轻家长们感到迷惑的地方。上海市在20世纪90年代以李洪曾为代表的研究者对家庭教育进行了深入研究,并指出家长的家庭教育需要外界进行指导。

进入21世纪后,随着我国经济、文化突飞猛进地发展,特别是80年代独生子女政策的影响和近年"二胎"政策的实施对家庭教育提出了新要求,市场激烈的竞争使得父母对孩子寄予更高的希望,反过来也对父母的教养能力提出了新的要求。尤其目前已经进入计划生育后第一代独生子女作为父母的生育高峰期,对家庭教育的需求更加迫切。大多数人做父母的知识来源于原生家庭的传统教授,或者是从亲戚朋友、书本、网络等处获取,从未受到过系统的训练,可能不了解儿童的身心发展规律而片面的把理论强加在孩子身上,遇到问题常常感到困顿却无处求助或到处求助。家长对家庭教育知识的需要随时随地会出现,然而无论是高校专家还是政府机构工作人员都无法随时随地满足家长的这种需求。家长在育儿过程中对家庭教育也会在不同阶段出现不同的需求,针对各种教育需求,作为教育工作者相应提供何种服务与支持是需要我们来深入研究的。因此,本研究欲借助电脑、手机等媒体的网络辅助手段,在"大数据"背景下对上海市0～6岁年龄段儿童家长的家庭教育需求进行深入探讨,并尝试寻找"大数据"时代更能满足家长需要的政府服务体系。

本研究要解决的具体问题是:(1)上海市0～6岁年龄段儿童家长的家庭教育需求的内容和现状;(2)上海市0～6岁年龄段儿童家长的家庭教育

[①] 参考:李洪曾.上海市城区孕0～3岁乳婴儿家长科学育儿现状及需求调查报告(上),山东教育.2003:03.

需求的识别及诊断;(3)上海市 0～6 岁年龄段儿童家长的家庭教育需求的支持与服务。

二、研究方法

(一) 调查对象

在 0～6 岁学前儿童的取样中,我们分为两个部分:0～3 岁和 3～6 岁。其中 0～3 岁年龄段家长调查采用微信和网络问卷的形式,3～6 岁年龄段则采用纸质问卷形式,在上海市徐汇区、虹口区、青浦区的示范园、一级园、二级园内分别取小中大各一个班进行调查。共抽选调查 500 人,获得有效问卷共 492 份。0～6 岁儿童各年龄组的人数分布见表 1,0～6 岁儿童的家长角色分布见表 2。

表1 0～6 岁儿童各年龄组的人数分布

年龄段	人数	人数百分比(%)
0～1(含1周岁)	54	11
1～2(含2周岁)	73	14.8
2～3(含3周岁)	79	16.1
3～4(含4周岁)	108	21.9
4～5(含5周岁)	113	23
5～6(含6周岁)	65	13.2
合计	492	100

表2 0～6 岁儿童的家长角色分布

家长角色	性别	人数	人数百分比(%)
父亲	男	201	40.9
母亲	女	291	59.1
合计		492	100

(二) 调查方法

本次调查包括家长对父母对儿童成长知识的需求、父母对教养知识的需求、父母教养效能的需求3个部分。

本调查使用两种问卷：(1) 自编《上海市学前儿童阶段家庭教育需求调查问卷》，由3个维度34个项目组成，部分题目为多项选择题；(2) 自编《上海市学前儿童家庭教育需求自陈开放式问卷》，由5个开放式项目组成。

运用Excel2013软件和SPSS16.0软件对后期数据进行相关统计及分析。

三、调查结果

(一) 家长对儿童成长知识的需求

本调查研究发现，在对孩子所处年龄段相关儿童发展知识的具备程度方面，67.4%的家长认为自己基本掌握相关的儿童发展知识，30.5%的家长认为自己在该方面的知识还比较欠缺；在对孩子所处年龄阶段相关儿童发展知识的需求方面，70.9%的家长认为自己还需要在相关的儿童发展知识上得到专业指导。

1. 家长对0～3岁儿童成长发展知识需求

在0～3岁儿童的发展任务中，47%的家长需要了解儿童身体动作的发展情况，17%的家长需要了解儿童自我意识的发展，15%的家长需要了解与孩子依恋关系的建立情况，13%的家长需要了解儿童智力的发展，8%的家长需要了解语言学习的掌握情况。家长对0～3岁幼儿发展知识需求见图1。

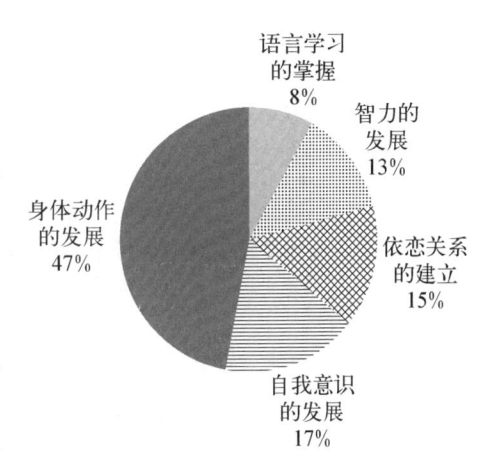

图1 家长对0～3岁幼儿发展知识需求

2. 家长对3～6岁儿童成长发展知识需求

在3～6岁儿童的发展任务中，34%的家长需要了解儿童身体动作的发展,30%的家长需要了解思维开发与训练的知识,18%的家长关注孩子同伴关系的发展,9%的家长需要了解社会行为的发展以及性别角色的发展内容。家长对3~6岁儿童发展知识需求见图2。

3. 父母对儿童发展知识类别的需求

调查结果发现,39.3%家长关注儿童的情感和社会性发展,37.2%的家长关注儿童的身体发展,30.3%的家长关注儿童的个性发展,24.8%的家长关注儿童的认知发展和学习成绩。其中父亲与母亲所占的百分比具体见图3。由图3中数据可以看出,在身体发展、认知发展和学习成绩以及个性发展中父亲与母亲的知识需求没有明显的差异,而在情感和社会性发展上父亲(23.2%)的需求要多于母亲(16.1),但差异不显著。

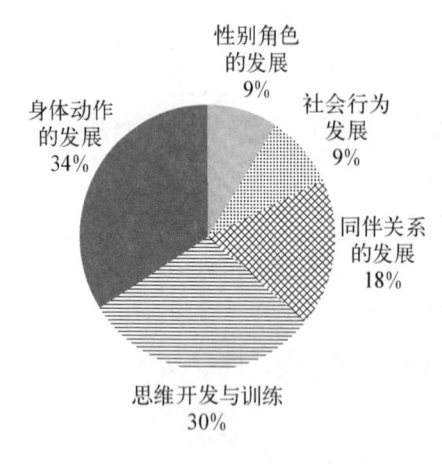

图2 家长对3~6岁儿童发展知识需求

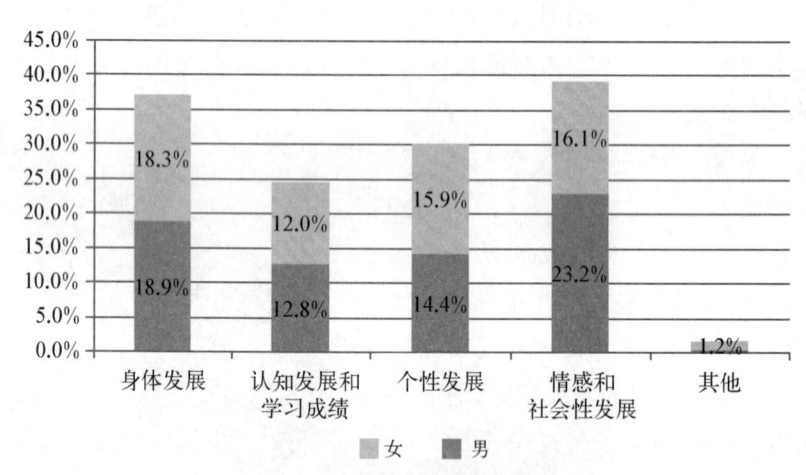

图3 父母对儿童发展知识类别的需求

另外对于关注点的具体需求,我们进一步分析结果如下。

在关心孩子身体健康方面,36%的家长需要得到"儿童营养搭配"方面的指导,33.9%的家长需要得到"户外活动参与"方面的指导,31.1%的家长需要得到"儿童疾病防治"方面的指导,15.9%的家长需要得到"体育技能掌握"方面的指导。

在关心孩子认知发展和学习成绩方面,58.8%的家长关注"孩子对学习的兴趣和求知欲的培养"方面,36.2%的家长关注"孩子思维的训练"方面,而对于"文化知识的学习"和"班级的名次"只占11.4%和6.3%。

在关心孩子的个性发展方面,47.7%的家长关注儿童的习惯养成,46.5%的家长关注儿童的性格培养。

在关心孩子情感和社会性发展方面,40.9%的家长需要在孩子情绪控制方面得到指导,39.1%和34.8%的家长分别需要在孩子社会交往方面和社会适应性方面得到指导。

(二) 家长对教养知识的需求

1. 家长关于家庭教育知识的来源

目前在上海市内,家长在对孩子进行家庭教育的过程中,有关教育、教养知识的来源有以下几种:62.7%家长选择从书本中查询,38.3%家长选择从网络中查询,55.2%的家长听从父母或亲戚朋友的建议,10.2%的家长也会从电视中学习教养知识,还有8.8%的家长会从孩子的老师处获取一些针对性的知识,4.7%的家长从孩子所在学校的宣传中获取教养知识,2.6%的家长选择从高校专家处获得教养知识。家长教养知识的来源见图4。

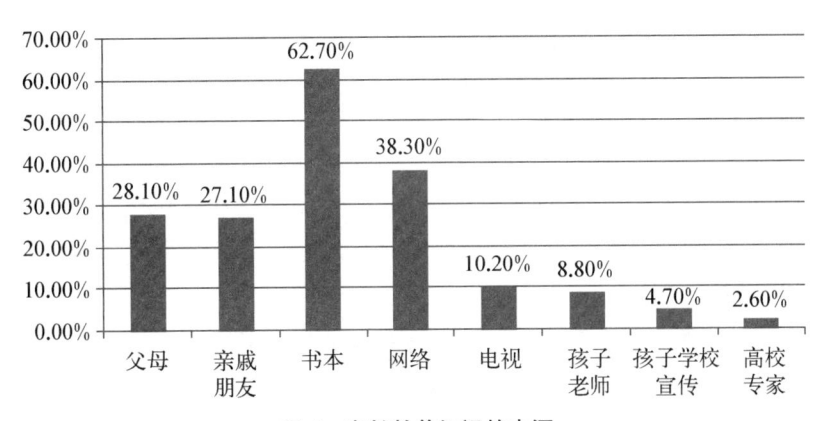

图4 家长教养知识的来源

2. 家长关于家庭教育内容的需求

调查结果发现,51.2%的家长需要家长的教养技能和技巧训练方面的指导,26.4%的家长需要教育观念上的指导,22.1%的家长需要教养方式方面的指导,19.3%需要家长和教师关系方面的指导。其中父亲与母亲所占的百分比具体见图5。由图5中数据可以看出,在家长的教育观念方面父亲(12.2%)的需求低于母亲(14.2%)的需求,在家长的教养方式、教养技能、亲子关系的指导以及家长和教师的关系上,父亲的需求均略高于母亲的需求,但差异不显著。

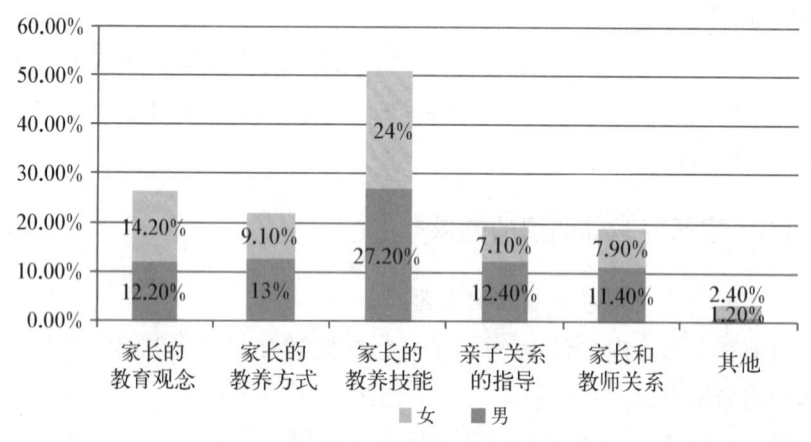

图5 家长关于家庭教育内容的需求

根据家长对不同家庭教育内容的需求,我们进一步调查了解到,家长对不同教育内容的需求是不一样的。在家长的教育观念方面,9.8%的家长需要得到对"好的教育"观念的指导,25.4%的家长需要得到"好的家长"观念的指导。卡方检验结果表明,父亲和母亲在对"好教育"观念的指导需求上的差异显著($\chi^2=6.00, p<0.05$),母亲对"好的教育"观念指导的需求显著高于父亲。

在家长的教养方式方面,50.4%的家长需要得到有关教养方式与儿童发展的知识方面的指导,37.4%的家长需要在自己对孩子教养方式的反思方面得到指导。

在家长的教养技能和技巧训练方面,50.6%的家长需要在对自己教育技能的诊断上得到指导,30.9%的家长需要在教养技巧的训练上得到指导。

在亲子关系的指导方面,42.9%的家长需要在如何与孩子沟通上得到相关指导,42.3%的家长需要在如何处理与孩子的冲突上得到指导。

在家长与教师关系方面,63.8%的家长需要在如何与教师及时沟通方面得到指导。另外,25.8%的家长在"与教师情感上和谐相处"方面需要指导。

3. 家长对亲子关系调整的需求

调查研究发现，在对孩子的了解程度方面，26.7%的家长认为非常了解自己的孩子，69.1%的家长认为对孩子基本了解，4.2%为对自己的孩子不了解。家长对孩子的了解情况见图6。

在与孩子的亲子关系方面，20%的家长认为自己与孩子的关系属于比较亲密，73%的家长认为自己和孩子的关系有待于改善，只有7%的家长认为自己和孩子的关系常常会发生冲突。

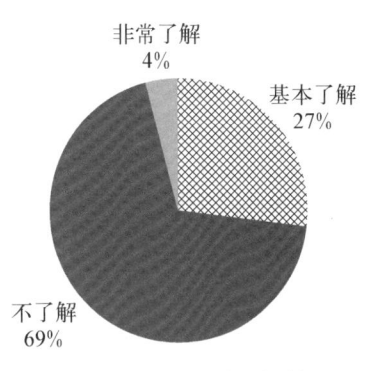

图6 家长对孩子的了解情况

在与孩子的沟通时间方面，59.9%的家长与孩子的沟通时间在30分钟至1小时，23.4%的家长与孩子沟通的时间在2小时以上。

在对亲子关系的满意程度上，7%的家长对家庭内亲子关系表示满意，55.3%的家长认为家庭内的亲子关系有待改善，35.7%的家长表示对亲子关系不满意，极其需要改善，也有2%的家长认为无所谓。

(三) 家长对提高教养效能的需求

1. 家长对教养孩子的压力

调查发现，11%的家长在教养孩子时感觉压力非常大，40.3%的家长感觉压力比较大，38.2%的家长感觉压力一般，8.1%的家长感觉压力比较小，只有2.2%的家长是感觉根本没有压力的。进一步调查发现，71.4%的家长愿意倾诉养育孩子的压力。55.6%的家长在缓解养育孩子压力方面需要专业指导。家长教养孩子压力现状见图7。

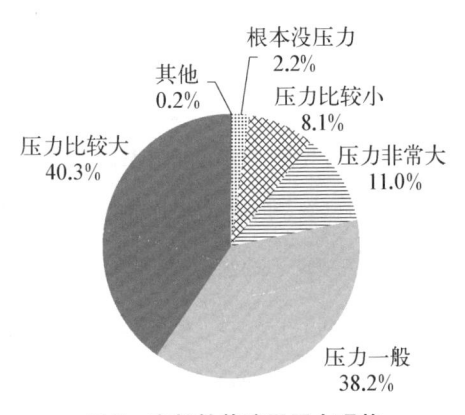

图7 家长教养孩子压力现状

2. 家长对外界支持形式的需求

调查结果发现，家长对外界给予的家庭教育支持在形式上的需要表现为以下几种：56.2%的家长认为互动性工作坊式的形式更能够满足需求，个别访谈形式占 24.6%,集体讲座式占 17.9%,电子媒体式占 12.8%。可见家长对家庭教育指导形式倾向于互动交流的,有针对性的面对面的讨论。家长对支持形式的需求见图 8。

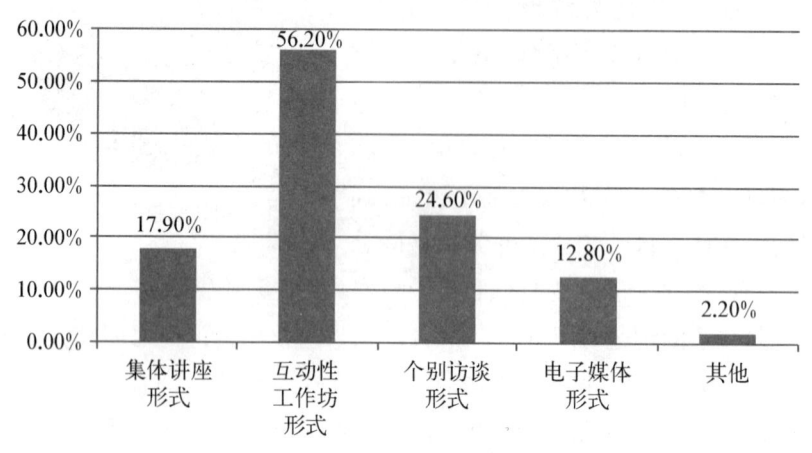

图 8 家长对支持形式的需求

3. 家长对外界支持人员的需求

调查结果发现 40.1% 的家长希望得到幼儿园或中小学一线教师的指导,35% 的家长希望得到培养出优秀孩子的家长指导,21.4% 的家长希望得到大学相关领域专家教授的指导,16.5% 的家长希望得到幼儿园园长或中小学校长的指导。可见,家长对一线教师的信任度比较高。家长对教育支持人员的需求见图 9。

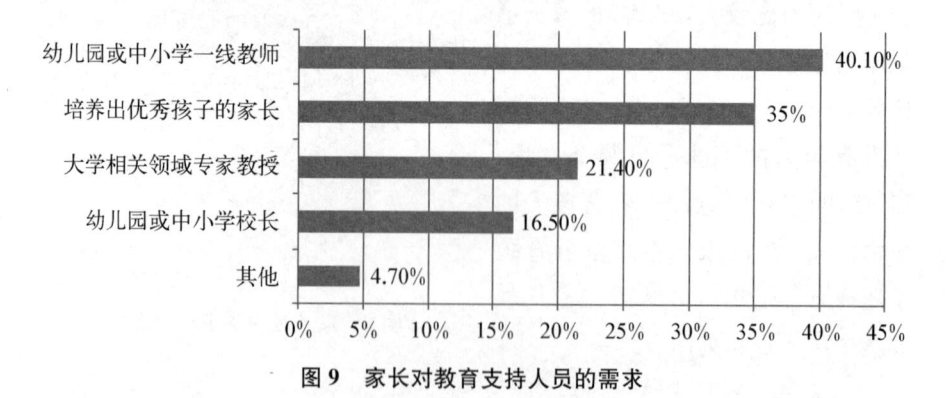

图 9 家长对教育支持人员的需求

4. 家长对外界支持频次的需求

调查研究发现,98% 的家长认为,需要能够获得一种随时随地获得教育支持的途径，2%的家长认为无所谓。尤其是0~3岁儿童的家长认为，最好有医院或早期教育机构能给予24小时的教养支持。3~6岁幼儿园儿童家长认为，幼儿园应该每学期组织主题式家庭教育活动。家长认为，每学期应该组织1次的占24%，每学期组织2次的占35.8%，每学期组织3次的占18.1%，每学期组织4次的占7.1%，每学期4次以上的占15%。大多数认为，每学期3次以下较为适宜；大多数人提议家庭教育活动的时间安排在周末(占总人数的46%)或工作日下午(占总人数的26.1%)。另外，每次家庭教育活动的时间，32.8%认同1小时，37.1%的认同1.5小时，21.8%的认同2小时，大部分人认同每次指导时间在2小时之内。

5. 家长对外界支持参与的需求

本研究主要从家长参加外界组织的家庭教育活动的意愿来进行调查次数，包括能够参加活动的次数、参加活动的态度及对活动参与和管理的主动性。

如果外界权威机构尤其是幼儿园组织有关提高教养能力的活动，在参加活动的次数方面，75.1%的家长基本上能经常参加，其中有56.6%的家长尽可能安排出时间参加，5.1%的家长无论何种情况下都能保证每次参加。

在参加活动的态度方面，78.6%的家长在参加幼儿园组织的家庭教育活动时能够做到非常认真听讲解，其中有29.9%的家长能够认真听并做相关记录。

在对活动的参与主动性方面，37.8%的家长愿意主动向幼儿园提出要求组织家庭教育类活动，43.2%的家长处于被动的态度，13%的家长是无所谓的态度。

在参与活动组织与管理的方面，48%的家长愿意主动参与家庭教育活动的组织和管理工作。

由此可见，不管是在参加活动的次数和态度，还是组织管理的主动性上，家长参与家庭教育指导活动的积极性比较高。

四、分析与建议

(一) 家长迫切需要了解儿童发展规律，明确各年龄段需要完成的任务

从以上的调查数据可以看出，0~3岁儿童的家长(47%)多数关注孩子

成长过程诸如身体动作发展等的"养育"问题,3~6岁儿童的家长(34%)对身体关注的比例就有所下降,而是更多地开始关注孩子的"教育"问题,如孩子的思维开发与训练、社会行为等方面。在开放式问卷中,0~3岁儿童的家长有76%经常在网络或书本中查找孩子对应年龄段有关身体发展的标准,3~6岁儿童的家长则更多地查找孩子所出现问题的解决方法。0~3岁儿童的家长有70%希望自己的孩子能够进入早教机构,由机构专业人员来辅助教养,3~6岁儿童的家长则有85%会让自己的孩子参加社会各种教育机构,以便能够接受到正规、科学的教育,而对教养机构的资质和正规性未做过考核。52%的家长认为自己欠缺孩子成长发展的专业知识,希望能够得到医疗或教育方面专业认识的指导,而且这种指导最好能够24小时随时随地可以获取。86%的家长希望能够就儿童不同年龄段需要完成的任务得到科普性的系统知识,同时针对不同年龄段父母应有的应对方式希望得到专业人士的指导。

明确家长的需要后,我们认为,应该针对性地满足家长的需要。在网络迅速发展的时代,建立完备的知识库,确保家长随时随地方便查阅或咨询,要满足这样的条件,建立云数据库、运用网络媒体是最合适不过的了。优势是可以延伸指导空间,开展线上交流、分享。利用网络媒体,设计合理的平台栏目。比如:家教理论——主要由家教专家和教师提供一些关于家庭教育基本理论的资料,使家长掌握一些家教的原则和方法,科学地实施家庭教育;家教讲堂——根据家长的需要开设专题,主要是向家长介绍一些培养孩子的知识以及如何促进孩子发展的方法,还会邀请一些教育专家进行相关主题讲座,家长可以参加学习,并参与讨论;家教资源——在这里收集了大量的关于家庭教育指导方面的资料以及相关家教资源的链接,家长和教师可以根据需要在这查找资料,也可将好的资源上传到这里,以便大家共享;专家在线——在这一栏目特别邀请一些校内外家庭教育专家参与,解决家庭教育中的一些疑难问题。家长可将解决不了的问题与专家探讨,由专家给予适宜的建议;家教活动——在这里专门为家长设计了一些有助于家庭教育的亲子活动,让家长和孩子共同参与,在活动中家长能更好地了解自己的孩子,有的放矢地进行教育,孩子通过活动能拉近与家长的距离,使家教效果更佳。

(二) 家长迫切需要了解系统教养知识,掌握提高教养效能的技巧方法

在家长教养孩子的过程中,多数家长的教养知识来源于书本和网络,以及祖辈父母和亲戚朋友的建议和意见,这些知识可能带有时代性或部分谬误。17%的家长指出,自己不知道能够从何处得到权威而又科学的教养知识,9%的家长愿意花钱去参加社会机构举办的高额费用的家长培训,并且相信价高质优。本调查显示50.5%的家长认为在教养孩子的时候感觉压力比较大,通常认为自己缺乏教养知识而无法应对孩子的成长问题,迫切希望能够获得专业支持以减小自己的压力。56.2%的家长希望能够采用面对面的互动工作坊形式来获取教养知识和技能,他们认为,"书面知识是死的,人是活的",千篇一律的知识只说明了孩子们的共性问题,针对自己孩子的个性问题无法解决,互动工作坊或个性访谈形式则能够更好地解决个性化问题。对于帮助提高自己教养效能的人选,40.1%的家长认为幼儿园的一线教师更有发言权。因为学前教师作为与幼儿和家长接触最多的人,基本上有机会天天与家长碰面。借助此便利条件,由学前教师进行家庭教育辅导与指导更利于满足家长的需要,同时,学前教师更加了解孩子,能够有针对性地做到有的放矢,也更利于孩子的发展。而且,李洪曾(2000)指出,"幼儿园、中小学教师对家长进行家庭教育的指导无论从知识和经验,家长的信任程度来说,都具有一定的优势"[1]。也有21.4%的家长希望得到大学相关领域的专家教授的指导,但大部分认为,遇到大学教授指导的概率很低,通常遇到问题很难找到大学教授,而幼儿园的教师反而是天天可以见面,实现的可能性更高一些。通常家长们更加愿意参加幼儿园组织的有关亲子教养的活动,75.1%的家长基本上能够做到经常参加,而且有48%的家长愿意主动参与幼儿园组织的家庭教育活动的管理工作。

明确了家长的这部分需要,我们认为,家长的教养知识普及和指导支持,最好以幼儿园为载体,以便更加具有针对性和个性化。幼儿园应确立为家长服务的观念,了解并根据不同类型家庭的家长需求,尊重家长愿望,调动家长参与的积极性,重视发挥父母双方在指导过程中的主体作用和影响,

---

[1] 李洪曾.家庭教育指导工作的对象、内容与形式,上海教育研究,2000:38.

指导家长确立责任意识,不断学习、掌握有关家庭教育的知识,提高自身修养,为子女树立榜样,为其健康成长提供必要条件。另外,关注家长的家庭教养压力,在传授教养技能、技巧和儿童发展知识理念的同时,也应关注学前儿童家长的心理压力,可以适当提供减压主题讲座等帮助缓解压力。

但目前大部分幼儿园的教师知识水平和技能水平有待于提高,只有少部分幼儿园教师能够承担此项工作。这也为我们高校培养高素质的学前教师指明了新方向。但我们认为,高校学前教育专家、儿童教育和家庭教育科学性的领航人等专家的指导也是不可缺少的,如何让高校专家的指导深入百姓家,则是我们需要思考的问题。

(三)家长迫切需要改善家庭各级关系,希望能够随时获得外界的各种帮助

在调查中可以看到,69.1%的家长认为对自己的孩子基本了解,而只有7%的家长对家庭内亲子关系表示满意,尚有91%的家长认为家庭内的亲子关系需要改善。除亲子关系外,在上海市众多家庭带养孩子的主力军是祖辈父母,尤其是0～3岁的儿童家庭。何彩萍(2011)指出,"目前,上海的许多社区已形成了一个个颇具规模的'祖父母—孩子'圈:祖辈家长带着孙辈玩耍,难得见到年轻父母的身影"[①]。祖辈的参与使得在一个家庭中出现了多种角色关系,诸如夫妻关系、亲子关系、婆媳关系、祖孙关系等,祖辈对子孙的教育也占据了很大的比例。在本调查中有64.2%的家长报告常常运用网络知识纠正祖辈的教育观念,78%的家长报告利用手机微信的信息向祖辈传递最新教育理念,15.4%的家长试图用书本知识矫正祖辈的教养方式,也有7.3%的家长选择大学教授的权威意见来改变祖辈的教养方式。祖辈与父辈的教养理念、方式的不一致也为儿童的成长发展带来障碍。因此,家长指出希望能够得到政府权威机构的支持,获得全家认可的教养知识。

明确家长的这部分需要,我们认为,政府、社区能够发挥资源优势建立一个家庭教育支持平台,为家庭提供全方位的服务。整合社区资源,建立同

---

① 何彩平.从家庭需求看上海市0～3岁早教服务,幼儿教育(教育科学),2011(6).

一社区学前儿童家长的沟通渠道,比如微信、QQ群,实现在网络上的沟通、交流、探讨;在线下可以一起结伴玩耍、参加各种活动,促成幼儿社会性发展。同时邀请育儿专家和学前教育一线人员定期开设受学前儿童家长欢迎的主题讲座,并加以互动。利用社区现有场所,开展一些以家庭为单位的比赛和亲子活动,促进亲子和谐关系建立。社区也可以定期做一些个案,请有资历人员给予有需要的家庭专业指导,使学前儿童健康成长和发展。同时可将《上海市家庭教育指导内容大纲》印发给每个家庭。每年设立固定日期为家庭教育指导日,如周末,设计组织一些社区活动,发放宣传单页,宣传家庭教育重要性,普及家庭教育科学知识和育儿技巧。

五、服务体系构建

通过本调查,我们对于上海市0~6岁学前儿童家庭的教育需求有了一个粗略的了解。家庭是社会的基本单位,家庭教育关系着祖国下一代的健康成长。家庭教育不仅仅是家长的责任,更是政府与社会的义务。我们建议以政府为基础,建立一套服务于家庭教育的网络体系,来满足人民日益增长的教育需求。

基于以上的分析,我们建议围绕家庭为中心构建以高校为专业指导,以幼儿园为实施主体,社区、医院等其他机构为辅助的服务支持体系,各区域实现信息共享,最好能够达到实时沟通的效果。家庭教育服务体系基本框架见图10。

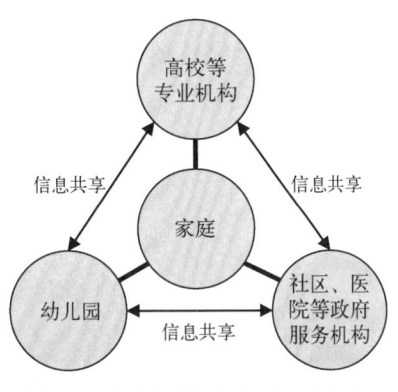

图10 家庭教育服务体系基本框架

基于以上的框架,此服务体系的内容我们建议家长可以在家庭中建立孩子的身心发展资料库,幼儿园教师则建立幼儿在园表现的资料库,社区及社区医疗服务系统为孩子的健康和参与活动进行数据库储备,高校的学前教育专家则提供专业、科学的指导和建议,4套系统实现数据共享,真正体现"大数据"的优势,见图11。

基于"大数据"时代的来临,考虑到手机在人们生活中的普及化,网络在人们生活中的覆盖化,因此,我们建议最好能够开发手机 App。由家庭、幼儿园、社区、医院和高校共同建立、共同享用数据库信息,便于任何一方查阅或使用任何数据。而这一目的只有政府机关才有可能实现。

对于家长来说,手机 APP 的优势在于以下几点。

(1) 满足家长随时随地查阅相关知识的需要。

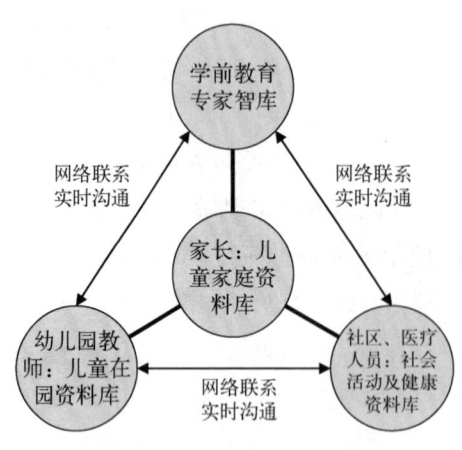

图 11 家庭教育服务内容

(2) 满足家长与学前教育专家"面对面"互动的需要。

(3) 满足家长系统学习科学的教养知识的需要。

(4) 满足家长把握幼儿在园情况的需要。

(5) 满足家长明确幼儿在当前年龄段的身体发育情况、健康状况及应对措施的需要。

(6) 满足家长随时随地方便求助的需要。

六、本研究的不足

本研究由于时间和资金有限,仅仅对上海市学前儿童家庭教育需求做了抽样调查,未能在真正意义上取到大数据。而且对政府服务体系也只能做初步框架的设想,未能对体系的详细内容进行下一步的探讨。在后续的研究中,本研究者将会不懈努力、继续深入研究下去。

参考文献

[1] 李洪曾.上海市城区孕 0~3 岁乳婴儿家长科学育儿现状及需求调查报告(上).山东教育,2003(3).

[2] 李洪曾.家庭教育指导工作的对象、内容与形式.上海教育研究,2000(6):38.

[3] 何彩平.从家庭需求看上海市 0~3 岁早教服务.幼儿教育(教育科学),2011(6).

通过亲子阅读促进学习型家庭的创建研究[①]

吴念阳 李 星 柏 雪 崔卓缘

亲子阅读是早期阅读的重要组成部分,儿童从出生后,就开始在家长的影响下接触阅读。无论是尚未接受幼儿园教育的 0～3 岁婴儿,还是接受幼儿园早期阅读教育的 3～6 岁的幼儿,家长对他们的阅读兴趣、阅读习惯和阅读技能的养成,都起着非常重要的作用。如果家长能积极有效地以亲子阅读的方式给予孩子早期阅读教育,将促使孩子健康、全面的发展。柏金等人发现父母与孩子情感交流的质量能在很大程度上预测儿童的阅读动机和阅读兴趣,研究者在对幼儿园和一年级儿童与其父母的分享阅读进行录像观察评估后,发现父母与孩子的情感关系越好,儿童挫折感越小,越愿意参与阅读,在随后测试中朗读的字词也越多(Bergin et al., 2001)。卡米罗·奥特兹等人的研究表明,如果父母运用一些可以激发孩子阅读兴趣的技巧,将大大提高孩子的阅读兴趣,发展孩子的词汇和语言表达能力(Camilo Ortiz et al., 2001)。

胡薇薇研究发现,亲子共读中母亲的指导方式和对阅读过程的控制程度都能显著影响儿童的阅读兴趣。母亲能引发婴儿较高阅读兴趣的指导方法是:多对其进行引导性的提问;在言语方面控制度较高、非言语行为方面控制度较低。而能引起幼儿较高阅读兴趣的指导方法是:不过多提问;多对图画进行讲述和解释;多和儿童进行讨论以及协助儿童操作;在言语和非言语方面都对儿童不要过度控制(胡薇薇,2008)。

家长对早期阅读的观念,是指家长对"什么是早期阅读、为什么要进行

[①] 本文系 2015 年上海市家庭文明建设立项课题之研究成果,由上海市妇联、上海师范大学共同实施。课题负责人:吴念阳,上海师范大学教育学院博士生导师、教授。课题组核心成员:李星,上海杉达学院;柏雪,上海市青浦区世界外国语幼儿园;崔卓缘,上海市少年儿童图书馆。

早期阅读以及怎样开展早期阅读"等基本问题的认识,是一切阅读行动的前提和基础,对幼儿的阅读兴趣有着直接影响。很多研究也表明,不同的早期阅读观念对儿童阅读兴趣和习惯的培养会产生不同的影响。Linda Baker 在家庭对儿童阅读动机影响的研究中发现,那些认为阅读是一种娱乐活动的父母比那些强调阅读是一种发展技能的父母更有助于提高儿童对阅读的积极性(Baker Linda, Deborah Scher, Kirsten Mackler, 1997)。本文试图通过亲子阅读干预,培训家长掌握科学的阅读指导策略及阅读环境创设,进而激发孩子阅读兴趣,创造学习型家庭氛围,从而促进家庭和谐与共同学习。

一、研究目的

本研究试图使用问卷法了解家长对亲子阅读的认识观点,归纳家庭中对早期阅读的认识存在的误区和盲点,通过对学前幼儿家庭亲子阅读活动现状进行调查,了解家长对亲子阅读的态度、亲子阅读的条件创设以及指导策略等情况。在此基础上,对实验组家庭进行亲子阅读干预,通过专家讲座等形式向家长传递正确的早期阅读认识与观念。

本研究使用自然观察法,了解母亲与幼儿亲子阅读互动过程,根据母亲话语内容的分析,将母亲的话语引导类型进行分类,调查了解母亲在与幼儿进行亲子阅读过程中引导类型分布情况以及母亲的引导话语特点。在此基础上,对实验组家庭进行亲子阅读干预,通过专家讲座和培训对家长进行有针对性的互动式亲子阅读指导,通过手把手地亲子阅读指导策略的引导,帮助家长掌握正确的指导方法与方式,控制组不进行亲子阅读,探讨干预后,实验组和控制组在创建学习型家庭方面的差异。

二、研究方法

(一)被试

本研究被试来自上海市某区某幼儿园小中大班的幼儿。对幼儿家长统一发放 168 份《亲子阅读活动调查问卷》问卷,总回收 155 份,剔除遗漏过多问卷 12 份,共回收有效问卷 143 份。在亲子阅读活动现状调查之问卷法调查部分的被试中随机抽取 76 名幼儿及幼儿的家长作为实验组进行干预。有效被试分布情况见表 1。

表 1 有效被试分布情况(人)

组别	小班(3~4 岁) 男	小班(3~4 岁) 女	中班(4~5 岁) 男	中班(4~5 岁) 女	大班(5~6 岁) 男	大班(5~6 岁) 女	总计
实验组	10	16	11	17	12	10	76
控制组	5	10	13	8	16	15	67
总计	15	26	24	25	28	25	143

(二) 工具

对家长的亲子阅读理念研究引用《亲子阅读活动调查问卷》,本问卷内部一致性信度系数为 0.872 2,量表题目具有较高的信度。本问卷由两部分组成:第一部分是人口统计学信息和亲子阅读常陪伴者以及开始时间情况调查;第二部分是家庭亲子阅读活动现状。

本问卷所有题目采用五点记分方式。

对亲子共读指导方式的研究使用自然观察法,了解母亲与幼儿亲子阅读互动过程,根据母亲话语内容的分析,将母亲的话语引导类型进行分类,调查了解母亲在与幼儿进行亲子阅读过程中引导类型分布情况以及母亲的引导话语特点。在此基础上,对实验组家庭进行亲子阅读干预,通过专家讲座和培训对家长进行有针对性的互动式亲子阅读指导,通过经常性、手把手的亲子阅读指导策略的引导,帮助家长掌握正确的指导方法与方式,控制组不进行亲子阅读,探讨干预后,实验组和控制组在创建学习型家庭方面的差异。

(三) 干预方案

本研究分为 3 个阶段:前测阶段、实验阶段、后测阶段。

在前测阶段,研究者使用《亲子阅读活动调查问卷》,对家长的亲子阅读观念进行评估,同时通过录像录音的方式收集亲子阅读的过程,分析家长在亲子共读过程的指导策略,进行学习型家庭评估。

实验阶段,对实验组进行 2~3 次家长讲座,讲座对家长进行有针对性的互动式亲子阅读指导,向家长传递正确的早期阅读认识与观念,通过经常性、手把手的亲子阅读指导策略的引导,帮助家长掌握正确的指导方法与方式。控制组将不进行家长讲座。

后测阶段,在干预完成之后,使用与前测一样的测试方式再次对家长的亲子阅读观念及亲子共读指导策略进行评估,探讨干预后,实验组和控制组在创建学习型家庭方面的差异。

(四)编码统计

将收集到的语料转化为文字,录像辅助确定语音信息。借鉴《低收入家庭亲子共读对话分析:话语内容与互动类型》(张鉴如,2006)研究中部分编码方法,分析母亲在亲子阅读过程中的话语内容,采用主成分分析法将亲子阅读过程中母亲引导类型分为标准互动型、认识物品型、照本宣科型和诵读型 4 种类型,部分类型标准是研究者根据本研究收集到的实际语料进行了修改。以下实例说明 4 种引导类型。

1. 标准互动型

在亲子阅读的过程中,母亲多会针对书本内容提问,孩子回答,然后母亲对孩子的回答给予回馈,或赞同或质疑,并且母亲能结合孩子现实生活经验进行提问或讨论。

例如:

妈妈:你看到了什么呀?告诉妈妈。(要求命名)

孩子:小兔兔。

妈妈:哇,这小兔子有几只呀?(要求属性)

孩子:两只。

妈妈:你觉得他们是什么关系?(要求属性)

孩子:亲子关系,母子关系。

妈妈:对,妈妈觉得他们是母子关系,就像妈妈和你一样。你看,一个小兔。

孩子:我最喜欢小兔。

妈妈:一个兔妈妈。我们看看这个标题上面有没有?

孩子：跳家小兔。

妈妈：这个是逃跑的"逃"。

孩子：逃家小兔。

妈妈：对。我们来打开第一页。

2. 认识物品型

母亲多要求孩子回答有关书中物品的名称、位置等信息，并经常性给予孩子此类信息。

例如：

妈妈：这是谁？

孩子：小兔。

妈妈：他跑到哪里去呀？

孩子：山上。

妈妈：这个是谁呀？

孩子：妈妈。

妈妈：她在干嘛呢？

孩子：抓小兔。

3. 照本宣科型

母亲以依照书本文字内容讲述为主，也会让孩子根据故事预测书中物品的名称、位置等信息，但很少能联系现实生活经验进行提问。

例如：

妈妈：妈妈背着一个框框，拿着一个网，扔一个胡萝卜，是吗？在河里，小兔会游泳吗？

孩子：你看看他在游。

妈妈：他在游啊？

孩子：他会游。

妈妈：他会游，是啊！

妈妈：小兔说："如果你变成捕鱼的人，我就变成高山上的大石头，让你抓不到我。如果你变成高山上的大石头，"妈妈说，"我就变成爬山的人，爬到高山上去找你。"

妈妈：小兔妈妈又把爬山的工作准备好了，背着个包，挂着个拐杖，戴着个帽子，准备去爬山，是吗？

孩子：（没有回应）

妈妈：小兔子已经爬到山顶上了，小兔在这，是吧？山上还有什么？

孩子：花朵，还有草。

4. 诵读型

此种类型以朗读书中上的文字为主，很少就故事内容进行讨论。此种类型可分为5种情况：母亲独自朗读、母亲要求孩子独自朗读、母亲与孩子齐声朗读、母亲与孩子分工朗读和母亲要求孩子跟随自己朗读。

例如：（母亲要求孩子跟随自己朗读）

妈妈：小兔子，妈妈读前面，你跟着读后面。

妈妈：从前有一只小兔子，他很想离家出走。

孩子重复：从前有一只小兔子，他很想离家出走。

妈妈：有一天，他对妈妈说："我要跑走啦！"

孩子重复：有一天，他对妈妈说："我要跑走啦！"

妈妈："如果你跑走了，"妈妈说。

孩子重复："如果你跑走了，"妈妈说。

妈妈：你要看看一个字一个字来读哦，知道吗？你要看到妈妈讲到哪里了，知道吗？

妈妈："我就去追你，因为你是我的小宝贝呀！"

孩子重复："我就去追你，因为你是我的小宝贝呀！"

妈妈："如果你来追我，"小兔说。

孩子重复："如果你来追我，"小兔说。

例如：（孩子独自朗读）

孩子："如果你来追我，"小兔说，"我就要变成溪里的小鳟鱼，游得远远的。""如果你变成溪里的小鳟鱼，"妈妈说，"我就变成捕鱼的人去抓你。"

妈妈：嗯，看，她变成捕鱼的人了是吧！

孩子:"如果你变成捕鱼的人,"小兔说,"我就要变成高山上的大石头,让你抓不到我。"

"如果你变成高山上的大石头,"妈妈说,"我就变成爬山的人,爬到高山上去找你。"

妈妈:嗯,真棒!

孩子:"如果你变成爬山的人,"小兔说,"我就要变成小花,躲在花园里。""如果你变成小花,"妈妈说,"我就变成园丁,我还是会找到你。"

妈妈:园丁。

孩子:园丁。

妈妈:对的。

孩子:"如果你变成园丁,找到我了,我就要变成小鸟,飞得远远的。"

妈妈:你看她要是变成园丁,他就变成小鸟,是吧?

孩子:"如果你变成小鸟,飞得远远的,我就变成树,好让你飞回家。"

妈妈:嗯,真棒!

编码由两名熟悉编码系统的研究生独立完成,对母亲引导类型进行内部编码信度计算,编码的一致性系数为 0.852。对于有争议的类型,经过两名评价者商讨后达成一致,确定其类型。

三、实验结果

(一) 问卷法评价阅读观念结果与分析

1. 家庭亲子阅读常陪伴者情况

图 1 呈现了家庭亲子阅读常陪伴者的调查情况。

由图 1 可知,亲子阅读主要是由母亲与孩子进行的家庭占总数的 72%;6% 的家庭表示亲子阅读是由父亲与孩子进行;父母双方都参与亲子阅读的家庭占总数的 17%;5% 的家庭表示亲子阅读主要是由祖辈与孩子进行。因此可见,家庭亲子阅读

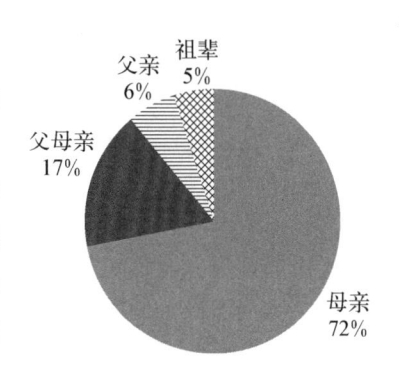

图 1 家庭亲子阅读常陪伴者的调查情况

主要是由母亲单独参与,父亲较少与孩子进行亲子阅读。大部分家庭亲子阅读都是由父母完成,极少数家庭会出现祖辈与孩子进行亲子阅读。

2. 家长实施亲子阅读的主动性

家长实施亲子阅读主动性的描述统计见表2。

表2 家长实施亲子阅读主动性的描述统计

	最小值	最大值	平均数	标准差
主动加入	1.00	5.00	3.34	0.86
主动邀请	2.00	5.00	3.51	0.82
激发兴趣	1.00	5.00	3.69	0.80
联系生活	1.00	5.00	3.52	0.89
整体层面	7.00	20.00	14.06	2.58

从表2可看出家长实施亲子阅读的主动性的每个单题平均数较低。图2为家长主动加入与主动发起亲子阅读活动情况的百分比分布。

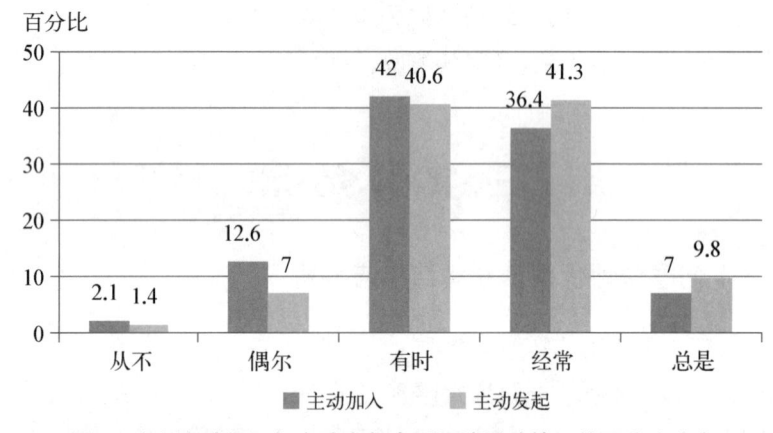

图2 家长主动加入与主动发起亲子阅读活动情况的百分比分布

从图2可知,7%的家长表示总是主动加入幼儿的阅读活动,经常主动加入孩子的阅读活动的家长有36.4%,42%的家长表示有时会主动加入孩子的阅读活动,12.6%的家长偶尔会发生主动加入孩子的阅读活动,2.1%的家长从不主动加入孩子的阅读活动。在主动发起亲子阅读部分,只有9.8%的家长总是主动发起阅读活动。

3. 家庭亲子阅读条件创设情况

亲子阅读条件创设的描述统计见表3。

表3 亲子阅读条件创设的描述统计

	最小值	最大值	平均数	标准差
一周平均次数	1.00	5.00	3.45	0.94
每次阅读时长	1.00	5.00	3.38	0.85
阅读内容	1.00	5.00	3.85	0.99
选购读物	1.00	5.00	3.55	0.78
月均购买读物金额	1.00	5.00	2.78	0.96
整体层面	8.00	24.00	16.95	3.06

由表3可知,家长与幼儿进行亲子阅读的周次数与每次时长的平均数偏小,家长与幼儿亲子阅读的时间较少。在选购读物与阅读内容上的得分较高,家长较注重幼儿读物的挑选。家长月均购买读物金额的平均数较低,个体间差异不大。

图3为家庭周平均亲子阅读次数百分比分布情况,呈现了家长与幼儿进行亲子阅读的一周平均次数情况。

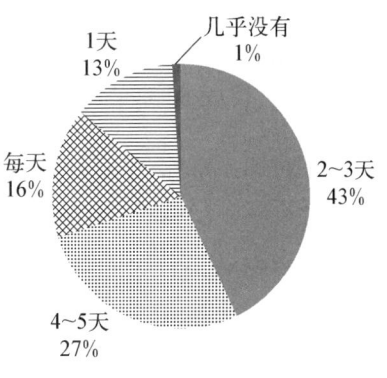

图3 家庭周平均亲子阅读次数百分比分布情况

由图3可知,家长与幼儿每周平均2~3天进行亲子阅读的占43%,每周平均4~5天进行亲子阅读的占27%,只有16%的家长表示每天都与幼儿进行亲子阅读,这说明家长与幼儿进行亲子阅读周频率偏低。

(二)观察法评价亲子共读指导策略结果与分析

母亲引导类型见图4。

由图4可知,在亲子阅读过程中,母亲偏重于书本上的信息与内容的讲述,在引导类型上,照本宣科

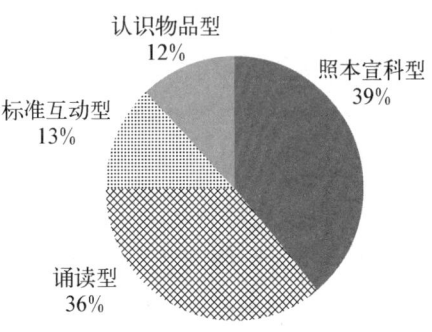

图4 母亲引导类型分布

型和诵读型母亲占大多数。

表4呈现了干预前后被试母亲引导类型上的分布对比。

表 4　干预前后两组被试母亲引导类型上的分布对比

组别	前测				后测			
	标准互动型	认识物品型	照本宣科型	诵读型	标准互动型	认识物品型	照本宣科型	诵读型
实验组	12%	12%	42%	35%	60%	38%	1%	1%
控制组	14%	12%	37%	37%	14%	12%	37%	37%

四、分析与讨论

(一) 父母阅读参与度

根据图1可知,母亲是参与亲子阅读的主要角色,而父亲并没有很积极地参与到孩子的阅读教育中去,仅仅占6%,即使加上父母同时参与的比例,也只有23%,传统的家庭教育观念以及社会分工在普通家庭中还是相当根深蒂固的,这在研究者对实验组家长的干预过程中也可以体现出来,前来参与互动式亲子阅读指导的家长中,父亲的人数远远低于母亲的人数。社会学习理论指出儿童学习的途径之一是观察学习和模仿学习,父母的榜样和带头作用对孩子阅读兴趣的培养以及阅读习惯的保持是不容忽视的,对推进学习型家庭的创建也至关重要。有关研究发现,父亲投入不足和父亲缺失与儿童认知的、社会的、情感的机能和发展存在很大的关系,父亲缺失的儿童更易于出现适应不良,学习成绩低,同伴关系紧张,进而出现违纪和犯罪行为等问题。

互动式分享阅读的理念之一是阅读之后的拓展,以复述、表演、绘画、手工等形式回顾故事,巩固阅读的效果。对书本或故事本身内容的消化和掌握是阅读固有的目的,伴随阅读产生的探索性游戏或者动手操作的活动,则更能激发孩子的阅读兴趣,促进孩子求知欲、好奇心的发展,而这些活动的开展则需要父母双方与孩子的共同合作。在干预过程中,研究人员鼓励并创造机会让父亲更多地参与到亲子活动中来,前来参加讲座和培训的家长将理念在家庭里扩散和传播,在后期的访谈中得到反馈,实验组的父亲在亲子阅读中的参与度与参与热情也显著得到提高,父母合力构建学习型家庭。

(二) 父母阅读发起和加入

在前测中,亲子阅读调查结果显示,48.9%的家长的阅读发起主动性较差,56.6%的家长在孩子有阅读行为时很少主动加入其中。很多家长将阅读的责任交给了孩子自身,给孩子买大量的书扔给孩子阅读,这样的行为并不是亲子阅读。亲子阅读不仅仅需要家长给孩子选择适龄的读物,而且需要家长在时间和情感上的投入。与提供孩子大量充足的读物相比,儿童与家长之间的亲子共读行为和互动交流更有效地促进儿童阅读的发展。儿童读物虽然为儿童创作,但不是给儿童独自阅读的,由于词汇量以及经验的限制,儿童无法独自完成对读物的理解,那么需要家长对儿童进行引导和阅读背景知识的构建,如果让儿童独自完成阅读,那么阅读效果将会大打折扣。

主观上的不重视是导致家长阅读发起主动性差以及阅读参与度低的主要原因之一。在访谈中,研究者发现家长无法有效发起阅读行为也有客观上的原因。

家长不知道如何选择儿童适龄的读物。如何选择适合儿童的读物?这是令大多数家长头疼的问题。家长选的书,孩子不喜欢看,也就很难有效发起阅读活动了。多数家长会选择各大图书销售网站的畅销书前几名,以及不同媒体推荐列出的分级读物。市场上推荐的书单的科学性有待商榷,研究人员发现,一些书单上列举出来的分级书目可能与相应年龄段孩子的理解力并不匹配。长期的实验和观察发现,适合儿童的图书有以下几个特点:① 人物数量不要太多。当图书中出现太多的人物的时候,尚且成人都没法厘清人物间的关系,对儿童而言就更加困难了。② 情节要简单。在阅读的时候,儿童是在不断地认知加工过程中构建起图书的脉络和情节的,复杂的情节只会使认知加工过程混乱进而有出错的风险,同时也不符合儿童形象思维的特征。③ 话题为儿童所熟悉。这里就必须提到互动式分享阅读的另一个理念:儿童可随时互动,随时分享。因为话题为儿童所熟悉,所以儿童能够自由表达对阅读材料的理解,允许他们与阅读材料有关的生活中的经验联结。父母与孩子,孩子与孩子,这种相互作用的互动能够为儿童提供大量的了解他人观点的机会,同时在这种互动场景下,儿童为了彼此之间能够有效地进行互动，就必须去了解他人的观点，尤其在他人观点与自己的观点不一致和有冲突的时候，他们还必须学会协调自己，这样互动才能够成功，在这个过程中，儿童的去自我中心以及观点采择能力得到有效提高。④ 故事里的语言是押韵的。儿童的语言及概念的习得不是一蹴而就的，需要大量的重复。故事语言的押韵使文本富有节律性，也使语言获得具有可预测性，儿童被这种可预测性所吸引，也就一定程度上解决了因为对文本的不熟悉导致的注意力分散的问题。⑤ 故事的可预测性及意外的结尾。故事的情节推动了儿童阅读活动的延续，儿童是在不断地假设和验证中获得对阅读的效能感，可预测的故事使儿童对阅读材料本身具有掌控感，在家长的肯定与鼓励中培养对阅读的兴趣。意外的结尾往往能给儿童带来意外的惊喜，结尾虽然意外，但往往也是情理之中的，这就促使儿童反复阅读文本，在前文中寻找结尾的隐含线索，每一次的发现都会使儿童拥有满足感和成就感。⑥ 插图要清晰。插图是辅助儿童理解文本的材料。绘本大师松居直很形象地用一个公式 1＋1＞2 来定义绘本的含义，他指出绘本是图画和文字的合奏，图画和文字各讲述了一个故事，两者合奏又是另一个故事，好的绘本其实有 3 个故事。儿童的思维主要以形象思维为主，清晰的图画有助于儿童构建故事的形象，辅助儿童理解文字表达的内容，使儿童对故事的理解更加直观。⑦ 故事长度合适，叙事节奏明快。

后期的访谈及反馈发现，实验组的家长主动发起亲子阅读的比例大幅增加，部分家长能在与儿童进行共读前熟悉共读读物，以更加有效地掌控阅读活动的进行。在经过培训指导后，实验组家长也能够有效选择儿童喜爱的图书，有家长反馈，孩子比以前更爱看书了，也主动要求父母买书了。

（三）家庭阅读条件的创设

虽然不同的家庭社会经济地位有差异，事实上，根据表 3 可知，不同家庭在图书选购的花销上不存在家庭之间的差异，问卷调查发现家庭平均藏书仅有 12 本之多，与阅读能力处于最高水平的发达国家平均 200 本的家庭藏书量相比简直是相形见绌。同时家庭阅读条件的差异还体现在阅读频率和阅读时长上，表 3 和图 3 均显示，家长和儿童共读次数少，共读时间短，在推进学习型家庭的构建上亟待加强。

在访谈中，研究人员了解到，很多家庭并没有给儿童创设独立适宜的阅读空间,儿童导向的书籍往往跟成人导向的书籍放在一块,而且书架或者书柜的高度不适合儿童随时取阅。干预过程中,研究人员为家庭阅读条件的创设提供以下几点建议:① 为儿童创设舒适的阅读空间。互动式分享阅读倡导放松温馨的阅读环境,而阅读并不局限于在书桌前正襟危坐,完全可以多样化,既可以父母抱着孩子,也可以躺在柔软的沙发上,还可以席地板或者地毯而坐,让儿童感觉读书可以和游戏一样快乐。② 增加家庭阅读资源量。要达到发达国家水平的阅读资源量不能一蹴而就,需要循序渐进,各个家庭也要量力而行。不过为了孩子的教育,很多父母是很下血本的。依此,研究者建议每个家庭每个月或者每个季度都有一定比例的书籍支出,当然不可盲目购书,对于选择读物的标准可以根据研究者提出的适合儿童的图书的七大特点入手。③ 规划家庭阅读资源。对书籍的分类意识也需要从小培养,切不可成人儿童读物混杂,并且书籍的摆放位置要符合儿童的身体发展,能够让儿童随取随放。④ 营造积极的阅读氛围。父母的态度很大程度上能直接决定儿童在家中的阅读行为是否发生、能否持续、是否产生父母期待的效果。当儿童发起阅读活动的时候,父母切不可因为忙于其他事物而消极对待儿童的陪读及其他请求,"买一百本书,不如陪孩子读一本书"。儿童发起阅读活动的时间是相当随机的,在满足儿童阅读需求的前提下,家长可以有意识地安排固定的家庭阅读时间,这样就不至于使自己的时间和计划完全跟着儿童走。

家庭阅读条件的改变不是一朝一夕的,后期访谈发现,由于条件限制,家庭阅读条件的创设虽然不能达到理想化的水平,如为儿童腾出一个易于儿童取放的书柜,但是可喜的是,实验组家庭增加了阅读支出,家庭藏书量得到有效提高,而且培养儿童书籍分类的意识上也显著提高,父母对待亲子阅读的态度也十分积极。

(四) 亲子阅读引导策略及指导类型

亲子共读作为阅读的一种方式,它以书为媒介,以阅读为纽带,让孩子和家长共同分享多种形式的阅读过程。通过亲子共读,父母与孩子共同学习,同时,还可以给孩子带来欢喜、智慧、希望和勇气,激发孩子的阅读兴趣,培养孩子良好的阅读习惯。亲子阅读侧重在家长根据儿童心理发展的特点,通过各种生动有趣方法引导儿童对阅读过程的兴趣,从而培养儿童良好的自主阅读的能力和兴趣。由于幼儿阅读能力有限,大多数不认识字或认识较少的字,难以支撑幼儿自主阅读与理解故事,因此幼儿早期进行阅读要依靠父母的陪伴与帮助来进行。通过亲子阅读,幼儿不仅能从中学到如何阅读图书,也能习得书面语言的知识,为其进入学校进行学业学习以及今后人生的发展作好了基本知识技能的准备。亲子共读中,父母的引导方式十分重要。许多研究表明:父母越早开始、越经常和孩子一起读书,孩子对文字的理解能力、写作能力、解决问题的能力就越强,知识面就越广。在这个过程中,父母的引导类型直接影响到阅读的效果和孩子的参与度。不同的引导类型所采取的策略也存在差异,进而影响到阅读的效果和亲子阅读的氛围。

　　学习型家庭的特征强调,每个家庭成员能有终身学习的理念,学习能成为家庭成员成长和发展的自觉行为和内在要求。家庭成员每天要不少于30分钟的沟通和交流,民主平等的亲子关系和和谐的家庭氛围。学习型家庭强调的不只是藏书量,而是强调读书量,更看重一个家庭的氛围和环境。父母的不同阅读引导类型,也从侧面反映了家庭教养的方式。更加多元丰富的阅读指导策略更易于创建一个丰富多彩,和谐快乐的家庭氛围和亲子关系。不同的指导策略体现在不同的引导类型上,这涉及父母的学习观和教养观。本研究也基于这两点进行了干预研究。

　　关于父母的引导策略,如图4,在前测的调查中发现,父母大多使用"赞扬"的引导策略,在整体层面的思考和引导上是十分欠缺的。在访谈中有父母表示,除了"赞扬",没有想到更多更好的引导策略。经过干预,尤其是经过互动式分享阅读的理念讲座和带读的示范,为他们提供了多种引导策略的理论和实践指导。在后测中发现,有家长开始使用"反复诵读"的策略,并表示"并不像原先想象的孩子会厌倦,反而,对于一个故事越喜爱,越喜欢和父母反复诵读观看。"并且,有家长在亲子共读的过程中,启发思考和整体层面的引导的比重增加。但"赞扬"在引导策略中也占很大的比重。在家长培训干预的过程中,指导者也要求家长思考,"赞扬"何时出现适合,频率怎样合适,应该怎样赞扬。访谈中有家长表示,这让他开始思考,是不是对于孩子的赞扬太过频繁,可以增加更多的思考、讨论。有家长在接受阅读培训后,提供了这样一个案例:当看到一半时,拿开书,和自己孩子一起来猜测下面可能发生的故事情节或结局,然后再继续看下去。由于有事先的猜测,使活动变得极富趣味。这使得阅读兴趣贯穿于整个的阅读过程和故事中。

本研究对我国亲子共读中父母的引导类型作了前后测的调查,结果见表4。在前测的调查中,照本宣科型引导方式的父母人数占总人数的39%,诵读型引导方式的父母人数占到总人数的36%,物品认识型引导方式的父母人数占到总人数的12%。而标准互动型的父母占到总人数的13%。在访谈中也发现,大多数父母认为亲子共读的主要目的是让孩子识字,多学点知识,所以常常采取照本宣科和诵读引导的方式。只有少部分家长提及,亲子共读的主要目的还包括增加亲子交流的时间,增进彼此感情。我们的干预强调父母的引导应使整个阅读过程有互动、有趣味、有思考、有启发、有情感。如父母可和孩子一道续编故事。可以编多种结局,越多越好,培养想象力,创造力,思维发散能力。提开放式的问题,引导孩子观察画面,比如,问孩子"你观察到了什么,画面上有什么,发生了什么事?"经过讲座和模拟带读培训,很多家长开始意识到,亲子共读不应是单方面掌握主动权,而是互动分享,彼此共进的。当互动和分享发生时,孩子是多脑区被激发,而不是单一的脑区接受刺激,并且表演、讨论、模仿等形式的加入,有利于孩子处于一个兴奋的阅读状态,以此达到更好的阅读效果。后测中发现,对照组中家长的引导类型无明显变化。实验组的家长"照本宣读"型和"诵读型"的引导方式比例大大下降,变为1%。"认识物品"这样的引导方式比例变成38%。"标准互动性"比例增加为60%。可见,干预效果显著,在访谈中也有家长反映,之前的亲子共读持续时间比较短暂,但是通过改变引导类型,能够有效地吸引孩子的注意,亲子共读的时间相对之前有显著增加。

通过对亲子阅读的条件创设,阅读方法与策略,家长阅读观念等干预,发现良好的亲子阅读氛围与阅读活动可以促使良好的亲子感情交流与温暖的家庭气氛,每个家庭成员都有主动学习的内在需求,有终身学习的理念,从而促进学习型家庭的创建。

参考文献

[1] 胡薇薇.母亲指导对婴幼儿早期阅读兴趣的影响研究[D].华东师范大学,2008.
[2] 张鑑如,林佳慧.低收入家庭亲子共读对话分析:话语内容与互动类型.师大学报:教育类,民国95年(2006),51(1):185-212.
[3] Baker, L., Scher, D., & Mackler, K. Home and family influences on motivations for reading.Educational psychologist, 1997, 32(2):69-82.

[4] Bergin, C. The parent-child relationship during beginning reading. Journal of Literacy Research, 2001, 33(4): 681-706.
[5] Camilo Ortiz, Rebecca M. Stowe, David H. Arnold. Parental influence on child interest in shared picture book reading, 2001, 16(1): 263-281.

4～6岁幼儿父亲参与研究：
定位、参与、效应
——以长宁区为例[①]

黎 洁 陈彩玉

婴幼儿时期是儿童身心发展非常迅速的阶段，儿童开始积极探索外界事物，家庭作为儿童早期学习和认识的最主要场所，是孩子最早的课堂。良好的家庭教育对儿童初期的成长以及未来的发展有着至关重要的作用。

但在很长一段时期，父亲在抚育婴幼儿方面被认为只起较小的作用，在很多文化中，母亲均被描绘为主要抚育者，父亲只起有限的作用，因此较长期以来，学者们所研究的方向多为父母的教养方式或母亲的教养方式对子女的影响，很少单独探讨父亲的教养方式在子女成长过程中的作用，但随着有关家庭系统关系研究的逐步深入，母亲以外的其他家庭成员主要是父亲对儿童的影响受到越来越多的关注。以往研究发现：父亲参与的行为从性别角色化向去性别角色化发展。父亲的供养者角色转变为养育者角色。父亲能够向孩子提供多种形式的情感和身体方面的照顾（Atkinson，Blackwelder，1993）。

父亲还可以扮演许多其他重要的角色。如孩子的玩伴：父亲和母亲在与孩子们互动方面非常不同，父亲更为倾向于与孩子一起玩耍（Lamb，2004）。如孩子的老师和角色榜样：父亲做出榜样会对孩子具有长期积极的影响（Duncan，Hill，Yeung，1996）。如孩子行为的规范者：父亲为孩子设定限制不仅可以促进孩子发展，而且可以降低孩子受到伤害的风险（Brown，Michelsen，Halle，Moore，2001）。

[①] 本文系2016年上海市家庭文明建设立项课题之研究成果，由上海市科学育儿基地、长宁区妇联共同实施。课题组核心成员：陈彩玉、黎洁。

早期研究考察父亲与子女特征之间的相关,发现父亲的性别角色榜样作用最为重要。大多数研究集中在儿童性别角色发展方面,尤其是父亲对儿子的影响(Biller,1993)。父亲高度参与的儿童的特征是具有较高的认知能力、更为有同情心,较少的性别刻板观念,更为内控(Pleck,1997)。也有研究通过考察父亲角色缺失家庭来理解父亲的作用。通过考察缺失父亲的孩子的行为和人格,来评估父亲对儿童发展的影响。

目前国内外对父亲参与教养的研究成果日益增多,但并不丰富。加之我国社会的文化背景不同于西方,这使得对我国父亲参与教养及其影响因素的考察不能照搬国外的研究成果,而必须结合我国特有的社会文化和家庭背景进行。

如今,社会变迁使得父亲教养投入呈现出不同的局面。传统中国是一个"家"文化的社会,父亲拥有绝对权威,不善于直接表达情感。而现代父亲逐渐参与教养,科技的发展允许亲子接触超越空间的限制,父亲教养投入的间接形式增多。当前父亲参与带养的现状如何是值得调查的问题。同时,社会变迁也呼唤双亲共同参与孩子教育。隔代教育使两代人产生一些问题和矛盾,祖辈有自己的生活意愿,现代女性面临工作与家庭压力,那么父亲参与孩子的教育是否重要?父亲参与的受益者是孩子,是父亲,还是整个家庭?如果父亲参与到早期教育中,那么父职参与需要哪些社会支持?家庭、社会环境和观念、政府公共政策是否会对父亲参与行为产生影响?这些都是值得我们探究的方方面面。

一、问卷调查

(一) 问卷设计

本调查关注父亲参与现状及干预需求了解。参与现状包括定位、参与及效应。

(1) 定位包括角色定位,带养态度(带养意愿、家庭与工作平衡、是否愿意做全职爸爸)。

(2) 参与包括参与时间(工作时间、交通时间、陪伴孩子的时间)、参与方式(怎样参与孩子早期教育,家庭分工,主要负责什么内容)、参与行为(互动性、可及性、责任性,此部分问卷使用国内学者伍新春的问卷《中国父亲教养投入问卷》)。

(3) 效应包括自我体验、婚姻家庭满意度。

(4) 实践干预需求包括参与方式,需要哪方面的知识和技能。

结合国内外学者的研究发现,自编《4~6岁幼儿父亲参与问卷》。此次调查将自评与他评结合,并编制了与父亲卷相匹配的母亲卷。

(二) 调查对象

此次调查共发放500份问卷,覆盖长宁区5个街道,进入500户孩子年龄为4~6岁的家庭,对同一家庭的夫妻进行了父亲卷和母亲卷的问卷施测,回收有效问卷为485份,有效率为97%。

参与问卷调查的被试中,样本的基本人口特征见表1。

表1 调查样本人口特征

被访年龄	父亲	母亲	教育程度	父亲	母亲
25岁以下	0.2%	1.2%	初中及以下	1%	2.2%
26~30岁	11.8%	24.3%	高中/中专	8.3%	8.1%
31~35岁	47.8%	51.9%	大专/高职	25.9%	34.2%
36~40岁	26.8%	18.4%	本科	51.5%	47%
41岁及以上	13.4%	4.2%	硕士及以上	13.3%	8.5%
年收入	父亲	母亲	职业	父亲	母亲
无收入	1.6%	7%	公务员	5.7%	5.1%
2 000元以下	0.8%	1.6%	事业/科教文卫	10.5%	15.9%
2 001~5 000元	23.2%	37.5%	外企/合资	28.3%	20.1%
5 001~8 000元	29%	26.5%	国企	21.1%	17.7%
8 001~11 000元	15%	11.2%	私营企业	25.3%	23.8%
1 001~14 000元	8.1%	4.8%	自由职业	6.3%	9.1%
14 000元以上	22.1%	11.4%	临时就业	1%	3%
			其他	1.8%	5.3%

(续表)

孩子是否独生子女		家庭结构	
是	87%	核心家庭	64.7%
否	13%	主干家庭	32%
		联合家庭	3.3%

二、调查结果

(一) 4~6岁幼儿父亲角色定位与期望

1. 4~6岁幼儿父亲的性别角色态度

4~6岁幼儿父亲的性别角色态度普遍比较传统。父亲性别角色态度越呈现非传统倾向,其参与孩子带养的责任性越高。

对于"男主外女主内"的说法,有41.9%的受访者持中立态度,有29%的受访者持"比较同意"的态度,有4.4%的受访者持"非常同意"的态度。可见,幼儿父亲的性别角色态度普遍比较传统。

比较持不同态度受访者的父亲参与行为,我们发现:幼儿父亲的性别角色态度越呈现非传统倾向,其参与孩子带养的责任性越高。8%的幼儿父亲持"非常不同意"态度,这部分父亲参与带养的责任性高于持其他态度的受访者。按照文化脉络理论,个体在社会过程中所塑造的性别角色态度是家庭分工的主要预测变量,妻子的性别角色态度越传统,丈夫的家事参与率越低,而丈夫的性别角色态度越呈现非传统倾向,参与也越多(Hiller, 1984; Rexroat & Shehan, 1987),此次调查结果部分验证了此理论。图1为持不同性别角色态度的幼儿父亲在育儿责任性上的得分。

2. 4~6岁幼儿父亲对家庭关系的态度

4~6岁幼儿父亲注重家庭关系,将其排在第二位,渴望在家庭和工作中取得平衡,但不会成为一名全职爸爸。

在此次调查中,受访者对所给选项进行重要性的排序,排列顺序为"健康的身体""良好的家庭关系""良好的经济状况""良好的人际关系""良好的

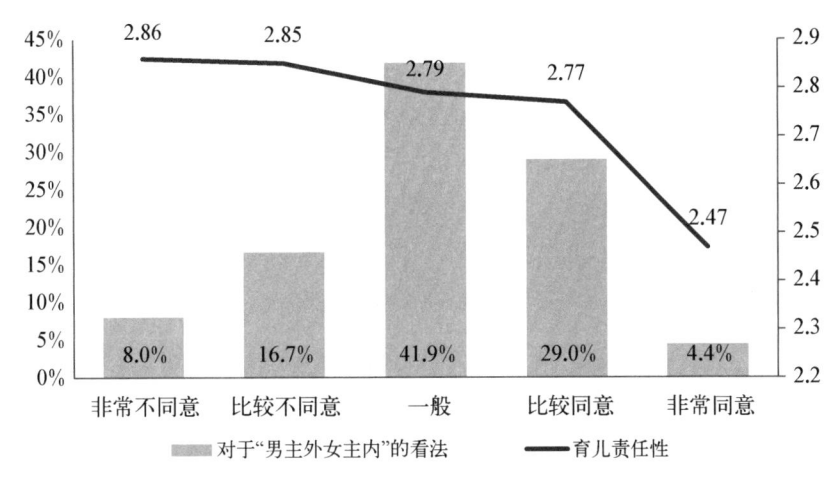

图 1　持不同性别角色态度的幼儿父亲在育儿责任性上的得分

工作状态"。可见,受访者非常重视建构良好的家庭关系。调查结果显示,45.4%的受访者希望能在工作与孩子养育上基本做到平衡,但工作仍是其重要的方面,经济状况是其考量的重要因素,所以在调查中,绝大部分受访者表示并不希望成为全职爸爸。少数愿意成为全职爸爸(7%)的受访者只有在没有人带养孩子,并且夫妻一方必须牺牲工作的情况下才会选择放弃工作。

3. 4~6 岁幼儿父亲最为看重的角色

在家庭关系中,4~6 岁幼儿父亲最为看重的角色为"父亲"。

调查显示,有 50.7%的幼儿父亲最看重"父亲"的角色,29%最看重"丈夫"的角色,11.1%最看重"儿子"的角色。从重要性方面可以看出,受访者的排序为亲子关系—夫妻关系—大家庭关系—工作关系。同时,此次调查入户对同一家庭的父亲与母亲进行配对样本的调查,母亲卷也对幼儿母亲进行同一问题的调查,发现幼儿母亲最看重的是"母亲"的角色,她的重要性排序是亲子关系—夫妻关系—大家庭关系—工作关系。从重要性来看,幼儿父亲和母亲对于家庭关系重要性的排序是一致的。幼儿父母亲最看重的角色见图 2。

在选择自己花费精力最多的角色时,有 36.1%的幼儿父亲选择了"员工/老板",33.9%选择了"父亲",15.1%选择了"儿子",8%选择了"丈夫"。幼儿父亲的排序为工作关系—亲子关系—大家庭关系—夫妻关系。从母亲卷来看,幼儿母亲花费精力最多的是"母亲"角色,她的花费精力多少排序是

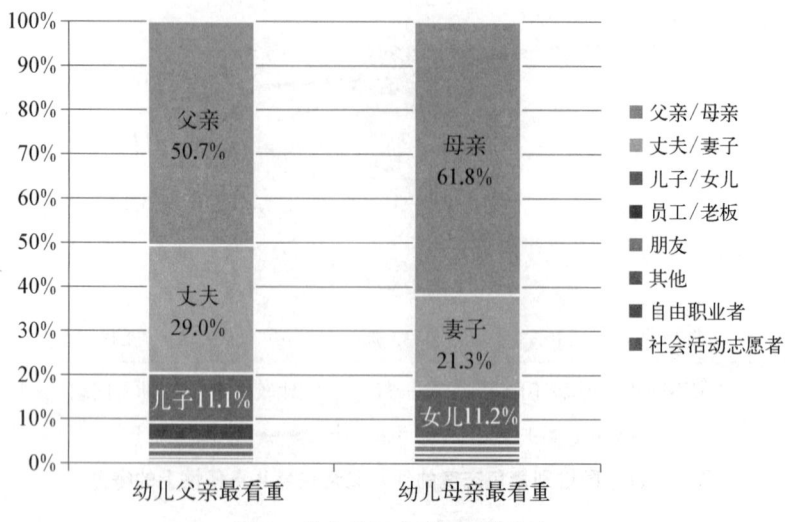

图 2 幼儿父母亲最看重的角色

亲子关系—工作关系—大家庭关系—夫妻关系。从这里可以看到,在实际生活中,亲子关系是母亲最为看重也花费精力最多的,工作是父亲花费精力最多的,夫妻关系是两者花费精力最少的。幼儿父母花费精力最多的角色见图 3。

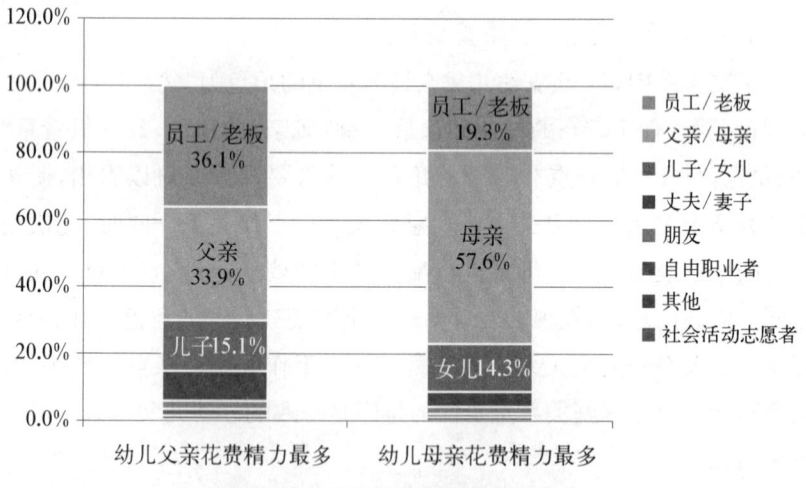

图 3 幼儿父母花费精力最多的角色

伯特·海灵格的家庭系统排列理论认为,从重要性的维度看:家庭中最重要的是父亲与母亲的关系;接下来是亲子关系,大家庭里面的关系,最后是自由选择团体的关系。即夫妻关系—亲子关系—大家庭关系—朋友关系等。在一个家庭中,如果父母对孩子的爱比伴侣之间的爱重要得多,爱的法则就会被扰乱,家庭就会面临不能正常发挥功能的危险。

这里体现了一个现实的无奈,4～6岁幼儿父亲对于"亲子关系"的重视程度较高,但是投入精力并不高。并且,无论是最看重的角色,还是投入精力最多的角色,夫妻关系都被排在相对往后的位置,这会对于家庭功能的发挥带来风险。把关注点放在孩子身上,是当前很多家庭的相处模式,但稳定和谐的夫妻关系才是家庭教育成功的先决条件。

(二) 4～6岁幼儿父亲参与养育的内容

1. 幼儿母亲陪伴孩子的时间高于父亲

父亲参与时间方面,幼儿母亲陪伴孩子的时间显著高于父亲。

工作日,4～6岁幼儿父亲每天工作的时间平均为8.4小时/天,花费在路上的时间为1.69小时/天;工作日,幼儿父亲有效陪伴孩子的时间平均为2.23小时/天,双休日,有效陪伴孩子的时间平均为6.68小时/天。

配对样本中,幼儿母亲每天工作的时间平均为7.16小时/天,花费在路上的时间为1.74小时/天;工作日,幼儿父亲有效陪伴孩子的时间平均为3.07小时/天,双休日,有效陪伴孩子的时间平均为10.53小时/天。

两者比较的结果显示,在工作时间和花费在路上的时间这两项上,幼儿父亲和母亲的差异并不显著,但是在工作日和双休日陪伴孩子的时间这两项上,幼儿母亲显著高于父亲。所以,幼儿父亲对于孩子养育中的较少投入与工作时间并不能完全挂钩。

2. 父亲参与的时间与其工作弹性有关

调查中,4～6岁幼儿父亲对于目前工作状态的描述中,4种状态分布均衡:17.6%的受访者工作弹性很大,可以比较自由支配自己的时间;23%的受访者工作弹性较大,可以通过调休、公休或年假(带薪)等能有较多自由时间;31.2%的受访者工作弹性不大,可以通过请假等方式来获得自由支配的时间;25.6%的受访者工作弹性很小,工作很紧张,基本不能离开工作岗位。

结合父亲参与行为来看,工作弹性越小,受访者在父亲参与中的互动性越低,可及性越低,组间差异显著。并且,工作弹性最小的一组受访者在互动性、可及性、责任性方面的得分都显著低于其他3组。不同工作弹性的幼儿父亲参与育儿的行为得分见表2。

表2　不同工作弹性的幼儿父亲参与育儿的行为得分

	工作弹性很大	工作弹性较大	工作弹性不大	工作弹性很小	平均值	F 值
互动性	2.79	2.73	2.70	2.42	2.64	8.248*** (0.000)
可及性	2.72	2.69	2.65	2.47	2.63	2.521* (0.050)
责任性	2.96	3.00	2.92	2.78	2.91	2.761* (0.041)

这是父亲参与孩子带养中的不可回避的现实,也对父亲如何利用有效的时间来提高陪伴质量提出了要求。

3. 父亲参与方式

父亲参与方式方面,家庭内有分工,父亲参与的方式与母亲有所区分,但存在相似性,向去性别角色化发展。

此次调查结果发现,父亲主要负责的事务有：在经济上支持孩子的养育、带孩子外出游玩、陪孩子游戏。母亲主要负责的事务有：照料孩子日常生活、陪伴孩子学习/阅读、培养孩子良好的习惯、为孩子选择合适的兴趣班/幼儿园。祖辈主要负责的事务为照料孩子日常生活。这与母亲卷中幼儿母亲的调查结果一致。

图4所示为家庭内父亲、母亲、祖辈各自负责的育儿事物。

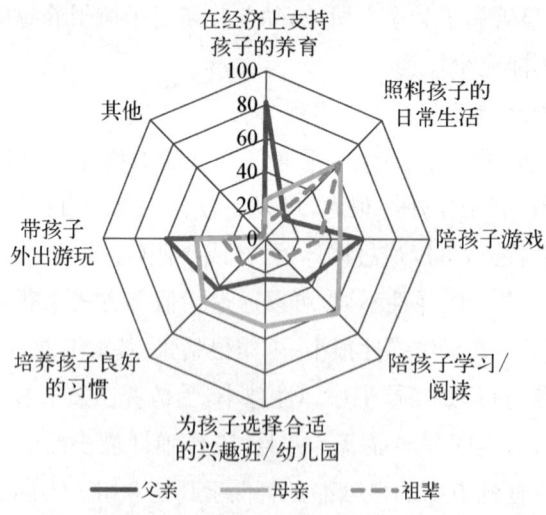

图4　家庭内父亲、母亲、祖辈各自负责的育儿事务

可以看到,在孩子的养育方面,家庭分工比较明确,祖辈主要负责孩子的生活照料;母亲主要负责陪伴孩子生活、学习及教育;父亲主要负责与孩子活动及经济支持。这些分工一方面是由于现实原因,一方面也受男女性别特征影响,这也在一定程度上分散了家庭带养孩子的焦虑。

但从选项可以看出,虽然父亲在陪伴学习/阅读,培养孩子良好的习惯等方面参与度低于母亲,但统计上差异不显著,男女在性别角色中的差异较之以往在缩小,向去性别角色化发展。而在现实生活中,过于强调父亲与母亲的差异,会忽视了父亲和母亲照顾儿童中的相似性,使得父母角色受限。父亲除了是孩子与家庭的经济提供者和保护者,是孩子的朋友和玩伴之外,他们也可以是照顾者、老师和角色榜样、管理者、支持者等。

4. 父亲具体参与行为

父亲具体参与行为方面,父亲更多地表现出责任性,互动性次之,可及性最少。

关于父亲教养投入的内涵,最有影响力的诠释来自 Lamb 的三因素理论(Lamb, Joseph, Pleck, Charnov, & Levine, 1985;Lamb, 2004)。Lamb 将父亲教养投入划分为 3 个方面:互动性、可及性和责任性。

根据 Lamb 的经典理论,结合传统中国与现代中国的特色,国内学者伍新春对父亲教养投入进行了修正性界定,编写出《中国父亲教养投入问卷》。此问卷适用于 3～18 岁儿童、青少年的父亲问卷包含 3 个维度、12 个子维度。问卷将"互动性"定义为父亲直接参与照顾孩子,无论是否有第三方在场,只包括同一场景下父亲和孩子两者之间发生直接接触和信息流通的部分;包括生活照顾、学业支持、情感交流、规则教导以及休闲活动 5 个子维度。将"可及性"定义为父子未发生直接互动,当孩子需要时,父亲能做出回应;包括空间可及和心理可及 2 个子维度。将"责任性"定义为指父亲为了孩子的长远发展和顺利发展而做的准备、积累、规划、支持等活动,包括榜样示范、父职成长、信息获得、教养支持和发展规划 5 个子维度。父亲参与育儿的维度划分见表 3。

问卷中的互动性、可及性和责任性三维度的内部一致性信度分别为 0.92、0.83、0.93,均在可接受范围之内。

表 3　父亲参与育儿的维度划分

维度	子维度	内涵
互动性	生活照顾	满足孩子生理需要的日常照顾
	学业支持	满足孩子认知发展需要的辅导和教育
	情感交流	向孩子表达情感、分享内心世界
	规则教导	促进孩子社会化发展,教导对事物的规则
	休闲活动	以放松娱乐为内容的亲子互动
可及性	空间可及	孩子做事情时在旁边陪伴,并能注意到孩子的需求并给予回应
	心理可及	不在孩子身边时,通过一定的媒介满足双方需求,达成亲子互动的目的
责任性	榜样示范	身体力行,为孩子做榜样
	父职成长	通过各种途径积累教养知识和技能
	信息获得	向其他人了解孩子的情况和信息
	教养支持	向其他养育者提供支持
	发展规划	为孩子的将来做准备和规划

问卷采用 0~4 级评分,0 表示"从不",1 表示"偶尔",2 表示"有时",3 表示"经常",4 表示"总是"。要求父亲根据自己最近一年以来投入孩子教养的行为频率做出选择。问卷中所有题项均采用正向计分的方式,无反向计分题项,可通过分数加和平均的方式得到父亲在各具体维度上的平均投入分数。父亲在某维度上的得分越高,说明父亲在该维度上的教养投入频率越高。

结果发现:受访者的责任性评分最高(自评得分为 2.91 分),互动性评分其次(自评得分为 2.65 分),可及性评分略低(自评得分为 2.62 分)。

可见,4~6 岁幼儿父亲对孩子的规划和支持这方面做得比较好,这些父亲参与的活动虽没有和孩子直接接触,但会对孩子的生活和未来有影响。

5. 父亲扮演的角色

4~6 岁幼儿父亲在养育孩子的过程中,更多地扮演"规划支持者"的角色。

具体看4~6岁幼儿父亲参与养育行为的各个子维度,评分较高的前三位的是"教养支持""发展规划""情感交流"(自评得分分别为3.45/3.01/2.95),评分较低排在后三位的是"心理可及""父职成长""生活照顾"(自评得分分别为2.58/2.41/2.08)。

可见,4~6岁幼儿父亲以"教养支持"为主,为其他养育者提供支持,在孩子的教养过程中并不占主导地位。以"发展规划"次之,为孩子的将来做准备和规划,也是孩子行为的规范者,父亲为孩子设定行为的规范和原则可以使孩子们明辨是非,澄清哪些行为是可以接受的,哪些行为是不能接受的。以往研究发现,父亲为孩子设定规范和规划,不仅可以促进孩子发展,产生积极的效果,而且可以降低孩子受到伤害的风险(Brown, Michelsen, Halle, Moore, 2001)。父亲认为自己与孩子也进行了比较多的情感交流,这种交流可能更多的是在活动中。

4~6岁幼儿父亲在"心理可及""父职成长"和"生活照顾"方面最为薄弱。"心理可及"是指在生活中即使父亲出差、不在家,也可以通过通信视频等各种手段来与孩子互动沟通,这也是一种参与行为,是以往父亲容易忽视,但经过努力容易达成的一方面,这解决了因为工作不在家或工作时间过长无法陪伴孩子的幼儿父亲的困惑。从传统意义上来看,父亲参与主要是与孩子的接触和互动,但"父职成长",即通过各种途径积累教养知识和技能,也是父亲参与孩子养育的重要方面,只有掌握了基本的知识和技能,才能更好地带养孩子,产生高的效能感,形成良性循环。"父职成长"这方面,4~6岁幼儿父亲显然做得不够。另外,从之前的问卷选项中来看,"生活照顾"主要是母亲和祖辈在承担,主要是"母亲为主,祖辈为辅",父亲在生活照顾上参与得最少。

6. 父亲参与行为的自评与他评差异

父亲参与行为的自评得分与配偶他评得分存在差异,且差异显著。

家庭研究与其他研究不同的是,它不是以个人为研究对象,而是以两个以上家庭成员所展现的现象为讨论重点,仅从妻子的观点来了解家庭的真相,会忽略家庭是由夫妻双方共同组成的事实。而且,不少实证研究已证实,夫妻意见不一致是家庭普遍的特征,父职参与作为一个复杂的行为,不管是来自孩子母亲的报告,还是来自孩子父亲的自述,都可能存在偏差。仅依赖妻子或是丈夫一人的陈述进行研究,很难显示父职参与的实际状况,容易造成结论的偏误。

　　本调查进入家庭,对每户家庭内的丈夫和妻子进行配对样本的调查,来考察父亲参与的具体行为。通过配对样本 t 检验,比较在同一选项上,4～6岁幼儿父亲自评得分与母亲评分是否存在差异。结果发现:① 在"休闲活动""生活照顾"选项上父亲自评得分显著低于母亲评分;② 在"空间可及""教养支持""发展规划"选项上父亲自评得分与母亲评分差异较小;③ 在其他选项上父亲自评得分均显著高于母亲评分,其中"情感交流""规则教导""榜样示范""父职成长"4个选项两者差异极其显著。父亲参与育儿行为的自评与他评差异比较见表4。

表4　父亲参与育儿行为的自评与他评差异比较

育儿行为(父亲自评—母亲他评)	均值	t 值	Sig（双侧）
生活照顾—生活照顾2	−.060 61	−1.476	.041
学业支持—学业支持2	.135 35	3.170	.002
情感交流—情感交流2	.150 51	4.170	.000
规则教导—规则教导2	.187 88	4.297	.000
休闲活动—休闲活动2	−.142 42	−4.296	.000
空间可及—空间可及2	.088 89	2.353	.019
心理可及—心理可及2	.143 43	3.326	.001
榜样示范—榜样示范2	.202 02	5.341	.000
父职成长—父职成长2	.159 60	3.433	.001
信息获得—信息获得2	.123 23	3.401	.001
教养支持—教养支持2	.081 82	2.660	.008
发展规划—发展规划2	.056 57	1.276	.202

　　可见,4～6岁幼儿父亲对于自己在照顾孩子日常起居和陪伴孩子一起游玩、玩耍方面对自己有所低估。在为家庭提供经济支持、为孩子未来发展确定生活目标和发展方向,及在做自己的事情同时会注意到孩子的需要这三面幼儿父亲与母亲基本达成一致。在倾听孩子谈论事情、培养孩子的规则意识、为孩子树立榜样、学习育儿知识和技能这4个方面幼儿父亲对自己明显高估。

国外的研究认为妻子会倾向于低估丈夫的育儿参与,丈夫则会高估自己的亲职参与水平。也就是说,在不一致样本中丈夫通常更高地报告自己的育儿投入,而妻子往往觉得丈夫所承担的亲职工作还不够多。此次调查的结果部分验证了其结果,但对不一致的具体内容进行了挖掘。

此次调查也让幼儿父亲和母亲对自己、配偶、祖辈参与孩子养育的行为进行总体打分。结果发现:总体评分上,丈夫自评低于妻子对其的评分;丈夫对妻子的评分高于妻子的自评;两人对祖辈的评分一致。在总体评价得分上看,双方的不一致是妻子给丈夫总体评分稍高。

结合具体参与行为选项打分和总体评分,妻子对丈夫具体参与行为评分不高,总体评价却较高,可能带着一些鼓励成分,也或许是女性依然较多地为性别角色规范的社会刻板印象所制约,故对丈夫亲职的总体水平给予高估。

7. 影响父亲参与行为的因素

父亲参与行为需要社会支持,受到母亲的因素、家庭因素等因素的影响。

父亲参与行为受到母亲对其参与养育行为的支持影响,若母亲非常鼓励配偶参与养育,则幼儿父亲不管在互动性、责任性和可及性都高于其他几组。父亲参与行为受到其对目前家庭生活满意度的影响,随着满意度的升高,父亲的参与行为也在逐渐增加,若幼儿父亲感知家庭满意度为10,则其参与行为显著高于其他几组。

家庭是一个生态化的系统,凸显父亲角色时不能完全脱离母亲角色。要使父亲参与的效能达到最大化,仍然需要母亲的配合和支持,这样才会对孩子产生积极影响。

(三) 4~6 岁幼儿父亲参与养育的效应

1. 压力

4~6 岁幼儿父亲感受到技能缺失、平衡打破等压力,担心"自己是否能成为一位称职的父亲,是否能平衡家庭与工作",但仍存在知行分离。

在此次调查中,受访者认为在成为父亲之后,他最担心的事项前三名为:"家庭与工作的平衡(55.4%)""育儿知识和技能的缺乏(41.6%)""父亲角色不称职(31.4%)""经济负担过重(20.2%)"。

看来,4~6 岁幼儿的父亲最多的担心还是成为父亲之后,平衡家庭与工作的关系,这也是孩子出生后,首当其冲需要面临的问题。随着父亲的卷入,养育行为势必会对其工作造成影响。这也说明父亲非常重视也在思考这个问题,试图找到平衡点。

我们也可以看到,4~6岁幼儿父亲更多的担心和焦虑来自自己能否成为一个称职的父亲,是否具有相应的知识和技能。孩子出生后,面对源源不断产生的新问题,父母都会产生知识匮乏的焦虑,这些焦虑和担心在幼儿父亲身上,也凸显出来。但结合前面对父亲日常生活中参与带养的具体行为的调查,受访者在"父职成长"这一维度上的自评得分倒数第二,这也在一定程度上反映了他们的知行分离。

2. 愉悦感与成就感

4~6岁幼儿父亲经历了很多变化,也体验到愉悦感和成就感。成为父亲后,受访者比较大的变化有:"家庭的责任感增强了(62.6%)""生活的重心转向孩子(55%)""更加努力赚钱(47.8%)"。并且在养育孩子的过程中,绝大部分父亲体会到了愉悦感和成就感。可见,受访者也感受到了与孩子相处的快乐,但积极的效能感不一定有积极的行为,还需要父亲具有一定的能力和自信,需要学习相关的知识和技能,促进父职成长。

父亲与孩子之间并非只是单向的产生作用,亲子互动也会给父亲自身带来很多收获,促进其成长。一方面,父亲在参与孩子教养的过程中,能够更了解自己,使自身更加成熟、更有责任心以及个性更加健康和完善;另一方面,后喻文化背景中的反向社会化会使父亲收益颇丰,并在与子女的互动中学习到更多"为人父"的养育方法和亲子沟通方式,这些收获和进步会激励父亲投入更多时间和精力来参与教养。

(四) 父亲对家庭教育的需求

1. 父亲对于家庭教育的态度

半数4~6岁幼儿父亲认为孩子早期家庭教育应"顺其自然不过多干预",更多地依赖网络来获得育儿知识,近三成的家长认为家庭教育不需要任何帮助。

在孩子早期家庭教育方式的调查中,49.4%的父亲受访者认为孩子早期家庭教育应"顺其自然不过多干预",13.8%选择"参考育儿资料",11.2%选择"与同龄孩子的家长交流",6%选择"向长辈请教,参照祖辈的养育模式",5.2%选择"请专家指导系统科学地教育孩子"。

结合对"获得育儿知识途径"的调查结果,54.2%的幼儿父亲选择网络,48%选择父母/家人,47.6%选择朋友,34.4%选择报纸杂志,33%选择专业书籍,23.2%选择电视,12.6%选择讲座,12.2%选择专家。

可见,幼儿父亲对于孩子在家庭教育的态度上比较退缩,可能与家庭分工有关。他们对网络有着绝对的依赖,这也与半数幼儿父亲生于80年代有关,他们对互联网的使用比较熟练和黏着。当下父母获得知识的途径最多的就是网络和朋友圈,信息海量,这样的好处在于遇到问题可以及时搜索答案,或者寻找某位网络红妈的帮助;风险在于,当下你得到答复不一定适合你孩子的情况,甚至有些育儿宝典性的言语在一段时间后被推翻或部分成为谣言。较少比例的幼儿父亲会选择专业期刊杂志和专家,虽然远水解不了近渴,但知识的积累和学习是准备也是沉淀。这也提示我们,当成为准父母后,幼儿父亲也需要储备相应的育儿知识和技能,并且在陪伴孩子成长的过程中,根据孩子的年龄特点,不断更新知识。

2. 父亲喜欢的育儿活动形式

4～6岁幼儿父亲最喜欢亲子活动形式的育儿活动。

84.6%的受访者选择亲子活动,28.4%的受访者选择专家咨询,28.4%的受访者选择家长沙龙,23.2%选择专题讲座,24%选择专项训练(如行为问题的矫正等)。这也为我们在后续实践干预项目提供了方向。

3. 父亲对育儿假的看法

4～6岁幼儿父亲几乎一半没有享受过父亲的陪产假,3/4的父亲非常支持父亲育儿假。

陪产假即依法登记结婚的夫妻,女方在享受产假期间,男方享受的有一定时间看护、照料对方的权利,各地规定有所不同。在我们调查中,45.4%的幼儿父亲没有享受过父亲的陪产假。

对"孩子的父亲应享有育儿假"这个说法的看法,有71.8%的幼儿父亲非常支持,17.6%期望,但会有就业、生活压力等问题。在配对样本调查中,也有83.5%的母亲非常支持父亲享有育儿假。父亲尽早进入抚育角色对其之后的参与意识和积极性具有重要意义,因此借鉴国际社会以儿童为本,推进父亲参与育儿的理念和政策支持的经验,对国内现有的相关政策法规进行重新审视是十分必要的。

三、建议和对策

（一）发挥社会舆论导向作用，推动性别角色多元化

当代社会评价成功男性的标准更多的是事业成就，正如此次调查发现：幼儿父亲认为当前社会一般评价男性的标准最重要的两项为"经济实力""稳定的工作"，幼儿母亲认为当前社会一般评价女性的标准最重要的两项为"家庭关系和谐""稳定的工作"。社会规范对男性是否参与家庭教育太多要求，在这样的社会导向下，父亲从家庭教育中淡出，形成现在的不参与或不积极参与的局面也就是很自然的。所以，有必要利用大众传媒和网络资源，大力宣传父亲参与幼儿教育的重要性，提高父亲参与的积极性。媒体的作用是巨大的，例如"爸爸去哪儿"等亲子节目所引发的，将不只是关于亲子教育理念和方法的讨论，还将或多或少承载起更新社会性别观念的功用，有助于推动性别角色多元化、弹性化的现代性转变。

（二）构建和谐家庭环境，促进父亲参与行为

和谐家庭环境与父亲参与行为是互为促进的关系，两者相互影响。

良好的家庭环境会促使更多的父亲参与行为，如此次调查发现：随着幼儿父亲对家庭生活满意度的升高，其参与行为也在逐渐增加。

在家庭关系中，夫妻关系第一，亲子关系第二。夫妻关系是家庭的根基，亲子关系是家庭的枝叶。没有好的夫妻关系，不可能有完善的亲子关系。

而父亲的参与行为，不仅使得父子、夫妻的关系更加和谐，他们也在育儿的过程中体会到了愉悦感和成就感。父亲的积极参与行为，收益的不仅仅是孩子，也是整个家庭。

（三）研究考证育儿假期，促进父亲参与行为

育儿假是指除产假外，父亲可享有的其他陪伴孩子成长的假期。从国外的政策来看，欧美国家的男性在孩子出生后，一般享有 2~10 天的父亲

假。我国当前男性享有的假期为陪产假,各地各单位企业标准不一,除此之外,则无其他假期。

此次调查发现,不管是幼儿父亲,母亲还是祖辈,都对育儿假抱有特别高的期望,这说明育儿假的需求是存在的,但是具体如何实现需要更多的考证。育儿假并不是单纯为了让幼儿父亲多出几天时间来陪伴孩子,这体现的是社会政策对父亲参与的支持,政策的颁布和实施将使父亲参与成为义务,也让父亲角色成为男性愿意去争取的权利。所以,对育儿假的探索和考证是非常必要的。

(四)寻求多元方法,提高参与质量

调查发现,父亲参与的行为与其工作弹性相关,工作弹性较小的父亲,其参与育儿的行为也会相对较少,这是不可回避的现实,那么,在有限的时间内,提高参与质量则成为关键。

其实,再忙的父亲也能成为好父亲。工作忙碌的父亲往往加班多出差多,这固然会减少与孩子在一起的时间,但你不管走到哪里,都与孩子保持联络,与孩子有情感的联系和交流,这也是一种有效的陪伴。在家时,相比看着手机陪伴孩子,陪伴孩子阅读、游戏、运动等都属于高质量的陪伴,即使在较短的时间内,只要玩得尽兴,积极参与,都是有效的陪伴。

(五)普及父职教育训练,提高父亲参与质量

从调查发现,幼儿父亲希望能够参与到孩子的教育中,但是具体的参与时间不多,参与行为并不积极。可见,动机本身不会保证高的参与度,还需要父亲具有一定的能力和自信。在美国,已经有越来越多的技能发展项目,父亲从中可以学到相关的技巧。父亲对孩子发出信号或者需要的敏感性对于二者的亲密关系以及孩子的发展是非常重要的(Kelly,Lamb,2000)。所以,为父亲提供操作性强、行之有效的干预训练是非常必要的。

在父职教育训练中,针对4~6岁幼儿的父亲,幼儿园和社区可以发挥自身的作用。幼儿园有专业的师资,可针对本园幼儿父亲的现状开设有针对性的父职教育课程或活动,帮助男性树立父亲的角色意识,理解孩子在各个年龄段的心理发展特征和行为方式,学会与孩子互动沟通和处理矛盾和冲突。社区则可以面向本区域内的家庭,开展体验式亲子活动,一方面让父

子在活动中增进感情，另一方面也可以让就近的家庭熟悉了解，产生朋友圈辐射效应，让父亲之间能多做交流，相互影响。长宁区妇联与上海市科学育儿基地合作的"好爸爸亲子课堂"即社区开展父职教育实践活动的实例，该实践项目也在模式探索和成熟中。

家庭教育与社会支持

上海市职业学校家校合作育人现状研究[①]

胡 兰

家庭教育是国民教育的重要组成部分,是学校教育和社会教育的基础,是未成年人成长发展的起点。家校合作育人是家庭与学校相互配合的双向活动,合作的最终落脚点在"育人",即以学生教育为中心,提高育人质量。职业学校由于其生源和生源家庭背景的独特性,家校合作育人内容、途径等与普通中小学家校合作差异甚大,现实中合作需求和愿望缺乏有效的实践策略,面临着诸多困境。近年来,上海市职业学校在家校合作方面进行了积极探索,取得了一定成效。为全面了解当前上海市职业学校家校合作育人现状,有必要对全市各校进行现状调查,以期为解决当前职业学校家校合作面临的困境提供意见和建议。

一、调研对象和方法

(一) 调研对象

此次问卷调查对象为72所全日制职业学校。共发放学校问卷72份,回收41份,回收率56.94%。41所学校涉及学生65 229人,其中男生37 762人,女生27 467人,占比分别为57.89%和42.11%;其中住宿生22 662人,非住宿生42 567人,占比分别为34.74%和65.26%;其中本市户籍生38 061人,非本市户籍生27 168人,所占比例分别为58.35%和41.65%。

[①] 本文系2020年上海市妇联"注重家庭、注重家教、注重家风"理论研讨会征文,为2018年度上海学校德育决策咨文课题《中职家校合作育人的内容和路径研究》(编号:2018-C-023)成果。作者系上海市教育评估院助理研究员。

(二) 调研方法

采用问卷调查和访谈相结合的方法。问卷设计题目共计 26 道,其中选择题 20 道,开放性问题 6 道,内容涉及职业学校家校合作育人组织管理、制度建设、师资情况、家校沟通情况和取得效果等。问卷回收之后,对学校填写相关数据进行核实,对有疑问的数据,通过电话等形式与学校沟通,确保数据的准确性,并采用 SPSS 统计软件进行分析处理。

二、调研结果与分析

(一) 组织管理情况

调查显示,上海市职业学校家庭教育分管校级领导正职(校长或党委书记)、副职(德育副校长或党委副书记等)所占比分别为 24.39% 和 75.61%。具体工作负责部门 90.24% 为学生管理部门,9.76% 为教务管理部门。可见,大多数学校家庭教育校级分管领导为分管学生工作的副校长或党委副书记,具体工作负责部门也以学生管理部门为主,有利于做好统筹协调工作。

调查显示,2015 学年和 2016 学年学校召开专题家校合作育人联席会议参与人员情况如下:召开与未召开联席会议学校所占比例分别为 85.37% 和 14.63%。召开联席会议的学校中,100% 有家长代表参加,57.14% 有社区代表参加,57.14% 有教育专家参加,40.00% 有行业企业代表参加,5.71% 有民警等其他人员参与。

调查显示,2015 学年和 2016 学年,学校召开德育管理团队层面的专题家庭教育工作会议情况如下:没召开过的学校占比 14.63%,召开过 1 次的学校占比 14.63%,召开过 2 次的学校占比 34.15%,召开过 3 次及 3 次以上的学校占比 36.59%。学校召开班主任层面的专题家庭教育工作会议情况如下:没召开过的学校占比 9.76%,召开过 1 次的学校占比 19.51%,召开过 2 次的学校占比 21.95%,召开过 3 次及 3 次以上的学校占比 48.78%。学校面向全体班主任或者全校教师开展家庭教育指导专题培训情况如下:没召开过学校占比 19.51%,召开过 1 次的学校占比 19.51%,召开过 2 次的学校占比29.27%,召开过3次及3次以上的学校占比31.71%。

(二) 制度建设情况

调查显示,职业学校在家校合作方面相关制度建设逐步完善,学校最新制订的发展规划(如"十三五"发展规划)中,31.71%的学校有专门章节体现了家庭教育工作的内容,65.85%的学校稍有体现,只有2.44%的学校没有体现。2018年学校工作计划中涉及家庭教育工作内容方面,39.02%的学校有专门章节体现家庭教育工作内容,58.54%的学校稍有体现,只有2.44%的学校没有体现。2017学年第一学期学校德育工作计划中涉及家庭教育工作内容情况方面,43.90%的学校有专门章节体现家庭教育工作内容,53.66%的学校稍有体现,2.44%的学校没有体现。可见,超过97%的学校在各级各类学校工作计划中都体现了家庭教育工作内容。

此外,调查显示,90.24%的学校建立了家访相关制度,53.66%的学校对教师家访有绩效奖励规定,82.93%的学校对必访学生对象有规定,63.41%的学校对家访流程有规定,另有部分学校建立了其他相关家校联系制度,如部分对口支援新疆、西藏、青海、云南、贵州等的学校建立了专门的对口支援部家访制度。可见,家访制度作为长期以来家校联系、合作的重要途径得到职业学校重视,对家访的相关内容及要求规定较为明确。

(三) 师资队伍建设情况

调查显示,41所学校班主任人数共1874人,校均45.71人;除班主任外的德育管理团队353人,校均8.61人;除班主任及德育管理团队外其他教师1267人,校均30.90人。其中,持有家庭教育指导师证书的教师占比分别为1.44%、3.12%和0.47%。2016和2017年班主任、除班主任之外的德育管理团队参加区级及以上家庭教育培训的学校占比分别为19.51%和14.63%,未参加过培训的学校占比达80.49%和85.37%。

2015和2016学年,针对一对一个性化需求的家庭教育指导,学校共同参与指导的人员中班主任参与的学校占比90.24%,德育管理团队参与的学校占比90.24%,心理教师参与的学校占比85.37%,专业人员参与的学校占比31.71%,其他(民警、兼职专家、生活辅导老师等)人员参与的学校占比7.32%。可见,针对家庭教育指导的多元化需求,以班主任、德育管理团队和心理教师为主力,人员逐渐多元化。

2015和2016学年,参与学校家庭教育指导的团队组成情况:68.29%的学校选择具有较高家庭教育指导能力的校内教师,58.54%的学校选择优秀家长,46.34%的学校选择社会专业特长人员,另有26.83%的学校还没有组成稳定的队伍。可见,职业学校家庭教育指导以校内教师为主力,优秀家长和社会专业人员参与度提高。

2015和2016学年的家长会上,除班主任之外与家长面对面交流的人员中,87.80%的学校有校级领导,97.56%的学校有德育管理团队成员,78.05%的学校有教学管理团队成员,41.46%的学校有行业企业人士,39.02%的学校有学生和家长代表。可见,家长会作为职业学校家校沟通的主要渠道之一,得到学校的大力重视,与家长面对面的人员多元化趋势呈现,职业学校特点凸显。

(四) 家校合作开展情况

1. 家长学校开展活动情况

调查显示,2016学年,上海市职业学校家长学校平均每校开展活动约2次,其中0次占比20.51%,1次占比25.64%,2次占比25.64%,3次及以上占比28.21%;各校家长参与率约为74%。从家长学校开展活动形式来看,教育讲座占比46.34%,家长会议占比29.27%,家长沙龙占比8.54%,团队辅导占8.54%,座谈占比4.88%,微论坛占比1.22%,主题活动占比1.22%。调查显示,上海市职业学校家长学校开展活动内容丰富,紧扣家校共同促进孩子健康成长主题,开展了教育方法指导、职业指导、亲子沟通、心理健康指导、家校沟通等活动。

调查显示,上海市职业学校计划2017学年组织家长学校活动平均每校约3次,其中3次及以上的学校占比48.72%,1~2次的学校占比51.28%。相比2016学年,对家长学校活动更加重视,且形式更为多样,在2016学年采用形式的基础上,更多的学校在计划采用微信等网络平台开展家长学校活动,想要解决家校沟通问题,亲子沟通问题等。

2. 家委会开展活动情况

调查显示,上海市职业学校平均每校每学期召开2次家委会,家委会议题85个,平均每次家委会讨论1.15个议题;家委会议题中,学校通过家委会向家长征询学校各方面管理意见的最多,占比25.68%;其次是讨论学生德育工作,占比21.62%;排名第三、四、五位的分别为与家长沟通学校各项管理工作情况,向家长解读学生专业学习相关内容,以及学校校园文化活动内容等。

3. 家长进校园活动情况

调查显示,2016学年,上海市职业学校家长进校园平均每校3次,参与总人数55 524人。其中,组长家长进校园活动的学校中,3次以下的占比28.21%,3～5次的占比51.28%,5次以上的占比10.26%。家长进校园活动的主要内容中,家长会占比59.48%,主题活动占比21.53%(包括职业体验、成人/颁奖/授帽/毕业礼、成果展示、技能活动观摩、校园文化节观摩、家庭教育指导等),校园开放日占比10.34%,家长接待日占比8.62%。

4. 家校合作科研情况

调查显示,在开发家庭教育校本教材方面,19.51%的学校已取得一定成果,开发了《心理危机干预家长篇》《做智慧型家长》等教材,但仍有80.49%的学校没有结合学校家庭教育指导需要开发相应的教材。在进行家校合作育人课题研究方面,51.28%的学校开展了校、区、市等级别的课题研究工作,48.72%的学校未开展过家校合作相关课题研究。近三年,家校合作育人方面的论文公开发表48篇,论文或课题获区级及以上奖励24项。此外,65.85%的学校参与了市关工委组织的"家庭教育指导优秀案例"征集活动。可见,全市职业学校家校合作家科研比较薄弱。

5. 校外资源利用情况

调查显示,在开展家校合作育人的过程中,95.12%的学校都利用过校外资源,包括利用周边社区资源、企事业单位资源、公共文化机构、青少年校外活动场所、行业企业资源等,所占比例分别为80.49%、63.41%、51.22%、46.34%和58.54%。

6. 经费保障情况

调查显示,在学校开展家庭教育活动所需经费是否充足方面,认为充足并能够支持开展各种活动的学校占比41.46%;认为比较充足并可以保障基本活动所需的学校占比43.90%;认为经费不充足且难以维持基本活动正常开展的学校占比14.63%。可见,本市职业学校开展家庭教育活动所需经费总体满足家校合作育人工作的开展。

三、上海市职业学校家校合作育人成效初显

(一) 组织管理健全,制度建设完善

从调查数据可以看出,上海市职业学校基本上都构建了德育校级领导分管,学生管理部门为主要负责部门的组织管理模式。在实际工作中,能够通过专题联席会议、德育管理干部专题会议、班主任专题会议、全体教师专题培训等多种途径提高运行效果。专题联席会议参与人员多元化,不仅有家长代表,还吸纳了社区代表、教育专家、行业企业代表等,体现了职业学校家校合作的独特性;超过80%的学校都能定期召开德育管理队伍的专题家庭教育工作会议,超过90%的学校都能定期召开班主任的专题家庭教育工作会议,超过80%的学校能定期组织全体教师进行家庭教育指导专题培训。较为健全的家校合作组织管理体系为上海市职业学校家校合作育人取得良好成效奠定了基础。

从调查数据可以看出,绝大多数职业学校学校在建立和完善家校合作育人组织管理的同时,制度建设得到了重视并趋于完善。上海市职业学校中长期发展规划及年度工作计划中超过97%的学校都将家庭教育工作纳入学校整体工作;家访制度能够结合学生实际,在传统家访的基础上,制定特殊学生群体家访制度,做到了刚柔结合,取得了较好的效果。

此外,调查显示,上海市职业学校家校合作育人工作经费总体充足,基本能提供经费上的保障支持。

(二) 合作内容丰富,合作形式多样

从调查数据可以看出,上海市职业学校家长学校开展活动内容丰富,能够紧扣家校合作共同促进学生健康成长的主旨,开展促进学生成长、推动学校发展和促进家长自我完善等方面家校合作。包括学生职业指导、心理健康指导、教育方法指导、亲子沟通、家校沟通、征集家长意见等活动。

在合作形式上,经过不断探索,学校逐步形成了解决临时问题与有步骤

有计划推动家长参与学校管理、决策相结合的家校合作模式。具体形式包括教育讲座、工作会议、家长沙龙、团队辅导、座谈、微论坛、主题活动、家长进校园活动、多种手段的家校沟通等。

互联网+时代,上海市职业学校家校合作形式体现出较强的信息化特征,几乎所有学校都不同程度地利用微信、微博、QQ 等工具加强家校联系和沟通。如上海市奉贤中等专业学校利用微时代的特征,建立班级家长微信群、家委会微信群,通过微信群及时推送学校重要事件,发布一些家校合作育人指导方法的文章。针对非沪籍学生较多特点,利用网络直播平台对学校重大活动、家长参与学校的一些重大活动,如迎新会演、成人仪式、各类典礼等进行网络直播,加强家校间沟通的及时化。又如上海市行政管理学校利用网络在官方微信上开设了"家长部落"栏目,网络会议受家委欢迎。

(三) 合作育人效果良好,合作育人品牌逐步显现

调查显示,学校对家校合作育人整体满意度情况如下:非常满意占比 17.07%,满意占比 31.70%,较满意占比 26.83%,满意度一般占比 24.39%,不满意的占比为 0。可见,上海市职业学校对家校合作育人成效较满意度超过 75%,大多数学校都对本校家校合作育人效果较为满意。

从开放问卷题目调查可以看出,当前上海市职业院校家校合作育人品牌逐步显现,部分学校在实践中紧扣学生、家长实际需求,创新合作形式,取得了较好的效果。如上海市第二轻工学校的"1+N"家校合作模式,"1"是指利用每学期一次全体家长会进行集体辅导,N 是指多次小范围的家长沙龙专题辅导。学校的家长沙龙形成了"四个一"的特色:一次调查(将学生教育工作难题转化为研究课题,开展家庭教育重点、难点和热点问题调查研究,增加家庭教育指导的科学性和针对性)、一种氛围(创设和谐温馨的人文环境和交流环境,让家长放松心情,倾吐心声)、一项活动(通过热身、导入、展开、分享、总结等活动环节,让家长全身心参与,寻找问题关键并进行指导)、一个共识(促成家庭全体成员形成科学家教的共识,营造和谐的家教氛围)。学校的家长沙龙,提高了家长参与家长学校的热情,提高了家长科学家教的能力,增进了家庭和谐,促进学生更快、更大的进步,助推学校人才培养质量提高。

四、上海市职业学校家校合作育人改进建议

(一) 政府层面

当前,家、校、社合作共识已形成,许多国家和地区都制定了家庭教育相关法律。虽然,中华人民共和国成立以后我国的义务教育法、未成年人保护法等法律也有家庭教育的内容,近年来国家和地方也出台了多份相关政策文件,但是家庭教育立法仍需加快。从现状调研意见征询中发现,不少学校都提出要进一步从法律高度明确家长权利和义务,才能为家校合作进一步发展奠定良好基础。因此,政府应尽快从法规层面规定家长的合作权利和合作义务,保障家长在合作当中的话语权。同时,需要由政府相关部门牵头为家校(社)合作搭建更多更大的平台,并提供必要的指导和协调,提供经费保障保证区域公平等。

(二) 学校层面

目前,学校在家校(社)合作起到了主体和主导作用,因此学校层面的有效改进和提高将能最大限度地推动当前阶段家校(社)合作实践。调查发现,上海市职业学校家校合作育人师资队伍水平不高且参差不齐情况突出,1 874名班主任中持有家庭教育指导师证书人数仅占1.44%,2016和2017年家庭教育培训人年均培训6.72课时等。可见,师资队伍是影响当前职业学校家校合作的关键因素。因此,必须采取引进、培训、激励机制配套等多措并举扭转当前不利局面。此外,还需要学校层面进一步完善规章制度,明确家校双方的权责,规范合作双方的合作行为,为老师及家长开展合作工作提供政策依据。同时,加快校本研究和校内外资源开发和有效利用等。

(三) 社会层面

家、校、社合作是个统一、有机整体。因此,家校合作必须放在家校社"三教"结合的大框架下。有学者指出:"家校合作"最终要走向"学校、家庭、社会(社区)共育"的培养模式。当前,我国"社会参与""三教结合"的模式大

都是处于"家校合作",这是我国人才培养体制改革的阶段性特征。当前世界教育开始从"家校合作"走向"家、校、社合作"。① 职业学校与社会的紧密联系,决定了职业学校家校合作必须将社会作为其重要合作一方。从调研来看,当前需要在社会上营造重视家庭教育和家校共育的正确舆论导向和良好氛围,将家长的思想认识与学校统一。此外,在学校加强家庭教育指导的同时,要进一步完善社区家庭教育指导和规范社会力量的家庭教育指导。

参考文献

[1] 潘清.学校指导家庭教育实践的研究[D].华东师范大学,2005.
[2] 乐善耀.上海家庭教育指导的现状及前瞻[J].上海教育科研,1998(9):24-27.

---

① 参考:傅国亮.三大转变:"家校合作"再认识.《光明日报》(2018年2月27日13版). http://news.gmw.cn/2018-02/27/content_27820393.htm.

社会组织服务上海困境儿童的现状与成效[①]

华怡佼

一、引　言

近年来我国困境儿童福利事业不断发展,使众多困境儿童从中受益,弥补了困境儿童的家庭功能缺失与支持不足,同时面对困境儿童日益复杂、多元的需求,困境儿童的帮扶工作也出现3个转向。

(一) 从大水漫灌到精准滴灌：对困境儿童开展精准帮扶

2016年,国务院出台《国务院关于加强困境儿童保障工作的意见》(以下简称《意见》),明确困境儿童保障工作的4项基本原则,即坚持家庭尽责、坚持政府主导、坚持社会参与和坚持分类保障。2017年,为进一步贯彻落实《意见》的精神,上海先后出台《上海市人民政府关于加强本市困境儿童保障工作的实施意见》(以下简称《实施意见》)及其配套文件《关于印发上海市困境儿童安全保护工作操作规程的通知》,强调"分类施策,精准帮扶,为困境儿童健康成长营造良好环境"。

(二) 从小福利到大福利：推进儿童友好城市建设

《中国儿童发展纲要(2011—2020年)》提出"扩大儿童福利范围,建立和完善适度普惠的儿童福利体系;提高儿童工作社会化服务水平,创建儿

---

① 本文系2020年上海市妇联"注重家庭、注重家教、注重家风"理论研讨会征文,作者系上海市科学育儿基地助理研究员。

童友好型社会环境"。上海在发展进程中一直坚持儿童优先的原则,积极提升儿童福利服务能级,构建适度普惠型儿童福利体系,推动儿童友好社区的创建。2019年,市妇儿工委办、市民政局共同牵头,出台《关于上海市开展儿童友好社区创建试点工作的指导意见》(沪妇儿工委〔2019〕8号),高度重视儿童权益保障工作,为全市儿童提供高质量、高标准的儿童福利。

(三) 从社会管理到社会治理:推动社会组织参与困境儿童帮扶

困境儿童的成因不同、类型多样,因此对其帮扶的路径和内容需因人而异。"传统一元福利模式已无法满足困境儿童的多元化需求,福利内容和主体多元化成为必然的选择。"[1]党的十八大以来,社会治理取代社会管理正式成为我国社会建设的关键词与方法论。在国发《意见》和沪府发《实施意见》中,都提到"鼓励支持社会力量参与困境儿童保障工作"。而社会组织作为公众和社会力量参与社会治理的重要载体,在服务困境儿童、构建困境儿童多元福利体系中发挥了重要的作用[2]。

二、研究方法

本研究为了解需求方(困境儿童)和供给方(服务困境儿童社会组织)的现状,采用个案访谈法进行调研。一是基于服务需求方的调查,对28名困境儿童开展2次座谈(每次14人),对15名困境儿童进行入户访谈,了解他们的困境与需求。二是基于服务供给方包括社会组织和政府职能部门的调查,了解上海47家服务儿童的社会组织工作开展的基本情况,并对其中10家进行深入访谈,了解其存在的问题与制约因素;对民政、妇联等8个职能部门进行访谈,了解职能部门的工作开展情况。

本文将从作为需求方的困境儿童和家庭,以及作为供给方的社会组织和政府部门切入,从不同视角对上海社会组织参与困境儿童服务进行更为立体的审视,分析社会组织帮扶困境儿童的现状、存在的问题,探究未来的发展路径,并对社会组织如何进一步参与困境儿童服务提出建议。

三、上海困境儿童的现状与需求

据上海市民政局统计,截至 2019 年 9 月,上海市因贫致困、因病致困、监护缺失或不当的 3 类困境儿童有 5 000 余人[3],其中因贫致困数量最多。在本次入户访谈的困境儿童中,因贫致困占绝大多数,其中 5 人符合申请每月 1 900 元的困境儿童基本生活费的要求(即因监护缺失或不当而陷入困境),但因申请低保可叠加享受教育、医疗等费用减免,因此,困境儿童更倾向于选择申请低保补助。2019 年上海市低保金为 1 160 元,16 周岁(含)以下未成年人调高 1.3 倍即 1 510 元,低保可与教育、医疗等政策叠加。对困境儿童的经济帮扶为他们提供了最基本的生存保障,在对 15 名困境儿童进行的入户访谈中,几乎所有的困境儿童和家长都提到经济补贴对家庭的重要性。经济帮扶是目前困境儿童较为共性的需求。

读初三的 JWN 母亲失踪、父亲被劳教,由亲属实际照料,无自住房,与亲属一家共住一个单间,居住空间狭小局促。亲属自身失业,家庭经济状况较差。

JWN:我从初中开始知道家庭经济困难,预初、初一时想考高中,初二开始犹豫,初三那年决定报考高职,希望能够尽快工作赚钱,在房价未起来的郊区能有一套自己的房子。本来计划读高职可以住宿,但出于经济原因还是只能住家。参加活动的(困境儿童)都认识,群体间比较信任,希望能有教育和职业方面的培训。遇到困惑一般都自己解决。

读初一的 XZL 父母均失踪,由亲属实际照料,与祖辈共同居住。暑假期间祖辈装修房屋,之后其可以拥有一个单间。

XZL:和祖辈还有姑姑一起住,相处还好。家里有个小外甥,希望能有一个更独立的空间。过两年就要中考了,现在还没有想好志向。经济上的压力家里人不太会跟我说,但我知道补课的负担比较重。喜欢住宿型的团体活动,时间越长越好。遇到问题或困惑,一般自己解决或和朋友商量。

读初一的 XZ 母亲去世、父亲失踪,由祖辈实际照料,与祖辈共同居住,自己住一个单间。祖辈退休,均有退休金。

XZ:整体生活比较开心,没觉得和其他小朋友不一样。家人不会和我交流经济上的事。相比一对一的上门看望,更喜欢参加有组织的活动。和小朋友一起出去玩,基本上都认识。有心事的话,不方便跟奶奶讲就不讲,自己处理。

上幼儿园的 WQT 在出生之前父亲就病故了,是遗腹子。母亲生下 WQT 后失踪,WQT 现与祖辈共同居住。祖辈退休,均有退休金。

WQT 的爷爷:孩子小时候养大就可以,现在马上要小学了,生活上问题不大,但是学习上会遇到问题,比较担心。自己没办法教小孩,为了幼小衔接专门把她送去小规模的私人机构上课。

读三年级的 YJL 3 岁时被查出视网膜母细胞瘤,做了手术,现在有一只眼睛为义眼。复查与更换义眼的费用较昂贵,母亲无业,父亲工作不稳定。

YJL:同学平时上兴趣班比较多,一起玩的机会不多。平时除了做作业会玩电脑,有困惑时会找妈妈聊天。

YJL 的妈妈:经济上主要是就业困难,带孩子影响就业,希望能通过职业培训,有一份能兼顾家庭、离家近的工作。医疗费用、培训班的费用支出以后,所剩无几。

不同类型的困境儿童存在着共性的需求,如经济补贴,这是解决他们最基本的生存问题所必需的。除了生活有依靠之外,困境儿童对学业辅导也有较大的需求,无论存在多少困难,作为家庭的希望,他们的学业几乎都得到家庭的全力支持。而由于困境儿童家庭的经济状况较差,因此学业支出通常占了家庭开销的大头,甚至成为家庭很大的负担。同时,不同类型的困境儿童也存在着多元化的需求,对于因病致困的儿童,相对便利的医疗资源、高质量的康复和互助性的心理建设是较为普遍的需求;对于监护缺失或不当而陷入困境的儿童而言,专业的心理支持、长期的情感关爱显得尤为重要。

四、上海服务困境儿童的现状

(一)政府在困境儿童帮扶中的探索与实践

1. 从经济帮扶转向经济与服务帮扶并重

政府为困境儿童提供经济补贴是一项长期的托底政策,经济帮扶为困境儿童提供了最基本的生存保障。对因贫致困儿童的经济帮扶政策主要体现为发放低保,享受低保可与享受教育、医疗费用减免等政策叠加;因病致困的儿童根据残联的相关政策,可领取困难残疾人生活补贴、重度残疾人护理补贴以及阳光宝宝卡等经济补贴;监护缺失或不当的儿童数量不多,以个案形式出现,符合条件的儿童可领取困境儿童基本生活费。

除了经济帮扶,上海市政府近年来也通过购买社会组织的服务帮助困境儿童,更多以服务"供给者"而非"生产者"的角色出现[4]。如市级的上海市妇联的科技夏令营,区级的徐汇区"童乐汇"困境儿童服务,街镇级的桃浦社区"小桔灯"困境儿童心理干预项目,等等,通过活动、心理咨询、课程等形式服务困境儿童,从健康、教育、医疗等方面提供支持。

2. 从采购项目转向采购项目与社工并重

随着政府购买社会服务的兴起,采购的模式在不断创新。传统的政府采购以项目为主,通过招标、签订合同为困境儿童购买一年多次的活动或课程,由社会组织具体承接实施,并邀请第三方进行考核。随着采购服务的深入,在上海浦东新区出现了家庭社工的模式,即政府购买的对象并非服务而是社工岗位,如浦东新区妇联为每个镇"购买"一名家庭社工,以入户走访、活动等形式面向困境家庭开展服务。

3. 从帮助困境儿童个人转向帮助困境儿童家庭

对困境儿童的传统帮扶一直是指向单独的个体,忽略了家庭对他们的影响。对困境儿童而言,困境大多并非其本人造成,而是家庭的贫困或失能让他们无法获得足够的支持而陷入困境。因此,为了打破贫困的代际传递,让家庭有能力承担责任,上海将对困境儿童个人的帮扶拓展到对家庭的帮扶。浦东新区的"家庭社工"、上海市女性社会组织发展中心的"特殊儿童家长家庭教育指导项目"等,都是以家长或家庭为单位进行帮扶。《意见》强调"坚持家庭尽责"的原则,因此以困境家庭为单位进行必要的增能,增强家庭的抗逆力,对儿童的长远发展有重要的意义。在服务对象的拓展上,上海尚在起步阶段,虽然项目数量有限,但这些有益的尝试有利于服务模式的多样化与深化。

4. 从单一主体转向一主多元的儿童福利供给格局

社会主义市场经济体制建立以来,我国的社会福利供给呈现多元化的趋势[5],特别是社会组织成为社会福利供给格局的重要组成部分。我国儿童福利领域亦是如此,"政府主导下的儿童福利供给多元化,政府购买儿童福利服务的机制初步形成,儿童福利服务的社会组织大量涌现"[6]。在传统单一主体的儿童福利格局中,政府通过经济补贴为困境儿童提供最基本的帮助,但随着政府职能的转变、社会治理的精细化以及困境儿童需求的多元化,社会组织作为一支重要的补充力量,日益参与到困境儿童的福利供给中。

(二) 上海服务困境儿童社会组织的实践与成效

1. 服务困境儿童社会组织带动公共服务资源的下沉

2013年习近平总书记首次作出"分类指导、精准扶贫"的重要指示,这一思想在困境儿童的帮扶中也得以延伸和体现,通过"分类施策,精准帮扶"为困境儿童的健康成长保驾护航。精准化的服务意味着社会治理的重心必须向基层下移,把更多资源、服务、管理放到社区。在这一下沉的过程中,作为社会治理重要主体之一的社会组织,其地位和作用日益凸显。

上海困境儿童分散在各个社区,因此上海近年来着力构建困境儿童工作体系,建立了市—区—街镇(乡)—居(村)四级工作网络,社会组织积极嵌入四级工作网络,通过承接政府项目等方式,参与对困境儿童的帮扶,推动各项儿童保障政策的落地,成为政府在困境儿童工作领域的重要抓手。

2. 协调困境儿童需求"快变量"与政府部门调整"慢变量"之间的矛盾

不同类型困境儿童的需求有共性也有差异性。对于共性的需求,如因贫(病)致困的儿童都会面临沉重的经济负担,政府可以通过政策支持和经济援助的方式对他们进行福利输送。但对于差异性的需求,政府"大水漫灌"式的福利输送方式缺乏及时性、针对性和有效性,而服务困境儿童社会组织运行机制的灵活性和能动性可以根据困境儿童的需求做出较快的反应和调整[7]。

受访(包括座谈和入户访谈)的43名困境儿童大都表示,政府的经济补贴可以覆盖他们的基本生活照料,但对于他们在教育、发展、情感等方面的需求则无法及时有效地满足。有一名参加座谈的儿童表示在某次家庭出现重大变故时,他主动找到社区社会组织。该组织为他提供了2~3天的临时住宿,"在关键时候帮了我们一把"。困境儿童这些差异性和突发性的需求无法通过政府计划性、前置性的政策或援助获得满足,但服务困境儿童社组织的快速跟进给予了他们及时的帮助。

3. 推动建构服务困境儿童的社会治理体系

党的十九届四中全会提出"坚持和完善共建共治共享的社会治理制度，保持社会稳定、维护国家安全"。共建共治共享的社会治理格局包括让更多的主体参与社会治理、以更加多元的方式实现社会治理。上海传统的困境儿童救助主要依托政府职能部门，特别是街镇和居委会。基层是各级政府政策落实执行的"最后一公里"，但基层编制固定且人手有限，"上面千条线，下面一根针"的实际情况限制了服务困境儿童的质与量。而融入社区的社会组织作为有效的补充力量，拓宽了帮扶困境儿童的渠道，使服务困境儿童的资源在社区内有效流动。在对这些社会组织的访谈中发现，这些组织参与社区困境儿童帮扶的积极性较高，对于社会工作方法的运用也有相当的经验和积累。同时在为困境儿童提供服务的过程中，也培养了一批训练有素的志愿者，丰富了社区的志愿资源。这些都促进了社区融合，推动了服务困境儿童社会治理体系的构建。

社会组织的项目负责人 QL 表示："P 区妇联通过政府采购的形式为该区的部分困境儿童购买服务，内容包括日常的走访跟进、建立困境儿童成长手册、记录走访情况，以及提供各类活动等。我们利用属地化的优势，连接当地的资源，服务当地的困境儿童。"

上海近年来积极推进儿童友好社区的建立，对已有的社区资源进行整合与连接，将儿童福利从"兜底保障"推向更高层次的体系建设。根据《关于上海市开展儿童友好社区创建试点工作的指导意见》的要求，儿童友好社区的建设需要"联动社区内企事业单位、社会组织、自治组织和公益人士等共同参与，协同推进"。这为社会组织参与儿童公共服务治理提供了有效渠道，也对他们提出了更高的要求。

五、服务困境儿童社会组织参与服务中的不足及原因

（一）数量少且以综合性服务为主

截至 2019 年 2 月，上海共有社会组织 16 291 家，其中社会团体 4 112

家、民办非企业 11 708 家、基金会 47 家[8]。根据上海市民政局 2019 年对儿童类社会组织的内部统计，儿童照护类社会组织有 35 家，儿童服务类社会组织有 39 家，合计 74 家，占全市社会组织的比例不足 1%。

梳理这 74 家社会组织的业务范围，发现它们的服务内容和对象基本都涵盖困境儿童。儿童照护类社会组织服务内容较为专业，且服务对象主要为困境儿童，如为特殊儿童提供专业性康复训练，为残障儿童提供寄养护理服务等，但同时也服务于社会孤老、伤残人士等；儿童服务类社会组织服务对象年龄跨度大、业务范围更综合，既对困境儿童提供讲座、心理辅导等公益性帮扶，也涵盖为家庭开展教育指导，为老年人、有困难的妇女等提供便民服务，为社工开展宣传培训，等等。

（二）服务供给不足与同质化严重并存

在访谈的 10 家服务困境儿童社会组织中，3 家为儿童照护类，7 家为儿童服务类。3 家儿童照护类的社会组织服务对象明确、服务内容相对固定，但受限于经费、场地和人员等因素，提供的服务规模远远满足不了社会需求。

服务自闭症儿童社会组织的项目负责人 QCQ 表示："虽然民政、妇联、残联等职能部门会给予一定的政策或经费支持，但这些支持并不固定。在维持运营的费用上，学费占了 30%，其他部分需要向爱心企业或基金会筹集。2018 年经济不好，筹集有困难，40 个老师有一个月工资发放都有困难，更谈不上场地的扩充，所以虽然有 300 多个自闭症儿童排队等入，但也只能退出一个进来一个。"

7 家儿童服务类社会组织服务对象和服务内容更为宽泛，但同质化发展严重，在服务项目上活动类、手工类较多，课程辅导类较少；在服务组织上团队形式较多，个案或小组形式较少；社会组织本身的特色不鲜明、品牌项目不突出。

（三）资源缺乏共享平台导致形成信息孤岛

对于服务提供者而言，首先要对服务对象有精确的排摸才会有精准的帮扶，但服务困境儿童社会组织在排摸困境儿童时，并无有效的渠道可以获得困境儿童的相关信息。

社会组织的负责人 JR 表示："困境儿童的信息主要来自居委会或职能部门，但信息资源相对滞后，特别是对于一些生活于高风险家庭的暂时非困境儿童的信息是缺失的。"

信息渠道的狭窄使服务困境儿童社会组织无法及时了解或者介入困境儿童及其家庭，无法主动作为。而对于其中的一些高风险家庭，诸如存在儿童虐待或照料忽视的家庭，只有早期的介入才能规避更大的风险或困境。

对于服务购买方政府而言，在排摸本地困境儿童的信息和需求后，却苦于无法找到精准配对的社会组织购买其服务。特别是在街镇层面，虽然对属地困境儿童的信息和需求了解得比较全面，但受限于预算资金，要找到适合的服务困境儿童社会组织并非易事。

（四）绩效目标评价与困境儿童服务项目匹配度不足

近年来，政府作为儿童福利服务购买者的角色日益凸显[9]，希望通过购买服务扩大服务覆盖面，提高服务质量，提升社会效益和辐射度。因此政府对服务对象的数量往往有较高的要求。在访谈中，多家服务困境儿童社会组织表示，政府更偏好购买活动类困境儿童服务项目，因为通过活动能积聚更多的社会效应，以及服务更多的人次，也因此在绩效评价中较为看重项目的规模、人数等指标。但在具体工作中，服务困境儿童社会组织则希望对困境儿童能有更全面的关注和不同层次的帮扶，比如心理咨询、课业辅导，但是这样的服务投入大，产出无法单纯用数字来衡量。

相比正常儿童，困境儿童面临的不仅是基本物质生活条件的匮乏，更是发展能力资源的缺失，其中一些困境甚至形成顽固的代际传递，因此对于困境儿童的帮扶也需要持续性开展。然而在访谈中发现，相关困境儿童项目的绩效考核通常是以 1 年为期限，稍有延续性的为 3 年，但 3 年期的项目数量极为有限。而一年期的项目结束后未必会持续跟进或延伸，这与困境儿童需要的长期性与针对性的帮扶并不匹配，甚至在对一些困境儿童的帮扶刚有起色时，也即项目结束之时。

（五）系统支持不足引发社会组织发展的多重瓶颈

在一主多元的儿童福利供给格局下，服务困境儿童社会组织的生存与发展离不开政府的引导、支持与监管。但从这次基本情况了解和访谈的结果来看,来自政府的系统支持不足且较为零散,导致社会组织的发展面临困境。

首先,支持性政策优惠力度不足。不少社会组织表示,由于承接的政府项目大部分为限定性经费项目,人员经费所占比例较低,且业务缺乏其他渠道经费来源,因此员工薪酬普遍不高,这也是造成工作人员流动性大、队伍不稳的原因之一。其次,专业续航能力后劲不足。多个社会组织意识到为困境儿童提供服务需要更为专业的工作素养,因此亟须对专业社工培养的投入,但专业化培训高昂的收费与社会组织有限的培训经费之间的落差,阻碍了社会组织人员的专业化发展,成为制约其进一步发展的瓶颈。

一家专门为脑瘫和自闭症儿童提供服务的社会组织负责人 BHC 表示:"政府职能机构会组织我们开展基础性的培训,但在专业培训上几乎完全依靠社会组织自身。考虑到我们的人员有限,流动性较强,维持日常运作尚需不小成本,专业化培训更无从保证。"

六、建议与措施

(一) 大力引导困境儿童需求较突出的社会组织发展

根据 2019 年《上海统计年鉴》,2018 年上海 17 岁及以下户籍儿童人口数为 176.50 万[10],而根据民政部门不完全统计,全市儿童类社会组织只有 74 家,在供需上呈现出明显的不平衡,因此需要进一步推动儿童社会组织的发展。同时,为了避免对困境儿童服务的重复与发展不均衡,市民政局需牵头实施分类扶持,对于困境儿童较为突出的需求,如自闭症干预等专业性较强的社会组织予以大力引导,从政策上给予倾斜,鼓励社会资源导入该领域。

(二) 有效整合社会资源,建立共建共享共用平台

建立需求平台,汇总社会组织的信息,做好困境儿童与社会组织之间的精准对接,绘制全市为困境儿童提供服务的社会组织地图,厘清各个社会组织能提供的各项服务。建立联动平台,使服务困境儿童社会组织可以自行转介需要专业帮助的困境儿童,也可以进行多部门如精神卫生中心、儿童医

院、各大高校社会工作系、律师事务所等的合作。在流转过程中产生的经费可以在结案后申请，而非如政府购买服务必须前置性申请。

发挥街镇儿童之家的枢纽与辐射作用。上海市近年来积极推进儿童友好社区建设，作为线上资源共享平台的配套，线下的儿童之家可以直接接触到社区的困境儿童，也可以提供开展服务的场所。通过"一中心多站点"的网络布局，整合资源，优化服务；依托现有基层儿童的福利服务网络，形成各项资源的连接；引导专业社会组织参与儿童服务，提升儿童福利服务能级。

（三）健全购买流程，完善绩效目标评价体系

政府购买困境儿童服务项目既要考虑购买程序的公正性，也要考虑项目开展的实际情况。目前政府购买服务项目的周期以1年居多，考虑到困境儿童帮扶的特点，建议该类项目的服务周期适当放宽至2~3年，在服务期限内加强评估与监督。同时，对项目的绩效评价也需要精细化和立体化，不仅从量化的数字上进行评价，也需要增加质性评价的比例。

（四）加大政策倾斜，推动社会组织的专业化发展

服务困境儿童社会组织专业化发展的需求与有限培训资源之间的矛盾是社会组织进一步深化发展的瓶颈。政府职能部门可以立足社会组织的相关需求，聚焦专业化，为相关工作人员提供知识技能、政策法规等培训。强化儿童社会工作者队伍建设，加强人员的专业资质评定。建议可由市妇儿工委办牵头，协调人社、民政等部门，在社工职称序列中进行专业分类，增设社会工作师（儿童专业）。为加强和完善儿童福利指导体系和督导员队伍建设，目前全国各地均在配备儿童主任和儿童督导员，但对这些儿童工作者的职称或晋升通道并未具体说明。考虑儿童的成长性与独特性，建议在社会工作师序列中增设社会工作师（儿童专业）方向，服务困境儿童社会组织中的儿童社工可以通过参加社会工作师（儿童专业）的考试获得相应的职称，增强自身的专业性与社会认同感。

（五）积极营造氛围，呼吁社会关心困境儿童的发展

服务困境儿童社会组织对福利政策和体系不甚了解，制约了他们服务困境儿童的能力，建议政策制定部门加强相关政策的宣传，为服务困境儿

社会组织提供政策学习的途径,提高他们对政策的知晓度和敏锐度。

对困境儿童的帮扶需要全社会的关注与支持。《意见》中提到"要加快形成家庭尽责、政府主导、社会参与的困境儿童保障工作格局,建立健全与我国经济社会发展水平相适应的困境儿童分类保障制度,困境儿童服务体系更加完善,全社会关爱保护儿童的意识明显增强,困境儿童成长环境更为改善、安全更有保障"。只有营造全社会关心关爱的氛围,对困境儿童的帮扶才能更精准、有效。

参考文献

[1] 行红芳.从一元到多元:困境儿童福利体系的建构[J].郑州大学学报(哲学社会科学版),2014(9):37-40.
[2] 肖莎,贾新月,唐丽萍.社会组织参与儿童福利服务的成就与问题[J].社会福利(理论版),2015(1):9-12.
[3] 上海基本建立困境儿童保障体系,将进一步提高困境儿童生活费.http://www.sohu.com/a/338908883_260616.
[4] 石亚军,高红.政府职能转移与购买公共服务关系辨析[J].中国行政管理,2017(3):11-14.
[5] 林闽钢,梁誉.我国社会福利70年发展历程与总体趋势[J].行政管理改革,2019(7):4-12.
[6] 范斌.中国儿童福利制度重构与福利治理之可能[J].预防青少年犯罪研究,2014(5):76-80.
[7] 王才章,李梦伟.基于社会服务项目的儿童福利资源整合[J].当代青年研究,2019(9):61-66.
[8] 2019年2月基本业务统计数据.http://shzz.mzj.sh.gov.cn/node1/zhuzhan/n8/n384/u8ai43808.html.
[9] Natasha(eds). Social Service Purchasing in China: Rationale, Features, and Risks[J]. Asian Social Work and Policy Review,2018(8):200-207.
[10] 2019年上海统计年鉴.表2.6各区户籍人口年龄构成.http://tjj.sh.gov.cn/tjnj/nj19.htm?d1=2019tjnj/C0206.htm.

新上海人家庭教育的困境与出路[①]

郁琴芳

随着工业化步伐加快,中国城市化水平不断提高。上海是中国城市化水平最高的城市,为88.7%。[②] 城市化加快了农村人口快速转化为城市人口的过程,使上海城市人口急剧扩大。特别是近20年来在上海工作生活的流动人口日益增多,这些随着城乡二元体制与户籍制度松动而暂时稳定生活在上海的流动人口,我们将之称为新上海人群体,有别于传统意义上的"老上海人"。

当越来越多的流动人口二代随父母从外地来到上海,当越来越多的流动人口二代直接出生在上海、成长在上海,他们在上海成长教育的问题变得越来越现实,逐渐开始考量上海市政府的公共责任和服务体系的水平。据上海市教委统计,2009年在上海接受义务教育的来沪务工人员子女总数为40多万人,占全市义务教育阶段学生总数近36%。[③] 这些流动人口以及他们的第二代,面对不同于以往的生活环境以及身处的特殊城市空间,孩子的学习与生活存在诸多的挑战与问题,父母的家庭教育更是存在不少较为突出问题,且很少得到有效指导。

本课题聚焦新上海人中外来务工人员群体,即稳定生活在上海的非上海户籍人群中的务工人员,主要是从事体力劳动、简单劳动的外来群体,包括个体经营者,也就是大多数研究所指的"流动人口"或"农民工"家庭。试图在准确把握这部分新上海人家庭教育现状的基础上,探讨其家庭教育的特殊性和存在问题。联合有关学校、社区在一定范围内推行经过设计的新

[①] 本文系2010年上海市家庭文明建设立项课题之研究成果,作者系上海市教育科学研究院家庭教育指导中心主任。
[②] 参考:闻哲.中国城市化进程加快.人民网——人民日报海外版,2007.9.27.
[③] 参考:李爱铭,彭薇.九成农民工子女享免费义务教育.解放日报,2009.10.10.

上海人家庭教育指导活动方案,寻求适合新上海人家庭教育需求的指导策略,提高这些外来务工人员向城市居民转变的"市民意识",促进他们的角色转变,使其更好地融入城市生活。同时,转变其他上海市民特别是城市管理者的传统意识,促进文化融合。

一、研究意义、方法与过程

(一) 研究意义

目前对"流动人口"的研究并不十分缺乏,但从城市化进程中新上海人家庭与家庭教育角度考虑,至少可以解决以下两方面的问题:一是丰富和补充"流动人口"研究;二是为新上海人提供家庭教育指导的策略和措施。此外,推进"流动人口"研究,还具有十分重要的现实意义:第一,有利于凸显家庭教育指导服务在和谐社会建设中的影响与作用;第二,可以对全国城市化进程中产生的"新城市人"的家庭教育实践与指导产生示范作用;第三,可以为城市弱势群体服务系统的完善提供建设性意见。

(二) 研究方法和过程

1. 研究对象

在上海接受义务教育的外来流动人口子女主要集中在小学阶段,2006年上海市小学阶段外来流动人口子女占到外来流动人口子女总数的79.47%。外来流动人口子女大部分集中在郊区和城郊结合地区接受义务教育。在本课题中,主要遵循"城郊为主、小学为先"原则,特意选择来自上海市黄浦、静安、徐汇、普陀、浦东、宝山、嘉定、闵行、奉贤 9 区的 33 所学校、1 个街道进行试点,范围涵盖幼儿园、小学、中学,以及九年一贯制学校。其中,城郊接合部的宝山、嘉定和浦东新区的 15 所小学是本研究跟踪分析的重点。

2. 研究方法

本课题研究采用实证研究和实践应用研究相结合的研究方法。在文献研究的基础上编制设计新上海人家庭教育现状、新上海人家庭教育指导需求的调查问卷,并于 2007 年、2009 年分别进行了问卷调查。在问卷调查的基础上,运用访谈法、个案研究法、行动研究法等实践研究方法,向全市征集了498篇家庭教育案例和家庭教育指导案例，从中提炼新上海人家庭教育的现状、家庭教育指导需求、在各项因素影响下表现出的特点和问题。在实证研究和归纳总结的基础上，设计、提出符合新上海人家庭教育的指导内容、指导方案和指导形式。

二、新上海人家庭教育的现状

新上海人家庭教育的现状如何？基于新上海人家庭教育相关研究缺失的现实，为了全面了解新上海人家庭教育的现状，我们搜集新上海人家长、新上海人子女、班级中有新上海人学生的教师3方面群体的观点，对新上海人家庭教育现状进行了问卷、访谈等多项调查研究。我们期许通过这些研究，了解新上海人家庭教育的特点与问题，并在此基础上提出我们的思考和建议。

（一）新上海人："我"的家庭教育

对于新上海人的家庭教育状态，当事人心里应该最明白。因此，我们自编调查问卷，于2007年4月随机选择了上海市五所小学、二所幼儿园的267位新上海人家长进行问卷调查。这些学校所在区域为闸北区、普陀区、浦东新区、宝山区和嘉定区，涉及了生活在上海的市区、近郊和郊区的各层次新上海人家长。

通过对新上海人家庭在沪时间与意愿、家庭结构、文化程度、职业地位、家庭收入与生活水平、住房条件和居住环境、家庭休闲生活7个方面的调查，我们发现新上海人的家庭背景特点，有自身明显的群体特点。首先，与传统的上海城市人相比，他们整体呈现出"家庭子女多、单亲家庭多、文化程度低、职业地位低、收入水平低、居住条件差、休闲生活少"的七大特点。其次，与一般的流动人口群体相比，新上海人作为上海这一城市的事实常住人口，他们也呈现出"居住时间长、生活意愿强、家庭迁移多、个体经营多、家庭收入多、生活渐稳定"的六大特点。这些家庭背景特点将直接会影响到新上海人的家庭教育。

通过对新上海人家庭教育现状中教育观念、教育期望、教育内容、时间投入、亲子关系、了解程度、教育方法和家校合作这 8 个方面的调查,我们可以得出一些基本的看法。

(1) 新上海人在家庭教育观念方面基本上是与时代同步的。新上海人家长一般在上海居住了较长的时间,比较多地接触了这座国际化大都市的新鲜事物,在家庭教育观念方面也能做到比较开明。另外,上海市的中小学和幼儿园都会提供专门的家庭教育指导服务,政府和社区对家庭教育指导也比较重视,这对新上海家长家庭教育观念也产生了有益的影响。

(2) 无论是孩子今后的文化程度、职业还是收入,新上海人家长对孩子今后的发展表现出比较高的期望。很多新上海人有非常强烈的继续生活在上海的意愿,他们意识到孩子如果今后生活在充满竞争的上海大都市,要想在上海立好足需要有良好的文化程度、体面的职业和可观的收入。

(3) 在非科学文化知识的教育中,新上海人家长比较重视孩子的思想品德教育和生活习惯的培养,但比较少地关注孩子兴趣爱好的培养和发展。

(4) 新上海人家长大多会在教育孩子方面投入固定的时间,这包括参加学校组织的家校合作教育活动,带孩子去诸如图书馆、书店、科技馆等场所。但总体来看,新上海家长在教育孩子方面投入的时间还是非常不足的,表现在大多新上海人家长每周用于学习育儿知识的时间偏少,参加家校合作教育活动和带孩子去教育与活动场所也不够积极。

(5) 很多新上海人家长对亲子关系抱着比较乐观的想法,表现在大多数新上海人家长觉得自己很少会用强迫的方式教育孩子,孩子也会主动与家长交流并接受家长的管教。但是,我们也应该看到,强迫教育在很多新上海人家庭中或多或少地存在,也有一定比例的孩子不愿主动与家长交流并配合家长的管教。

(6) 新上海人家长对孩子学习和生活的了解程度整体上是不足的。即便是绝大多数家长都关心的孩子的理想、主科成绩和朋友,不了解或只是有点了解的新上海人家长就为数不少,更不用说用半数以上的新上海人家长对孩子崇拜的明星、一般科目的成绩以及孩子在学校课余活动情况等方面的不甚了解。

(7) 新上海人家长在教育孩子时用的方法是比较多样的。从调查结果来看,新上海人家长在教育孩子时使用最多的方法是讲解道理,其次是表扬奖励孩子、鼓励孩子发表意见,也有半数左右的新上海人会经常使用做出榜样和讲述实例这样的教育方法;新上海人家长较少使用的教育方法则是制定家规约束孩子、使用全家开会商议重要事情以及批评惩罚。

(8) 新上海人家长对家校合作有着较为强烈的意愿,对于学校采取的家校合作教育措施基本上都持支持的态度。这种情况的出现也许与新上海人家长普遍教育孩子时间偏少、在教育方法等方面有所不足有关,因而新上海人家长希望学校在教育孩子方面能够提供更多更好的服务,特别是希望学校能够主动做好与家长的合作和沟通工作。

(二) 另一只眼看新上海人家庭教育

新上海人的家庭教育现状,除开新上海人家长自身有发言权,新上海人子女和教师也颇有感受和心得。在对新上海人家长问卷调查后,我们还挖掘了新上海人子女、班级中有新上海人学生的教师两方面群体的观点和意见,试图用"另一只眼"看新上海人家庭教育。

1. 儿童:"我眼中的爸爸妈妈"

为了了解新上海人子女内心真实的想法,以课题组项目学校上海市宝山区泗东小学为主,我们随机选择了一些新上海人子女进行个别访谈,泗东小学还举行了"我眼中的爸爸妈妈"为主题的孩童内心独白的撰写,让孩子们用最朴实的语言描画出新上海人父母平时生活中在教育孩子上的简笔画、粗线条,并表达出他们心中对父母的期待。结合部分由任课教师撰写的家庭个案内容,我们用童"眼"童语的方式总结出新上海人家庭教育的若干问题:"爸爸妈妈,工作不是第一位的""我恨死你们了,爸妈""为什么有事总叫我找妈妈""爸爸妈妈对弟弟笑,不对我笑"。父母整天不着家、教育孩子动辄打骂、父亲长期不作为、对不同的孩子持不同的教养态度这 4 点是新上海人孩子提出的问题之首。新上海人孩子,他们纯洁的童"眼"透视的是新上海人父母的缺点,稚嫩的童语发泄的是他们对父母的一些不满和抱怨,从中折射出的是新上海人父母家庭教育的缺失和不作为。新上海人父母真应该多听听孩子的心声,反思自己的家庭教育。

2. 教师:我看到的新上海人家庭教育

当大批的新上海人孩子涌进上海城乡的公办学校后,这些与城市孩子有着相异背景的学生群体每天的大部分时间都在学校度过,他们的学习、生活,在很大程度上搅乱了公办学校惯有的规律和制度,他们在适应城市生活和学校生活过程中反映出的"水土不服"问题直接让诸多的公办学校教师整天"愁眉不展"。

围绕学生的为学和为人,尽管教师与家长的目标是一致的,即"一切为了孩子,为了孩子的一切",让孩子健康成长。目标一致,但是过程却不尽相同。代表城市主流文化的教师群体与代表农村文化的家长群体,经常会由于秉持的教育观不同,在教育孩子的过程中表现出矛盾的教育方式、方法,从而导致情绪上的对立、教育行为的偏差,达不到家校合力育人的目的。在众多教师眼里,新上海人家庭教育呈现出下面6个问题:"只想不做干把式""投入不足少合作""重智轻德酿大错""大大咧咧忽细节""教子简单加粗暴""冷漠放任轻生命"。

三、新上海人家庭教育指导现状

通过对上海市1464户新上海人家庭的问卷调查,以及课题组学校和街道的家长座谈,我们基本掌握了目前新上海人家庭教育指导的各方面情况,全市基本形成以学校为主、街道为辅的新上海人家庭教育指导组织网络,家庭教育指导在努力遵循依据家长特点切实有效的原则在开展各项活动,形成了一些经验,也凸显出一些问题。

(一) 现有的学校新上海人家庭教育指导有一定成效

除了一个街道以外,本次调查主要是在上海市城区、城郊和郊区的36所学校内抽取了新上海人家长进行问卷调查。新上海人学生在这些学校中所占的比重也各不相同,有的学校是接近百分之百招生新上海人学生,有的学校新上海人学生只占到全部学生的一小部分。但可喜的是,无论学校招生的新上海人学生是多还是少,面临的教育问题是大还是小,各种层次的学校都会按照"上海市家庭教育指导工作纲要"的要求开展家庭家庭教育指导工作。问卷统计结果显示,六成的新上海人家长认为自己接受了学校的各种指导和帮助后,进步很多。而超过一半的孩子也比较喜欢自己的父母能常到学校、跟教师多联系。我们可以在一定程度上认为,多数新上海人家长对于现有的学校家庭教育指导服务表示满意,多数孩子比较喜欢家长与学校常联系。

（二）街道、社区提供的家庭教育指导服务有待加强

为收集更多的信息和数据，课题组还特意选择了一个街道参与调研。从问卷统计结果来看，近九成的数据在一定程度上勾勒出的是街道、社区在家庭教育指导方面的空白和缺位，相比较而言，学校提供家庭教育指导服务要远远超过街道和社区提供的服务。分析其中的原因，其一是街道工作重心偏移。家庭教育指导服务只是街道、社区众多家庭服务中的一项内容。其二是街道宣传渠道有限。街道和社区每每开展家庭教育指导培训或者活动时，由于发动与宣传的渠道有限，参与的人数往往得不到保障。其三是街道家庭教育指导者缺乏。街道往往陷入人力资源的窘境，缺乏专业的家庭教育指导者，因此也就难以开展家庭教育指导工作。

（三）学校新上海人家庭教育指导尚存在很大的改进空间

如果以新上海人的需求和特点为依据，学校家庭教育指导服务还是有很大的改进空间的。

1. 指导时间

学校在新上海人家庭教育指导工作中，必须要关注指导时间这个要素，活动时间的确定不能以学校工作是不是方便为考虑要素，而是应该尽可能从考虑新上海人家长的角度出发，事先征求新上海人家长的意见，坚持以大部分家长能出席的时间为活动时间。此外，针对新上海人家长的时间特点，希望学校的家庭教育指导活动也能够有多次重复的安排，让家长可以根据时间自主选择参与的场次。

2. 指导费用

一般而言，目前绝大多数学校开展家庭教育指导活动是不收费的。但是，通过调查我们也了解到，如果学校组织一些外出的亲子活动，比如外出参观、游览等活动，由于涉及门票、车费等费用，有一些学校还是需要家长能够将这部分费用自行支付的。也就是这些在大多数上海人眼中称不上太多的费用，有时候会影响新上海人家长参与学校活动的热情。比如，有教师反映，每次亲子春游时，总是会有一些新上海人直接以"费用太贵"为理由拒绝参加。

3. 指导形式

指导形式是影响新上海人家庭教育指导效果的重要因素。一般而言，受到家长们欢迎的家庭教育指导形式一方面是家长们喜闻乐见、乐于参与的，另一方面是能够针对家长的问题，解决家长实际困难，切实有效的。如果从这两个维度出发，考虑到新上海人家长的文化、职业等特点，我们就不难理解新上海人家长对指导形式的选择。从调查结果来分析，新上海人在家庭教育指导形式上存在以下3个特点：① 以传统指导形式为主，现代网络为媒介的形式甚少；② 以个别指导形式为主，集体指导形式有待加强；③ 以纸质媒介的指导形式地位弱化、亟待加强。

4. 指导内容

在调查中，我们给家长列举了20个方面、分别属于5个板块的指导内容：孩子学习方面、孩子生活方面、孩子品质培养方面、学校教育要求方面、亲职教育要求方面。调查结果表明，学校新上海人家庭教育指导内容主要有两个突出倾向：① 学校偏重选择家长能够改善的指导内容；② 学校偏重选择解决实际问题的指导内容。

5. 指导者

教师教育素质的高低、家庭教育指导能力的强弱会直接影响到家校合作的效果。本次调研，从新上海人家长对班主任教师的评价可以发现，现有的班主任教师开展新上海人家庭教育指导既形成了一定的经验，也存在着一定的问题。和善、礼貌是新上海人家长对班主任指导态度的主要要求；实用、有效是新上海人家长对班主任指导能力的主要要求。

四、新上海人家庭教育指导建议

新上海人家庭教育指导不仅需要政府的支持和投入、更需要学校和社区不断改进家庭教育指导形式，让家庭教育指导贴近家长的需求，让先进的教育理念真正在新上海人家长心中"生根""开花"和"结果"。

（一）政府：履行教育公平要关注家庭教育指导

当"上学难"不再是困扰新上海人家庭的首要问题时，如何让新上海人子女更快更好地适应和接受学校教育、如何帮助新上海人家长为新上海人子女创造良好的家庭环境等问题,应该成为政府进一步思考和解决的新情况和新问题,为打造全面教育公平的增加实质性的内涵举措。

1. 政府意识:新上海人子女教育从"保障入学"到"内涵发展"

为了让新上海人子女平等享受上海公办教育资源,十一五期间,上海市政府指示市教委,新上海人子女的学习与生活存在很多的挑战与问题,他们父母的家庭教育更是存在不少较为突出的问题,而且很少得到有效的指导。因此,政府应该肩负起家庭教育指导的组织领导重任,制定切实可行的工作计划,加强实施管理,组织开展宣传、培训、督导、评估等工作,引导和帮助学校、社区等家庭教育指导机构和指导者开展形式多样的家庭教育指导。

2. 政府作为:新上海人家庭教育指导的政策支持和举措

从新上海人家庭教育指导的效果来看,政府还应该在以下几方面加强作为,提供新上海人家庭教育指导强有力的保障:① 进一步健全家庭教育公共政策,加大政府对新上海人家庭教育支持力度;② 进一步加强社区家庭教育指导力量,发挥传统家庭教育指导优势;③ 进一步整合多方家庭教育指导资源,完善新上海人家庭教育指导网络;④ 进一步提升家庭教育指导者素养,为新上海人提供贴心服务;⑤ 进一步调动企业力量,发挥员工教育培训中家庭教育指导作用。

(二)学校:让新上海人家庭教育指导充满智慧

随着"以流入地政府管理为主、以全日制公办中小学就读为主"政策的执行和有效实施,公办学校成为上海市解决以外来务工人员为主的新上海人子女入学的主要渠道。因此,以公办学校为主体的学校组织当仁不让地成为新上海人家庭教育指导的主阵地。

1. 智慧之基:创新的制度

学校的家庭教育指导工作中也相应地有一系列规章制度和工作机制,这是学校确保家庭教育指导工作的有序开展、有效指导的重要保证,是能够满足不同家长家庭教育指导需求的基础。比如,一般学校都会长期遵照执行的《学校家长委员会章程》《学校家庭联系制度》《家长学校管理制度》《家长意见征询反馈制度》《教育教学观摩制度》等规章。

2. 智慧之举：创意的指导内容和形式

为了让新上海人家庭教育指导真正落到家长的心坎里，最有效的策略就是为新上海人家长量身定制指导内容和形式，如下：① 更新内容，将传统的纸质沟通交流媒体推陈出新；② 改革形式，根据新上海人家长特点赋予传统家庭教育指导形式新的生命力；③ 通过关键人物，对新上海人家庭教育指导的重要对象进行专项指导。

3. 智慧之源：打造高素质的教师指导者队伍

家庭教育指导者师资队伍的来源多种多样，但不可否认的是，学校教师是最重要的家庭教育指导力量，是全社会家庭教育指导者队伍的核心。为了提升教师的新上海人家庭教育指导素养，可有针对性地开展了教师培训和专题研修工作，如开展家庭教育指导年级组研修，或开展家庭教育指导活动的设计与实施研修。

基于"微时代"下拓宽家校沟通信息渠道的实践与研究[①]

张卓倩

当今时代,在教育的过程中涌现出越来越多的问题,作为教师和学校单方面已无法独立且完善地解决。随着"大教育观"的逐步形成,学校、社会、家庭三者紧密联系形成合力对学生进行教育,已逐步形成一种趋势。其中,学校和家庭、教师与父母之间,因为其联系的紧密,尤其受到广大教育工作者的重视。家长和教师有着共同的教育目标,携手合作能够帮助学生获得更好的教育。而家校沟通无疑是促成合作的必要形式。因此,家校沟通成为学校教育工作中一个重要的组成部分。

家校沟通,指家庭和学校为了实现共同的教育目标,而彼此了解、相互合作,通过语言等多种媒介而进行的信息传递思想交流的行为。家校沟通的渠道,是指家长和学校交换信息的方式。随着教育地不断发展,家校沟通的渠道已经发展出众多类型或形式,如家长会、家长学校、电话、家访、信访、家委会或者家理会、家校练习册等。在过去相当长的一段时间里,这些渠道帮助家校之间达成了许多必需的沟通。然而,时代的变革,却促使这些传统的形式不再能够满足家校沟通之间的需要。

一、"微时代"下家校沟通需求的转变

(一)从"e时代"到"微时代":时代的变迁

20世纪90年代以来,随着电脑的逐渐普及,互联网逐渐进入寻常百姓

[①] 本文系2014年上海市家庭文明建设立项课题之研究成果,由上海市杨浦区齐齐哈尔路第一小学研究实施。课题组核心成员:王音、张卓倩、奚明漪、孙燕、陈晓、张敏等。

家庭,从而将现代中国带入了"信息时代"(即"e时代")。随着信息技术的迅猛发展,移动终端设备的飞速更新以及大面积普及,近年来,网络媒体又发生了新的变化。从微博、微信、微小说,到最近炙手可热的微电影、微旅行、官方微博发布群,"微信息"沟通如雨后春笋般登上了互联网舞台,让现代中国从"信息时代"悄然进入了"微信息"的时代,即"微时代"。根据百度百科收录的词条解释,"微时代"是以微博作为传播媒介代表,以短小精炼作为文化传播特征的时代,微时代信息的传播速度更快、传播的内容更具冲击力和震撼力。原来依靠大段文字来传播交流信息乃至进行情感沟通,现在仅仅通过百余字就完全可以实现。

"微时代"为现代人之间的互动带来了新的沟通特征。

首先,它使得沟通变成了"迷你"信息的传播,具备了流动的特征。"微时代"与移动终端设备紧密结合在一起。人们不再仅仅依靠台式机甚至笔记本上网,平板电脑、智能手机等此类这些小巧便捷的信息接收终端使人类的传播活动范围大大拓展,进一步突破时空的限制。携带着它们,人们可以在任何能够联网的地方接收和发送信息。

其次,"微时代"为沟通带来了"瞬时性"的传播。以微博为例,140字的短小篇幅使信息以短而有短的形式呈现,带来了信息传输的高效率,信息的传播速度更快、传播的内容更具冲击力和震撼力。传播速度的提升带来了人们反应速度的提升:对于传播者而言,短小的信息量提高了传播速度,加快了信息内容更新,更可以通过手机等便携通信设备在很短的时间内发布信息;对于接受者而言,接收信息、消化信息的时间非常有限,而信息内容与数量却异常丰富。这就要求信息生产者提供具有高黏度、冲击力巨大、可以在极短时间内吸引受众并提高受众的阅读兴趣的内容。因此,"微时代"下更新速度非常迅猛。

第三,"微时代"的这样快速、便捷的沟通特性使得广大的人民以"以小人物的微形态和微行动低调地呈现自我,发出声音,这样的呈现和声音最终凝结成不可小觑的力量",从而形成一种"微动力",形成社会潮流,影响社会舆论乃至国家大事,从而进一步地增强了沟通的民主性与大中华。

"微时代"的到来为广大家长更多地参与到学校的各项活动乃至管理中来提供了技术上的可行性,在经济条件普遍较好的上海地区,家长几乎人人都具备了进行"微信息"沟通的硬件条件。以我校为例,智能手机覆盖率达到95%,这也使得家校沟通借助"微时代"下各种沟通渠道得以实行。

(二)从"告状"到"沟通互助":沟通观念的变迁

随着时代的变化,社会的教育观也逐步发生了变化,传统的方法已不足以满足家庭和学校双方之间沟通的需求。尤其在经济发达地区,"以人为本""全面发展"的教育理念不再是"阳春白雪",而成为许多学校乃至家庭对孩子的期待。一系列的减负措施、"绿色指标"的推行、各类素质教育活动的开展,都是这些教育观念渗透的体现。家校对于教育理念的革新、对于教育目标的变化直接影响了家校之间的沟通。

以沟通的时机为例,传统的家校沟通主要发生在学生在校"表现不佳"或"成绩不良"之后,对于家长和学校双方而言,学生在校如果"成绩过关",甚至只要"表现平平"或者说"不惹祸",根本不存在家校沟通的理由,家校沟通也不显得那么迫切;以沟通的内容来说,也多是以学生的表现(多表现为学习、品德方面往往是涉及偷盗、打架等重要的行为)为主,很少兼顾其他;以家校沟通的地位而言,也多半是"老师叽里呱啦、家长唯命是从",家长既缺乏主动性,也缺少沟通的主体性。

而随着时代的发展,家长对教育的观念发生了翻天覆地的变化,他们在革新自身家庭教育的同时,对于学生在校成长的要求也越来越大,对学校教育的要求也越来越多,他们不仅希望更多而且更全面地了解学生在校的种种情况,根据最近的一项家长与教师进行联系沟通的主要目的调查显示,孩子犯错误后与老师沟通督导比率降至7.8%,而了解学生在校表现的占78.6%,且家长对学生"在校表现"的关注度也有所增加。"教师与家长相互交流的主要内容"调查表见表1。

表1 "教师与家长相互交流的主要内容"调查表

	学 习	品德习惯	身心健康	兴 趣
教师	32.5%	43.55%	21.3%	6.45%
家长	52.1%	16.4%	27.4%	4.1%

不仅如此,家长还迫切热情地希望能参与教师对班级的管理、学校对教育的理念中。新时代的家长不再仅仅希望教师对孩子"严格",相反他们对

教师乃至学校提出了新的要求,如:希望给孩子"减负",明确地表示对繁重的课业负担的抗议;希望增设兴趣活动,关注学生全面的发展;期待学校、教师有新的教育观,能结合学生的个性,给予其更多有针对性的指导和展示的机会等。

根据美国学者的研究,家校沟通在形式上可以分成3个层次:① 学校和家庭间的信息传递和沟通,家长作为支持者与学习者;② 家长作为活动的自愿参与者;③ 家长作为学校教育的决策参与者参与学校的管理。可以说,在新时代下的家校沟通已不仅仅只是"老师说、家长听"的传统模式,家长正在不同层面以不同的角色参与到学校的各类工作中去。

而从学校的角度而言,对教育乃至家校沟通也有了新的需求。当教育成为"教书"和"育人"并举的时候,教育的要求全面提升,学校迫切希望获得来自家庭的助力。一方面,学校开展的各项工作、各类活动急需家长的踊跃参与和积极配合;另一方面,学校也需要将自己的工作实绩展现给家长,不断听取一线家长的意见,从而为自己未来的办学理念和思路提供更"亲民"、更符合实际的方向。这也是那些仅仅靠以教师为主的家校沟通模式所远远不足以承载的。

正是这些层出不穷又难度极高的要求使传统的沟通形式不能满足家长的需求,而"微时代"的开启,从速度、形式等多方面给予了可能性,对家校沟通的影响也是巨大的。首先,它的公开性与民主性使广大家长能以更平等的姿态投入到家校沟通中来,为家长的"畅所欲言"提供了机会和平台;其次,移动终端的便携性和操作的便利性使得教师能够随时随地对学生的在校行为、表现做反馈,而且信息的类型多样化,从语言、图片、音频到视频不等,甚至使家长可以在校园外收看学生在校的"现场直播";第三,其巨大的信息量、极短时间传播的高速度也使家校间形成了一种"微沟通",使得沟通出现了"即时性""交互性",家长和教师都能迅速对信息做出反应,更有效、快速地处理事务。

在这样的信息时代背景下,依靠传统的家访、电话显然已无法满足这样一种高容量、快节奏的沟通需求,它们传播的信息量少,传播的速度缓慢,沟通也不畅通。因此,作为学校,有效借助"微时代",利用新的信息渠道来提升家校沟通的效果,成为一个值得思考的问题。这也使得探索新的家校沟通渠道的研究迫在眉睫。

二、"微时代"下拓宽家校沟通信息渠道的实践

我校一直致力于通过各种形式实现家校沟通,如开展家长学校,指导家庭教育;印发"温馨email",及时通知提醒;倡导100%家访率,增强家校熟识度;开设"校长信箱",实现多重沟通;以及鼓励和提倡班主任及任课老师以电话、信访、家校联系册等形式与家长作及时沟通;等等。近十多年,学校更是顺应"信息时代"的发展,在家校沟通方面进行了一系列的工作,如:设置了齐齐哈尔路第一小学官网以及论坛,并在论坛中专门开辟了家长参与的版块"家校互动",邀请所有家长发帖和回复;借助"优学网"等平台为全校每个班级建立了班级网页等,不断促进家校的沟通。

随着"微时代"的到来,学校呼吁各班班主任根据班级实际情况,通过运用各种通信工具、借助各种沟通形式来拓宽家校沟通渠道,从而建立起家校联系的网络。所开拓和采用的有以下几种。

(1)微博。微博是微型博客的简称,即一句话博客,是一种通过关注机制分享简短实时信息的广播式的社交网络平台,也是一个基于用户关系信息分享、传播以及获取的平台。用户可以联网以140字(包括标点符号)的文字更新信息,并实现即时分享。作为一种分享和交流平台,微博其更注重时效性和随意性,能让博主在任意时刻表达思想和最新动态,比博客更为快捷、轻巧。

(2)QQ以及QQ群。QQ是较早问世的一款即时通信软件,或称为网络聊天软件。它的优势在于可以建立起两人、多人、群体聊天的模式,聊天形式多样,可以是语言、语音、视频聊天。还兼顾文件传输功能,是电脑上使用较为频繁的聊天工具。

(3)飞信以及飞信群。飞信本身是中国移动的综合通信服务,也是较早问世的一款聊天软件,以多种形态实现互联网、移动互联网和移动网间的无缝通信服务。它的优势在于可以实现电脑和手机(本来只适用于移动,后扩散至小灵通以及部分联通用户)之间短信的互通,这使得在向"微时代"过渡的过程中部分手机没有联网的家长也能及时收到来自教师的信息。

(4)微信以及微信群。微信是2011年新推出的聊天工具,它兼备了

QQ 和微博的功能，除了拥有更适合于手机的操作界面以外，还拥有更庞大的社交功能如公众平台、朋友圈、消息推送等，用户可以通过"摇一摇""搜索号码""附近的人"、扫二维码方式添加好友和关注公众平台，同时微信将内容分享给好友以及将用户看到的精彩内容分享到微信朋友圈。微信以其更为时尚的交流和展示模式成为时下智能手机用户之间互相联系必不可少的软件之一。

（5）啪啪。啪啪是一款图片语音社交应用，智能手机用户可以通过啪啪与好友分享图片，同时加上语音介绍，好友也可以通过语音进行评论互动。同时，内容可以同步、分享至微博、微信、QQ 空间、人人网等社交网络。用户可以关注并收听他所感兴趣的用户发布的各种类型的语音节目，操作方法简单方便。

（6）其他。除上述一些比较主流的手机软件以外，还有一些比较小众的 App 受到家长和老师的关注和使用，如以升学互助为核心的社区应用的"家长帮"，以学科教学为主的"奥数"等，功能更专项化。

学校各位老师在下载安装以上应用的同时，也结合班级学生以及家庭的不同情况，采用不同的方式来实现"微时代"下的家校沟通。

三、"微时代"下家校沟通信息渠道拓宽的研究

一年中，我们在校级和班级两个层面同时推进各项"微时代"下通信软件的使用，由各部分负责人、班主任以及任课老师根据实际情况进行消息的发布和推送，从而和家长建立起了更为频繁和充分的练习，促使我校的家校沟通向前迈进了一大步。

通过各类新型通信软件的使用，我们发现"微时代"下家校沟通出现了几大新型特点，分别如下。

（一）沟通实现实时性、瞬时化

"微时代"下信息的"微"容量使信息的发布者无须经过太过复杂的编辑准备工作，而可以在很短的时间内进行简单编辑后发布；同时，各类移动终端（如手机、平板）的使用以及网络的覆盖也使得接收方能够迅速接收信息

并作出回复。因此，沟通的速度急速加快，几乎达到实时发布、瞬时回复的效果。这一方面使学校的各类活动、信息、咨询能够迅速被家长所接受，学校也能迅速了解和收集来自家长的意见和需求。

（二）对象实现全覆盖、多层次

传统的沟通方式如电话、家访等往往出现一对一的单独局面，这固然使沟通有针对性强的优势，却极大地降低了家校沟通的效率和广度。在从前，学生往往一个学期接不到老师一个电话，并被视为常态。家长既无从知晓孩子在校的各类情况，老师和学校也很难从家长方面了解到孩子在家的情况。但是"微时代"下各类通信软件的使用使得家校沟通可以实现全覆盖，据统计，我校各班往往只需要两项通信软件（如QQ＋飞信、微信＋飞信、QQ＋微博）即可以和拥有各类移动终端或软件不同使用习惯的家长取得联系，这使得教师日常发布通知、资讯时所面对的群体广泛而又稳定，教师可以同时一对多地和家长进行沟通，接受来自大家的意见。

同时，教师还可以根据需求选择不同种类的家长组建不同的群，如基础较薄弱的学困生群、学优生群、家委会群等，从而在相对比较接近的家长受众中发布有用的资讯，实现沟通对象的多层次。

（三）信息载体呈现多元化

借助传统的家校沟通形式，家长与学校间沟通的信息载体几乎只有两类：口头语言和文本语言；但是在"微时代"下，借助网络，信息载体出现多元化，如上文摘录的那样，不仅有文本语言，更有图片、表格、视频、音频等，且内容极容易通过下载、复制、转帖等收藏和编辑。信息载体的多元化既加大了家校沟通的信息量，更增强了沟通的力度，使信息地传递更加直观、形象。

（四）沟通内容趋向丰富化

沟通的迅速和便利、载体的多元和丰富直接促使家校沟通的内容变得广泛；如前文所述，传统家校沟通模式下，家长与老师沟通的内容多集中在孩子做错的事情以及学业方面，而在"微时代"下，家校沟通的内容大大扩展。

1. 学校活动、工作的展示与介绍

借助校级平台，家长可以及时看到学校各个方面的工作，了解学校对各个年段学生教育的重心和理念，从而对学校的育人目标、办学理念等更顶层的设计、更高位的理念有所了解。同时，家长可以借助这些平台，和学校领导层取得沟通，将自己的想法及时反馈给校方，令学校获得第一手的意见，从而对自己下阶段的工作作出调整或不断完善。

2. 各项事务的通知与提醒

借助校级以及班级的平台，家长可以及时获知近期各项琐碎事务的安排，从而及时调整自己的工作和生活，更好地配合学校工作。

3. 各类教学的指导与示范

一方面，班主任以及任课老师借助平台发布对各类活动、作业的补充信息，能够更好地帮助家长了解相关要求，从而更好地指导学生；另一方面，教师以及家长对相关教育话题的转帖和讨论也可扩充大家对教育的理解；并且，班主任以及任课老师还可以根据不同类型的家长建立不同种类的"群"来进行更有针对性的指导。

（五）沟通功能注重多重性

1. 增进家校了解、拉近彼此距离

"微时代"下家校沟通渠道的拓展促使学校的一切工作的内容信息都可以借助这些渠道来传递，这极大地加强了学校办学的透明度，促使广大家长更广泛和深入地投入学校的各项工作中来，从知晓、了解到参与、反馈，家校之间的意见传递更为便利，家校之间的沟通也就更为频繁，彼此之间的了解和熟悉度也大为提高。学校一方面可以更大力度地获得家庭的支持，另一方面也可以更直接地接受到来自家长的意见，从而拉近彼此距离，增强办学效益。

2. 实现信息互通、及时消除矛盾

"微时代"下家校沟通渠道的拓展使教师和家长之间的关系也更为紧密。以往，孩子成为家校间最为重要的传声筒，而这个传声筒传达的准确度、及时度、全面度将直接影响家校之间的互相判断，不可避免地导致误解。而借助"微时代"下快捷的沟通渠道，家长和教师遇到问题，可以直接互相联系，就事论事，避免因为沟通不及时导致误解长期在心的情况出现，极大地消解了家校间的隔阂。

3. 全面关心学生、辅助品德养成

"微时代"下家校沟通渠道的拓展使教师和家长对孩子的关注更全面、更细致。教师和家长从"非大事不联系"的困境中摆脱出来后，便可以将日常对孩子点滴的观察互相沟通，及时发现孩子身上的变化（无论好坏），通过鼓励、批评等正反抑制手段，促成其良好品德行为的养成。而良好的品德行为又最终会助力学生学习。

4. 记录学生发展、参与综合评价

"微时代"下家校沟通渠道的拓展还可以帮助教师、家长记录学生的发展，从而参与阶段性的评价。对于一个班30人的班额，班主任老师无法全面地关注和记住每个孩子的表现，更难以在学期结束时系统性地向家长对其做全面的评价，因此，"朋友圈""群消息"往往起到了记录的功能，将一学期中学生遇到的问题、获得的成长记录在案，成为一份无形的"形成性评价"，并最终参与到学生阶段性的总结性评价中去，从而使评价更为合理、全面。

当然，"微时代"下家校沟通渠道的拓展也存在一定的问题，如无形中加大了教师、学校的工作量，同时，快捷的沟通往往导致沟通双方无法沉淀下来，静心思索后平心静气地沟通。接下来的工作中，我们也将继续围绕这些弊端展开研究，力争将进一步拓展"微时代"下家校的沟通渠道，保障沟通的效果，从而更好地实现家校合力，共同为孩子的成长携手共进。

参考文献

[1] 陈勇,贺军生.德育视野中的家校沟通和互动[J/OR].煤炭高等教育,2006(2).
[2] 李华.推动家校沟通进入"高铁时代"[J/OR].中小学信息技术教育,2010(11).
[3] 马乐爱.做微时代的教师[G].北京：世界知识出版社,2015.
[4] 梅洪建.家校沟通,没有痛过你不会懂——知名班主任梅洪建的心路历程[G].北京：中国轻工业出版社,2007.
[5] 王怀玉.小学家校沟通的艺术[G].北京：中国轻工业出版社,2014.
[6] 叶帅君."微时代"让家校沟通更有效[J/OR].教育教学论坛,2013(39).

家庭教育指导服务中资源
整合的策略及实践路径

——以上海市奉贤区为例[1]

张竹林　蔡叶蓉　戴宏娟　赵冬冬

随着基础教育走上内涵式发展道路,特别是在城乡一体化教育背景下,人民群众对优质教育的需求呈现越来越多元的样态,区域家庭教育上升到了一个新的境界。上海为破解城乡教育资源不均衡难题、推进城乡教育一体化发展作出了不懈努力(张竹林,2017)。2015年,奉贤成功创建成为全国文明城区,为进一步推进上海市家庭文明建设,加强区域家庭教育发展水平,上海市奉贤区妇联与上海市奉贤区教育学院合作开展了《家庭教育指导服务中资源整合策略的研究》,旨在充分发挥区域各家庭教育资源的功能,建立学校、家庭和社会三位一体的育人格局,从而提升区域家庭教育指导服务品质。家庭教育指导服务的资源整合,实质上是对家庭教育指导服务资源的一种优化配置。根据党的十八以来倡导的"创新、协调、绿色、开放、共享"的五大发展理念,围绕奉贤区教育发展战略和"贤文化"教育特色,对区域内家庭教育资源进行重新配置,寻求资源配置与家长需求的最佳结合点,目的就是要提高家庭教育指导服务水平,增强区域家庭教育发展优势。

一、立足区域内外的调研分析

(一)奉贤的前期基础和优势

近几年,奉贤区立足家庭这个基本平台,广泛开展"好家训好家风"培育

---

[1] 本文系2016年上海市家庭文明建设立项课题之研究成果,由奉贤区教育学院、奉贤区妇联课题组共同实施。课题组核心成员:张竹林、蔡叶蓉、戴宏娟、胡引妹、何文、沈淑群、赵冬冬。

活动,实现"好家训好家风"培育与弘扬"贤文化"、践行社会主义核心价值观三者有机结合,推动"敬贤、学贤、齐贤"文明风尚的形成,探索了一条落细落小落实社会主义核心价值观,提升精神文明建设工作水平的有效途径(曹继军、颜维琦、张竹林,2014)。"十二五"期间,奉贤区先后建立了早教指导服务中心、区家长学校和区校层面的家委会,区内有37所学校被纳入上海市家庭教育实验基地校,4所学校被评为"十二五"家庭教育指导特色校。总体看,开展学校家庭教育以及相关研究具有一定基础和优势,具体表现在4个方面。

1. 制定了区域家庭教育工作管理制度

奉贤区相继出台了《奉贤区关于进一步加强镇、学校家长委员会建设的指导意见》《关于进一步加强镇社区家长学校建设的实施意见》《关于开展优秀镇(社区)及学校家长委员会评选活动方案》等制度,制定了《奉贤区中小学家长学校评估标准》,一定程度上促进了家教指导管理工作制度化的形成。

2. 搭建了3个层面的指导服务机构

(1) 区、镇(社区、开发区)、学校三级家长学校全覆盖。

(2) 覆盖全区中小幼的家庭教育专业单位——"爱贝早期教育指导服务中心"和"青少年心理健康教育指导中心"。

(3) "张惠家教工作室"专家团队、区家庭教育教研员引领的各基层学校教师专职队伍以及部分热心公益的家长组成的家教志愿者队伍。

3. 打造了一批具有区域特点的优秀家教活动项目

"传承好家训、培育好家风"等"贤文化"家庭教育活动项目,20多年如一日的"夕阳红"老园丁讲师团,上海市第一台"早教流动车",全国优秀志愿者"张惠老师谈家教"电台栏目,彰显了奉贤家庭教育在创建全国文明城区作出的重要贡献。

4. 形成了家教研究与指导服务氛围和成效

依托奉贤区教育学院科研和德研力量,全区多个家教课题获上海市家庭教育指导研究成果一、二、三等奖,并且多篇高质量论文发表在上海市级以上刊物,引起了一定的社会反响,教育成效显著。

(二) 走出区域的他山之石

"开门办教育,开放求发展"是奉贤区教育改革的战略选择。在奉贤区政府的支持协调下,奉贤区家教工作考察团,先后赴上海市虹口区、闵行区、宝山区以及江苏省苏州市进行考察学习,获得如下"真经"。

1. 领导重视,推进强势有力

家教工作考察团考察学习的几个兄弟区发现,市各级领导都高度重视家庭教育,把家庭教育纳入整个教育体系,推进工作强势有力。其中,位于苏南地区的苏州市政府,举全市之力,将"中小学家庭教育课程项目实施"作为"十三五"重点实事项目(见表1),强势推进中小学家庭教育工作。

表1　苏州市"中小学家庭教育课程项目实施"保障条件

成立苏州市中小学家庭教育研究与指导中心	成立苏州市中小学家庭教育课程领导小组	成立家庭教育课程化专家指导组与总课题组	经费落实		"2016苏州市中小学家庭教育课程项目"列入苏州市政府实事工程
	市委、市政府分管领导任组长(副市长:王鸿声),市教育局牵头,联合市财政局、文明办、妇联、关工委等部门	朱小曼、杨雄、孙云晓、成尚荣、关颖、杨咏梅、赵刚、郁琴芳、黄辛、殷飞、廖建东、李兆良共12位专家参与	2016年	1 200万元	开发一至九年级家长读本,免费发放给苏州90万学生家长
			2017年	1 493万元	遴选家庭教育课程项目学校进行试点(2015年50所试点,2016年目标达200所)
			2018年	1 493万元	培育苏州市中小学家庭教育指导师(2015年培育180名,2016年培育目标达1 000名)

2. 项目引领,特色成果显现

家教工作考察团学习考察的各区市都以教育科研为先导,抓实项目,开展各层级家庭教育指导服务的行动研究。以苏州为例:苏州田家炳实验中学,根据外来务工人员子女占比70%以上这一情况,把"家训"融入父母课程,从家长学校、学习指导、社工服务、家访研究、心理咨询、法律咨询等方面建立完善的家庭教育服务中心,成为"姑苏文化课程基地";苏州翰林小学,充分利用众多的"高知家庭"资源,家校互动,持之以恒抓"书法""国学"等课程,取得良好成效;昆山市千灯镇千灯中心小学,以"昆曲"等优秀民族文化特色课程为载体,将家庭教育全面融入学校文化。"星罗棋布、八面开花"的"放射状"家庭教育格局,使具有浓郁姑苏特色的亲子课程成为苏州现代教育创新的一大亮点。

3. 开发课程,完善服务体系

步入"互联网+"时代,主动利用互联网平台,开发普及性家庭教育指导课程,完善服务体系,是现如今不少地区开展家庭教育工作的共识。其中,上海市闵行区"中华家庭教育网"公益网站,十二年来先后利用这一网络平台,在上海闵行区、江苏徐州、山东威海、河南、内蒙古、重庆、福建、黑龙江、辽宁、宁夏等地开展落地式改革实验,建立人网(班级家庭教育组织)、地网(家长学校及读书学习活动)、天网(远程课程)立体多远的普及性家庭教育课程体系,以满足不同家长对现代家庭教育科学知识的不同需求。从探索大面积普及家庭教育到提升打造教育软实力,上海市闵行区的家庭教育改革实验一环扣一环,步步深入,有效提升了区域教育公共服务质效。

4. 功能定位,构建运行机制

各地区家庭教育业务研究指导部门都能根据各自的实际情况,有意识地定位自身功能,构建一系列符合区情,有序运行的管理运行机制。如:宝山区教师进修学院高度彰显家庭教育指导服务中心功能,建立机制,完善管理制度;项目引领,组团推进研究;梯度培训,教师螺旋式成长;专业支持,提升指导内涵;点面结合,服务张弛有度,尤其是在"管理、研究、培训、指导、服务"五大领域,宝山区已经积累了比较成熟的教育经验。

5. 培训抓手,落实队伍建设

以多层培训为抓手,"关注专业发展,抓实队伍建设",注重指导师和志愿者队伍建设,是沪苏4个地区共同的特点。其中,虹口区2009年以来先后选送200多名学员参加"国家职业培训·家庭教育指导师"培训,该区"萨提亚"模式下的家庭心理治疗培训、体验式家庭教育指导培训在上海市乃至全国影响深远。苏州市,2016年中小学德育工作要点明文指出:全年完成千名苏州中小学家庭教育指导师培训,实现在中小学校的全覆盖,并对现有180名指导师进阶培训,择优选拔30名指导师进行国家级指导师培训;组建家庭教育志愿者队伍,重点组建好家长志愿者和妈妈志愿者队伍,为各类家庭教育活动开展志愿服务工作。

(三) 区域存在的问题与挑战

学习他山之石,回望奉贤区家庭教育工作,尽管已经有良好的基础和氛围,但是随着各类外来人口包括创业创新人才、中心城区外迁居民和大量外来务工人员及随迁子女的不断流入,所以从整体上看,奉贤区的区域家庭教育工作水平还面临着很多问题和挑战。

1. 缺乏统筹的常态机制管理有待规范

奉贤区家庭教育指导工作相比中心城区和部分郊区,起步晚,基础弱,虽然有几个基层学校做得比较有亮点,但区域层面整体看,家庭教育工作几乎处于"散养"状态,缺乏统筹管理和常态机制保障,建议要形成常态化和系统化。

2. 缺乏指导的外来务工人员家庭教育亟待重视

据统计,全区学校外来务工随迁子女占到60%以上,许多农村学校达到80%以上,有的已经达到93%以上。为了弥补教育短板,避免新一轮教育二元结构发生,加强家庭教育特别是外来务工人员随迁子女的家庭教育指导,促进全民融合,已成为全社会的共识。

3. "缺失"的家庭教育不容忽视

客观讲,当前青少年违法犯罪问题已向低龄化发展。究其原因,有家庭、学校、社会等诸多因素,从青少年违法犯罪的案件情况及政法部门提供的调研数据分析看,家长或者忙于生计没有关注家教,或者虽然重视但缺乏科学理念、方法和能力,这些家庭教育的"缺失"是造成亲子关系恶化和青少年失足的根本原因。

4. 碎片化的家庭教育资源亟须整合

由于历史和现实的原因,家庭教育资源一度散布在妇联、教育局、文明办、关心下一代协会等职能部门和机构,出现过"多头治水"的弊端,如何将这些资源进行有效整合,形成育人合力,亟须在体制和机制层面进行探索和完善。

教育事业是个公共事业,整个社会公共服务事业的社会化发展使政府工作重心下移,需要有专业的社会承接点和新的服务载体。随着上海教育综合改革的深入推进,"自然·活力·和润"的南上海品质教育,必然要求区域家庭教育工作精细化、专业化、系统化。面向"十三五",迎接"十四五",奉贤区教育学院也需要发挥相关优势,实现转型发展、功能完善与提升。其中,上文提到的社会公共事业发展需求、区域品质化教育发展要求、教育学院转型发展给了奉贤教育新的挑战,需要教育工作者树立大局意识、创新意识、问题意识、担当意识,坚守已有优势,聚焦现有问题,落实新的举措,为提升区域家庭教育科学水平开展广泛深入的创新探索。

二、基于家庭教育需求调研的资源整合理念

充分借鉴外区县、外省市的成功经验,发挥本区已有的家庭教育工作基础和相关资源,将区域优质的家庭教育资源加以整合优化,发挥其最大的功效,是奉贤区开展家庭教育工作关注的重点问题。为此,我们以问题为导向,对位于奉城镇的一所九年一贯制公办学校——肇文学校进行全面问卷调查,管中窥豹,以了解奉贤这一上海远郊地区的家庭教育需求。

(一) 家庭教育指导服务的需求调查

肇文学校于2013年9月创办,现有27个教学班,934名学生。学校秉承该地区原"肇文书院"的三字校训——"敬、慎、勤",确立"肇启文道"的办学理念。3年多来,学校创新学生自主管理机制,开展上海市家教课题"一体化学生自主管理模式下促进家校融合的实践研究",办学成果初现。

本次调研对象为全校学生家长,依托"问卷星"平台发动家长上网填写问卷,并进行数据的汇总、统计和分析。主要调查家庭两个孩子都在该校的教育主体,所以本次调研共收到有效问卷786份,其中小学家长占73.4%,中学家长占26.6%。

1. 家庭教育中的主要困惑

家长在家庭教育中的主要困惑见表2。

表2 家庭教育中的五大困惑

序号	主要困惑	占比
一	如何培养孩子的学习习惯并提高学习成绩	23.5%
二	如何与孩子有效地进行沟通	14.3%

(续表)

序号	主要困惑	占比
三	不知道该用什么方法去教育孩子	11.6%
四	因忙于生计缺少对孩子陪伴教育的时间	10.8%
五	学历有限无法辅导孩子	8.3%

另外如何引导处于叛逆期和青春期的孩子,占比7.0%,在四年级孩子中开始明显显现;教育理念不一致,占比1.8%,其中以小学低年级家庭居多;如何控制家长自己的情绪,占比1.9%。从上述众多困惑中可以感受到家长们家庭教育的压力不断在增加,对家庭教育指导的需求相当迫切。

2. 家庭教育指导的主要需求

(1) 家庭教育压力较大,对指导培训需求迫切。带来家庭教育压力的原因如图1所示。目前学校家长面临家庭教育压力的原因主要是照顾时间不够,其次是欠缺养育方法,然后是孩子不听话或不省心及经济收入有限。特别是随迁子女家庭,家长们普遍忙于生计,对孩子照顾的时间不够,家长文化水平普遍不高,教育方法也相对欠缺,给不少家长的家庭教育带来一定压力。由于对孩子养育方法的欠缺,家长对家庭教育指导培训的需求也比较迫切。94.68%的家长认为"有必要培训"。

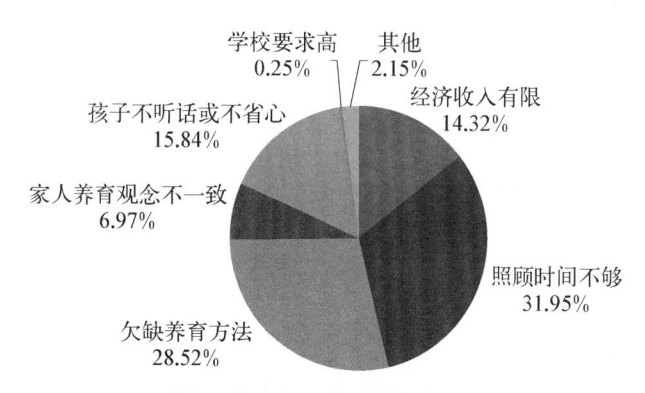

图1 带来家庭教育压力的原因

(2) 信息来源主要依赖于学校,其他渠道知晓度和参与率不高。家长认为对自己最有帮助的家庭教育指导信息主要还是来自学校的老师,其次为各类书籍、专家讲座报告、电视广播等,而社区学校、图书馆讲座、村居委

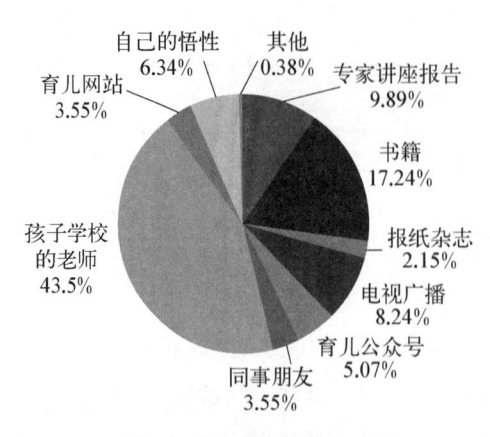

图2 最有帮助的信息来源

等相关渠道家长的知晓度不高，参与率普遍较低(见图2)。再者，对于家长的个别访谈中家长谈到：老师对孩子各个方面更熟悉和了解，对孩子的成长指导更能结合孩子的实际。这说明家长获得专业家庭教育指导服务的渠道主要还是依赖于学校，另一方面也反映了家长主动寻找并参与各级各类家庭指导服务的意识不强。

(3)家庭教育重孩子品质培养，但又急需学习习惯培养的指导。家长最看重的家庭教育内容中，"教孩子学会做人"排列第一，占57.4%，其次为"让孩子快乐成长"及"帮助孩子把学习搞好"。在众多家庭教育内容中，各年级段的家长普遍对"培养孩子学习习惯""品行教育""心理健康教育"有迫切的指导需求。家长急需的家庭教育指导内容见表3。

表3 家长急需的家庭教育指导内容

选项	占比	主要分布年级
营养、保健等身体健康	31.95%	一至六年级
学习习惯培养	81.95%	一至九年级
品行教育(行为习惯、德育等)	75.94%	一至六年级
青少年心理健康	64.66%	四至九年级
亲子沟通	44.74%	一、四、五、六、七
家庭教育方式	52.26%	一至四年级
家长个人素养提升指导(情绪管理、行为改善等)	28.20%	一至四年级
生涯指导/就业指导	4.14%	四、六、九年级
夫妻关系及与其他家庭成员的沟通相处	7.89%	一、二年级
其他	0	

（4）家教指导活动的形式追求互动，合理安排服务时间。家长最喜欢的家庭教育指导活动形式依次为面对面咨询、家长沙龙、网上互动、专家讲座及案例学习（见图3）。从排序和所占的比重不难发现，家长更喜欢能与专家交流互动的活动形式，便于答疑解惑和分享学习。

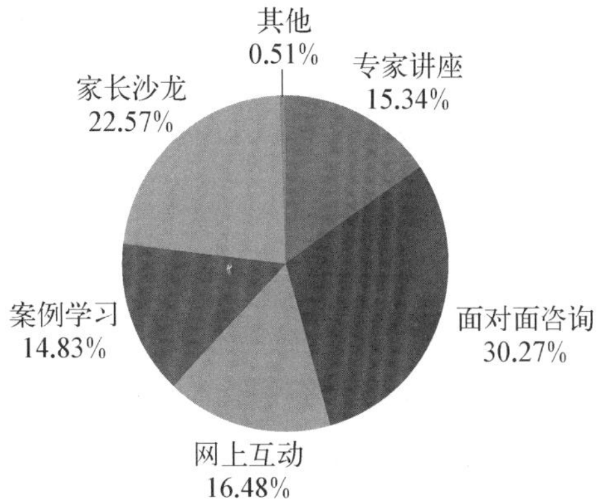

图3　家长喜欢的家庭教育指导形式

3. 讨论与对策

以肇文学校的调查数据为例，结合之前多次分批分阶段（如2016年10月市家教中心组织的家庭教育状况及需求调查）进行的调研访谈，对目前我区乡镇地区学生家庭教育的现状及家长对家庭教育指导的需求提出5方面讨论。

（1）非独生子女家庭比例不断提高，以独生子女为主要教师群体的学校师资培训面临挑战。远郊农村学校随迁子女家庭占比达70%以上。随着二胎政策的放开，目前还有不少家庭已经或准备迎接二胎，非独生子女比例也在逐渐加大。家庭结构的变化必然对孩子的心理、对亲子陪伴和家庭教育理念带来一定的影响。而我们的教师大多都是独生子女，对非独生子女家庭的特点及非独生子女的心理了解是不够的。为了应对这种变化，学校要不断更新家庭教育的理念和方法，有针对性地开展指导服务。作为区域教师继续教育培训管理部门，更要加强对年轻教师的家庭教育指导培训。

（2）家长对家庭教育功能的认识逐渐清晰，渴望得到习惯培养及亲子沟通等方法的指导培训。信息爆炸的时代，各种渠道的信息影响着家长们的观念和行为，在各种影响、碰撞中家长们正逐步清晰家庭教育的功能，也慢慢形成了自己家庭教育的主张，逐渐认识到家庭教育中习惯、品行教育的重要价值。然而，如何有效进行习惯培养及亲子沟通，还需要开展系列培训，进一步指导和服务家长。需要指出的是，60%左右的家长希望通过网络方式获得家庭教育指导方式，这就提醒我们利用网络媒体来进行家庭教育指导是时代所需。比如家长慕课，该学习平台以上海市0～18岁家庭教育大纲为指导，一批国内知名专家先后把脉，采用动画视频、专家讲座等多种形式,通过每集 3~5 分钟有用又有趣的微视频,充分满足家长系统性、碎片化的学习需求,区域有关部门应正视并支持这一项工作。

(3) 年轻家长文化水平相对较高,伴随而来的是不同教育理念在家庭成员间甚至与学校产生冲突。调查中发现,低年级家长带孩子外出亲子活动的次数更多,对孩子的兴趣培养、特长发展及品行培养也相对更重视,这可以看出年轻家长的文化水平正在慢慢提升,越是年轻的家长越容易感受社会的发展,并快速接受新的先进的教育理念。其中,在家长理念更新中也容易带来家庭成员之间不同理念的碰撞,由此而带来了新的家长问题和困惑,他们更需要个性化的家庭教育指导方式,如面对面咨询、一对一的交流等。

(4) 学校在家庭教育指导中始终占据重要地位。从调查中可以感受到家长对学校、对老师的信赖,对学校的家庭教育指导服务更是充满了依赖与期待。学校义不容辞地担负起了家庭教育指导的重任。一方面,要利用 QQ、微信等软件,加强家校联系。针对家长与老师沟通联系主动性不强的现状,多渠道走进学生家庭。同时,学校也要组织家长走进学校,让家长参与学校管理,主动融入学生的学校生活,促进家校双方教育理念的统一。另一方面,要丰富互动形式,加强家校合作。学校在了解家长需求的基础上,要分阶段、有重点地开展家庭教育指导服务。同时还可以利用网络开展短小的家庭教育指导微课学习,方便家长利用空余时间自主学习。

(5) 家长的教育理念存在误区,忽略亲子沟通、家庭氛围及生涯指导的重要性。调查中发现,家长认为最急需的家庭教育指导内容以学习习惯培养、品行教育(行为习惯、德育等)这两大内容为主,孩子的心理健康、家长的教育方式及亲子沟通、家长个人素养的提升相对较少,最被忽视的是,夫妻关系及与其他家庭成员的沟通相处、生涯指导/就业指导。比如:家长对孩子的职业未来有一定期待,但对生涯指导的需求比例却相当低,只占 4.14%,这就导致了家长有期待而孩子没目标的冲突。

概而言之,这些被忽略的家庭教育指导内容往往又是造成家长教育困惑的主要影响因素,要重视家长们的亲子沟通能力、良好的家庭氛围营造、对孩子生涯指导,这是本次调查得出的又一个重要结论。

(二) 基于调研得出的资源整合基本理念

资源整合是系统论的思维方式,是通过一定的运作机制和组织协调,把一个单位系统内部彼此相关但却彼此分离的职能，以及外部既参与共同的使命又拥有独立经济利益的合作伙伴整合成一个有着共同目标的工作系统，取得1+1大于2的效果。新时期教育发展具有时代性、持续性和内生性，我们要用时代发展的眼光看待当前的区域家庭教育工作。在前期各方面调研基础上，提出了区域家庭教育指导服务资源整合的核心理念。

1. 开放融合

集聚区内外优质家庭教育资源。充分利用包括区内外专家、教师以及家长志愿者等优质人力资源，市妇联、市家教中心等成熟的培训项目及已有的区域优秀家教活动项目优等课程资源，以贤文化为核心的也包含法制教育在内的教育资源等。

2. 多元立体

重构区域家庭教育组织管理网络。有效对接学校教育和社区教育，在已经建立的三级家长学校组织、爱贝早期教育指导中心、青少年心理健康教育指导中心、"张惠家教工作室"及优秀家教志愿者队伍基础上，通过整合，形成新的区域家庭教育组织管理网络。

3. 动态创生

更新时代要求的家庭教育指导课程。根据总体谋划、分步实施、需求导向、系统集成的总体思路，整合区内成熟课程资源，将"碎片化"非系统课程创造性统整，研发符合现代教育科学规律的家庭教育指导课程系列，满足不同层次学生与家庭、不同阶段学生与家庭、不同问题学生与家庭的需要。

4. 协同共育

建立"三位一体"资源运作体系。加强全区家庭教育合力，优化家庭教育资源结构，搭建学段纵向衔接、课内课外联动、学校家庭社会横向贯通、网上网下相结合的"育人共同体"，形成多方参与、通力协作的"育人共同体"。

三、整合策略及实施途径

中国教育发展已经进入家校合作育人的时代（张竹林，2019），家庭教育指导工作是一项将本来就存在的工作更加系统化、专业化、细致化和品质化的集成研究。具体来讲，是适应教育品质化发展、多元化需求的教育发展的时代要求，将其更加专业化、精细化、系统化和品质化的集成，通过成熟的、完整的教育网络体系落实，促进家庭、学校、社会三位一体共同育人的工作。回望前期考察和现状调研，对应上述资源整合的基本理念，在对区域家庭教育指导服务资源和平台构建基础上，课题组在一年的实践研究中，实证总结出如下区域家庭教育指导资源的整合策略及实施路径。

（一）成立专业运作机构，构建四大家庭教育资源体系

家庭、学校、社区共育，能促进父母对于教育机构的信任与支持，能培厚学校教育的土壤，也能在全社会形成关心教育的氛围（朱永新，2019）。鉴于此，在区委区政府和全社会的重视支持下，2015年5月15日，"奉贤区家庭教育研究与指导服务中心"成立。该平台作为专业的研究机构，整合社会多方家庭教育资源，以服务师生、服务家长、服务社会为工作宗旨，开展家庭教育理论研究、负责家庭教育业务指导、提供家庭教育社会服务。短短不到一年的时间，中心要做的事情很多，为更快更高效让中心运作起来，该中心以本课题研究为指导，把构建区域家庭教育资源体系放在首位。

1. 优化教师资源

提升品质化区域家庭教育指导水平。作为区域家庭教育研究指导服务部门，本课题研究将充分利用登记在册的79名家庭教育指导师、国二心理咨询师以及40所"十三五"基地校教育资源，依托杨雄、陈默等市级家庭教育讲师团的力量，多梯度开发区域家庭教育指导专项培训，加强家庭教育专业队伍建设，把对家庭教育专业资质的培训和教师专业能力的培训，纳入学校德育管理培训、班主任工作培训、职初教师技能培训计划中。优化教师队伍中的优质资源，实现家庭教育方法科学化，最终提升区域家庭教育指导服务的品质。

2. 整合社会资源

构建一体化区域家教指导服务体系。自2015年成功创建全国文明城区后，区妇联、区文明办、区教育局等单位积极协作推动，将家庭教育工作纳入区域公共服务体系。新形势下，新成立的家教中心通过妇联、教育局、文明办、司法部门等，以需求为导向，把多方社会资源加以整合，开展多渠道服务。如奉贤区教育局、奉贤区卫计委、奉贤区妇联联合举办的早教指导活动

(一年 6 次),奉贤区检察院未检科姚倩男检察官举办的《关于成长的一堂课》线上微信宣传及线下学校讲座,奉教院心理中心指导下的胡桥学校强化父亲角色训练,促进家庭关系和谐——"优质爸爸成长营"的团体辅导,都得到社会的普遍关注和好评。

3. 借用专家资源

满足多元化区域家庭教育指导需求。随着社会的发展,"独二代""生二胎"等新现象、新名词频出,孩子的教育问题越来越复杂,家长的教育需求也越来越多元。奉贤区处于远郊,是人口的导入区,外来人口集聚,家庭、家长更显多元性、差异性。祖辈教育问题、父亲教育缺位问题,家长教养缺失问题等,都不容忽视。其中,专业的家庭教育指导能透过家庭教育问题,分析问题本质,提供针对性、操作性的指导服务,在普及、均衡、优质发展终身教育的大背景下,中心成立市级特聘专家指导团成员、区域首批巡讲团成员,借用市、区优质专家资源,提供优质的家庭教育指导服务,满足多元化区域家庭教育指导需求。

4. 开发课程资源

形成 0~18 岁各阶段家庭教育指导课程体系。一方面,发挥区域巡讲团成员的骨干引领作用,着眼教师家庭教育指导课程的开发,将已经组建的 12 位奉贤区家庭教育首批巡讲团成员以各学段召集人的身份聚焦一线德育教师骨干,从学校德育干部和骨干班主任抓起,分学段分阶段加强区域家庭教育指导课程的研发,为家教指导工作提供专业支撑。另一方面,在调研基础上,调适指导课程内容,依据每位巡讲团成员的特长和特点,研制适合 0~18 岁的巡讲团指导课程菜单。采用分学段工作制,以巡讲团成员为召集人带领各学段骨干教师和志愿者,开展讲座式、论坛型、个别咨询等多形式的系列巡讲活动,在巡讲实践活动中带动培养出一支骨干队伍。

(二) 社会、学校、家长携手共育,"三位一体"联动执行

教育学生,家庭教育是关键,学校教育是主导,社会教育是大载体。唯有连起"你、我、他",充分利用学校和区域社会资源,形成学校、家庭与社会"三位一体"育人模式,才能真正立德树人,做好学生德育工作(张竹林,2017)。对接妇联、教育局和精神文明办三大管理机构,以奉贤区家庭教育

研究与指导服务中心为抓手,整合"张惠家教工作室"、三级家长学校组织、优秀志愿者队伍,形成了新的区域家庭教育组织管理网络。

1. 妇联牵头,"家庭教育讲坛"街镇社区行

为了更好地引导父母树立正确的教子观念,妇联奉贤区妇女儿童工作指导中心联合奉贤区家庭教育研究与指导服务中心,利用全区 9 个街镇"家中心"的力量,充分发挥首批上海市家庭教育讲师团以及奉贤区家庭教育研究与指导服务中心巡讲团的作用,开展"家庭教育讲坛街镇行、社区行"活动。不定期举办 20 场"好爸好妈"贤城家庭教育讲座及咨询答疑,达到 2 500 多人次,遍布区会议中心、各镇各社区相关居委、"贤园"校外实践基地、中小幼学校等公共教育场所。

2. 社区家长学校,开展温馨暖人的田野式家访活动

"家校社合作共育,也是社区相关工作人员学习与成长的过程"(朱永新,2019)。社区学院指导下的社区家长学校充分运用包括外区县在内的 16 个联合教研室,以"融合"为理念,以成校为平台,立足服务社会弱势群体及社区居民的定位,通过师资培训、教研交流,开发和充分运用"育儿有方"微课程,开展温馨暖人的田野式服务活动,让城、镇、村的居民都能共享到优质资源。以庄行镇社区家长学校为例,邬桥社区的蓝天看护点负责人代凯走访了上千户次家门,遍布邬桥社区所有行政村以及周边庄行社区的存古村、长浜村等。每次的家访活动都保留了被访问人姓名、访问事由、访问时间、访问结果,积累了不同家庭教育理念下的不同家庭教育个案。贴心暖人的田野式家访活动得到了这些普通甚至比较弱势的外来务工人员家庭的欢迎。上海市教科院家教中心主任郁琴芳对该看护点不到一年就把看护点的孩子家庭走访 160 多人次感到震撼,也为外来务工人员对家庭教育的需求和渴望感动。

3. 本着"为孩子们服务"的共同目标,家长资源充分利用

通过广泛发动、共建课程基地、聘任课程讲师等形式,不断盘活家长资源,大力开发家长课程,让家校共育模式真正得到了落实和深化。教院附小课程开发部有上海市精神卫生中心儿童心理问题专家刘乐妈妈,以她专业的学养为我们的家长带来的"儿童情绪问题的识别与应对"主题讲座。明德外国语小学的家庭教育"私人定制",通过家委会的个别化指导、跟踪随访,解决了家长们的家庭教育困扰。

（三）网络上下双向互动，最新家教知识及时普及

1. 家教活动线上线下同时并行

充分运用"最美半边天""贤城父母"及各基层学校自有的微信公众号进行家庭教育指导服务活动的宣传和发动。如，市家庭教育专家沈奕斐、陈彩玉来奉的讲座，先是通过微信线上发布通知，线下各基层单位组织动员，活动结束再次回到线上，把讲座核心内容加以宣传。

2. 家教知识线上线下互为补充

现代社会，家长们都很忙碌，有时并没有时间参加各方组织的家庭教育组织。那么，如何利用碎片化的时间进行系统的学习呢？手机微信确实是一个很不错的载体。运用微信平台，线下讲座知识和微信线上普及是一个有效途径。比如区妇联"最美半边天"微信公众号上"张惠老师谈家教"专栏上的《做有耐心的父母》《父母应怎样陪伴孩子》《放手，让孩子独立》等音频节目，《要敢于对孩子说不》的专家咨询问答等。再如，在市妇联举办的家庭教育指导师培训中，参加培训的两期学员们把学到的知识进行消化，再通过"贤城父母"微信平台进行知识普及。就其目的而言，让家长明白自己理当站在什么角度、秉持什么立场、运用什么方法教育孩子，以及如何回应教师关于学生的教育（张竹林，2020）。

（四）搭建五大资源辐射平台，线上线下交错互动

运用互联网+思维和现代化的技术手段，搭建多元的网络互动服务平台，充分利用上述四大资源，实现线上线下即时沟通、答疑、传递信息资源，满足基层学校和家长家庭教育需求。

1. "微"字做文章，开通"贤城父母"为代表的微信公众号

抓住"微时代"微信平台短小、精悍、及时的特点，家教中心开设了"贤城父母"微信公众号，当前注册用户达五千多，原创稿源达60多件，妇联"最美半边天"也专设了家教栏目。

2. "专"字为根本，发挥"张惠老师谈家教"电台栏目品牌效应

从区域实际出发，发挥"张惠谈家教"电台品牌栏目效应，2016年，张惠老师开设广播专栏52次，每次5分钟。不定期邀请市级乃至国家级高端专家，开设系列"家教好声音"等老百姓喜闻乐见的家庭教育指导服务微讲座等。

3. "研"字为引领,开辟《奉贤教育》家庭教育研究专栏

发挥教育学院科研引领功能,以 40 所家教基地校为主要力量,形成以 35 项上海市"十三五"(2016)家庭教育课题为核心的家庭教育科研课题群,多形式将家庭教育科学知识和科研成果送入千家万户。《奉贤教育》2016 第 2 期、第 3 期发表多篇有关家校合作的经验和案例文章,另有南桥小学《家委六日机制　助跑学生成长》发表于上海市教科院主办的《家庭教育指导》(2016 年 1、2 合刊),最可喜的是实验中学"基于初中学生阶段性发展特征有效开展序列化家庭教育指导的实践研究"被列为 2017 年度上海学校德育实践研究课题。

4. "活"字为基础,不定期开设家庭教育讲座

2016 年,整合妇联邀请的市级专家资源,分别邀请到上海社科院的杨雄、复旦大学的沈奕斐及市早教专家陈彩玉进行全区范围的大型讲座;整合关心青少年工作委员会教育资源,邀请北京的家庭教育专家王岚来到江海一小做家庭教育讲座;整合区青少年心理健康中心资源,邀请区巡讲团成员谢怀萍给金水苑中学的家长们做"健康家庭与亲子沟通"心理讲座;整合区家庭教育巡讲团资源,请张惠为基地校奉教院附中的八年级学生及家长作"面对'00 后'的孩子如何进行家庭教育"讲演等。

5. "走"字为特色,早教流动车"走村串户"

继续发扬被誉为"一道美丽的教育风景线"的区域家教工作优秀品牌项目——爱贝早教流动车。作为全市首台早教流动车,2016 年优化"走村串户"的家教服务工作,共下乡 31 次,受教家庭 1 300 多户,受教家长 2 000 多人。活动内容有主题式区域游戏、趣味式混龄集体游戏、专家式微讲座、面对面咨询,更有互动式亲子课堂、爱贝小剧场等,受到广大乡村家庭用户的欢迎。

(五) 热点问题个性化服务,家长与学校需求得到满足

1. 阶段衔接,开发面向家长与教师的指导课程

(1) 开发面向教师的家庭教育指导课程。在即将推出的《上海市家庭教育指导培训课程》框架下,对区域已有的体现学校教师和社区教育的家庭教育指导经验及文本进行创造性统整,汇编符合教育规律、反映"贤文化"地域特色的、适合中小幼及成人教育的教师读本。

（2）设置面向0～18岁的家长指导课程。幼教段、小学段、初中段、高中段、以及综合型课程《面对00后、10后的孩子家庭教育的重点——父母自身素质的提高》《教师指导家庭教育工作的要求与技巧》《外来务工随迁人员子女家庭教育指导》《为了孩子的健康成长——社区家长学校课程》，面向高中生的家庭教育心理读本也正在开发中。

2. 公益服务，满足家庭对优秀指导服务的需求

仅仅依靠巡讲团成员的指导服务无法满足区域每个家庭、每位父母成长需要和对孩子教育问题的有效解决。联合区域家教指导师，配合妇联相关条线工作，联合热心公益的优秀家长，发挥优秀家庭教育志愿者的公益精神，也是整合区域优质家庭教育资源的有效途径。如，为满足金水苑中学家长的需求，由家庭教育研究与指导服务中心牵线，曙光中学谢怀萍作为二级心理咨询师，将家长们的家庭教育疑惑整理成"家庭教育十问"，为家长们开设"健康家庭和亲子沟通"讲座，再如，家长志愿者刘乐妈妈作为上海市精神卫生中心儿童心理问题专家，义务开设"儿童情绪问题的识别与应对"讲座，等等。

3. 经验推广，有计划开设家委会主任培训

当前的奉贤学校家校合作呈现了新态势，出现了教院附小、南桥小学、实验中学等一大批优秀典型。如，教院附小家委会工作经过多年运行，不断完善并逐步成为学校文化的一部分，他们民主协商学校事务，献计献策，在被全校家长接受的同时，也得到了全校教师和社会的肯定。为推广这些优秀家委会的做法，我们有计划地进行针对各校家委会主任的"中小学家委会建设专题培训"，教院附小的家委会主任陈军及家委会宣传部部长赵晓燕，热心学校家庭教育工作，义务在区中小学家委会主任培训上开设讲座，以身说法，介绍家校合作经验，为全区学校家委会建设和家校合力育人提供专业化服务。今后还将根据基层学校需求，有计划地陆续推出"家校联动、携手育人"培训内容。

四、机制构建及保障

家庭教育涉及千家万户，绝大多数都能感受其无处不在的存在，即便特

殊时期,家校合作也是一项重要的教育议题(张竹林,2020)。要让一个看似"老生常谈"的话题真正走向科学化,必须要加强制度化建设。立足家庭教育需求,聚集专业教育资源,区域家庭教育一体化运行长效机制初步形成。

(一) 区域层面长效管理机制

1. 加强组织管理

从区级层面组建管理领导小组,由区教育局牵头,协同区妇联、区文明办等社会各界,制订工作计划,统筹协调。区教育学院负责具体实施,细化措施,周密安排,层层落实,确保各项活动的有序开展。形成行政、业务协同,区级、校级联动,学校、家庭、社会互动合作的组织架构。

2. 提供条件保障

出台《奉贤区家庭教育指导纲要(2016—2020)》和《奉贤区中小学(幼)家庭教育实施意见》,把区域家庭教育经费纳入政府社会化服务项目投入预算,把"推进中小学家庭教育研究、指导与服务"作为区政府"十三五"教育发展规划和重点实事项目,举全区之力,提供人力、物力、财力等条件保障,确保每年专项经费投入,强势推进中小学家庭教育工作。

(二) 教育系统内外协作机制

要利用已有的有效运行资源,加强整合,科学系统地规划校内校外教育资源布局,构建学校、家庭、社会三位一体的系统化联动协作机制。

(1) 发挥既有的家庭教育领导小组组织功能,政府层面各成员单位积极配合,制定《奉贤区家庭教育联席会议制度》,进一步发挥联席会议的制度功能。

(2) 发挥区各级家委会功能,以区域家长学校建设为抓手,选取部分社区和学校作为试点,将张惠工作室、早教中心、心理健康指导中心,社区成校教育、学校家庭教育等散落的多个家庭教育体系归并使用,实现学校和社会在家庭教育指导服务工作上的无缝对接。

(3) 发挥教育学院专业机构功能,促进遵循区域德育工作框架的家庭教育工作进学校、进课堂、进社会、进家庭的社会化联动运行。制定《专家指导团工作制度》《巡讲团工作流程》等一系列相关工作制度,定期研讨,形成真正有机运行的具有集合效应的资源共同体协作体系。

（三）专业机构有效有序运行机制

家庭教育研究与指导工作，是一项将本来就存在的工作更加系统化、专业化、细致化和品质化的集成研究。要探索有效的内部运行机制，开展区域家庭教育研究与指导服务工作。

（1）探索特色化家庭教育课程教学与研究机制。以上海市家庭文明建设重点课题"家庭教育指导服务中资源整合策略的研究"和上海市德尚重点课题"基于家庭教育指导服务的'育人共同体'建设的实践研究"为统领，开发与实施系列家庭教育指导课程，逐步形成特色化家庭教育课程教学与研究机制。

（2）探索信息化家庭教育社会联动指导与服务机制。制定《奉贤区家庭教育"三位一体"联动指导服务运行制度（暂名）》，利用多种信息化教育平台，以学校现场活动、区域课程指导、"张惠谈家教"广播电台实播、面向社会的"贤城父母"微信公众号资讯推送等服务渠道，实现学校、家庭、社会共同协作、条块结合的联动指导服务。

（3）构建区域化家庭教育专业队伍培训与培养机制。出台《奉贤区教师家庭教育指导研训制度》《奉贤区基层学校家庭教育教师团队自培实施意见》《奉贤区家庭教育指导师管理办法》《奉贤区家庭教育志愿者队伍工作制度》，通过培训与管理，加强指导师和志愿者队伍建设。

（四）科学动态评估激励机制

（1）规范区域管理，制定家庭教育指导评估指标体系，研制符合新形势下区域实际的《奉贤区家庭教育指导家委会工作章程》《基层学校家委会和家长学校管理办法》《奉贤区中小学家长学校评估标准》，完善《优秀镇（社区）及学校家长委员会评选活动方案》等各项管理制度和实施办法。

（2）开展区示范、优秀、合格家长学校以及家庭教育实验基地校的评估活动，将学校家庭教育工作评估指标（家庭教育队伍建设、家庭教育落实措施等进一步量化），并纳入政府对教育的督导评估体系。同时实行网上动态评估，推动区域家庭教育评估法制化、常态化、公开化。

（3）制定《教师家庭教育课程培训考核与嘉奖办法》，定期开展关于优秀家庭教育指导单位、优秀家委会组织、优秀家庭教育指导者、贤城好家长等评选活动,形成区域家庭教育指导服务工作优秀示范群体。

有深度地加强制度管理,科学构建区域家庭教育"一体化运行"工作机制,是网络化服务平台有效运行的保障,是区域家庭教育研究与指导服务工作的重中之重。我们要立足当前,放眼未来,结合区情,完善管理、研究、指导、服务的一系列制度与机制,推动区域家庭教育从经验层面上升到理论指导层面,力争成为上海区县学校德育工作机制创新样本。

五、问题和思考

"家庭教育指导服务中资源整合的策略研究"结合区域实际,通过平台搭建、资源构建、机制保障等工作的开展,初步形成了具有区域特色的全方位社会化研究与专业指导服务网络和家庭教育科学育人体系。

2016年,教院附小王秀明老师被评为家庭教育十佳优秀指导者,另有8名学校领导和教师分别获得家庭教育优秀管理者和教师。金蔷薇幼儿园"运用微信公众平台促进家园共育的实践研究"立为上海市十三五(2016)家庭教育重点课题,致远高中"郊区普通高中构建家庭教育心理互联网的实践研究"立为区级重点课题。南桥小学和奉教院附中的家庭教育指导经验双双在以"家庭教育与学生核心素养"为话题的2016新空气教育论坛(上海教育报刊总社主办)加以辐射推广。为了让区域家庭教育工作更快走上科学化发展道路,有一些问题有待进一步加强反思和改进。

(1) 区域层面,行政资源进一步有效推动,借用国内首个家庭教育慕课学习平台"家长慕课"这个网络免费资源,对区域8万多户学生家庭进行大面积家教知识普及,发挥资源利用的最大效能,推进区域家庭教育建设各项工作开展,这是保障。

(2) 在对点上学校调研基础上,开展全面的区域家庭教育需求调查,为研制并完善一套科学的课程体系提供依据,这是做好区域家庭教育工作的基础。

(3) 根据奉贤区域特点,加强各级家委、社区家长学校建设,进一步依托成人学校和社区学院,关心包括涵盖外来务工人员随迁子女的家庭教育,这是今后工作的核心。

（4）用研究的思维，推进家庭教育专业化建设。多途径提升家长的家庭教育能力，研制区本化的教师家庭教育指导课程，聚焦家教热点难点问题形成课题，实现科研引领实践发展。

总之，奉贤区家庭教育新起点上的探索才刚刚起步，通过个性化设计、品牌化建设、专属化服务和项目化运作，进一步开发贴合奉贤城乡家庭特点的家庭教育服务项目；同时，"走出去""请进来"，学习并借鉴家庭教育先进县市经验，对标中心城区，对接国际教育新思路，积极实施"南上海品质教育区"发展战略，以"好家风"培育为载体，以家校共育为抓手，以和润贤城为目标，为提升我区家庭教育科学水平开展广泛深入的创新探索。

参考文献

[1] 曹继军,颜维琦,张竹林.一种文化 一批"贤"人 一个村庄和一个时代[N].光明日报,2014-09-23.
[2] 张竹林.城乡一体深度融合,人人共享优质教育[N].解放日报,2017-08-15.
[3] 张竹林.区域教育监测评估结果及其应用——以2017年奉贤区中小学生"七彩成长"满意度调研为例[J].上海教育科研,2017(11).
[4] 张竹林.教师家教指导力建设导论[J].上海教育,2019(10B).
[5] 张竹林.疫情下对教师家庭教育指导能力建设的思考[J].现代教学,2020(5B).
[6] 张竹林.教师家教指导能力的运行机理[J].江苏教育研究,2020(13).
[7] 朱永新.家校社合作激活教育磁场[N].人民日报,2019-06-05.

建构"二孩"家庭的家庭教育指导与社会支持体系研究[①]

何彩平

为促进我国人口均衡发展，改善劳动年龄人口结构，缓解人口老龄化的趋势，我国政府从"单独二孩"政策的推行到 2016 年正式实行"全面二孩"政策。"二孩"问题成为适龄青年及其家庭、社会乃至国家政府普遍关心和思考的问题。随着各国人口老龄化日趋严重，各国的社会政策逐渐倾向养老问题，随着养老保险、医疗保健等纳税体制不断完善，"老有所依"的制度不断完善。当生养儿童的问题成为人口结构改善、劳动人口提供问题的当下，生养儿童不应仅仅是儿童家庭的问题，因为养育儿童不再是个别家庭父母年老时候获得经济安全保障的重要来源，儿童成为公共物品，他们是未来所有老年人需要依赖的社会保障的重要人力资源。因此，儿童养育不应仅仅是家庭自身的问题，而应由全社会集体分担，国家、社会应该在儿童养育过程中承担一定比重的责任，提供必要的社会支持。

"二孩"政策出台后，实际生育率低于意愿生育率，两者间存在一定的背离。2016 年 11 月，一项由中国人口与发展研究中心进行的专题调研显示，已生育一孩但不打算生二孩的妇女中，有 60.7% 的人是因孩子无人照料（中国新闻网，2016）。在我国传统的文化中，家庭是家庭福利的主要提供者，儿童养育是家庭的主要功能和责任。随着社会发展与文化嬗变，追求个人生活质量、生育子女的社会成本、经济压力等因素导致不少家庭不想生或者不愿意多生。对 0～3 岁的婴幼儿家庭而言，养育过程中缺乏有效的社会支持资源。本研究拟对"普遍二孩"政策出台后，上海"二孩"家庭及潜在"二孩"

[①] 本文系 2016 年上海市家庭文明建设立项课题之研究成果，作者单位为上海市科学育儿基地。

家庭进行深入调查,并对现有的家庭教育指导服务及社会支持服务的现状进行梳理分析;探讨"二孩"政策后,家庭压力及需求与社会公共服务体系、政策性支持之间的差距;探索解决目前家庭教养压力的社会支持体系构建及其可行性。

依据社会支持理论的观点,一个人拥有的社会支持网络越强大,就能够越好的应对各种来自环境的挑战(王桂新、苏晓馨,2011)。按照支持主体进行分类,社会支持可以分为由政府和正式组织(非政府组织)主导的正式支持;以社区为主导的"准正式支持";由个人网络提供的社会支持;由社会工作专业人士和组织提供的专业技术性支持。

一、上海婴幼儿家庭(0~3岁)社会支持资源的现状

(一) 家庭的个人资源仅限直系血缘关系(祖辈)的支持体系,存在带养困难、矛盾冲突等问题

生育子女的社会成本、经济压力等因素导致不少家庭"不是不想生,而是生不起、不敢生"。优质教育和医疗的费用都在不断上升,小家庭将面临带养、教育、经济等各方面的压力,同时面对4个老人的养老照料等问题,家庭的养育压力较大。此次面向上海1 600多户婴幼儿家庭的问卷调查(2016.11)中,影响家庭生育二胎的主要原因中,除照料困难(69.3%)之外,经济压力太大是排列第二,占56.1%(总体样本)和63.3%(一孩家庭)。

随着城市化进程的推进,家庭结构小型化,传统的家族概念、邻里守望、相容相让的观点逐渐减少。在城市社区中,虽然邻里的物理距离越来越近,但心理距离却越来越远,传统的邻里关系出现断裂。分析我国0~3岁婴幼儿家庭的社会支持资源,目前我国家庭的个人资源中除了直系血缘关系之外,八九十年代之前的亲缘关系、邻里关系、朋友关系等在儿童养育照料过程中不再成为有效的支持资源。中国人口与发展研究中心的专题研究(2016.11)显示:目前有近80%的婴幼儿都是由祖辈参与日间看护。上海市科学育儿基地2014年的调查显示,上海婴幼儿家庭在0~3岁的儿童照料过程中,73.4%的祖辈是主要带养者,99%的家庭祖辈有参与带养孙辈

(鲁哲,2014)。在访谈过程中,祖辈对带养孙辈问题表示力不从心,年龄渐长、身心体能精力不够、个人晚年生活质量受影响等问题,不少祖辈并不情愿承担养育孙辈的责任。而生育二孩时,祖辈有没有精力、愿不愿意带养成为小家庭必须思考的问题。不少带养过一孩的祖辈都不愿意再带第二个,反对小家庭生育二孩的祖辈也不在少数。中国人口与发展研究中心的调查显示,被调查对象更希望将孩子送往专业的托育机构而不是由祖辈照看。超过1/3的被调查对象表示有托育服务需求,其中家中对2~3岁幼儿托育的需求最为强烈。上海婴幼儿家庭(0~3岁)社会支持现状见表1。

表1 上海婴幼儿家庭(0~3岁)社会支持现状

分	类	婴幼儿家庭(0~3岁)社会支持现状
非正式社会组织	血缘关系(祖辈)	目前主要的核心资源,但照料压力大、矛盾突出
	亲缘关系(亲属)	城市中基本不存在对家庭养育的支持资源
	地缘关系(邻里等)	
	私人关系(朋友、同事等)	
正式社会组织	政府 经济补贴	独生子女相关的津贴;困难儿童的有限津贴;生育保险制度
	照料间接成本	产假/陪产假;生育假;哺乳假
	公共托育服务	公办幼儿园因生育高峰无暇提供0~3岁儿童的托育服务;集办托儿所的托育服务逐渐萎缩,转而弥补幼儿教育缺口;早期教育指导服务机构以指导家庭教养为主,不提供托育服务
	单 位	单位提供的托育福利已退出历史舞台
	社 区	缺乏儿童托育服务方面的内容
	市 场	私立幼儿园价格昂贵,托育服务体量较小;早期教育市场专业化良莠不齐,存在价格昂贵、安全隐患等问题

（二）正式社会支持资源中，婴幼儿家庭获得的普惠性资源较少，极少针对家庭养育

1. 经济性社会支持

从儿童养育的直接成本（包括衣食住行和医疗、照顾和教育费用）来看，因为目前我国尚未将儿童福利纳入社会福利体系，目前没有可以使用的普惠性的儿童津贴或税收补贴来分担儿童养育的成本。唯有的经济补助表现为对独生子女和困难儿童提供的有着严格资格给付认定、额度有限的津贴，以及分担儿童生育成本的生育保险制度①（2004），这些均未针对家庭养育。独生子女相关的津贴如独生子女父母奖励、城镇独生子女父母年老奖励和长效节育奖等地方政策，原本为了维护计划生育制度的实施；津贴金额也是象征性的，对家庭的养育作用不显著。对困境儿童的补贴主要体现在生活津贴、教育各阶段的补贴以及保障基本医疗等方面。《国务院关于加强困境儿童保障工作的意见》②2016 年 36 号文中要求对困境儿童分类施策、精准帮扶，体现社会救助性的特征。而生育保险的初衷是对女职工劳动保护的一部分，而不是国家试图分担儿童养育成本。而且只有符合生育政策，参加生育保险且连续足额缴纳保费满 12 个月以上的妇女才能享受生育津贴和医疗补助金。

2. 假期政策

从照顾者的机会和时间成本等间接成本来看，我国出台的产假、哺乳假主要是从保护女职工的角度出发，尚未推行部分发达国家采用的父母假制度。如何使父母能够在儿童成长时期，暂时退出劳动力市场，进而获得照顾儿童的时间，是国家分担儿童养育责任的一项重要政策工具，主要包括产假、育儿假以及照顾假等（李西霞，2016）。根据 2012 年出台的《女职工劳动保护特别规定》③，中国的法定产假为 98 天，产前可以休息 15 天。孩子未满 1 周岁之前，母亲每天有 1 个小时的哺乳时间，被称为哺乳假。而父亲的陪

---

① 参考：劳动和社会保障部办公厅.关于进一步加强生育保险工作的指导意见.http://www.women.org.cn/art/2004/9/8/art_59_11959.html. 2004 年 9 月 8 日。
② 国务院.国务院关于加强困境儿童保障工作的意见.http://www.gov.cn/zhengce/content/2016-06/16/content_5082800.htm. 2016 年 6 月 16 日。
③ 国务院.女职工劳动保护特别规定. http://www.gov.cn/flfg/2012-05/07/content_2131582.htm. 2012 年 4 月 28 日。

产假源于各地的《人口与计划生育条例》,是对晚育的一种奖励。只有女方年满24周岁以后生育,男性才能够享受;已经实施的26个省市时间为3~30天。就上海而言,当前父母的假期包括3类:① 计划生育假,"公民实行计划生育手术,享受国家规定的休假,假期期间的工资按照本人正常出勤应得的工资发给";② 孕产期假,包括产前假(含产前检查)、产假和哺乳假;③ 晚育假,规定"生育的晚育妇女,除享受国家规定的产假外,增加晚育假30天,其配偶享受晚育护理假3天"。因此,女职工能够享受的产假一般都在半年以内,即使母亲可延长工间哺乳到18个月,但事实上由于工作地点、交通、时间等限制,通常很难实现。家庭必须自行解决和承担长达两年半左右的婴幼儿照料任务,目前主要的解决办法就是由祖辈参与日间照料。部分女性因为儿童照料问题不得不放弃就业。中国人口与发展研究中心调查调查到的全职母亲中,有近1/3的人因为孩子无人照料而被迫中断就业,超过3/4的全职母亲表示,如有人帮助带孩子,将会重新就业。

3. 公共托育服务

现阶段提供公共托儿服务的机构(托儿所)在不断萎缩。根据教育部确保3~6岁儿童入园需求的要求,上海幼儿园为解决3~6岁儿童的入园矛盾,已基本取消托班服务,甚至在部分入园矛盾相对突出的地区,教育行政部门还利用区域内托儿所资源,以缓解辖区内入园矛盾。根据上海市教育局提供的数据,上海共有集体办和企事业单位举办的、具备独立法人托儿所39个,实际办学点90个(因为部分区域将托儿所整合成一个集团或公司管理),今年又减少数个点,基本提供面向2~3岁的托班服务。大部分托儿所都是在民政部登记的民办非企业。

社会力量申请开办托育服务困难重重,运作不规范。目前在上海各区教育行政部门领取民办学校办学许可证、名称中含有"早期教育""早期教养""早教"或者"托儿所"字样的民办学校有70余所。社会力量开办的早教机构没有托育服务资质,但因为社会的需求,仍会开设托育的班级。这些机构表示社会力量的经济财力、场所等很难达到目前教育局、民政部等出台的社会办学资质,且国家尚未出台关于其他学前教育机构(托儿所、早教中心等)的相关管理规定,主管单位不明、监管单位多头,在申请开设相关服务机构的难度困难重重。

早期教养服务供不应求,但服务机构基本以早教指导为主,不提供托育服务。从政府举办的早教机构(服务站)运作中出现供不应求的局面,社会上出现了不少早期教育机构可以看出,家长日益重视儿童的早期教养。这些早教服务机构不提供托育服务,主要原因是托育服务相对早教服务,难度与压力更大,对场所硬件、安全系数以及人力资源经费的需求等都有更为严格的要求。这也是托育服务供给方以及潜在社会力量供给方顾虑重重的地方。目前,托育服务的行业标准没有出台,不少托育服务模式处于非正规化运作。其次,分析比较两者,早教服务在安全性、对场地、餐饮的要求等方面压力会小很多,相对简单;由家长陪伴的早教服务,可以更多针对成人开展指导。而早期托育对工作人员的压力与挑战不小,家庭对托育服务的质量、过程等报以极大的关注与期待。

(三) 目前,上海的社区服务缺少面向 0～3 岁婴幼儿的托育照料的服务内容

上海社区服务的重点主要集中在面向群众的便民利民服务,面向特殊群体的社会救助、社会福利和优抚保障服务,面向下岗失业人员的再就业服务和社会保障服务等。中华人民共和国成立初期,我国的许多托儿服务作为福利由企业或街道提供。随着企业的市场化及集体企事业管理办公室(集管办)退出历史舞台,托儿所的数量急剧减少(徐浙宁,2009)。有部分社区街道通过购买专业社会组织服务的方式,面向区域内 0～3 岁婴幼儿家庭提供早期教育指导服务,不涉及托育服务。

二、上海婴幼儿家庭(0～3 岁)对儿童养育的社会支持需求

(一) 需求集中在公共托育服务,对经济类补贴与育婴假等持高需求低预期

中国人口与发展研究中心的调查中,超过 1/3 的被调查对象表示有托育服务需求,其中家中对 2～3 岁幼儿托育的需求最为强烈。相比较祖辈看护带养,被调查对象更希望将孩子送往专业的托育机构。此次上海开展的上海市社区公共托育服务需求调查中,90.7%的家庭表示需要"社区中提供

的就近、小规模、喘息式的托育服务"。

在对相关政策建议的倾向性分析中,家长首先更多倾向社区公共托育服务的推动(72.6%~72.9%),如在社区中开设政府主导的托育中心或者幼儿园年龄段延展至2周岁等。企业中兴办托管中心或者国外较多采用的社区育儿保姆制度等则不太受到家长的欢迎。其次是对父母育儿假制度的欢迎,约占调查对象的65.9%。家庭虽然对这些政策建议给予期望,但在政策实现可能性的推测中,家长普遍不抱太高希望。0~3岁婴幼儿家庭对托育政策建议的调查分析见表2。

表2 0~3岁婴幼儿家庭对托育政策建议的调查分析

	选择倾向			可能性预测		
	一孩家庭	二孩家庭	总体	一孩家庭	二孩家庭	总体
鼓励社区开设政府主导的社区托育中心	73.5%	71.0%	72.9%	21.8%	14.6%	20.9%
幼儿园年龄段延展至2周岁,即增扩托班	72.2%	77.8%	72.6%	38.5%	45.4%	39.4%
推动父母的育儿假制度	66.5%	65.7%	65.9%	3.6%	0.5%	3.2%
对社区托育服务机构给予税收减免、经费补贴等	61.7%	57.5%	60.9%	5%	4.4%	5%
选择政府指定的社区公共托育时,可以领取托育补贴	58.6%	58.5%	58.3%	5.9%	6.8%	6%
选择政府指定的社区公共托育时,托育费用按比例向用人单位报销	52.7%	46.9%	51.7%	4%	2.4%	3.8%
选择政府指定的社区公共托育时,政府按人数补贴早教机构托育经费	50.6%	57.5%	51.3%	5.2%	5.4%	5.2%

(续表)

	选择倾向			可能性预测		
	一孩家庭	二孩家庭	总体	一孩家庭	二孩家庭	总体
生育二胎时,发放二胎生育津贴	49.0%	64.3%	50.6%	8.8%	13.7%	9.4%
鼓励企事业单位中开设托育中心	50.6%	51.2%	50.4%	5.3%	5.4%	5.3%
规范社区保姆制度,推动家庭式托育模式(将儿童托管在家附近有资质的保姆家庭中)	24.8%	23.7%	24.6%	1.9%	1.5%	1.8%

(二) 家庭普遍期望公办的、公益性的、机构化的公共托育服务

调查数据显示,家长比较倾向教育部门主管0～3岁的社区托育服务,占调查人数的65.3%,同时也有18.5%的家庭认为可由妇联主管,10.4%的认为应该是民政部门。在开设社区托育的具体组织机构方面,家长比较期待早教中心(50%)、社区(12.2%)以及教育连锁机构(11%)等。在对社区公共托育服务的期待与需求中,不少家长表示需要政府统一监管协调、安全卫生、正规化、公益化、价格合理、师资综合素质要好、专业化、小班化等。图1所示为家庭选择社区公共托育机构的依据。

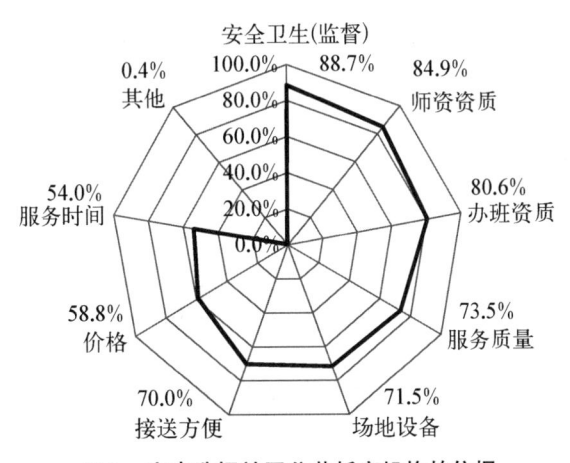

图1 家庭选择社区公共托育机构的依据

(三) 高质量公共托育服务才是家庭的选择

家庭对公共托育服务的内容、时间、入托适合的年龄等有要求。目前家庭都很重视儿童的早期教养与开发,在选择托育服务时,更关注服务质量(包括机构资质、教师与工作人员资质、机构硬件设施等)。同时,在托育服务中,除了"托"和"育"的功能外,家长还看中"教"的内容。调查中发现,家长最为重视儿童的安全健康外,还包括运动能力、社会交往能力、言语表达甚至认知、外语、音乐等方面的学习。访谈中有家长表示"若把孩子放托育中心,只管基本的吃喝拉撒不够,还要有早教,教孩子怎么玩、怎么学,能为进幼儿园做准备。"家长赞成的入托年龄集中在1.5岁以后。家长的上述需求,在对托育服务机构的访谈中也得到佐证:托育机构2岁以后入托的需求比较旺盛,尤其是在每年9月新学期开始前的年初,很多家庭都会选择提前一年或半年把孩子送进早教或托育机构,做好托幼衔接。

(四) 期望加强对早教服务的综合审批与监管

目前,上海的早期教育机构除了政府公办机构、民非企业外,还有大量私人投资开办的婴幼儿早教活动机构。在私立早教机构中,又分为两种情况:其一,"挂牌式"专营早教机构,即在机构名称、服务内容等方面有明确表达的早期教育机构;其二,"非挂牌式"私营早教机构,这一类通常在登记名称上无法看出是早教服务机构,常见的会冠以"××文化传播公司""××文化咨询公司"等,总体来说,缺乏早教服务的综合监管标准,市场上早教服务机构鱼龙混杂,监管难度颇大。此次的机构调查中,也发现部分私立早教服务机构迎合社会需求,开设3岁以下儿童的、有课程(认知类、外文教学等)的托育服务内容,而这并不在其营运范畴之内。90.1%的家长明确希望"加强私立早教机构的监管",同时有88.1%的家长提出应加强相关的"审批管理"。

三、上海婴幼儿家庭养育之社会支持的瓶颈分析

(一) 城市化进程中传统邻里关系的裂变,如何重构邻里互助值得思考

人与人间的信任危机带来了城市中"陌生人时代"的冷漠氛围,"远亲不

如近邻"的亲密邻里关系已离我们越来越远。据中国青年报社会调查中心2011年对4 509人进行的一项调查显示,40.6%的人不熟悉自己的邻居,其中12.7%的人"根本不认识"自己的邻居;有34.8%的人表示跟邻居"没有相处活动",80.9%的人感觉与10年前相比,当下的邻里关系越来越冷漠了。楼宇林立的新社区中,邻里间最多的是点头之交,临时碰到突发事件,一般也不愿意向邻居求助;类似托管幼儿这种责任心重的事件就不好意思求助邻里;因为责任重大,一般邻里间也不会愿意承担。在这种背景下,家庭的育儿支持资源仅局限在家庭直系亲属中,祖辈成为小家庭唯一可以依赖的资源。如何改善邻里关系的现状,社区管理方面值得思考,如何通过社区建设拉近人与人之间的关系,促进邻里和睦相处,重构社区互助资源。

(二) 社区公共托育服务瓶颈亟待突破

1. 主管归属不明确

我国对托儿所(0～3岁托管机构)的主管归属问题历史上不明确;我国现有的法律政策中又缺乏针对0～3岁的托育服务相关的条文;导致到目前为止0～3岁公共托育服务没有主管部门。虽在中华人民共和国成立初期将托儿所划分为卫生部门的主管,其主管内容仅限卫生保健监督,办所主体、经费来源、人事管理等均未明确涉及(学前教育研究,2009a)。卫生部门对托儿所的管理常与幼儿园的卫生管理相似,出台的有关政策也经常是附属于整个学前教育政策的文件中,而不似教育部门就学前教育的发展与管理进行了多次规章政策的修订与规范。

2. 托育事业未纳入公共服务

我国0～3岁婴幼儿托育事业的发展未纳入公共服务,儿童的早期发展与家庭的需求支持未能得到有效保障。从历史沿革来看,托育事业直接受国家政治经济以及政策文件的影响。20世纪五六十年代,为鼓励女性就业,托育服务作为福利由企业或集管办提供,有效缓解了家庭的托育困难(张亮,2014)。随着改革开放和市场经济的深入发展,企业的托育服务全部取消,集管办的托育服务也大范围萎缩,家庭对托幼服务的需求又呈上升态势。忽升忽降的背后,是0～3岁公共托育事业还处于政府服务的盲区。

3. 政策环境不清晰

我国对0～3岁婴幼儿教育的政策环境不清晰,对经费来源、师资标准、社会力量办学等方面没有明确规定,缺乏政策规范和引导。我国对 0~3 岁早期教育的政策基本处于与幼儿园混为一体或相对忽视的状态,出台的政策文件不多。中央政府有关托幼事业政策文件数量分布见表 3。与幼儿园发展相比,面向 0~3 岁的托儿所在人力、经费以及场地等方面均存在无法得到保障的问题。

表 3 中央政府有关托幼事业政策文件数量分布

	0~6 岁	0~3 岁	4~6 岁
1979 年前	5	1	13
1979—2000 年	12	6	37
2001 年后	8	1	24
小 计	25	8	74

通过梳理我国建国之后与托幼事业相关的法律、政策、纲要、意见等具有政策规范性的文件,我国 0~3 岁早期发展教育的政策相对幼儿园而言,处于极不完善的阶段。仅在改革开放初期,卫生部曾颁布了《城市托儿所工作条例》(试行草案)和卫生部妇幼卫生局颁发的《三岁前小儿教养大纲》(草案)(学前教育研究,2009b)。其他是有关女职工劳动保护、母婴保健等方面的条文。从政策文本中看不出关于托育机构的具体政策规范,3 岁前儿童的教育在政策文件及整个幼儿教育行政部门的工作中都处于边缘的位置。仅在 2012 年,教育部发布了《关于开展 0~3 岁婴幼儿早期教育试点工作有关事项的通知》[①]。

对上海家庭的需求调查结果显示,家长们也普遍认为我国未将儿童照料与支持纳入儿童福利(28%)、儿童早期托育尚未纳入公共服务范畴(28%),缺乏明确的主管部门(16.5%)以及财政经费投入少不足(15.1%)、缺乏儿童相关的法律条文(9%)等都是导致儿童托育政策很难推进和落实的主要原因。

---

① 教育部办公厅.教育部办公厅关于开展 0~3 岁婴幼儿早期教育试点工作有关事项的通知. http://www.moe.gov.cn/srcsite/A06/s3327/201204/t20120417_134850.html. 2012 年 4 月 17 日.

四、对 策 建 议

(一) 明确上海社区托育公共服务的定位与目标

探索社区托育公共服务的初衷是应社会民众有就近托育的需求,缓解双职工家庭早期照料压力,支持"二胎"政策全面落实。根据国外儿童托育服务的经验来看,社区在有效聚集社会资源、联合相关主体(政府、社会、家庭等)方面有着重要的价值。课题组今年面向全市1 660多户0~3岁婴幼儿家庭的调查数据显示,90.7%的家庭表示需要"社区中提供的就近、小规模、喘息式的托育服务"。但进一步询问家长对社区公共托育服务的需求以及选择相应托育机构的依据时,家长们的要求都颇高,家长倾向政府性质、正规性、公益性为主的社区公共托育,重视机构的师资资质、服务质量及场地设施等。如果立足于社区提供托育的公共服务,现有的托幼机构建设标准以及服务质量标准就无法适用,需要明确社区托育公共服务的定位及目标,即提供怎样的托育服务,服务范围及受众群体是哪些,托育服务的公益性与服务方收益运作间的关系等。同时要考虑提供的社区公共托育服务是否能够满足家庭的需求,因为解决民生问题必须先以民生需求为导向,急民生之所急,解民生之所困。

(二) 加强顶层设计,健全公共托育服务体系

健全公共托育服务体系,加强顶层设计,其前提需明确主管部门或者成立相应工作小组。目前家庭对公共托育存在迫切的需求,因主管部门不明确导致市场混乱、行业标准缺失、规范申办建所困难重重等众多问题。为此,政府应早日明确0~3岁早期托育服务的主管部门。因0~3岁早期托育工作涉及多个部门,可以在条件允许的情况下,建立跨部门合作小组,整合资源为儿童家庭提供优质的托育服务。

在社区托育公共服务的提供中,涉及的相关部门较多,包括儿保、卫生安全为主的卫生部门、教养为主的教育部门、儿童福利或弱势求助为主的民政部门等,如何分工合作、密切配合,真正造福家庭、有利儿童发展,需要各部门打通壁垒,各司其职,努力推动和健全公共托幼服务体系。

其次，社区托育公共服务的推动将有效补充上海公共托幼服务体系，目前托育体系中托育机构的拓展发展空间有限，但立足社区的、小范围的托育服务模式有探索与创新的极大空间。参考上海"社区养老"服务模式的先例，这种社区照顾模式将有效补充上海托育机构资源的不足。

（三）推动社区托育公共服务的行业标准化建设

目前因主管部门不明确导致托育行业标准缺失、规范申办建所困难重重等众多问题。为推动社区托育公共服务事业，政府部门应协调相关职能单位出台符合上海市市情、能促进托幼事业发展的前瞻性行业标准，推动早期托育服务进入上海"社区生活服务中心"建设的体系中。

其次，应根据家庭、社区的需求，分层分类设置不同托幼服务、不同托育模式的服务标准、准入门槛以及监管标准，借助机构、社区、企业、早教机构、专业社会组织等为家庭提供保育、教育、托育、健康和福利等多元化的早期服务。

（四）依托现有幼儿教育机构体系，培育、扩展公益性的社区托育服务

基于家长普遍比较信任公立的、政府统一监管协调的幼儿教育机构，又期望是便于日常接送的、就近的早期托育服务机构。笔者认为相比较另起炉灶、建立全新的社区托育服务模式，依托现有的幼儿教育机构体系，整合地方资源，培育扩展公益性的社区托育服务更为合适。依托现有幼儿教育机构体系，相对而言，教育资源、专业人员、专业背景等方面均有一定的基础，家庭对其的信任度也普遍较高。对已开展托育服务的早教机构，分析自身资源与潜能看是否可以增加早期托育服务的容量；对未开展托育服务的早教机构，根据社会需求，思考是否增加早期托育服务内容；针对集办、公助民办的早教机构，可以允许其参考市场供需规律，通过提高质量、提高收费以帮助机构更好地运作等。在有条件的、可用资源足够的社区，结合区域内早教指导服务机构，开展便民的、公益性的社区托育服务，方便社区居民，增进社区和睦文化。

参考文献

[1] 李西霞.生育产假制度发展的国外经验及其启示意义.北京联合大学学报（人文社会

科学版),2016(1):103.
[2] 鲁哲.市科学育儿基地公布调查沪99%家庭祖辈带养孙辈.http://sh.eastday.com/m/20141210/u1ai8484460.html.2014年12月10日.
[3] 王桂新,苏晓馨.社会支持/压力及其对身心健康影响的研究——上海外来人口与本市居民的比较.人口与发展,2011(6):3.
[4] 徐浙宁.我国关于儿童早期发展的家庭政策(1980—2008)——从"家庭支持"到"支持家庭"?.青年研究,2009(4):55.
[5] 张亮.中国儿童照顾政策研究——基于性别、家庭和国家的视角.复旦大学博士学位论文,2014:43-45.
[6] 中国新闻网.调查称:近1/3全职母亲系因孩子无人照料被迫失业.http://www.chinanews.com/sh/2016/11-26/8075518.shtml.2016年11月26日.
[7] 中国青年报.80.9%的人感觉邻里关系越来越冷漠.http://zqb.cyol.com/html/2011-11/22/nw.D110000zgqnb_20111122_3-07.htm.2011年11月22日.
[8] 中华人民共和国幼儿教育60年大事记(上).学前教育研究,2009(9):67.
[9] 中华人民共和国幼儿教育60年大事记(上).学前教育研究,2009(9):69.

上海家庭时光社区服务中心在家庭关系调试和家庭教育指导的实践与思考[①]

——以"美好时光"项目为例

沈奕斐

一、引　　言

在中国,随着社会的快速变迁,生产力发展水平的影响,家庭教育也呈现着不同的性质和特点,形成各种历史形态[1]。家庭教育产生可喜变化的同时新的挑战和困境随之而来,父母在教育中过度倚重学校、教育知识的碎片化、父亲缺位现象、亲子沟通障碍、西方教育理念盲目借用都是现代家庭教育中的棘手问题,亟须政府和社会各界的支持和关注。面对社会变迁下家庭教育面临的种种挑战,2015年新春团拜会上,习近平总书记指出,"不论时代发生多大变化,不论生活格局发生多大变化,我们都要重视家庭建设",强调"家庭是国家发展、民族进步、社会和谐的重要基点"。

近年来,随着家庭教育建设不断推进,有越来越多的非营利组织发挥着不可忽视的影响和作用。在非营利组织取得公众认可与关注的同时,挑战随之而来。当下我国非营利组织的发展不尽人意,主要表现在资源不足、缺乏自治、能力不强、管理不善等方面(唐斌,2005;钱宁,2011),许多的项目一旦撤离,受助对象及当地环境很快又恢复到原有状态,非营利组织陷入了严重的公信力危机。

[①] 本文系2016年度上海市家庭文明建设立项课题之研究成果,本文作者系复旦大学社会发展与公共政策学院副教授。

成立于2014年7月的上海家庭时光社区服务中心,秉持"素质教育家庭化,家庭教育快乐化"的核心理念,旨在为3~6岁、6~12岁和12~18岁儿童、青少年及其家庭提供科学育儿理念、亲子咨询以及亲子游戏指导等专业服务。历经短短两年的成长,家庭时光成功探索了一整套行之有效的工作模式,凸显了专业化、系统化、标准化的机构特色:专业化,即家庭时光积极连接教育系统、高校(复旦大学、同济大学、交通大学等)与社会组织的合作,来自家庭教育不同领域的专家团队保障了机构在提供家庭服务方面的专业性;系统化,即家庭时光开发了一整套家庭教育指导与操作的体系,如社区高峰讲坛、家长沙龙、亲子坊,以及家长沙龙线上微课与海上畅谈广播等,构建了一条完整细化的功能服务链,形成"预防—补救—发展"的服务体系,这对于非营利组织的功能定位与未来发展具有前瞻性意义;标准化,即运用视频、教具和流程控制,使得家庭教育的服务标准化,成功创立了一种可持续、可复制、可推广的家庭教育服务模式。

因此,本文以上海家庭时光社区服务中心在虹口区开展的"美好时光"项目为例,系统分析非营利组织在家庭关系调试和家庭教育指导的内容、模式和方法,根据其对家庭关系调试和家庭教育指导的经验总结,从中寻找有效的实践模式。

二、非营利组织与家庭教育建设的探索研究

在美国,20世纪60年代以来,随着政府的财政紧缩,联邦政府逐渐让渡提供社区服务给非营利组织,将原本由政府负责的社区服务、培训或有关社服发展项目的决策、计划和融资的工作内容转交给非营利组织,现今非营利组织依然在社区重担教育、培训、咨询、扶贫等多元社区服务(侯玉兰,2001),通过非营利组织嵌入社区公共服务的方式,一方面减轻了政府提供服务的压力,一方面也为开拓社区服务功能,提升社区服务专业性提供了支持,目前,在美国洛杉矶的社区中为了满足青少年教育的需求和服务,2007年投入联邦和州资金4 600万美元(钟广静,2009),为青少年提供满足其家庭关系、心理、教育上的各类需求,非营利组织的进入,大大推动社区教育的

多元化和专业化发展。

相比国外,在中国,2011年国务院颁布的《中国儿童发展纲要(2011—2020)》中提出"普遍建立各级家庭教育指导机构,积极开展家庭教育指导和宣传实践活动,为儿童成长提供良好的家庭环境",将家庭教育指导服务纳入城乡公共服务体系。2016年7月,中国儿童中心发布了"我国家庭教育指导服务体系研究"课题成果《我国家庭教育指导服务体系构建与推进策略研究》,报告指出,家庭教育领域应大力培育和发展社会组织,社会力量共同参与,向广大家庭提供"全覆盖、多方位、多层次、多样化、高质量"[①]的家庭教育指导和服务体系。

如今,中国有不少的非营利组织参与到家庭教育领域中,为家庭提供家庭关系调试与家庭教育指导服务,实践取得了一定成果,形成了如"华仁模式"等具有特色的工作模式。但不可否认,发展至今,民间组织在参与家庭教育建设过程中仍存在诸多问题。首先,非营利组织专业性不足;非营利组织往往留不住高素质高水平的人才,人员流动性很大,大部分依靠志愿者来支撑服务,服务的专业性欠缺(罗晓媚,2009)。其次,非营利自身的能力不足,包括活动能力、管理能力、创新能力和可持续发展能力等,主要表现为非营利组织所涉及的社区服务领域较少,创新和变革能力不足。在黑龙江省妇联开展关于民间家庭教育机构情况的调研中,通过进行8家家庭教育机构实地调研和发放500份家长问卷,了解到家庭教育机构普遍存在公信力低、资金困难、师资匮乏、场地有限等困境(白锦婵、常伟等,2015)。

对此,不少专家提出,中国的非营利组织应立足于社会组织发展起步的阶段。第一,结合本土特点,考虑服务内容的差异化;第二,鼓励社会组织结合需求评估设计服务项目;第三,树立整合资源的思维(徐宇珊,2014),社会组织应当发掘组织的核心竞争力,提升服务的专业化水平,通过组织结构的调整提升整合组织内部人力资源,依托现有基础项目广拓外部资金资源(陈卫雷,2014);第四,创新服务提供模式,提炼和形成服务提供新模式以适应社会变迁下人们日益多元的文化、教育需求,特别是在家庭教育领域,面对

[①] 参考:新华网.中国儿童中心发布《我国家庭教育指导服务体系构建与推进策略研究》,2016-7-5,http://www.ccc.org.cn/html/report/16070907-1.htm.

变迁社会所带来的挑战,家庭教育组织和机构应改变过去仅偏重在"实务取向"的活动推广和"半专业式"咨询服务,进一步从事知识创新的活动(瓮福元,2003)。

基于此,综上非营利组织在中国家庭教育建设的参与现状与问题,本文采用个案研究的方法,选取上海家庭时光社区服务中心为研究对象,研究的重点:一是描绘非营利组织参与家庭教育建设过程中的"真实图景",总结与提炼运行过程中的经验和困境,为未来非营利组织在家庭教育领域项目化发展提供思路;二是通过非营利组织介入家庭教育的探索,提出有创新、可复制、可持续的新型家庭教育服务模式,建立指导家庭教育、亲子陪伴的新模型。

三、非营利组织在家庭教育的实践
——基于"美好时光"项目的分析

"美好时光"项目是上海家庭时光社区服务中心(简称"家庭时光")承接的虹口区社会组织公益服务项目。基于社会变迁下中国当代家庭教育的急剧转型所带来的"亲子沟通障碍""家庭教育知识碎片化""父亲角色缺席"等现象,家庭时光着眼于当今家庭教育中的需求与问题,旨在通过设计和开展专业化服务项目的方式,依托"社区高峰讲坛""家长沙龙""亲子坊"三大形式系统地指导家庭教育与调试家庭关系。"美好时光"项目的理论基础主要是社会工作基础理论与实践理论,社会学相关理论、心理学相关理论、教育学相关理论等,为"美好时光"模式提供了方法指导和目标定位的参考。

(一) 模式内容

"美好时光"基于对家庭教育问题把握与需求理解,工作重点与内容在于三大方面,具体如下。

第一,社区高峰讲坛,关注家庭教育认知,即家长们如何看待和正确认识家庭教育。社区高峰讲坛关注家长在家庭教育中的不合理认知,旨在改变家长在家庭教育上的固有认知,传递科学育儿理念。通过社区讲座的方式,一是向社区居民传达育儿理念和亲自陪伴的重要性;二是说明和澄清现有家庭教育中的问题和误区,如碎片化的知识体系、网络伪科学泛滥、盲目套用西方育儿观念等;三是切实改变家长在家庭教育上的认知。活动将邀请沪上相关领域的资深专家,内容包括儿童发展心理学、网络成瘾。孩子如何认知自己身体的变化等方面,满足家长们的多元需求。

第二,家长沙龙,关注家庭教育问题与需求,即家长们在家庭教育过程中的迫切需要与疑惑;着眼于家长的需求评估,针对性分析家庭系统问题,形成支持性团体缓解家长的育儿焦虑;依托家长沙龙科学评估儿童青少年的家庭状况,了解各年龄段孩子及其家庭的迫切需要,并且提供一个"家长增能"的平台给予相互的支持。

第三,亲子坊,关注家庭教育指导的工具,即一套行之有效的协助家庭教育的操作方法。亲子坊强调在实践层面提升家长在家庭教育和家庭沟通上的能力,引入游戏化教育理念,通过宣传和推广沈奕斐教授独创的游戏化教育模式,手把手教家长如何运用游戏教育和指导孩子,在达成教育目的同时形成良好的亲子关系。主要通过游戏化的方式,传授家长家庭教育的手段和技巧,一是营造快乐的家庭氛围,二是在游戏中完成家庭教育的任务,三是达成良好亲子关系的建立,建立亲子陪伴新模式。核心理念就是以现场参与的方式,教会家长如何和孩子一起快乐玩耍,如何让玩的过程更有价值。亲子坊邀请专业的游戏治疗师进行带领,具备心理咨询师证明的心理观察师进行亲子互动的观察,不仅给到参加服务的对象游戏的理念和技巧,也同时辅助其自我觉察家庭沟通模式并及时修正,真正达到将服务完整传达给服务对象的目的。亲子坊中使用沈奕斐老师团队独创的游戏卡牌,基于工具进行教学和实践,更具实用性。

围绕三大工作重心与服务内容,家庭时光提出了家庭关系调试和家庭教育指导的一套功能服务链,即"预防—补救—发展",如图1所示。

预防 ➡ 补救 ➡ 发展

图1 家庭时光功能服务链

预防型功能,即家庭时光的服务针对存在高危风险的家庭提供服务,如组织大型专家讲座,呼吁家长们关注自身在家庭教育上存在的不合理认知,我们通过输送科学育儿理念,协助其转变认识,以此来减少家庭教育中可能产生的问题。

补救型功能，即家庭时光针对部分有紧迫需求以及已经产生问题的家庭采取一定的补救措施，如家长沙龙提供家长们咨询专家以及搭建互助网络的契机，较有针对性地协助其分析家庭系统中存在的问题，并且形成支持型团体缓解家长们的育儿焦虑以及提供解决方案。

发展型功能，即家庭时光以一般家庭为服务对象，通过引入工具与游戏化教育理念，手把手教授家长如何运用游戏教育和指导孩子，协助其更好地适应与胜任亲职角色，在达成教育目的同时形成良好的亲子关系。

(二) 运作形式

家庭时光引入"互联网＋"理念，采取线上线下联动的形式组织开展服务活动，具体运作形式如图 2 所示。

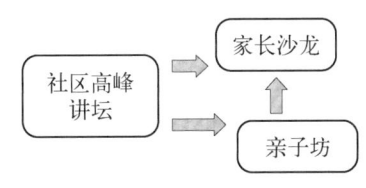

图 2　家庭时光项目运作形式

第一，依托社区高峰讲坛完成组织宣传与会员储备；在社区高峰讲坛中，一般会邀请沪上知名育儿专家开展活动，如复旦大学社会学系副教授沈奕斐老师、复旦大学附属中学副校长方培君老师、复旦大学吴国宏副教授、同济大学心理咨询中心副教授姚红玉老师、华东师范大学心理咨询中心主任叶斌、同济大学附属东方医院临床心理科主任医师孟馥老师、中国大陆最早一批从事心理咨询的资深专家林贻真老师、复旦大学社会发展与公共政策学院副教授赵芳老师、上海政治学院心理系主任、教授、博士生导师贺岭峰老师、南政院上海校区心理咨询中心主任王金丽教授等，强大的讲师团队能够保证每次活动基本能发掘一批新的会员，通过微信预告与宣传的方式也能够较大范围的拓展社会大众对机构的认知度，发展至今已有固定 3 120 名公众号用户，亦极大保障了家长沙龙和亲子坊的参与人员的招募工作。

第二，依托家长沙龙满足部分人的育儿需求与方法的教授；会员群中有特定需要的部分人员可流动至家长沙龙，之后可根据会员需求，灵活策划主题活动，如"正面管教""非暴力沟通""21 天习惯养成法""家庭系统排列法则"等，不同于讲坛"单一式"的服务形式，家长沙龙会通过丰富的体验式互动与角色扮演等形式，协助家长真正内化家庭教育的方法与技巧，针对性地解答育儿疑惑。

第三,结合沈奕斐教授团队的开发成果——亲子游戏卡牌,传授家长家庭教育的工具和使用技巧,通过应用沈奕斐老师团队独创的亲子桌游,进行一对多的教学实践,更具操作性和实用性,真正实现把科学的育儿工具与理念带回家,有效巩固了服务成效。另外,在亲子房活动中,以培育"达人父母"的形式,通过课程教授和能力考核的方式真正让各位家长习得正确的育儿技能与方法,同时也邀请他们独立开展家长沙龙,结合自身过往的优秀经验,向更多有着困扰的家长们传授理念与技巧,从被助者到助人者,这对于参与者个人而言,是一次巨大的成长。

除了上述介绍的三大活动版块的具体运作,家庭时光在宣传工作上亦形成了一套体系化的运作方式。为打破传统非营利组织公众知晓度低和社会影响力不足的困境,在宣传工作上,家庭时光主要通过线上组合线下宣传的方式打开机构的知晓度与影响力,具体内容包括:① 线上宣传方面,通过公众微信号发布微信预告和"干货"推送、会员群组的线上微课、联播、广播等形式进行机构和活动宣传,如家庭时光通过与"海上畅谈"广播就家庭时光育儿专题的合作达成共识,预计共推出 12 期节目,播出之后对音频资源进行二次加工再二次推广。家庭时光公众号亦会定时推送活动预告与总结;② 线下宣传方面,通过社区高峰讲坛的方式吸纳新会员,用办公场所张贴活动预告等形式进行宣传。

(三)成效分析

1. 目标达成度

目标达成评估上,从过程评估与结果评估的两方面把握目标的实现情况,运用了问卷法、观察法、访谈法进行评估。评估的内容包括:① 项目目标达成情况,即是否按照合同要求,按期完成项目招标书设定的目标和服务需求,通过对比预期目标与实现目标的差异,评估原定计划的完成情况;② 服务对象改善情况,即项目服务是否取得良好成效(目标达成自评与社会工作者活动记录),从主观与客观两个层面对参与者在家庭教育观念、认知和行为的变化进行动态考察;③ 项目经费使用情况,即项目经费预算是否执行到位,做到专款专用。

(1)项目目标达成情况。对比预期项目计划的目标要求,本次项目总体目标与具体目标达成情况见表 1。

表1 总体目标与具体目标达成情况

类型	目标内容	目标完成情况
总体目标	通过讲座、互动游戏、体验式指导等各种特色活动普及家庭关系的相关知识和家庭教育的正确理念，建立亲子陪伴的新模式。同时，通过新媒体的方式推广科学的家庭教育理念和家庭关系调节技巧。此次项目将成为范本，为今后几年服务更多家庭提供可复制、可持续的经验和模式	基于社会变迁下中国当代家庭教育的急剧转型所带来的"亲子沟通障碍""家庭教育知识碎片化""父亲角色缺席"的社会背景，项目聚焦家庭关系调试与家庭教育指导主题，设计和开展了专业化的服务工作。 (1) 社区高峰讲坛通过邀请沪上知名的育儿专家，打破服务对象碎片化伪科学化的育儿认知，传达科学的育儿理念，丰富家长们的育儿知识。我们的讲坛也会通过新媒体的方式更广范围地辐射上海地区有需求的家长，推广科学的家庭教育理念和家庭关系调试技巧。 (2) 亲子坊活动则通过应用沈奕斐老师团队独创的亲子桌游，进行一对多的教学实践，更具操作性和实用性，真正实现把科学的育儿工具与理念带回家，有效巩固了服务成效。 (3) 家长沙龙则是作为"家长增能"的平台，一是可以评估服务对象的状况，了解各年龄段孩子及其家庭的迫切需求，为我们策划社区高峰讲坛与亲子坊提供思路。二是能够搭建一个家长们互助的支持网络，鼓励服务对象分享日常的育儿烦恼，通过团体安全氛围中的沟通与分享，有效缓解育儿焦虑，同时我们也基于优势视角，邀请一些家长分享优秀的育儿经验，形成信息支持，更接地气地解答家长们的育儿困惑。 因此，项目依托"社区高峰讲坛""家长沙龙""亲子坊"三大形式深入干预家庭关系和家庭教育的"认知—行为"层面，解决家庭教育面临的多元问题，达成"改变认知""解决需求""提升能力"的总体目标。另外，项目后期我们以培育"达人父母"的形式，通过课程教授和能力考核的方式真正让各位家长习得正确的育儿技能与方法，同时也邀请他们以独立开展家长沙龙的方式，锻炼能力与向更多的父母传授经验，真正巩固与延续了服务成果，实现"助人自助"的长远目标。

(续表)

类型	目标内容	目标完成情况
具体目标	普及家庭关系相关知识和家庭教育正确理念,增强服务对象对家庭的理解	项目成功举办了36场活动,其中12场社区高峰讲坛、12场家长沙龙、12场亲子坊、1场线上家长沙龙与1场线上亲子坊,服务共吸引逾7 795人次在直接参与我们的活动,同时依托新媒体平台,广播平台共1 228 800人收听社区高峰讲坛,共计1 236 595人直接或间接地参与了我们的服务,有效地普及了家庭关系的相关知识和家庭教育理念。为保证家庭教育知识与理念的科学性和系统性,我们邀请了沪上知名育儿专家开展活动,如复旦大学社会学系副教授沈奕斐老师、复旦大学附属中学副校长方培君老师、复旦大学吴国宏副教授、同济大学心理咨询中心副教授姚红玉老师、华东师范大学心理咨询中心主任叶斌、同济大学附属东方医院临床心理科主任医师孟馥老师、中国大陆最早一批从事心理咨询的资深专家林贻真老师、复旦大学社会发展与公共政策学院副教授赵芳老师、上海政治学院心理系主任、教授、博士生导师贺岭峰老师、南政院上海校区心理咨询中心主任王金丽教授等,强大的讲师团队能够保证育儿知识与理念传达的正确性,同时各位专家长期从事一线教学工作,同时拥有丰富的心理咨询经验,对于育儿知识的传达上拥有独到的心得与方法,能够保证家长们很好地吸收理念与知识,从而增强服务对象对家庭教育的理解,更好地帮助服务对象内化家庭教育知识。
	推广科学的家庭教育理念和家庭关系调节技巧	另外,在主题内容上,我们强调操作性与实用性,不仅传授科学的育儿理念,也包含丰富的家庭关系指导与调节技巧的知识,如"正面管教""非暴力沟通""21天习惯养成法""家庭系统排列法则"等,通过体验式互动与角色扮演等多元形式,协助家长内化家庭教育的方法与技巧,提升家庭关系调试与家庭教育指导的能力。 为更广范围地推广科学的家庭教育理念,项目组与"海上畅谈"广播合作推出12期家庭时光的育儿专题节目,在保证线下服务的同时,更广范围地辐射其他有需求的家庭,满足其对科学育儿知识的需求,解答其关于如何育儿的困惑。家庭时光公众号亦会定时推送活动预告与总结,辐射用户群。

(续表)

类型	目标内容	目标完成情况
具体目标	建立亲子陪伴的新模式	通过本次项目介入家庭教育的探索,一方面,策划系统干预"认知—需求—行为"的服务模式,建立非营利组织指导家庭教育、亲子陪伴的新模型。另一方面,项目通过工具教学、达人父母培训与家长平台的搭建,开发与培育社区资本,以达到在项目组撤出社区之后,服务模式的有效延续,真正建立了可复制、可持续的新型家庭教育服务模式。

(2) 服务对象改善情况。问卷法上,采用参与者自评的方式填答"您参与本次活动的目标实现程度"进行目标达成自评;观察法上,则是在活动全程配备了专业工作者,其中大部分为具备助理社会工作师、心理咨询师资格,专业工作者进入活动现场观察参与者的投入情况,予以记录和反馈。目标达成度见图3。

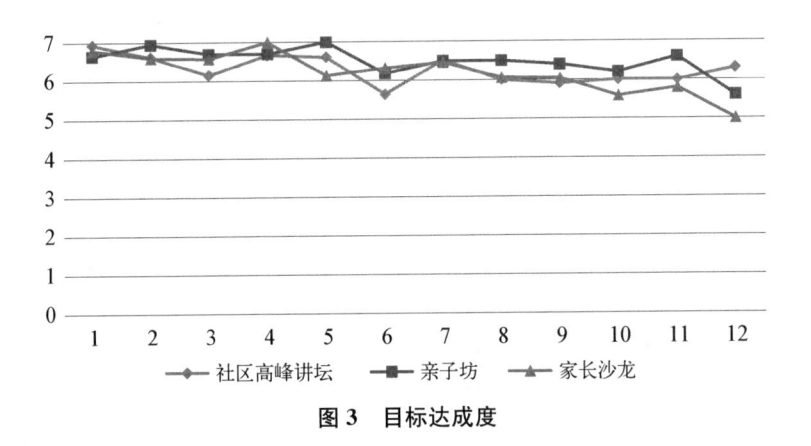

图3 目标达成度

1) 总体目标达成度。目标达成度上,总体评分均值为6.324(满分7.0分),服务对象普遍认为参与项目活动能够较好可以满足自己的需求,解答育儿困惑,对目标达成度呈满意状态。原因分析如下:① 服务主题与内容契合家长们的需求,在子项目活动的开展初期,简单以茶话会的形式收集服务对象的需求和面临的育儿问题,基于反馈量身定做一系列的活动,所以所设计的活动还是比较合乎大部分家长的需要。另外,活动采用开放式的招募,不同于传统非营利组织招募人员的方式,即通过街道居委推荐,服务对象往往只是社区居委骨干与热心居民,未必对当前的服务主题感兴趣。因此,我们依托微信公众号平台进行招募,一般而言,服务对象上会更加符合预期,有针对性的服务也能对他们现有的育儿困惑的解决起到启发作用。② 依托多元形式输送服务内容,在活动中,通过课堂教授、一对一答疑、角色扮演、案例讨论等多元形式,能够在保证服务理念传达的同时,也能够较有针对性地解答每位参与者的困惑与问题,服务对象能够很好地接受与内化知识。③ 动态的满意度跟踪与风险管控,保证了项目活动的高质量与高水平。为了更好地保证服务质量与优化服务内容,项目组采取了一系列方法对项目风险进行把控,持续地跟踪服务对象的满意度情况,并通过例会的形式团队进行针对性的讨论与提出下一步的调整方案,为服务目标的有效达成保驾护航。

  2)各子项目的目标达成度。各子项目的目标达成度上,参与亲子坊的服务对象的目标达成自评分最高,为 6.498 分(满分 7.0 分),参与社区高峰讲坛的服务对象的目标达成自评分为 6.279 分(满分 7.0 分),参与家长沙龙的服务对象的目标达成自评分为 6.197 分(满分 7.0 分)。由此可见,家长们在参与亲子坊活动时,获得感较高。原因分析如下:① 依托亲子桌游能够有效满足家长们的"刚需"。由于游戏卡牌蕴含孩子观察力、专注力训练,数学英语语文基础知识等元素,家长在体验完游戏坊后有分享说"原来学数学可以这么学,让孩子开心学数学""轻松的学习状态,很有收获,会加以实践",卡牌设计能够紧抓家长对于家庭教育的刚需,自然能够引起家长们的关注和投入。② 游戏是建立亲密关系的最佳方式之一,有家长分享说"以往就算和孩子在家中相处,但是也不知道做什么,现在知道有亲子桌游,而且在游戏中也可以促进亲子关系,帮助孩子学习,真的太实用了""这次活动能让我感受到宝宝内心的想法,这是对我和爸爸来说很值得深思的",家长们能够在专业游戏引导师的指导下进行亲子互动,在游戏中反思与觉察亲子互动,从而改善亲子关系。③ 自然增进团体中各个家庭的互动,同时通过观摩其他家庭的互动,习得优秀经验,达成自我觉察。有家长在服务中表示通过借助游戏的形式让家长自然而然的可以进行互动和分享,让家长能很快代入到游戏当中去,完成任务,而且活动的规模较小,便于分享与观察,家长们普遍比较喜欢这种类型的活动。也有家长分享说:"参加活动的收获很大,旁观别人的家庭模式,反省自己,感触很多",通过向其他家庭的观摩和学习,也能够很好地起到反思家庭沟通与互动,达成自我觉察。④ 专业人士的引入进行家庭沟通模式的观察,项目组在亲子坊中邀请了具备心理咨询师证明的心理观察师进行亲子互动的观察,不仅给到参加服务的对象游戏的理念和技巧,也同时辅助其自我觉察家庭沟通模式并及时修正。真正达成将服务完整传达给服务对象的目的。

2. 服务满意度

服务品质对服务配送的质量有直接的影响,与参与者满意度有直接的关系。本次项目了解参与者满意度的途径主要采用问卷调查法,问题的设计大部分借鉴了 CSQ(the Client Satisfaction Questionnaire)量表,CSQ 量表是目前被广泛运用于社会服务、公共福利项目服务的案主/顾客满意度评估中,特别是 CSQ-8 是运用最为广泛的版本,涉及服务质量、服务类型、服务数量、整体满意度等维度。满意度从 1~7 进行评分。CSQ 量表已被证明有很高的内在一致性,在有效测量案主满意度上被很好地证明过,CSQ-8 的克隆巴赫系数(Cronbach's alpha)为 0.86,在之后的研究中其克隆巴赫系数值基本都在 0.9 以上,对重测信度和内部一致性信度检验,其可靠性系数也都非常高。同时,通过研究和反复检验,发现 CSQ-8 是有效的服务效果度量手段,具有较高效度。

本次项目采用问卷跟踪的方式,也即每次活动后发放服务满意度问卷收集参与者的反馈信息,截至项目解体,参与者满意度的汇总分析数据如下。

(1) 主题偏好度评价。活动主题的偏好度上,总体评分均值为 6.602 分(满分 7.0),服务对象对各大项目的主题和内容感到非常满意。在各子项目的主题偏好度上,亲子坊的主题偏好度得分最高,为 6.794 分(满分 7.0);其次是社区高峰讲坛,主题偏好度得分为 6.537 分(满分 7.0);最后是家长沙龙的主题偏好度为 6.476 分(满分 7.0),见图 4。

数据结果发现亲子坊的主题偏好度水平最高,社区高峰讲坛前期的活动主题偏好度波动较大,具体分析如下。

1) 亲子坊属于封闭式小组,一期包含完整的三期活动,一般主题内容,家长们都已事先知晓才选择参与,往往选择参加本期亲子坊的家长都对主题具有较强的偏好。另外,由于一期亲子坊是连续地三节活动,讲师在主题

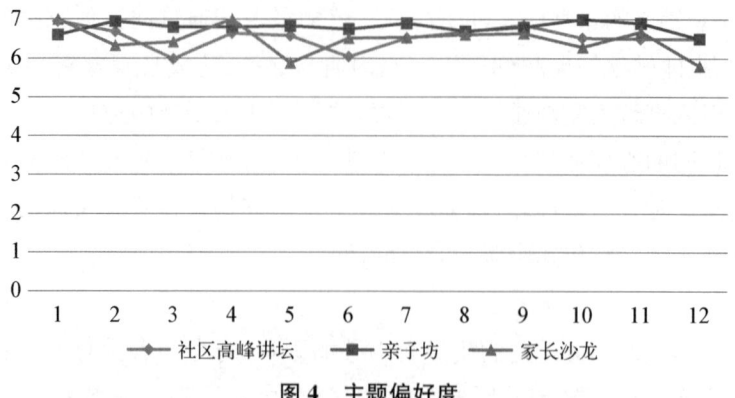

图 4 主题偏好度

设计上一般是层层递进，环环相扣，由浅入深，因此主题在设计上比较契合服务对象的需求，而且能够更好、更系统地传达服务内容。

2) 由图4可知，社区高峰讲坛在前5节活动的得分较为波动，原因是前期在服务对象招募上，采取与虹口妇联合作招募的方式进行，因此，有相当部分服务对象是统一组织参与活动，而非自愿报名，因此在主题偏好度上存在较大差异，基于此，活动中后期我们也及时地作出了调整，完全采用公众号发布预告的方式自主招募服务对象，保证了后期项目活动的成效。

（2）专家偏好度评价。专家偏好度上，总体评分均值为6.570分（满分7.0），服务对象对讲师与专家的讲演风格与内容感到非常满意。在各子项目的专家偏好度上，亲子坊的专家偏好度为6.795分（满分7.0），得分最高；其次是社区高峰讲坛，专家偏好度得分为6.518分（满分7.0）；最后是家长沙龙的专家偏好度为6.396分（满分7.0），见图5。

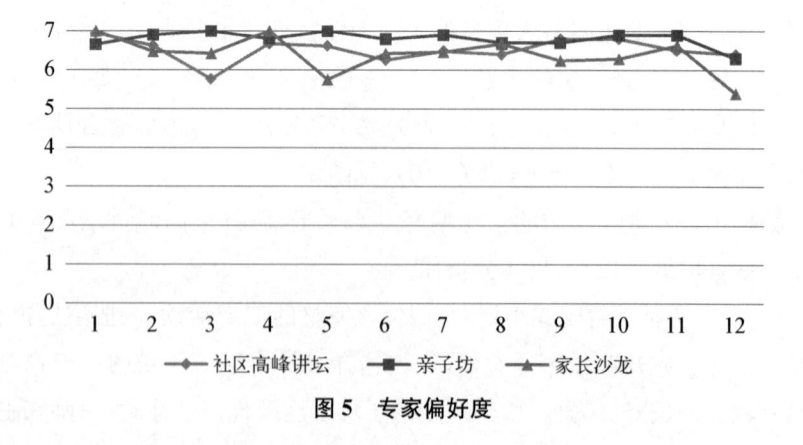

图 5 专家偏好度

1) 总体而言服务对象对项目活动的专家偏好度成十分满意状态。原因是强大的服务团队与专家团队,有效协助案主问题的解决。正如在项目目标达成情况一节中的分析,我们的团队成员大多是复旦大学社会发展与公共政策学院的本科生与硕士研究生,专家与讲师团队也是来自同济大学、复旦大学、华东师范大学、交通大学的教授或是具有多年临床经验的资深心理咨询师,保证了服务内容的高质量。

2) 亲子坊的专家偏好度评分最高。亲子坊后期活动中主要由机构创始人沈奕斐老师作为主讲,进行游戏引导式的培训与考核工作,对此服务对象给予了极高的评价与认可。家长们纷纷表示对讲师的讲演方式十分的欣赏,许多家长表示"每一点都受用,十分喜欢,沈教授辛苦""听得酣畅淋漓,意犹未尽,想脱口秀一样,太赞了""今天沈教授的精彩讲演,让我们这些小妈妈脑洞大开,谢谢沈教授"。现场社会工作者的观察也发现,沈奕斐老师的讲演幽默谐趣,易于理解,考虑到参加者大部分是社区居民,沈老师大多结合生活事例的方式阐述家庭教育的知识,结合工具进行家庭教育技巧的教授,家长们能很好地消化且深有共鸣。

(3) 预期达成度评价。预期达成度上,总体评分均值为 6.234 分(满分 7.0),服务对象对活动与预期差距的程度感到满意。在各子项目的预期达成度上,社区高峰讲坛的预期达成度得分为 6.257 分(满分 7.0);亲子坊的预期达成度得分为 6.476 分(满分 7.0);家长沙龙的预期达成度为 5.967 分(满分 7.0),见图 6。

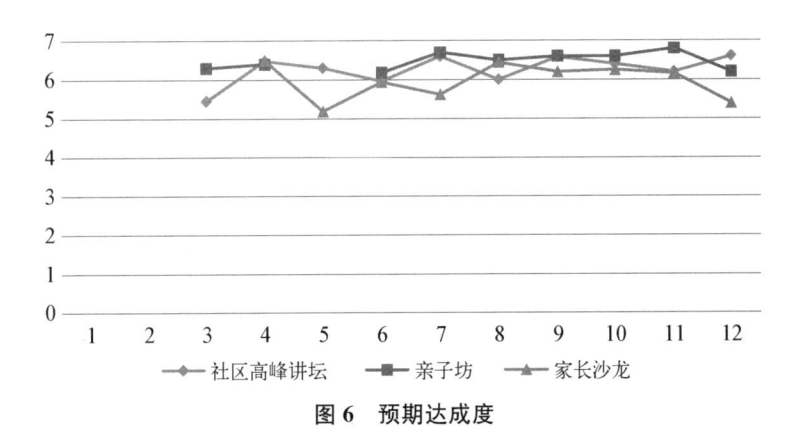

图 6 预期达成度

数据呈现上,总体而言,服务对象对活动与预期估计差距的程度感到满意;需要注意的是,家长沙龙的预期达成度相对较低,原因分析后发现,主要是因为受机构品牌与特色的影响，往往许多的家长都是慕名而来，期待高标准高水平的服务团队所带来的高品质服务。由于家长沙龙属于"家长互助"平台，主要提供给有同质性需求的爸爸妈妈们，达成情感宣泄、缓解焦虑与建立支持网络的目标，形式主要以案例讨论与分享交流为主，而且在讲师要求上只要有心理咨询师资格或相关家庭教育经验的人员即可，相比社区高峰讲坛的专家队伍的水平仍有较大差距。因此，服务对象难免会产生心理落差。

（4）后续参与度评价。后续参与度上，总体评分为6.502分（满分7.0），服务对象的后续参与积极性非常高。在各子项目的参与积极性上，社区高峰讲坛的后续参与积极性评分为6.506分（满分7.0）；亲子坊的后续参与积极性评分为6.607分；家长沙龙的后续参与积极性评分为6.382分（满分7.0），见图7。

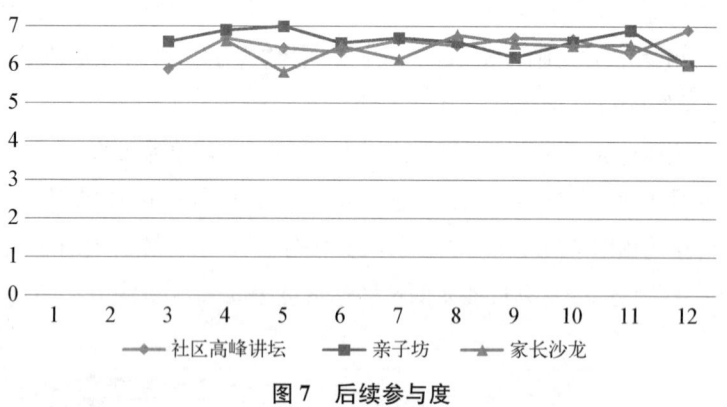

图 7　后续参与度

在后期的活动反馈上，有许多家长也分享说"希望能多举办类似的活动，特别是孩子教育方面的专题讲座，非常有帮助""希望今后可以多些类似活动"，表达了对项目后续活动的支持和关注。

（5）总体满意度评价。满意度评分上，总体评分均值为6.492分（满分7.0），服务对象的总体满意度较高，呈满意状态。在各子项目的总体满意度上，社区高峰讲坛的总体满意度得分为6.578分（满分7.0）；亲子坊的总体满意度得分为6.637分（满分7.0）；家长沙龙的总体满意度为6.261分（满分7.0），见图8。

综合以上内容的分析可知，服务满意度评分较高，主要是由于两大方面的原因。

图 8　总体满意度

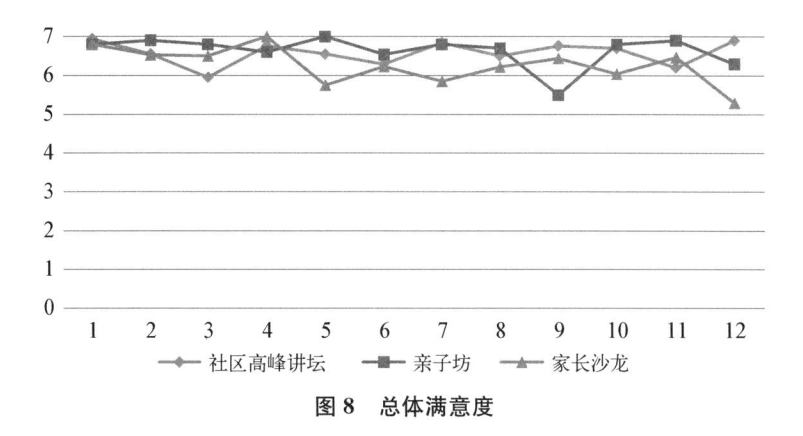

1) 建立家庭教育指导新模式。通过社区高峰讲坛,亲子坊、家长沙龙等各种特色活动,深入干预家庭关系和家庭教育的"认知—行为"层面,解决家庭教育面临的多元问题,达成"改变认知""解决需求""提升能力"的总体目标。

2) 突出游戏化教育的亮点。结合游戏化教育的理念与工具,活动中邀请具备心理咨询师证明的心理观察师进行亲子互动观察,不仅给到参加服务的对象游戏的理念和技巧,也同时辅助其自我觉察家庭沟通模式并及时修正,强调在实践层面提升家长在家庭教育和家庭沟通上的能力。

3. 成效与影响

在项目成效与影响的评估指标上包括服务对象转变,工作人员成长,社会大众影响等内容;通过采用访谈法,选取 8 名服务对象、机构成员及志愿者进行非结构式访谈,内容包括服务对象的变化情况、工作人员的成长情况以及项目的社会影响力。

(1) 在服务对象的变化上,在 1 年多的时间里,针对家庭的需求与问题,项目开展了亲子坊、社区高峰讲坛与家长沙龙,系统干预了服务对象的"认知—需求—行为",真正解答了家长们的育儿困惑。在对案主影响的评估上,主要采用了让案主自我表述对自己影响的测量,案主们表示服务能够有效地解决自己在家庭育儿过程中的困惑与问题,更多地帮助自己觉察自身,从而更好地调试家庭关系。在服务对象的变化上,也表现家长们从服务对象到服务提供者的转变,在发掘与发展了一批"达人爸妈",进行系统的培训与考核之后,邀请其参与到服务提供的过程中,结合自身过往的优秀经验,向更多有着困扰的家长们传授理念与技巧,从被助者到助人者,这对于案主个人而言,是一次巨大的转变。

(2) 在工作人员的成长上。承办大大小小的项目活动对于执行社工而言,亦是很大的能力锻炼,包括基础能力(沟通技巧、语言表达能力、文书编辑、活动策划与执行等),同时也对专业能力提出了更高的挑战,包括专业理念、专业理论、专业技巧与专业伦理等。

(3) 在项目的社会影响上,项目组与新媒体平台合作推出了专题节目,以音频传播的方式更广范围地辐射其他有需求的服务对象,特别是工作繁忙,习惯性收听音频信息的服务对象,以期能够达到最广的传播效应,就此,家庭时光通过与"海上畅谈"广播就家庭时光育儿专题的合作达成共识,预计共推出12期节目,播出之后对音频资源进行二次加工再二次推广。根据广播电台的后台统计,收听率范围为0.93~1.44,而"海上畅谈"广播收听率采样是以上海市中心城区人口1 200万~1 500万的人口计算,项目组采用最低收听率采样人口数1 200万人口进行测算,收听人数保守估计1 228 800人,超额实现了服务总目标。图9所示为家庭时光育儿专题节目收听率趋势图。

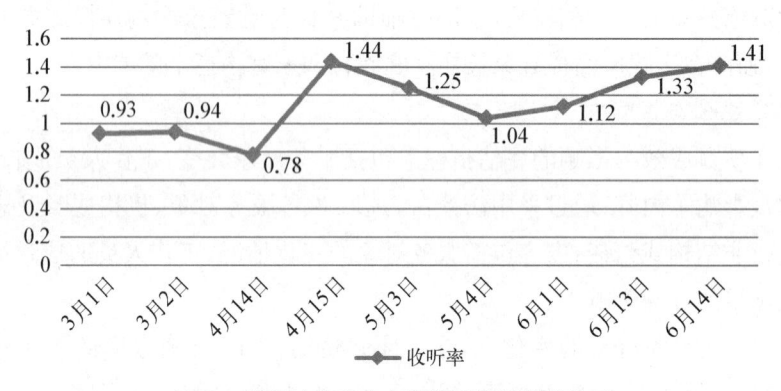

图9 家庭时光育儿专题节目收听率趋势图

据图9显示,随着一期期节目的放送,节目收听率稳步上升,更是说明了美好时光项目活动贴合家庭教育的需求与高质量高水准。

家庭时光公众号亦会定时推送活动预告与总结,辐射公众号3 120位用户,扩大社会影响力,提升公众认知度。同时加强与其他教育系统、高校与社会组织的合作,争取广泛的支持,更好地营造家庭教育的良好氛围,凸显社会效益。

(四) 反思与亮点

1. 问题与困难

"美好时光"项目落地过程中,也不可避免地产生了一些问题与困难,根据梳理,项目不足主要体现在以下几个方面。

(1) 自身造血能力不足。造血能力的问题上,主要是由于家庭时光仅成立短短2年,在如何连接资源与动员企业资助方面仍处于探索期。目前机构的资金来源绝大部分是源于政府,开支成本主要依靠政府拨款支持,市场所占份额极小,今后应注重争取社会赞助,使得资金渠道多元化,增强机构的抗风险能力。

(2) 服务对象较为单一,社区资源开拓不足。在服务对象上,虽然家庭时光旨在儿童、青少年及家庭提供服务,但具体实践过程中,我们发现大部分活动的参与者还是以女性为主,服务对象较为单一,一定程度上影响了服务预计输送的目标人群。另外,在社区资源开拓上,由于项目选择自主招募服务对象,减少了对虹口区政府的依赖,但是在社区资源开拓上也存在较多欠缺,比如发掘社区领袖与团体方面。同时对所在社区的发展议题与需求关注亦较少。

(3) 活动中,有部分家长也提出了一些更加细节的问题与建议。如亲子桌游工具应用上。绝大部分家长认为游戏化教育的理念十分其他自身家庭沟通的反思与改善,在具体应用中,也有家长希望能够再丰富下不同年龄段孩子适合的游戏和玩法。另外,在具体的服务过程中也发现,有的家长的问题也没办法在团体中得到彻底的解决,希望有更多的互动环节和一对一的解疑环节,他们甚至提出了个别化的服务要求,由于超出了项目活动的服务范围与内容,针对此我们也对其进行了说明和初步的处理,提供转介方案。

(4) 服务对象到场率难以保证,极大影响了项目运转与执行。总体而言,由于本次项目不同于传统的社区街道招募的方式,主要采取自主招募,运用微信公众号平台的报名系统进行服务对象的招募。活动执行前,项目组也充分考虑到现场到场人员的不确定性,考量活动场地可容纳的人数以及活动预计服务人次,将报名人次控制在一定范围(一般控制在活动预计服务人次的2倍),保证到场率。但是,在具体操作中,仍然产生了诸多的问题,如在叶斌老师主讲的社区高峰讲坛中,报名人数已控制在150人,但是到场人数为 245 人,一定程度上影响了活动效果与顺利进行。如在赵芳老师主讲的社区高峰讲坛中,报名人数为 150 人,但是实际到场人数为 37 人,面对波动如此之大的到场率,项目组也十分的头痛,也尝试了许多的方式,如问卷星报名并在活动前发送 2 次确认到场的短信通知等。影响服务对象到场率的原因,项目组经分析,认为主要有两点因素:① 不可抗力因素,包括家长工作繁忙,家庭外出游玩、个人原因等,更有许多家庭都面临升学压力,因此在周末都会排满学习班,当与我们的活动相冲突时,家长更加愿意去让孩子学习课业;② 由于我们的项目活动全部属于公益性质,无须个人购买,家长的重视程度亦不高,影响了现场活动的参与率。

2. 经验与亮点

本次项目自评报告发现,"美好时光"项目取得的主要亮点如下。

(1) 项目成果的普及面广,实现真正"零门槛"的专业服务;社区高峰讲坛邀请沪上著名育儿专家开展免费讲座,相比于市场上昂贵的早教与培训,家庭时光收费低,家长沙龙与社区高峰讲坛均是免费向家长们开放,亲子坊一期活动仅收取 200 元游戏卡牌印刷费,因此,弱势群体及一般群众均可参与到该项目的服务中。

(2) 项目服务是基于科学严谨的需求调研进行设计和策划,主题内容符合居民需求,紧扣当今家庭教育的热门议题,如代际教育、父职参与、夫妻关系的相关主题,可为不同人群提供行之有效的方向指导与解决策略,往期活动主题见表 2。

表 2 往期活动主题

		活 动 名 称
项目活动	社区高峰讲坛	缓解育儿焦虑,享受亲子时光
		话要好好说,习惯要慢慢养
		智力是培养出来的吗?——谈儿童智力发展
		夫妻大不同,日子怎么过?
		如何提升孩子的学习力
		家长如何早期识别和应对儿童青少年常见的心理问题
		话要怎么说,孩子才能知道你爱他?

(续表)

		活 动 名 称
项目活动	社区高峰讲坛	玩转学习力——父母如何陪伴孩子学习
		依恋与自我分化：来自一个家庭治疗师的分享
		做知"性"父母：贺岭峰老师教你孩子性教育的正确打开方式
		关系管理——家庭和谐的序位法则
		老大照书养,老二当猪养?——二孩家庭教育面面观
	亲子坊	家庭互动模式探索
		儿童数学能力的养成
		体验游戏力
		儿童逻辑能力的养成
		聚焦游戏实践过程中的问题
		游戏力——智慧亲子的新理论和新方法
		感受游戏,学会游戏！——游戏力成长工作坊
		分享沟通,互动成长！——游戏力成长工作坊
		如何成为一名合格的游戏引导师?
		助人自助,自助助人！我为亲子游戏代言！
		最美好的遇见——亲子坊成长与体会
		智慧存款 建立爱的账户——最美好的时间不留一丝遗憾
	家长沙龙	家庭教育与亲子陪伴的需求评估
		亲子沟通
		如何有效地让孩子养成好习惯
		家庭教育的心得与需求
		和您一起谈谈家庭沟通
		如何有效地让孩子养成好习惯
		如何有效管理情绪
		正面管教(一)

(续表)

项目活动		活 动 名 称
项目活动	家长沙龙	正面管教(二)
		用游戏来联结——如何让孩子笑着听话
		如何给落后厌学的孩子贴上正标签
		与家人沟通的秘方——学会使用"爱的语言"
		家长沙龙微课：青春期的家庭教育——微课堂

(3) 家庭时光与"海上畅谈"的成功合作,成功打破传统非营利组织服务形式古板、辐射范围局限的困境,打造特色服务品牌,极大拓展了"美好时光"项目组的社会影响力。上海家庭时光社区服务中心积极寻求与新媒体平台的合作,旨在更广更大范围地辐射服务成果,达成最优的传播效应。在实现服务总目标的同时,家庭时光也成功通过广播平台促进了服务信息与成果的分享和传播,增强了线下与线上的互动,极大地拓展了服务空间,同时也推动了机构品牌建设,塑造了良好形象,扩大了家庭时光在家庭教育领域的影响力,促进了多方协作合作与交流。

(4) 开发一整套家庭教育指导和操作的体系,亲子坊、家长沙龙、社区高峰讲坛等;依托"社区大讲坛""家长沙龙""亲子坊"三大形式,引入了先进的游戏化教育理念和推广,通过建立了"认知—需求—方法"的影响模式服务案主,改变教育理念和行为。本次项目实践有效启发了非营利组织参与家庭教育指导的实践模式,成功建立指导家庭教育、亲子陪伴的新模型。

(5) 受助群体不断扩大,影响力不断扩张。直接参与过家庭时光活动的居民已经达到 7 795 人次,广播辐射的人次更是高于 1 228 800 人,远超项目预计服务人次。同时,项目的社会影响力也在不断扩张,据统计,目前家庭时光微信公众号共有固定用户 3 120 人,其中女性 2 513 人,男性 600 人。除了进行线下服务,项目也成功和《海上畅谈》新媒体平台合作,更广范围地向上海市家庭宣传科学育儿知识与理念,营造以家庭教育为重的社会氛围。

(6) 服务对象的认同感持续上升。根据访谈与问卷调研,社区居民对"美好时光"项目的认同非常高,表示参与该活动能够增进家庭教育的理念与知识,启发自身对家庭沟通与家庭关系的反省与反思,有效满足育儿需求与解答育儿困惑。在参与积极性上,案主自评分均值为6.502分,服务对象对于后续活动抱有较强的认同感,并表示出了极大的参与积极性。

(7) 更高的成本效益比与资源利用率。服务初期,家庭时光为减缓机构发展初期的风险因素,通过引进专业管理人才,改变了过于由于缺乏统一管理与财务制度所出现的重复购置物资、财务混乱的现象,在严格遵循新制度的情况下,取得了组织管理运行稳定的新局面。另外,在项目开支上,建立了预算—结算以及审批与汇报制度,真正做到专款专用,从而保证与发挥资金的最大效益。

3. 总结

项目之所以可以取得这样的成绩,主要原因在于以下几个方面。

(1) 政府大力扶持,机制逐渐完善。项目落地过程中,虹口区妇联重视对家庭教育事业与家庭教育活动的扶持与促进,在项目执行中给予了大量的支持,如增设桌椅物资、招募服务对象等,为项目成功提供了有力的保障。家庭时光亦重视与政府购买方的沟通与联系,建立沟通机制,形成双向互动的模式。

(2) 专业服务团队,保证服务质量。复旦大学沈奕斐教授领衔的专家团队极大地保障了机构在提供家庭服务方面的专业性,保证输送科学理念、专业能力与教育工具,提升服务质量与服务水平。

(3) 发挥资源整合优势,提高服务效率。项目运行过程中,家庭时光发挥自身优势,积极整合高校、教育系统及社会组织等多方教育资源,提升渠道效率,提高对家庭教育行业的掌控能力。另外,通过建立与其他系统组织长期合作的机制,机构的管理水平亦会相应提高,提升竞争力与行业发展的敏感度。

(4) 加强服务标准价建设,规范服务流程。家庭时光运用视频、教具和流程控制,使得家庭教育的服务标准化,有利于规范服务秩序、提高服务质量、增强机构的核心竞争力,为家庭关系调试与家庭教育指导提供技术支撑。

四、总结与展望

本次课题以上海家庭时光社区服务中心的"美好时光"项目为个案开展

研究,一方面评估项目在家庭教育方面的效果,另一方面提炼和总结成功经验,形成可复制、可持续发展的新模式。研究结果发现,家庭时光依托社区高峰讲坛、家长沙龙与亲子坊三大形式逐级干预家庭教育的"认知—行为"层面,线上线下联动形成"预防—补救—发展"功能服务链,系统地去影响参与对象的家庭教育认知,发掘解决家庭教育问题的方法以及提供促进家庭教育的工具,得出当前非营利组织实践的有益启示,推动非营利组织参与家庭教育建设的进一步深化与发展。

基于前文对于项目模式与执行情况、成效与社会影响力的分析和探讨,本节也提出未来家庭教育事业的展望与建议。

(1) 合理定位机构发展,明确品牌与服务亮点;只有打造自己的"品牌项目",才能在激烈的竞争中获得长远的发展。家庭时光应加强与其他非营利组织的研讨与经验交流,在学习与比较中进一步明确家庭时光在家庭教育服务提供上的特色与优势,在今后的服务项目设计上更加聚焦,进一步突出品牌服务的亮点。

(2) 理顺机制,进一步完善管理制度。"没有规矩,不成方圆"家庭时光从成立发展至今只有仅仅 2 年,组织架构仍不稳定,机构管理制度仍需完善,人员稳定性也较为欠缺,基于此,从制度入手,用制度管人,用制度管事,建立健全、规范和适用的管理制度体系,构建特色管理模式是未来家庭时光发展的重要议题。

(3) 增加培训,提升工作人员的专业化与职业化水平。培训对象包括社会工作者、项目主管、协办单位、志愿者等,培训内容应涵盖社会工作理念、专业伦理、专业手法、服务文化、家庭教育科学理念与技巧,从而提高人员素质,提升项目绩效。

(4) 积极反馈,建立更积极,更有成效的反馈与沟通机制。尤其是加强资金来源与去向、服务困难与需求、服务理念与文化的沟通与交流,定期组织机构内部的互动活动,鼓励沟通联系。

(5) 在发展环境方面,政府角色应逐渐淡出,开放竞争,家庭时光也应利用这一契机,进一步加强自身能力建设,制定中长期的愿景和发展目标,扩大、培养与建设一支专业的工作团队,在上海的家庭教育事业开拓与发展中扮演更为积极的角色。

希望未来经过不断努力,每当家庭想要做一些有意义的玩乐时就会想到"美好时光",愿"家庭时光"能够给中国家庭提供"寓教于乐"方案。

参考文献

[1] 王道俊,王汉澜主编.教育学[M].北京:人民教育出版社,1989.
[2] 唐斌.中国非营利组织研究的新进展[J].社会学研究,2005(7):70-75.
[3] 钱宁.非营利组织的管理风险与社会服务机构的发展问题[J].2011(10):73-79.
[4] 瓮福元.变迁社会之家庭教育组织与机构因应之道:知识经济、知识管理与非营利组织的观点[J].教育导刊,2003(1):25-29.
[5] 白锦婵,常伟,郭惠慧.关于民间家庭教育机构情况的调研报告[J].中国校外教育,2015(8):1-2.
[6] 刘华丽.社会工作视野下的亲职辅导[J].华东理工大学学报(社会科学版),2010(6):16-20.
[7] 张威.社会教育学视角下的儿童青少年和家庭专业工作新探索——以"华仁模式"为例[J].社会工作,2015(1).
[8] 戴双翔,熊少严.台湾家庭教育发展及其对大陆的启示[J].教育导刊,2008(2):27-30.
[9] 教育部关心下一代工作委员会"新时期家庭教育的特点、理念、方法研究"课题组.我国家庭教育的现状、问题和政策建议.
[10] 盖笑松,王海英.我国亲职教育的发展现状与推进策略[J].东北师大学报(哲学社会科学版),2006(6):154-158.
[11] 董奇,申继亮.心理与教育研究法[M].杭州:浙江教育出版社,2008.
[12] 田野.社会变迁中家庭教育的发展与问题[J].当代青年研究,1994(1).
[13] 熊孝梅.家庭教育与社会变迁[J].教育评论,2009(6).
[14] 杨丽珠,董光恒.父亲缺失对儿童心理发展的影响[J].心理科学进展,2005(3).
[15] 于洋,王前.我国科学传播的异化形态研究[J].科学技术哲学研究,2011(1).
[16] 李晓明.国内外非营利组织研究评述[J].西北大学学报(哲学社会科学版),2007(5).
[17] 邹强.中国当代家庭教育变迁研究[D].华中师范大学,2008.9.
[18] 蔡屹.项目化运作中社会公益组织和政府之间的互动关系研究,2011(6).
[19] 侯玉兰.非营利组织:美国社区建设的主力军[J].北京行政学院学报,2001(5).
[20] 许儒航.关于在 NGO 中推行项目化管理的探讨[J].项目管理技术,2009(9).
[21] 钟广静.美国非营利组织在社区发展中的作用及其启示[J].探求,2009(1).
[22] 徐宇珊.社会组织如何提供社区公共服务——以深圳为例[J].开放导报,2014(3).
[23] 陈卫雷.政府和非营利组织项目运作机制、策略和逻辑——对政府购买社会工作服务项目的社会学分析[J].公共管理学报,2014(3).
[24] 罗晓媚.浅析非营利组织在我国社区治理中的发展困境及原因[J].三峡大学学报(人文社会科学版),2009(12).
[25] 王赟.浅论我国非营利组织发展的困境及对策[J].法治与社会,2009(4).

上海市学龄前儿童性教育与安全自护实践研究

——以宝山区为例[①]

上海市科学育儿基地　宝山区妇联　宝山区教育局

前　　言

《上海市妇女儿童"十三五"规划》中提出,要开展适龄儿童的生殖健康教育,加强幼儿园、小学的生殖保健与性健康教育。儿童性教育对儿童而言有助于树立正确的性意识,有助于性别角色的定位、有助于形成正确的自我保护意识等。儿童性教育的开展对儿童的健康成长十分重要,然而目前学龄前儿童性教育开展情况并不乐观,缺乏相应的教材和指导手册,针对学龄前儿童性教育的研究也比较薄弱。

儿童性教育不仅仅是单纯的性生理知识教育。北京师范大学副教授、儿童性教育专家刘文利曾提出"全面性教育"的理论,她认为,性教育应该走出简单的预防艾滋病和性侵犯教育的误区,性教育涉及生命教育、社会支持教育和生活经验教育,成功的性教育能够引导学生建立正确的价值观,更好保护自己。《国际性教育技术指导纲要》中认为性是人类生活的一项基本内容,涉及生理、心理、精神、社会、经济、政治和文化等多个层面,具有多样性的特征。

基于此,上海市科学育儿基地与宝山区妇联、宝山区教育局合作,开展本次实践研究。课题组针对幼儿园教师和儿童家长,通过问卷调研,详细考察在学校和家庭中学龄前儿童性教育的现状、性别教育的现状、防性侵教育的现状,了解幼儿在家庭及幼儿园中性教育的整体情况。并根据调研结果,

---

① 本文系2016年度上海市家庭文明建设立项课题之研究成果。

设计相应的实践干预活动,从师资培训、家长讲座、亲子活动和儿童课程设计4个方面出发,探索实践适合学龄前儿童的性教育方法和有效途径,并提出建议。

一、调研情况

为了解我市学龄前儿童性教育现状、需求以及存在的问题,为实践干预提供理论基础,上海市科学育儿基地选取宝山区,开展"上海市学龄前儿童性教育与安全自护调查"课题研究。

1. 问卷设计

本调查采用自编的《学龄前儿童性教育与安全自护调查问卷》进行调查,针对宝山区幼儿园教师和儿童家庭,分为教师卷和家长卷,分别对教师和家长进行施测。问卷主要考察幼儿园和家庭内部儿童性教育、性别教育、防性侵教育开展的情况。

2. 调查对象

此次家长卷的发放选取宝山区5所幼儿园,其中公办示范园1所、公办一级园1所、公办二级园1所、民办二级园1所,民办三级园1所。共发放家长卷640份,回收有效问卷591份,有效率92.3%。教师卷除了宝山区这5所幼儿园之外,同时向宝山区所有幼儿园的家教负责老师发放,共计发放问卷317份,回收有效问卷315份,有效率99.4%。

参与教师卷的被试中,女性占97.2%,81.3%的教师年龄在20~40岁之间。教师的学历水平较高,本科以上学历占96.8%(其中,大专/高职为21.5%,本科为73.1%,硕士及以上2.2%),教师的教龄普遍不长,50%的教师教龄为0~5年,21.2%的老师教龄为5~10年。参与问卷的教师所带班级托班1.3%,小班35.1%,中班32.9%,大班29.4%。

参与家长卷的被试中,母亲占75.1%,父亲占21.3%。本市户籍56.9%,外省市42.3%。参与问卷的父母相对比较年轻,77%的人年龄在26~35岁之间。且被试父母的学历水平较高,专科以上学历占76%(其中,专科/高职为18.8%,本科为48.1%,硕士及以上为9.1%)。其中孩子是独生子女的占到71.7%。

从接受问卷调查的被试情况来看,女性较多,高学历人群比例高、年纪整体偏轻。

二、调研结果

(一)性教育开展现状

1. 教师和家长对儿童的提问存在回避态度

儿童对性存在很大的好奇心,但教师和家长对儿童的提问存在一定程度的回避态度。

调查中,我们发现儿童在日常生活中,会向教师和家长询问和性有关的话题,儿童对性表现出了很大的好奇。表1为儿童向教师和家长提问和性有关的问题。

表1 儿童向教师和家长提问和性有关的问题

儿童的问题	向教师提问	向家长提问
1. 我是从哪里来的？	57.9%	81.7%
2. 为什么我(没)有小鸡鸡？	25.5%	44.2%
3. 为什么男孩站着小便,女孩蹲着小便？	68.2%	65%
4. 我想和……结婚、生孩子可以吗？	48.4%	32.1%
5. 对孕妇好奇:"为什么肚子鼓起来？宝宝怎么进去的？宝宝怎么出来？"	58.9%	58.9%
6. 看到动物交配行为提问:"它们在干什么？"	/	23.7%
7. 指着父母的生殖器问:"那是什么？"	/	38.1%

教师和家长对儿童和性有关问题的反应情况如图1所示。

由图1可知,教师对儿童提问最常见的3种反应分别是:① 将答案转化为儿童能听懂的语言(95.5%);② 告诉他(她)长大了就知道了(32.5%);③ 让孩子去问家长或其他人(25.1%)。家长对于儿童提问的最常见的3个反应则是:① 将答案转化为儿童能听懂的语言(89.5%);② 告诉他(她)长大了就知道了(56.2%);③ 回避问题,并转移孩子的注意力(23.7%)。我们发现,教师和家长在一定程度上,对儿童提问和性有关的问题存在回避态度。

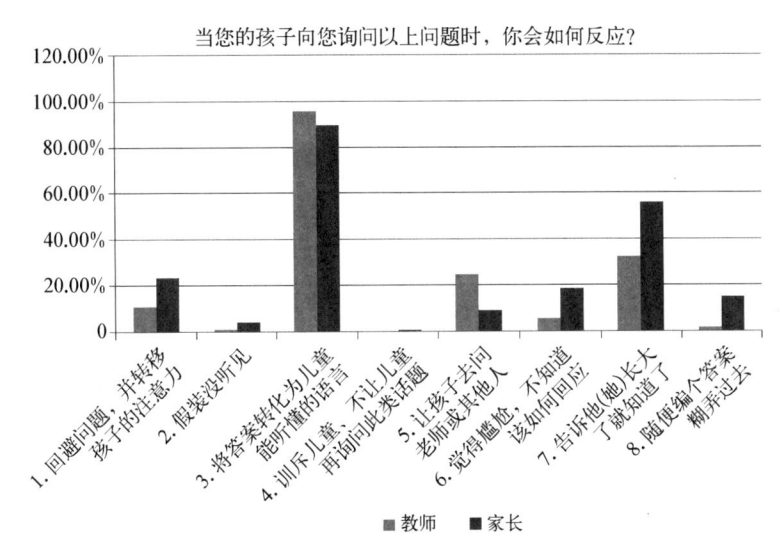

图 1 教师和家长对儿童和性有关问题的反应

2. 教师和家长在系统性开展儿童性教育上存在"知行分离"

教师和家长都意识到学龄前儿童性教育的重要性,但在系统性开展儿童性教育上存在"知行分离"。

本次调查中,我们发现,教师和家长对儿童性教育基本上抱着支持的态度,这是儿童性教育能顺利开展的先决条件。学龄前儿童性教育的重要性已经为大多数家长和教师接受,91.9%的教师和93.7%的家长都认为对学龄前儿童进行适宜、科学的性教育,正确解答他们的相关问题,是有必要的。90.9%的教师和95.1%的家长认为开展性教育有助于孩子了解自己的身体,有利于孩子的自我保护。教师和家长对儿童性教育的态度见表2。

表 2 教师和家长对儿童性教育的态度

		非常同意	同意	无所谓	不同意	非常不同意
对学龄前儿童进行适宜、科学的性教育,正确解答他们的相关问题,是有必要的	教师	64.2%	27.7%	2.8%	0.6%	3.1%
	家长	39.9%	53.8%	2%	3.4%	0.5%
开展性教育有助于孩子了解自己的身体,有利于孩子的自我保护	教师	64.2%	26.7%	1.6%	2.2%	2.8%
	家长	45.5%	49.6%	1.5%	2.2%	0.3%

调查同时发现,教师和家长更倾向于儿童在小学阶段系统性的学习性知识,分别有48.4%的教师和61.7%的家长选择应该在小学阶段进行系统性的性知识教育,其次才是幼儿园和初中。教师和家长认为应该系统性讲授性知识的年龄段如图2所示。

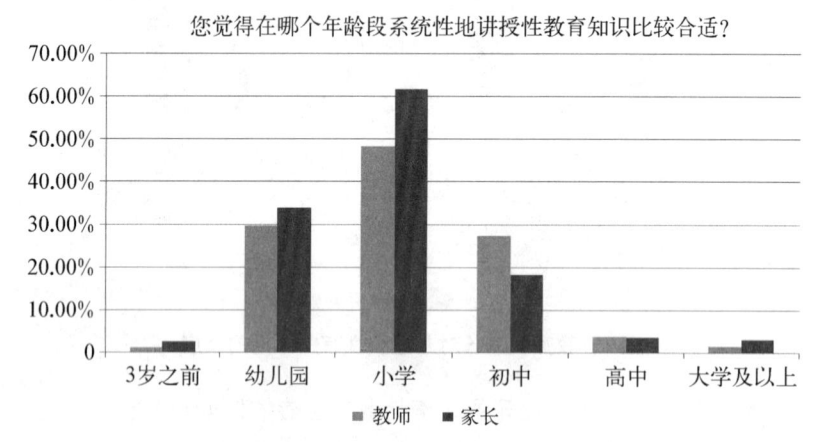

图2 教师和家长认为应该系统性讲授性知识的年龄段

此外,39.3%的幼儿园教师认为儿童性教育不需要单独的课程,在平时课程中稍微涉及就可以了。教师对儿童性教育课程的看法见表3。

表3 教师对儿童性教育课程的看法

	非常同意	同意	无所谓	不同意	非常不同意
儿童性教育不需要单独的课程,在平时课程中稍微涉及就可以了	6.9%	32.4%	9.7%	37.1%	12.3%

综上所述,可以看出,教师和家长虽然认可学龄前儿童性教育的重要性,但是在实际操作中,他们又倾向于小学阶段开展系统性教育,而不是幼儿园阶段,观点上存在矛盾和"知行分离"的态度,形成悖论,这对儿童性教育开展极其不利。

3. 教师和家长普遍缺乏性教育的方法和技巧

影响教师和家长开展性教育的因素中最主要的两项是:缺乏系统科学的性教育知识、不知道性教育该教到什么程度。

(1) 教师和家长的性知识主要来源于书籍和网络,较少来自教育培训。调查显示,教师和家长的性知识基本来源于书籍和网络,81.5%的教师和72.7%的家长的性教育知识来源于书籍,54%的教师和51.6%的家长的性教育知识来源于网络。对于教师和家长而言,教育培训并没能成为他们主要的性知识的来源。一方面,作为影响儿童成长最重要的教师和父母,自身便缺乏科学系统的性知识教育,底气不足;另一方面,可以看出教师和家长呼唤性教育培训。

(2) 幼儿园教师普遍缺乏儿童性教育教材。目前,幼儿园教师普遍缺乏相应的儿童性教育教材,87.4%的教师表示没有相应的教材指导上课。这将导致幼儿园性教育缺乏科学的指导,不利于性教育的开展。

(3) 缺乏性知识和性教育方法成为影响教师和家长开展儿童性教育的主要因素。通过数据分析发现,影响教师开展儿童性教育的因素前3名分别是缺乏系统科学的性教育知识(75.8%),不知道性教育该教到什么程度(70.7%),遇到困难没有可以咨询的专业人士(53.8%),见图3。同时,幼儿园教师也担心如果开展性教育,家长会有反对意见,这一比例在幼儿园教师中占到了36.6%。

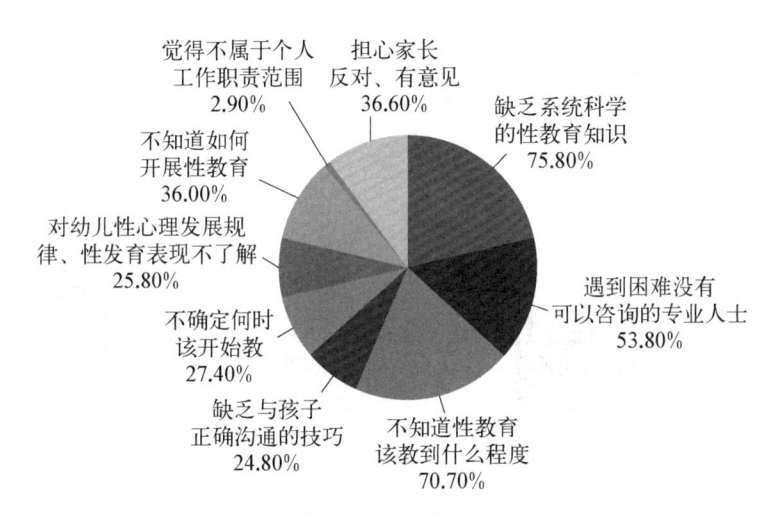

图3 影响儿童性教育开展的因素(教师)

影响家长开展儿童性教育的因素前3名是:不知道性教育该教到什么程度(62.5%),缺乏系统科学的性教育知识(52.8%),对儿童性心理发展规律、性发育表现不了解(40.8%),见图4。

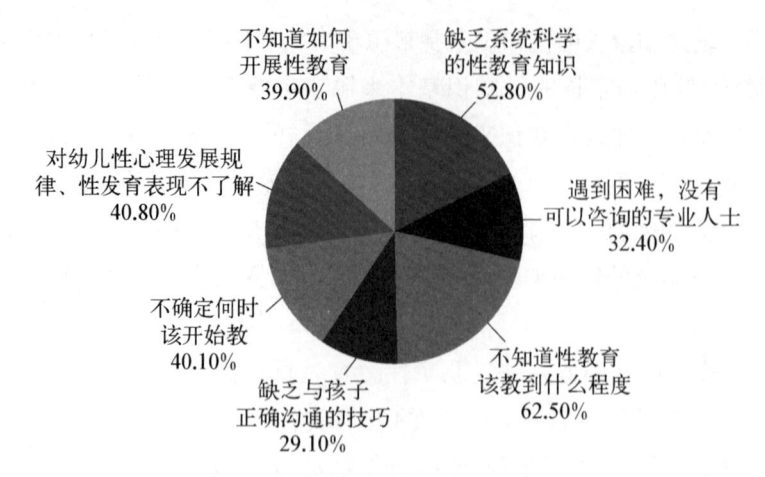

图 4 影响儿童性教育开展的因素（家长）

4. 教师和家长没有意识到自己在性教育中的作用

作为儿童性教育过程中最重要的人群，教师和家长没有意识到自己在性教育中的作用。

调查发现，家长和教师都认为自己不是开展儿童性教育最适合的人选，选择自己适合的比例最低。教师心目中开展性教育最合适的人选是家长，而家长更倾向于由专业人士（如医生等）开展性教育，见图 5。

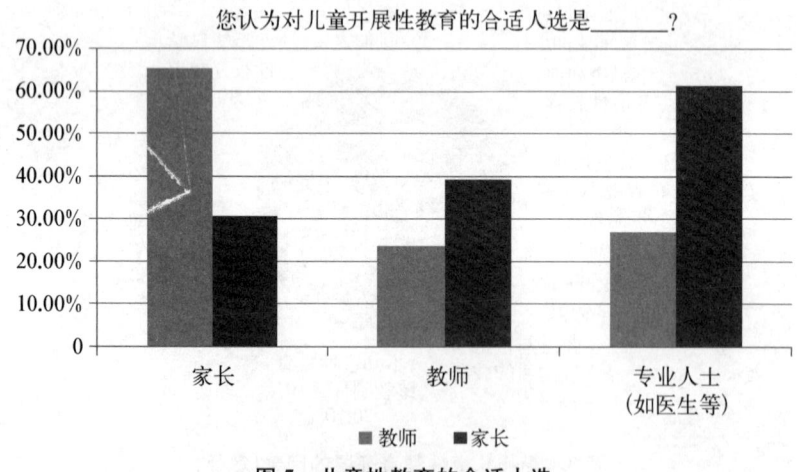

图 5 儿童性教育的合适人选

65.3%的教师认为家长才是对儿童开展性教育最合适的人选，认为教师最合适的只有 23.6%。而与此同时只有 30.6%的家长认为自己是最合适的人选，家长心目中最适宜的人选是专业人士，如专业的医生等，这一比例占到了61.6%,其次才是教师(39.1%),最后才是家长自己。65.8%的家长也期望在性教育过程中,能够请专业人士一起,开展现场教学。

究其原因,一方面,教师和家长都认为自己缺乏性教育的方法和技巧;另一方面,教师和家长也没有认识到自己在儿童性教育过程中应该承担的责任,对儿童性教育存在推诿的态度,这也是影响儿童性教育开展的一个重要因素。

5. 教师和家长对儿童性教育培训需求较高,对参加儿童性教育培训有较高的积极性

(1) 家长对专业化的儿童性教育培训呼声较高。调查发现,家长希望幼儿园能够开展针对家长的儿童性教育培训。65.8%的家长希望能请专业人士开展现场教育,40.2%的家长希望幼儿园能定期举办家长讲座,49.6%的家长希望教师能结合儿童具体情况与家长沟通交流,个别有针对性地提供帮助,47.2%的家长希望通过亲子活动的方式,26.4%的家长希望能组织参观学习,26.8%的家长希望能组织家长座谈会、让家长们一起交流经验。从家长期望的性教育培训方式可以看出,家长在儿童性教育方面,最期望的还是获得专业人士指导。

(2) 家长对参加儿童性教育培训的积极性很高,母亲的积极性高于父亲。58.2%的家长表示如果有儿童性教育方法培训会积极参加,39.2%的家长选择了有空就会参加,只有1.2%的家长选择不参加。其中母亲的积极性高于父亲,60.6%的母亲选择会积极参加,而父亲相对低一些,49.2%的父亲选择积极参加,见图6。

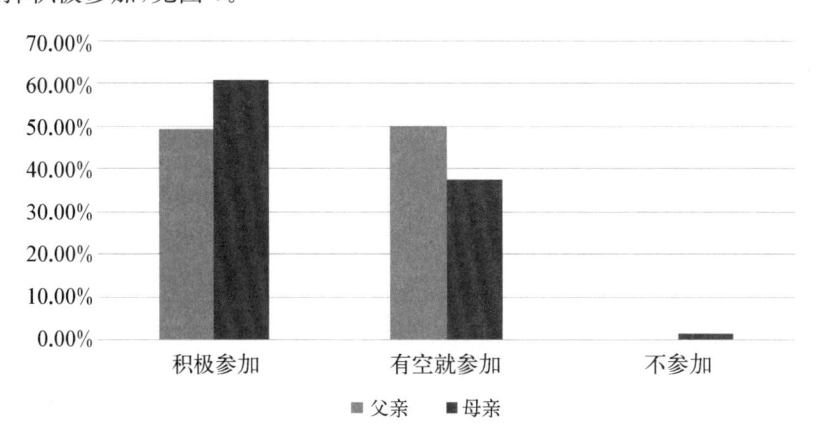

图6 父母参加性教育方法培训的积极性

(3) 教师希望开设儿童性教育师资培训。我们询问教师如果开设儿童性教育方面的师资培训是否必要,41.8%的教师觉得非常必要,47.8%的教师觉得有必要,6.6%的教师觉得无所谓,认为没有必要的只占1.9%。

(二) 性别教育开展现状

1. 教师和家长对儿童性别角色和儿童性别教育的看法

教师和家长对传统的性别角色观念并不完全认同,但在性别教育方式上仍存在知行分离,家长的性别观念较教师传统。

调查中,92.8%的教师和94.4%的家长认为培养孩子的性别认识、性别角色意识是儿童性教育的重要内容。调查发现,教师和家长对于传统的性别观念已经有了变化,对于性别角色的接纳度更高,见表4。对于"如果男孩喜欢玩洋娃娃、过家家等需要及时纠正"69.5%的教师和48.2%的家长表示不同意,18.9%的教师和31.3%的家长觉得无所谓。对于"女孩子不适合玩枪、篮球、足球等游戏",82.1%的教师和75.1%的家长不认可。对于"如果男孩表示长大想从事护士、幼儿园老师等职业,是不合适的",83.7%的教师和72.6%的家长表示不同意。

表4 对儿童性别角色的看法

		非常同意	同意	无所谓	不同意	非常不同意
如果男孩喜欢玩洋娃娃、过家家等需要及时纠正	教师	1.3%	7.5%	18.9%	48.1%	21.4%
	家长	3%	16.9%	31.3%	42.1%	6.1%
女孩子不适合玩枪、篮球、足球等游戏	教师	0.9%	3.8%	11.9%	52.5%	29.6%
	家长	0.7%	3.6%	20%	64.1%	11%
如果男孩表示长大想从事护士、幼儿园老师等职业,是不合适的	教师	1.3%	2.2%	11.3%	47.5%	36.2%
	家长	0.2%	7.8%	19.1%	59.4%	13.2%

对儿童性别教育的看法见表5。58.7%的家长认为女孩应该文静乖巧、男孩要勇敢坚强,而教师中认同的比例为32.7%。21.7%的家长认同训斥男孩时严厉一点没关系,对女孩要尽量温和一点。

表 5　对儿童性别教育的看法

		非常同意	同意	无所谓	不同意	非常不同意
女孩应该文静乖巧、男孩要勇敢坚强	教师	11.6%	21.1%	14.5%	36.5%	14.2%
	家长	14.4%	44.3%	13.5%	25.2%	2.4%
训斥男孩时严厉一点没关系,对女孩要尽量温和一点	教师	1.6%	6.3%	11%	54.1%	25.5%
	家长	1.4%	20.3%	7.6%	62.4%	8.1%

此外,有5.1%的教师和10.7%的家长认为性别概念、特征及行为等儿童长大自然就会明白,不需要特别进行教育。

虽然教师和家长对传统儿童性别角色有所改观,但是在实际教育时,还是按照传统的方法觉得女生应该文静,对待女孩要温和,观念和行动存在矛盾。

2. 教师和家长认为幼儿园男教师稀缺对开展儿童性别教育会有影响

幼儿园教育中男性教师的缺失所带来的问题是经常被讨论的话题。本次参与问卷的男老师只占2.8%,调查中,我们就这个问题展开了调查,59.1%的教师和36.5%的家长觉得幼儿园男教师稀缺对于幼儿园开展性别教育开展存在影响,见图7。

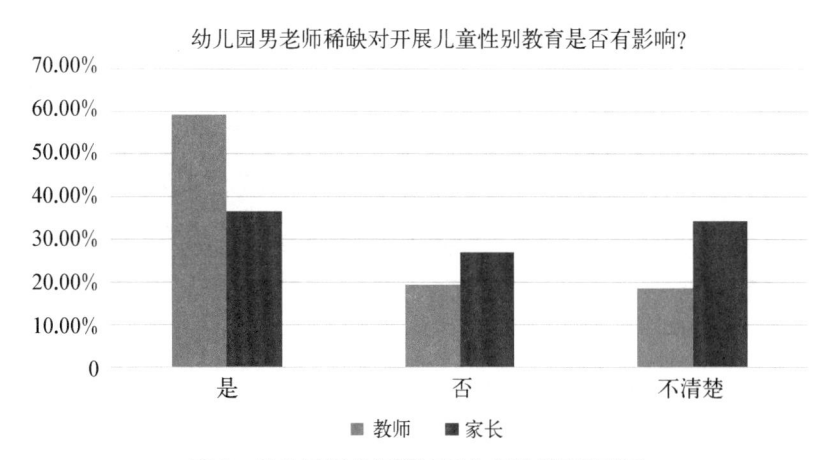

图 7　幼儿园男老师稀缺对儿童性教育的影响

不可否认,男教师在性别教育中可能会有女教师所没有的男性特质,但是对于幼儿园女教师来说,正确的社会性别理念、合理的性别教育方法可以在一定程度上抵消男教师缺乏所带来的影响,而这些都是需要教师们学习并具备的。

(三) 防性侵教育开展现状

1. 部分教师和家长对预防儿童性侵害的认识不够

根据中国少年儿童文化艺术基金会女童保护基金统计,2015年全年媒体公开曝光的性侵儿童案件中熟人犯罪占70.59%,这也告诫我们在对儿童进行防性侵安全教育时,一定要特别重视针对熟人性侵的防范措施。在我们本次的研究中,只有39.6%的教师和56.7%的家长认为对孩子的性侵害主要来自熟人,47.2%的教师和63.8%的家长觉得对孩子的性侵害主要来自男性,依然有不少教师和家长没有意识到熟人犯罪占据了儿童性侵的大部分。

调查发现,72.1%的家长对孩子经常接触的人"了解",23.7%的家长选择"有一点了解",2.9%的家长表示"不了解"。母亲对孩子经常接触的人的了解度高于父亲,75.5%的母亲选择"了解",相对应父亲的选择"了解"的比例是64.3%。

2. 教师和家长会给儿童传达预防性侵害的自我保护意识和基本的安全自护方法

当向教师和家长问及是否传达给孩子预防性侵害的自我保护意识时,77.4%的教师和76.6%的家长选择"是",20.4%的教师和21.5%的家长并没有向孩子传达过预防性侵害的自我保护意识。

从表6中,我们可以看出,对于一些常见的儿童安全自护知识,无论是教师还是家长都会在课程和生活中给儿童进行教育,频率最高的一项是"不能跟着陌生人走",可见教师和家长对于陌生人的防范意识会更高。

表6 儿童安全自护知识

	教师				家长			
	经常	有时	偶尔	从不	经常	有时	偶尔	从不
1. 不在他人面前暴露自己的隐私部位	62.3%	20.1%	12.6%	3.8%	68%	21.7%	5.8%	2.9%
2. 背心短裤遮着的地方是不能被别人碰的	56%	23%	16.7%	3.1%	56.7%	28.9%	8.0%	5.2%

(续表)

	教 师				家 长			
3. 在人际交往中,遇到危险的情境,该如何正确逃离	52.8%	30.5%	12.6%	2.8%	35.5%	32.1%	23.2%	7.3%
4. 不能跟着陌生人走	88.7%	8.2%	0.9%	0.9%	89.3%	7.1%	1.2%	1.5%
5. 避免单独和他人在安静、封闭的环境中相处	51.6%	26.4%	14.5%	6.3%	39.9%	27.6%	19.5%	11.2%
6. 当他人的行为让你感到不舒服时,要勇敢拒绝别人不合理的要求	54.1%	25.2%	14.8%	4.7%	44.3%	29.1%	19.3%	6.4%
7. 当他人做出让你不舒服的行为时,及时告诉父母和老师	68.2%	20.8%	6.6%	2.8%	59.9%	27.9%	8.1%	2.4%
8. 遇到危险时如何寻求周围人的协助	75.8%	16.7%	5.3%	0.9%	55.5%	31%	9.3%	2%
9. 遇到危险打110、119或者120求救	84.9%	11.6%	1.3%	0.6%	54.8%	25.5%	12.7%	5.2%

在教导儿童遇到危险时怎么保护自己方面,教师讲授的频率高于家长,如:"在人际交往中,遇到危险的情境,该如何正确逃离""遇到危险时如何寻求周围人的协助""遇到危险打110、119或者120求救"等。

3. 教师和家长认为预防儿童性侵害最有效的方法

教师和家长认为预防儿童性侵害最有效的方法是"教会儿童自我保护的方法"和"将儿童防性侵教育纳入学校课程中去"。

调查显示,教师和家长认为预防性侵害最有效的方法排名首位的是"教会儿童自我保护的方法",其次是"将儿童防性侵教育纳入学校课程中去",见图8。

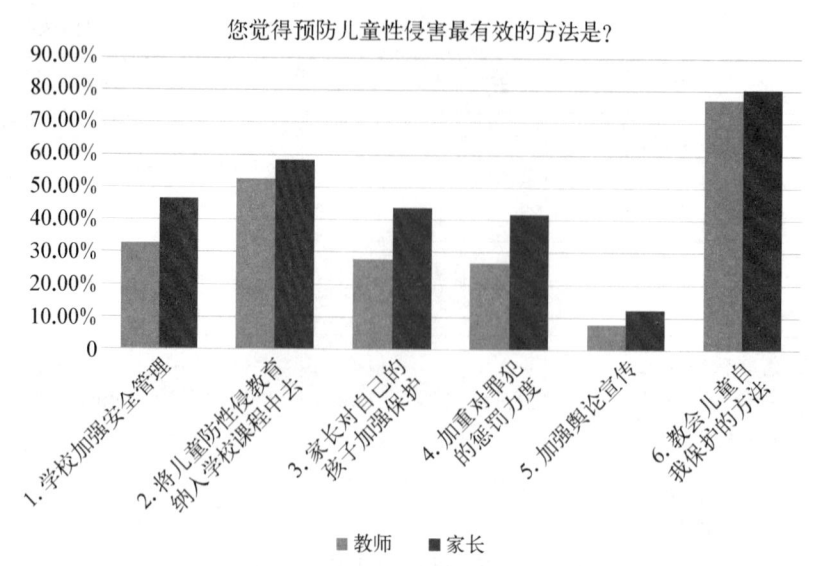

图 8　预防儿童性侵害最有效的方法

三、实践干预

  本次课题在调研的基础上,策划安排了相应的实践干预,从教师与家长的需求出发,实事求是,专业有效。本次实践干预的对象分别是幼儿园教师、幼儿园学生家长和幼儿园中大班的学生。我们同时采取师资培训、家长讲座、亲子活动和儿童课程的方式。师资培训的对象主要是幼儿园教师。通过对师资的培训,加强儿童师资队伍的建设,提高他们的专业水平,并辅导教师进行儿童课程的设计。经过培训的老师,将负责所在幼儿园的儿童课程开发和授课。家长讲座将从安全自护教育入手,指导家长在家庭中如何开始安全教育,同时也教会家长在日常生活中如何正确开展儿童性教育。亲子活动从食品安全、交通安全、用药安全、消防安全和防拐骗等主题入手,设计出寓教于乐的活动,从而丰富本次安全教育的内容。儿童课程将从儿童性教育与自护教育入手,组建专业的师资团队,聘请专业的性教育专家作为指导老师,设计出适合学龄前儿童的儿童性教育课程。最后我们会将课程相对应的课案结集成册,在全区范围内推广。

  在实践干预过程中,每次活动结束后,我们会请参与培训的对象填写反馈问卷,对讲座内容、授课教师及对传达理念的理解作出评价及反馈,并根据反馈结果调整后面的活动。

(一) 师资培训

根据调研结果,结合育儿基地多年的儿童安全教育经验,课题组精心设计了师资培训课程,面向宝山区的幼儿园教师开展系列培训,为幼儿园教师解决幼儿园安全防范和儿童性教育存在的困惑。我们请到了全球儿童安全组织中国区首席代表崔民彦为教师们讲述"幼儿园内如何开展安全教育",同时,我们也请到了著名性教育专家,北京林业大学性与性别研究所所长,应用心理学系副教授方刚,为教师带来"儿童的性教育"讲座。希望能从不同的维度和内容对幼儿园教师展开培训,为他们带去最新的教育方法和理念。

根据师资培训现场的反馈问卷,师资培训的满意度高达99.1%,其中非常满意达到84.1%,满意达到15%,这说明教师们对于讲座内容是非常认可的。80.4%的教师认为讲座中获得的知识和信息对自己很有帮助,17.8%的教师认为有帮助。97.1%的教师认为讲座的内容是合理适中的。教师对讲座师资专业性的满意度也非常高,达到100%,这说明参与培训的老师对讲座教师的专业性非常认可。参加完课程之后,65.4%的教师对讲座内容完全理解,32.7%的教师认为大部分能理解。

除了满意度调查,我们对教师们进行了性教育培训需求的调查,询问教师需要哪些专业的帮助。根据结果表明,教师们最希望在两个方面获得指导,有73.8%的教师希望在"对儿童开展性教育的方法"方面获得指导,77.6%的教师希望在"与儿童正确沟通的技巧"方面获得指导。此外,38.3%希望培训中能涉及"儿童性教育相关书籍推荐",35.5%教师希望能进行"相关教案设计指导",28%的教师希望能获得"系统科学的性教育知识"。由此看出,目前在儿童性教育方面,教师最缺乏的不是性教育的理念,而是真正实施性教育的方法和技巧。

我们也对教师期望的性教育师资培训方式进行了解,排名首位是专家授课,有78.5%的教师选择,30.8%的教师选择课案研讨,29.9%的教师选择主题沙龙,20.6%的教师选择教学实践指导,29%的教师选择现场参观学习。

（二）家长培训

除了师资培训，我们也对家长开展讲座学习，我们请到了复旦大学附属儿科医院的副主任医师郑继翠医生，为家长带来儿童意外伤害的预防和处理，以及儿童性教育该如何开展的讲座。

根据家长讲座现场的反馈问卷，本次家长讲座的满意度高达100%，其中非常满意达到71.1%，满意达到28.9%，这说明家长对于讲座是非常认可的。49.4%的家长认为讲座中获得的知识和信息对自己很有帮助，37%的家长认为有帮助。95.2%的家长认为讲座的内容是合理适中的。家长对讲座师资专业性的满意度也非常高，达到98.8%，这说明参与培训的家长对讲座教师的专业性非常认可。参加完课程之后，77.1%的家长对讲座内容完全理解，21.7%的家长认为大部分都能理解。

我们也对家长期望在儿童安全的哪些方面获得指导进行调查，根据结果表明，家长最希望获得指导的前4名分别是防拐骗/走失（61.7%），自护防性侵（50.6%），食品卫生（46.9%），交通事故（43.2%）。

同时，家长也提出了在性教育过程中存在的困惑，如"如何正确地向孩子讲述，使其理解""是否要让孩子完全听懂，还是不要太清楚比较好""说的太深孩子不懂，不知该如何用孩子理解的语言进行性教育""不知道如何跟孩子讲述男女的区别""应该跟孩子解释到何种程度"等。家长的困惑和教师的困惑一样，都是不知道如何开展性教育，希望获得儿童性教育的方法和技巧。家长也提出了希望"平时老师也经常讲解相关知识""定期开展类似专题教育""家长和老师共同努力开展教育"等建议。

（三）儿童安全进社区亲子活动

我们开展了针对家长和儿童的儿童安全进社区亲子活动。上海科学育儿基地在以往两年的基础上，增加了实操演练的内容，也在活动设计上增加了家长参与度。针对家长最担心的儿童安全问题，结合多年儿童安全教育培训经验，根据儿童不同年龄特点与活动范围，设计了一系列新颖有趣、寓教于乐的儿童安全家庭亲子活动，希望孩子和家长能在游戏中了解并掌握更多的儿童安全知识。小朋友和家长可以在老师的指导下参加"消防逃生演练""小小医生""安全标志连连看""安全小电影""防拐骗安全教育互动活动"等有趣而有意义的活动。这些活动涉及"消防安全、用药安全、交通安全、意外伤害防护以及防拐骗教育"等内容,通过实操模拟、亲子互动的游等形式,帮助儿童掌握正确的自我保护方法,加深广大儿童家庭对各类儿童成长安全隐患的认知,确保儿童在安全、舒适、愉快的家庭环境中健康成长。

(四) 幼儿园性教育教材编写与实践

在调查研究和家长及教师现场反馈表的基础上,我们发现,教师和家长都认为儿童性教育是非常必要的,也都迫切需要知识、技能和方法的指导。因此,我们与宝山区妇联和教育局合作,选取了宝山区小天鹅幼儿园和宝山区锦秋幼儿园作为试点,同时面向全区招募有兴趣的老师组成性教育教研团队。教研团队将从 4 个维度出发:① 认识自己的身体;② 性别与健康行为;③ 学会保护自己;④ 人际关系与信任,设计出相应的适合中大班儿童的性教育课程。目前,课程的设计和研发仍在进行中,我们将通过不断的讨论、试讲、修改,最终开发出系列课程,并将相关的课案结集成册,制作成幼儿园儿童性教育教材,在宝山区推广。

四、建议与对策

(一) 加强师资培训和家长培训

性知识对儿童而言,和其他科学知识一样,是需要学习和教导的,儿童性知识的获得,性观念的形成,性行为的培养都离不开性教育。调查发现,幼儿园的儿童对性有很强的好奇心,需要教师和家长进行正确的解答,而大多数教师和家长并未受到系统正规的性教育,因此,对教师和家长进行儿童性教育和儿童性心理的基本知识培训非常必要。

北京师范大学副教授刘文利表示,孩子成长的第一环境是家庭,所以父母是孩子的第一任性教育教师。而学校也必须为学生提供接受正规性教育的机会,让每一个接受义务教育的孩子都有机会获得他们需要的性信息。因此,不论是家长还是教师,在儿童性教育过程中,都有不可推卸的责任。

对于幼儿园教师,我们可以从性知识、心理学、学前教育学等多方面多维度出发,对幼儿园教师进行性教育方面的培训,教给教师有关儿童性教育的知识和方法。教育部门和幼儿园应该鼓励和支持教师学习性教育知识,为教师的成长创设条件,保障教师的学习。比如可以让教师参加有关儿童性教育的专题培训,邀请有儿童性教育经验的教师开展教学交流,鼓励教师设计相应的儿童性教育课案等。

调查结果告诉我们,家长是有意愿参与到儿童性教育活动中来的,只是找不到正确的性教育方法,把握不好性教育的尺度。因此,可以通过开展性教育培训的方式,帮助家长以科学开放的心态学习儿童性知识,教会他们实施儿童性教育的方法。

(二)相关部门应将儿童性教育纳入幼儿园课程,成为必修课程

我国对儿童的性教育仍处于起步阶段,没有针对儿童性教育制定出相关的课程,目前,在幼儿园中,性教育并不是必须要开展的一项课程,这给性教育的开展带来了很大的难度。如果在儿童对性产生好奇的时候没有正视儿童的性教育问题,没有在合适的年龄开展合适的性教育,那么儿童就有可能通过其他途径获得很多不正确的性知识和性行为,不利于儿童健康成长。

幼儿园是儿童性教育的主要承担者和实施者之一,相关部门对此应该重视起来,靠政府的政策力量带动学校开展儿童性教育,将儿童性教育纳入幼儿园课程,成为儿童在幼儿园期间必须学习了解的一项知识,从根本上保障每个儿童都能受到性教育。这样一方面可以促使各师范学校在教师培养时就设定相应的儿童性教育培训课程,保障幼儿园性教育师资队伍的质量,另一方面也可以促进儿童性教育课程教材的研发和制定,使教师在授课时有参照、有标准。

此外,应该在学校性教育过程中建立和完善性教育评估监督机制,定期对性教育开展过程进行评估,从制度上让学校、教师加强对性教育的重视。

(三)家园携手,共同协作,一起做好儿童性教育工作

性教育需要家庭、学校和社会合力完成。家庭和学校都应该担负起性教育的责任,但是这两者不该是相互独立,而应相互配合,一起完成对儿童的性教育。

家庭和学校是儿童活动时间最多的场所,儿童性教育的开展,离不开学校和家庭的有效沟通,建立家庭教育和学校教育协同的机制,让家长能更直

接地参与到学校教育中来,才能在第一时间给予儿童正确的引导。

幼儿园可以通过微信搭建互动平台,运用家长会、家长开放日等机会,与家长进行沟通,也可以聘请专业人士对家长和教师进行辅导。本次调查中,我们发现,家长对于专业人士授课、家长讲座、亲子活动、沟通交流等性教育方式是十分欢迎的,反而有36.6%的教师担心家长会有反对意见,教师和家长之间并没有很好地了解相互的需求。合理沟通,增进了解,不但可以建立良好的关系,提高家长的参与度,也可以利用家长群体的宝贵资源,从不同职业、经历和社会背景的家长中学习经验,从而改善并调整教学目标和计划。

(四)营造健康的社会舆论环境,建立多维立体的保护网络,确保儿童安全快乐成长

性教育是涉及家庭和社会的系统教育工程,在儿童性教育的过程中,也应该发挥社会教育的功能。

一方面,我们应该注重大众媒体的影响。电视、网络这些离我们的儿童都很近,在儿童的成长过程中,不可避免地会受到大众传媒带来的影响,因此,大众传媒应该把握好度,营造健康的舆论氛围,传播健康正面的性文化。

另一方面,相关部门应该加强立法。本次调查中,41.7%的教师和26.5%的家长认为加重对性侵罪犯的惩罚力度对预防儿童性侵会有帮助。与国外普遍严惩性侵儿童的做法相比,我国对性侵儿童的处罚力度相对较轻,对于犯罪人员而言,犯罪成本较低。除了完善法律,司法部门也应该加大法制宣传力度,构建家长、学校、社会密切配合的安全教育体系和保护网络,保护儿童免受伤害。

家庭教育服务社参与
承接家庭教育成长
助教项目的实践与思考[①]

杨慧玲

一、绪　　论

目前全社会对家庭教育的重视程度到了前所未有的高度，对于家庭教育专业社会组织的需求也有迫在眉睫之势。2014年上海市家庭教育研究会就曾发布过关于"家庭教育专业社会组织的建设"相关的课题指南，当时的L家庭教育服务社还是一个以家庭教育指导（服务）的家庭教育志愿者团队。正是在家庭教育研究会的课题引领下，社团正逐渐成长为一个专以家庭教育服务的社会组织。全社会在推进家庭教育指导与服务的过程中，要求社会组织参与社会治理，政府向社会组织购买家庭教育指导服务成为政府除要求学校家委会等部门承担家庭教育指导的新模式。尽管L家庭教育服务社目前还是属于初创期，试图通过承接M区鲁冰花家庭教育成长助教项目的进行研究，在实践中对于社会组织承接儿童或家庭公共服务项目进行深入地反思与剖析，希望通过研究与项目式学习与服务双轨并行，对目前L家庭教育服务社开展的各种服务项目及在实践过程中引发的种种思考，有对政府职能部门提供的公共服务项目的建议；有对学校进行家庭教育指导的建议；也有对社区家长进行家庭教育指导的建议等。通过社会组织自我成长的和公共服务项目两个维度展开研究，同时为组织的成长和可持续发展作些思考。

---

① 本文系2017年上海市家庭文明建设重点立项课题之研究成果。

(一) 研究背景

家庭教育对个体发展、对家庭乃至对社会影响持续提升,随着对家庭教育重要性的认识,家庭教育指导已经开始全面纳入了国家公共服务范畴。前不久由全国妇联联合教育部、中央文明办、民政部、文化部、国家卫生和计划生育委员会、国家新闻出版广电总局、中国科协、中国关心下一代工作委员会共同印发了《关于指导推进家庭教育的五年规划(2016—2020年)》(以下简称《规划》)提出,到2020年,基本建成适应城乡发展、满足家长和儿童需求的家庭教育指导服务体系。《规划》还部署了准确把握家庭教育核心内容、建立健全家庭教育公共服务网络、提升家庭教育指导服务专业化水平、大力拓展家庭教育新媒体服务平台、促进家庭教育均衡协调发展、深化家庭教育科学研究、加快家庭教育法制化建设7个方面18项重点任务。其中,明确提出提升家庭教育指导服务专业化水平,加大推进政府购买家庭教育公共服务的力度,积极搭建社会组织服务平台。L家庭教育服务社从建立前就将组织发展目标定位成为一个专业从事家庭教育服务的专业的团队。对一个以家庭教育志愿者服务为初心的草根型的社会组织,在承接M区家庭教育成长助教项目的过程中有许多的实践与思考。试图从下位视角来审视自身在公共服务项目承接过程中的优劣势,其中,主要聚焦如何提升组织胜任力、提升优化服务效能,提高群众感知度和获得感为核心目标。

(二) 国内外研究现状

1. 国内研究现状

关于社会组织参与承接公共服务项目的相关研究文献在知网中共显示228条目,基本上都是从上位视角来陈述社会组织参与公共服务项目的一些现状,分析社会组织承接公共服务理论基础及对提升社会组织参与共同服务效能的策略研究。然而聚焦到对儿童或家庭公共项目的参与,相关研究文献非常鲜见。本课题是从一个新生、基层的社会组织在承接家庭教育公共服务项目的实践过程,从下位视角自我透视在家庭教育指导过程中,社会组织介入的积极意义——政府要通过购买服务的方式来进行家庭教育的指导渗透的社会影响与价值意义。同时,L家庭教育服务社既作为课题的研究者、思考者，又作为本课题研究调研的对象。我们将通过问卷、访谈、案例等调查研究方法，研究在参与承接公共服务项目后，服务对象对社团的整体效能评价及社团本身自我的评价，思考如何在服务中提升组织服务能力，增强社会组织承接公共服务的各种能力。尽管 L 家庭教育服务社正在通过课题引领、项目推动等科学的方法，不断自我研究、加快自身成长，这样的社会组织将会具有较强的内生力，但是 L 家庭教育服务社在加强承接项目的顶层设计等方面与提升组织自我的专业成长同时都面临了许多问题，遇到了瓶颈，在社会协同治理发展氛围不是很理想的现实下，还是需要相关政府部门对社会组织辅以一定的投入力度和成长扶持。如何实现组织在社会资本增值和组织的可持续发展的有效策略究竟在哪里，都是本课题研究中所涉及的思考范围。总之，本课题可以有针对性地研究借鉴的相关文献研究鲜有。

2. 国外研究现状

2017 年的"新家庭智慧爱"的家庭教育中外学者分享会上，美国霍普斯金大学的教授专门就社区如何参与学校、家庭的家庭教育指导给出了非常明确的目标和行为模式。国外的相关研究已经将家校社的协同进入"研究—实践—再研究—再实践"的循环模式中去。无独有偶，这和 L 家庭教育服务社的学习组织服务模式在一定的程度上有雷同，由于国外，尤其是美国、日本等国家的家庭教育指导社会支持体系比较完善，我们正在因地制宜地，根据地域地区的不同的需求，在不断地汲取他人经验的基础上，也尝试用"研究"让行动更具有效能。

（三）研究意义

L 家庭教育服务社的前身是一个专门从事家庭教育志愿者服务的社团，在 2014 年申报市家庭教育研究会的重点课题获得立项后，以课题为引领，逐渐从一个社团发展成为社会组织。于 2016 年正式注册成为一个专门为社区家庭提供生活、教育类咨询和服务的年轻的社会组织。同年，按照事实化、项目化、社会化方式争取并承接 M 区妇联的鲁冰花家庭助教项目，为推动区域妇女儿童公共事务的发展贡献自己应有的力量。

1. 理论意义

关于研究社会组织承接公共服务项目的研究文献基本聚焦在对于广义

的范畴中,社会组织的形态有所不同,以法人为例,有的是具有政府背景的,也有以企事业单位为法人,有社团组织、个人为法人的;社会组织的层级也有所不同,有小到城镇街道范围内的,有市区级的乃至国家部委所属的。这些不同法人、不同服务范围大小的社会组织对于承接公共服务项目有一定的区别,很多相关的研究还没有如此细化。其次,对于不同的公共服务项目,所承接的组织性质和专业背景是否有所不同,也没有相关论述。由于家庭教育指导服务纳入公共服务项目的时间还不久,因此聚焦在家庭教育的相关公共服务项目的相关研究就目前在知网上查阅是个位项。综上,基于以上两个关键词组合而成的研究也就非常鲜见,因此,本课题的研究将在理论研究上具有一定的价值。

2. 实践意义

在 M 区 H 社区家庭教育指导上,由 L 家庭教育服务社这一专业的从事家庭教育服务的社会组织介入后,社区家庭对于妇联系统开展家庭教育指导的社会认同度得到提升。家长从原先的比较认同由学校老师作为指导主体逐渐变为接受了由相关专业的社会组织,打破了原本学校、妇联(社区)单独各自进行家庭教育指导服务工作的模式。L 家庭教育服务社协同了两个政府职能群体的力量,合力同行,助力社区家长开展家庭教育指导。通过 L 家庭教育服务社"一元讲堂"衍生而出的"面向家庭、面向学校、面向社区"的"三个面向"的家庭教育指导公益服务项目的设计与实践取得良好的社会反响。通过创新开展家庭教育公益服务——"家庭公益行动——领巾志愿者行动"的推进,加大了服务对象对政府公益项目的了解和认识,帮助家长提升家庭教育效能感、获得感的同时,也不断推进自身作为社会公益组织的发展。

(四)研究框架与研究方法

1. 研究框架

研究框架见图 1。

本文首先对 L 家庭教育服务社承接 M 区成长助教项目的背景做一些简单的介绍,继而对一个草根的社会组织在家庭教育服务的过程中的相关概念做一些定义和解释,同时将所用的理论工具做相关陈述。其次将用案例的方式将展现 L 家庭教育服务社在承接项目的过程中所遇到的一些问题

```
        ┌─────────────────┐
        │     绪  论      │
        └────────┬────────┘
                 ↓
        ┌─────────────────┐
        │ 概念界定与理论工具 │
        └────────┬────────┘
                 ↓
        ┌──────────────────────────┐
        │ L家庭教育服务社承接M区项目的分析 │
        └────────┬─────────────────┘
                 ↓
        ┌─────────────────┐
        │ 对家庭教育公共服务建议 │
        └────────┬────────┘
                 ↓
        ┌──────────────────────────┐
        │ L家庭教育服务社组织成长的瓶颈与发展 │
        └────────┬─────────────────┘
                 ↓
        ┌─────────────────┐
        │    总结与展望    │
        └─────────────────┘
```

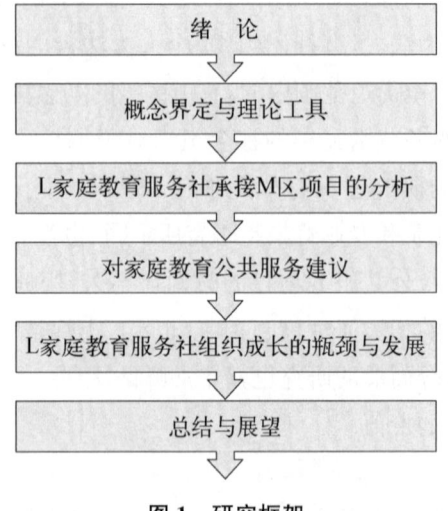

图1　研究框架

及所收获的思考。至此通过对家庭教育公共服务的亲历,为建构完整的家校社协同的、高效能的家庭教育服务,从自身的角度提出一些建议。最后,通过本研究,得以突破自身发展的瓶颈,实现良好的可持续地组织成长。

2. 研究方法

(1) 文献研究法。通过和本课题相关的研究成果文献的梳理,找寻在实施的过程中可以借鉴的理论依据以及优秀经验。尤其是关于家庭教育公共服务及社会组织成长相关的文献梳理,从文献中找到可以借鉴方法,寻找合适的研究视角。

(2) 行动研究法。通过L家庭教育服务社承接家庭教育服务项目的实践,不断地进行反思重建,构建有效的活动内容及实施策略,从中获得各种资料和经验的积累,促使组织专业的、健康的持续发展,为走向一个专业的从事家庭教育服务的社会组织,构建一个可实现的发展愿景。

(3) 案例研究法。通过对承接项目的个案跟踪研究及分析,对组织承接政府项目的胜任力有科学的自我认知。同时,也对政府购买项目背景下,L家庭教育服务社作为一个新的社会组织,在项目开发和运作能力建设层面的思考。

二、概念界定与理论工具

(一) 概念界定

1. 家庭教育公共服务

有学者冯晓霞曾提出家庭教育发展的两大路径,一是国家政策引导,二是社会提供服务。国家政策引导主要是指国家通过颁布政策法规对家庭教育进行宏观调控,为其发展指明方向。社会提供服务主要是通过社区教育、家长学校、咨询服务、家教活动等为家庭提供多样化的服务。之后又有学者提出政府与第三部门合作,协同发展家庭教育,尤其是政府主导、社会组织参与、公办民办并举的家庭教育供给机制。

2. 政府购买家庭教育公共服务

政府购买家庭教育公共服务指政府为了满足不同社会家庭对于家庭教育服务的多样化公共需求,通过与社会多方供给主体直接购买,以满足家庭教育的公共需求,实现政府财政资源的最优配置的活动。从此定义可以看出,政府购买家庭教育公共服务的主体是政府,其客体是家庭教育公共服务,其目标是满足社会的多元化的公共需求。目前,我国政府在购买家庭教育服务还不是很成熟。

3. 社区家庭教育指导中心提升家庭教育公共服务

从现阶段看,无论是由教育行政部门还是由妇联牵头还是由关工委推进,这3种模式之间还是存在着基本独立,偶有交叉的活动。活动由于没有一个"统一主题"来协同家庭教育的主体实施,在内容和形式上存在着比较多的雷同。学校、社区提供的家庭教育服务的内容有着更多的重复,大多是从家庭教育的理念层面出发做一些普及型的工作。尽管每个社区已经有了"社区家庭教育指导中心",但如何充分发挥好这样的一个"属地功能",这不仅是妇联的工作职能之一,更应该成为教育、社区其他部门乃至家庭的"分内事"。这不能看成是一个"部门",而是对于不同地区地域不同的家庭教育的特点把握,家庭教育需求及提供比较个性化服务的突破点,虽然尚且还是具有一段很长的路,但可以努力为之。

由此,以第三方社会组织来对社区的家庭教育需求进行调研,以此提供作为政府主导、学校指导、社区服务的参考,由社会组织做好贯通社区各类家庭教育的资源的整合和梳理,通过社区家庭教育指导中心这样的组织机构,真正为社区居民提供家庭教育的各类落地式服务。

(二) 理论工具

1. 公共需求理论

由于公共产品和公共需求的非排他性和非竞争性,难以形成有效的激励机制,市场主体不愿意或无法供给,所以只能由政府这一公权力行使主体来提供。家庭教育服务作为许多家庭的一种共同需求,在家庭和谐社会整体素质提高,整个社会和谐及国家社会发展方面具有举足轻重的地位。作为一种公共产品和需求,其公共性决定了需要政府这一主体来提供,这是政府的基本职能。由于目前家庭教育公共需求的日益增长,与社会的有效供给形成了鲜明的对比,出现的矛盾也日益显现。一方面,家庭教育指导师及指导团队的缺乏,家庭教育指导的效率不高,因此矛盾既体现在数量上同时也体现在质量上;另一方面,由于政府购买家庭教育服务也刚起步,面对社会不同家庭的多元需求,显得很无力。就目前上海市志愿者队伍中,由于专业性等因素,以家庭教育服务为主的团队很是鲜有。作为家庭教育服务类的专业社会组织则更鲜有。就以M区为例,多为助老、青少年社区服务等专业的,几千家社会组织,包括社团组织内,基本不涉及"家庭教育"专业,仅有的区级的家庭教育指导中心也无法满足所在区域内对家庭教育服务相关需求,由此,面对大量的家庭教育指导需求,尤其是能提供个性化、个别需求的家庭教育指导的,能提供相关服务的组织及机构却捉襟见肘。

2. 组织评估理论

有学者在中国本土的非营利组织发展的困境中提出"APC"评估——非营利组织问责、绩效与组织能力评估。是在传统的"3E"评估、"3D"评估理论基础上发展起来一种新型评估理论。"3E"评估对经济、效率与效果进行评估,这类评估是注重效率,但不关注产出和服务品质;"3D"评估通过诊断、设计与发展对公共组织进行评估,这种评估的理论的主要是难以定量。"APC"评估是对于目前实际情况提出来的一种新型的公共组织评估框架。这类的评估是促进组织公信度、效率和能力的提升,促进非营利组织的可持续发展。

三、L家庭教育服务社参与承接M区家庭教育成长助教项目的个案分析

通过L家庭教育服务社参与承接M区家庭教育成长助教项目的个案，主要聚焦在L家庭教育服务社在政府购买服务背景下的对项目的开发和运作能力的实践与研究，以此，衍生到团队自身治理能力、承接胜任力等方面的全面思考。通过跟踪整个项目长达一年半之久，充分了解L家庭教育服务社在承接的项目过程中整个动态发展的过程。L家庭教育服务社也随着整个项目的"项目化运作"，完成着一个又一个子项目，而后通过项目管理的思路来进行运作。依据一个项目从诞生到承接、运作、总结评估和结束的生命周期，具有不同的表现。这些能力表现可具体为项目开发阶段的跨界行动能力及项目设计申报能力；项目实施与控制阶段的统筹管理能力与专业服务能力；项目总结与评估阶段的成效转化能力等。在此过程中L家庭教育服务社不断地向一个专业从事家庭教育服务的服务机构不断努力。

（一）L家庭教育服务社承接M区家庭教育成长助教项目的概况

1. 从志愿者社团走向社会组织

L家庭教育服务社从原先的志愿者群落到一个以研究家庭教育指导服务为主的民间社团，正逐渐成长为从事家庭教育（父母教育、青少年公益教育等）志愿服务的专业社会组织。2013年社团承担了上海市妇联重点课题"家庭教育志愿者团队的叙事研究"，以课题为引领进行家庭教育志愿者培养，旨在提供家庭教育专业服务的科学性及有效性。2015年完成了市重点课题的研究，并在上海市科学会堂2015年的家庭研究年会上，向全市各个家庭研究会的会员单位，进行了课题成果分享，获得专家同行的好评。全体核心队员参加了中国第三届国际积极心理学大会暨北京清华大学的培训、海安幸福家庭论坛、上海市家庭教育高峰论坛、中国教育学会家庭教育专业委员会在杭州举行的"新教育新家庭"国际家庭教育论坛等专业培训及活动。L家庭教育服务社成立以来，初步实现服务家庭（个案咨询、跟踪服务）、服务学校（协同和提升班主任家庭教育能力）、服务社区（开展家庭教育

类讲座、活动)的多维度、一体化家庭教育服务项目研究。同时承接了闵行区"鲁冰花"家庭成长助教项目,形成了具有特色的"一元讲堂",成为区、镇妇联家庭成长助教的品牌项目。

2. L 家庭教育服务社承接 M 区家庭教育成长助教项目的背景及现状

(1) 项目背景。社团于 2016 年成功申报并承接了 M 区家庭教育成长助教项目,该项目旨在为进一步深化鲁冰花家庭教育项目,充分发挥鲁冰花骨干志愿者的领头人作用,推进志愿服务常态化、制度化、专业化。根据 M 区鲁冰花家庭教育项目年度工作计划及相关要求,L 家庭教育服务社获得了区妇联 2016 年度重点资助,以协助有效推进鲁冰花家庭教育项目深化、细化的服务项目。其中包括社区活动(针对儿童不同阶段的规律和差异,开展面向家长及儿童的育儿讲座、亲子阅读培训、含育儿指导要素的亲子活动等);自治组织建设(社区自治沙龙、公益团队、志愿者团队归属感的培育等);品牌建设(其他与家庭教育相关的创新性服务项目)。团队在实施项目的过程中远远超出项目的原定预期,即有关的要求是带领志愿者参与项目人数不少于 30 人;项目过程中组织志愿者活动不少于 2 次;参与活动的社区家长不少于 100 人次;网上信息发布不少于 2 次。围绕"一元讲堂"开展的课程有以下几个特点:① 基于对象的需求调研后的精准服务;② 设计架构面向家庭、面向社区、面向学校的立体式课程;③ 将承接项目的目标有重点又融合式地嵌入在服务项目中。

(2) 项目现状。"一元讲堂之小先生课堂"并不是一个独立的项目,而是将其放置在社团总项目群公益一"家"——家庭公益行动之儿童公益计划中,作为最原始的承接项目,在开发初期就将其定义为公益一"家",旨在通过父母牵手孩子共同在社区,在社会这个"大家"中学习服务他人,在服务他人中不断学习与自我提升。在小先生课堂,让"友善""敬业""诚信""爱国"核心价值观的教育能生长在真实的现场,根植在服务他人与提升自我的"土壤"中。父母带领着孩子齐做公益,出现"公益家庭"与"公益社区"。"一元讲堂之小先生课堂"分为两个版块。第一版块是根据学习的金字塔理论——最好的学习是说给别人听,引导孩子选择自己感兴趣或薄弱的学习内容,通过以父母、教师志愿者等形成的学习共同体共同协作得以实现体验授课、合作授课、独立授课的 3 个阶段。在备课的过程中不仅内化自己的学习内容更以"研究性学习""合作型学习"方式展开,给孩子自主的一个时空,更是通过这个看似服务实则学习的项目,实现"护长补短",让每一个孩子都有属于自己的一个"教学"体验。"小先生课堂"是一个很好的载体,不仅能促进学生的学科性学习,更能通过这样的方式,有效地衔接家庭教育与学校教育。设计初期,就设想力求通过"小先生课堂"建构,将"正确的教育观念、家庭教育方式"融于活动本身,走进家长心中。第二版块则是与"亲子乐堂"相结合,以"亲子体育""亲子美育""亲子科技"等为基本版块的活动,以种子志愿者家庭为主,与学校各级家委会、社会爱心人士与企业,由专业的教师志愿者团队与心理咨询师、家庭教育指导师团队共同设计与开发适合不同年龄(目前以 3～6 岁及小学段)、不同家庭背景(学历、工作、地域)的亲子课程,关注不同阶段孩子的成长规律与身心需求。"小先生课堂"服务活动面向社区有需要的家长和孩子(发展型与矫正型),以服务对象的需求为出发点,巧用差异为资源,进行亲子阅读、亲子游戏等主题活动。逐渐形成"学习、研究、成长、互助、协作、服务",在研究活动中研究家庭,不断形成普适性与个性化的家庭教育服务。

经过近两年的项目实施,正在逐步形成了继"小先生课堂""亲子乐堂"后的"父母学堂""志愿者讲堂"为核心的"一元讲堂"社区家庭教育课程系列。以"小先生课堂"为例,成熟之后就可以以服务项目作为输出,也是领巾志愿者、学长志愿者的孵化地。在志愿者讲堂中,我们以项目策划、服务实施等更专业的内容,旨在为服务个体家庭、学校、社区的项目中更加显现出专业性。父母学堂都是有组织内部的成员,作为家长来学习,更有一些是为学校、社区有相关需要的家长开设,如"幼升小、小升初、陪伴青春期"等相关主题的讲座。亲子乐堂更是通过与父母共做一件事,一起运动、一起阅读、一起服务来实现亲子关系、家庭关系的建设。3 个"面向"的服务都依托"一元讲堂"这个载体,而且之间并不割裂,而是循环往复,互有连接,是为将服务的效能进一步地提升。

3. 受社会组织承接公共服务理论基础的启发——社区家庭教育指导体系构建

2012 年颁布的《关于指导推进家庭教育的五年规划(2011—2015)》指出的总目标是:构建基本覆盖城乡的家庭教育指导服务体系,推进完善基本的家庭教育公共服务。正是在这样的背景下,家庭教育服务逐渐开始被纳入公共服务领域,虽然时间不久,但是足以看到国家从政府层面对家庭教育的重视程度。从 L 家庭教育服务社承接区家庭教育成长助教项目后，能够亲历并参与社区家庭教育指导体系的构建是一件幸事。看到每个社区都有挂牌成立社区家庭教育指导中心，欣喜之余，要有形有实，还是任重道远。在项目实施的过程中，发现我国家庭教育指导服务的环境还是存在着一定的上升空间，相信在政府指导和推进力度进一步加强，多部门协调推进的工作机制进一步落实，家庭教育指导服务的阵地的内涵建设进一步提升后，会为更多的家庭带去福音。以 M 区 H 社区为例，通过调研得知，各个社区家庭教育指导中心的活动情况开展情况，还是有许多家长从未参加过此类家教指导机构的活动。作为一个草根的社会组织，如何能在体系中发挥自己一些微薄的力量，以社会组织为桥梁为社区家庭教育指导体系的建构做一些力所能及的事，这也逐渐成为"一元讲堂"的背后的努力目标。"一元讲堂"项目能否成为社区家庭教育指导中心开展家庭教育指导的有力抓手？L 家庭教育服务社力求通过对承接项目的研究、对自身组织的研究等途径为社会组织与社区家庭教育指导中心之间形成的良好的协作关系，及为社区家庭教育指导与学校家庭教育指导，从目标、内容、形式等不同方面做一些对比研究，为社区家庭教育指导体系的构建也提供一些自己视角。形成具有社区特征的家庭教育指导自组织系统。当然，也希望由此能够成为政府购买项目。

（二）L 家庭教育服务社承接 M 区家庭教育成长助教项目的典型案例

伴随着研究的不断深入，项目的落地实施，L 家庭教育服务社也是在不断地明晰和聚焦原定的研究目标，承接家庭教育公共服务项目有效提升 L 家庭教育服务社的专业成长——社会组织在承接家庭教育公共服务项目中的胜任力研究及围绕社区家庭教育指导中心，优化 L 家庭教育服务社家庭教育服务社的服务体系建设，将服务目标、服务内容、服务方式等进行立体式建构。

1. 基础调研为承接项目提供准确定位

在正式承接家庭教育项目之前，对于 M 区 H 社区的家庭教育情况作了一些基础调研，通过对社区"家庭教育指导中心"的了解，发现各个社区有意识地有设置"指导中心"，却没有太多实质性的工作，要如何充分发挥妇联指导下的"阵地"作用,让社区居民对此的知晓率不断提升,逐渐改变家长只认同学校做家庭教育指导的状况?妇联的工作本质上以妇女儿童为主,建立幸福家庭为目标,实则和家庭教育是非常吻合的。然而为什么家庭教育指导基本属于以学校为主,这和大多数家长将家庭教育简单地与学习指导等同起来有关。家庭教育与学校教育有交叉点,但各有不同。为了能够好地做好项目的再设计,还是基于"M 区 H 社区家庭教育需求调研"中的一些信息作为项目的落点。

> **案例一:M 区 H 社区家庭教育需求调查项目基础数据的调查分析。**
> What 什么是家庭教育,与学校教育、社会教育的区别是什么?
> How 家庭教育的现状如何?
> How 如何进行科学家庭教养?
> (成长助教项目之"小先生课堂")

拟通过 M 区 H 社区家长抽样调查的数据分析后进行的项目设计,既满足家长需求的同时,又从科学的视角提供建议,以期待形成"不简单以满足为目标,而是提供科学的参考"。引领家长进行有针对性的家庭教育,同时思考以上 3 个问题。

(1)家长最希望的家庭教育主体是学校,见图 2。

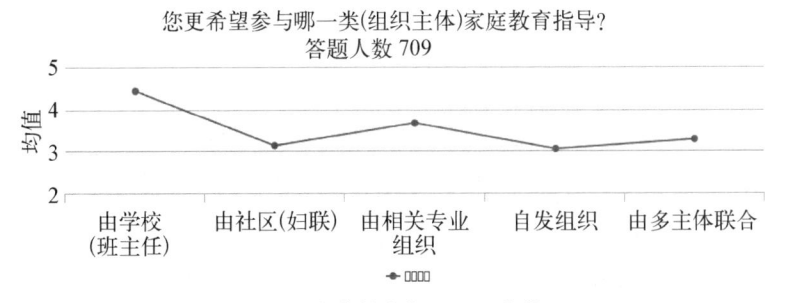

图 2 家庭教育指导组织主体

通过对这个问题的数据,我们可以很明确地看出在家长心目中,对于学校的认同,或者可以换句话说,班主任是学校指导家庭教育的第一关键实施者,对于班主任的,对于教师的高度认同。这是学校开展家庭教育指导的有利前提。而其他几个组织主体就明显地处于弱势地位,这便可以很好地说明了目前有妇联主导的家庭教育指导项目为何在社区里没有太多积极的参与度的原因之一。基于此,通过社会组织来架构学校与政府相关部门之间桥梁,共同助力家庭教育指导。积极研究家校社合作的机制,避免各级各类组织、社团各自为营,活动重复雷同,作用不显现的现象。由于家庭教育中,家长教育是一项比较"棘手"又具有挑战的工程,因此 L 家庭教育服务社通过"家庭公益——一元讲堂"等活动载体,从解决家长的需求出发,提供助力的同时又引导家长,努力在社区形成一种"家长自我教育"规范和创生智慧家庭教育的新局面。

(2)家长最需求的指导项目是关于学生的学习力指导,见图 3。

目前,您最需要的家庭教育服务项目是:
答题人数 709

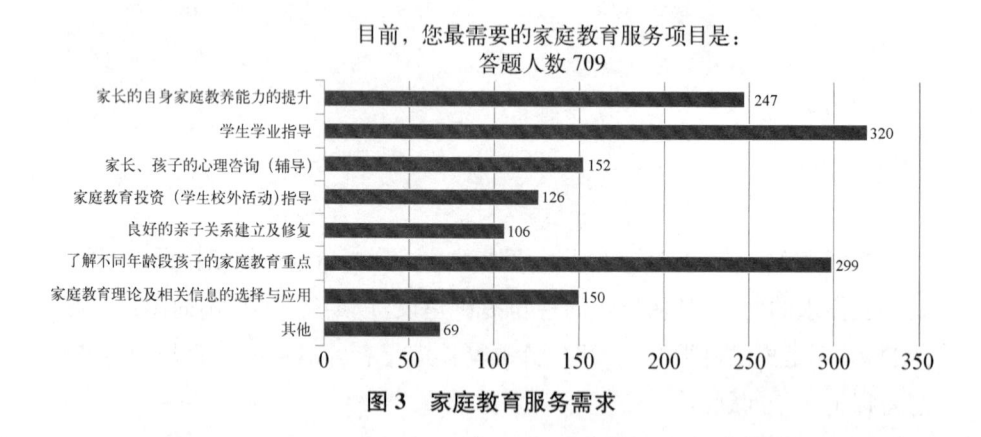

项目	人数
家长的自身家庭教养能力的提升	247
学生学业指导	320
家长、孩子的心理咨询(辅导)	152
家庭教育投资(学生校外活动)指导	126
良好的亲子关系建立及修复	106
了解不同年龄段孩子的家庭教育重点	299
家庭教育理论及相关信息的选择与应用	150
其他	69

图 3　家庭教育服务需求

通过调研分析发现目前家长所需要的家庭教育服务项目前 3 位的是对学生的学业指导,家长需要了解不同年段学生身心发展特点和家长自身教养能力的提升,其实后两点对于家长对孩子的学业指导有着密切的关系。了解孩子的身心发展特点是家长自身家庭教养能力的一个重要方面。在了解孩子的前提下,家长就能做出比较科学并理智的行为,懂得尊重孩子,也懂得接纳孩子。这样的家长将不会在孩子的学业出现问题的时候采取不恰当的方法;与此同时,学业指导的效果自然也会提升。如此,一个学业问题的背后其实父母对于正确的家庭教养的认识问题。如何让家长能有这样的认识,从自我角度去思考学习和改变,就成了 L 家庭教育服务社在提供课程中的关键突破点了。"家长陪读计划"自然而生,在自然情境下学习和观摩正确的陪读方法,即提升家长对学生学业的指导为主题的项目受到了很多家长的欢迎。父母学堂中就这个主题话题的研讨也因为基于实践而研讨不息。

（3）家庭教育指导方式的选择，见图4。

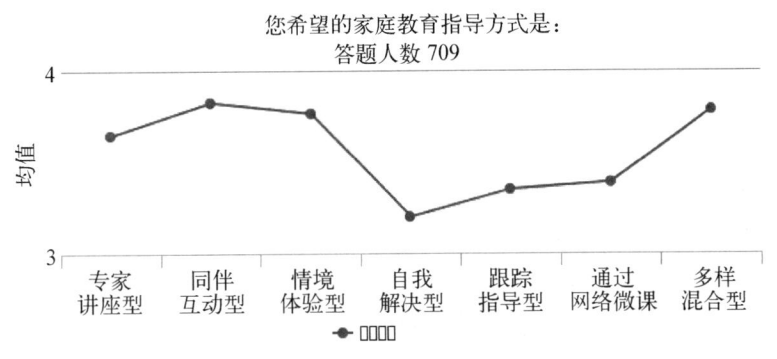

您希望的家庭教育指导方式是：
答题人数 709

横轴：专家讲座型、同伴互动型、情境体验型、自我解决型、跟踪指导型、通过网络微课、多样混合型

图4　家庭教育指导方式的选择

通过调研获悉，在家庭教育指导方式中，家长最多选的是"多样混合型"，而最少选择的是"自我解决型"，并且对目前对比较流行的"网络课程"选择倾向也不大。确实，根据不同的家庭教育的困惑及问题存在，选择不同的指导方式是比较科学也是比较有效的。如"专家指导型"可能是解决家长在教育理念层面的问题；但是通过"同伴互助型"就能有效地触摸到问题的所在。作为一个目标为专业从事家庭教育服务的社会组织的L家庭教育服务社，依据"学习金字塔"原理，将前沿的学习科学作为项目设计的理论指导，通过"小先生课堂"让同学们将自己所学习内容内化成讲堂的内容，最好的学习是说给别人听。在提升自我学习效能的同时又为一些有需求的同学伙伴提供服务。通过这样一种特别的公益服务项目设计，又积极地吸引家长和孩子一同学习与成长，学做孩子们学习、活动背后的引导者、支持者。由"小先生课堂"的内容从最原始的关注学科学习的内容也开始向更多范围内自然衍生，科技、艺术、旅行、生活等各个方面都可以涵盖，这是一个同学们乐于分享和自主学习的舞台，因为这里给了他们充分的时间和空间，也给了孩子们充分的支持。有的父母发现通过这样的活动，反倒促进了学生的学业成绩的时候，志愿者讲堂中"体育、艺术对于学业影响因素的分析"、父母学堂"如何培养孩子的积极学习情绪、如何促发和保护孩子的学习动机"等课程也随之逐渐丰富起来了。以"一元讲堂"为载体的一种基于问题解决的、融合式的家庭教育服务内容呼之欲出。每一个活动、每一堂课之间都不是割裂的，L家庭教育服务社不断地寻求结构化可复制的内容架构。

2. 承接项目促生自身成长

无论是项目的前期调研阶段还是在实施项目的过程中，L家庭教育服务社都充分感受到服务对象，社区居民对家庭教育指导服务的巨大需求。通过基础调研发现，家长普遍对孩子的心理健康、学习辅导、道德引导、人生理想等的家庭教育知识和方法都存在需求，希望获得指导学生学习的指导需求虽然占据前列，但需求并不单一。可见家长不仅希望在被指导内容上有多样需求，在形式上也希望获得多样化的家庭教育指导服务渠道，尽管目前对学校的家庭教育指导依然排在首位，但是也开始接受其他组织主体的介入，尤其是对于专业从事家庭教育指导的组织更是信赖。由此，L家庭教育服务社除对自身专业加强之外，也更希望获得与学校协同发展的机会，以改变多部门协调推进的工作机制不足，各部门家庭教育指导重复低效等现象。

(1)"小先生"助力学业，让"行为"述说。多数家长在孩子学业发生困难的时候，很自然地就想到了"补课"，寻求补习班、晚托班、教师个体指导等不同方式补救，这是否是一种特效药？其实孩子的学习出现困难的原因是多种的，有来自学生个体的习惯、能力；也受到家庭学习环境（这里尤其指的是心理环境）、家长阅读习惯等因素的影响；当然，也有其他因素的影响，成因有可能是复杂的。其实对于学困生的转化研究策略的研究中，除通过大量的训练，通过教师、同伴等给予一定的学习指导之外，更多是和学生学习动机、学习习惯等学习力有密切的关系。另外，就是苏霍姆林斯提出的——大量的有效阅读是让孩子走出学困的一把金钥匙。尽管这种方法相比较前面的几种方法显得"缓慢"很多，但是这样的慢养却能收效除学业提升外其他多种效能。但是就目前的寻求"补课"现象，明显不能让家长从中反思自己教养理念、改变教养行为，也无法给孩子时间去发现自己的学业问题，去了解自己发现自己。家长等不起的焦虑，无疑是一个需要去进行干预和指导的"要点"。因此面对这样的痛症，让班级中一些在学习方面自律、自主的学生，作为"小先生"，作为"领巾志愿者"，有条件的也可以邀请"小先生"的家长作为志愿者通过陪伴、对比、引导、发现、改变，用真实地情境述说。同时"小先生课堂"从教室走出来，走进了同学的家里，走进了周末的社区中心（见图5），让参加"'家长陪读'能力计划"的父母能够接受这类真实具体情境。

从上述案例中,我们可以发现,L家庭教育服务社有计划构建了学生进行家庭作业的现场,邀请领巾志愿者、家长志愿者、教师志愿者共同作为项目的实施者。邀请陪读有困难的家长观察学生作业中遇到的真实

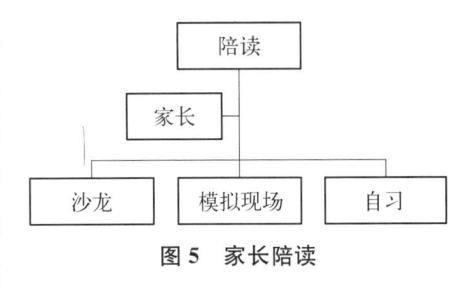

图 5　家长陪读

的状况。在场的家庭教育志愿者(成功陪读经验的家长志愿者、家庭教育指导师或者教师志愿者)会做现场观察及记录,前期阶段并不做明显的干预,只在情况记录和分析后对学生进行相关内容的访谈。几次的观察的同时和家长进行交流,帮助家长和学生认识到影响学业成绩的"障碍点"后协同学生、家长、教师代表共同制定"个体成长计划"。指导师在一个月的观察期后出具一份观察报告并提出相关的"建议书"。邀请相关学生的家长共同在现场进行观摩,通过模拟真实现场进行陪读实验。本项目不仅是为了解决学生的学习困难和进行家长的学习指导,更是对教师教育教学、个体辅导提供有力的参考及支持。这样的陪读观察、现场家庭陪读指导进行将近数年,这样的一个"实验场"为志愿者讲堂、父母学堂、小先生课堂均提供非常丰富的"论坛"素材。

(2)"问题家长"变身"家庭教育指导师"。"一元讲堂"的受众是带着需求、带着问题解决诉求的家长或者孩子,孩子参加"小先生课堂"、家长参与"父母学堂",有些母子、父子乃至全家更乐于参与"亲子乐堂"的各项活动。随着活动的体验,家长的自我学习、自我觉察开始了,在其中,甚至还有许多家长体会到L家庭教育服务社用"项目式""活动型""研究型"的家长成长课程,是一种有别于传统意义上的家庭教育指导方式。"一元讲堂之父母学堂"的主讲人除有相关专业的专家型志愿者、教师志愿者,也有从"问题家长"变身成长为"家庭教育指导师"的家长志愿者。如某位妈妈最初自己就是进入了"陪读实验小组",从而发现了自身在家庭教育方面的诸多问题。她在L家庭教育服务社"父母学堂"中汲取其他父母的家庭教育智慧,也通过努力考取了"家庭教育指导师"的资质,成为志愿者讲堂中的一名家长讲师。她通过自己孩子在学业方面的"问题",发现自己和孩子在交流的过程中的语言模式,沟通方法的错误,导致孩子逐渐丧失了学习的兴趣,学习的动机非常弱。L家庭教育服务社的援助,让她自己发现并找准问题——寻

求解决问题的策略——多途径地实施与改变。现在她和孩子的亲子关系非常理想,"一元讲堂"成为联系亲子乃至夫妻关系的一根纽带。"家庭迷你马拉松"——家庭公益项目的诞生,更是让"学习、服务"成为他们日常的生活状态。

> **幸福的语言——家长篇**
>
> **活动目标**
> 和大家一起探讨学习父母与孩子的沟通语言,更好建立亲子关系。
> **活动准备**
> 1. 收集相关的书籍、案例、视频。
> 2. 准备情景模拟(短剧)。
> **活动过程**
> 1. 积极地自我介绍。
> 2. 破冰——轻松氛围的营造。
> 3. 引入——选题的缘由。
> 4. 案例分析——了解语言回应模式。
> 5. 案例讨论——运用积极的语言创造幸福。
> 6. 小结。本次活动的要点回顾,及发布后续活动的提示、通知。
> **活动反思**
> 1. 目标制定与达成的反思。
> 2. 内容设计和安排的反思。
> 3. 活动呈现方式的反思(好的内容更需要好的设计呈现)。

(3)"小先生课堂"——学生成长的助推站。从为学校的家委会建设、协助培育家长志愿者到校外活动、社区活动的设计联动,"一元讲堂"还紧密地连接起来家校社,成为三者沟通的桥梁。作为第三方家庭教育指导机构,很好地成为家长家庭教育的"指导顾问"和"学习平台",同时成为孩子成长的"加油站"。为了能突破在目前在家庭教育指导中"头痛医头、脚痛医脚"的痛症,以"科学的理念先行""正确的行为随行""每一个家长都是最好的家庭教育专家"为理念的家庭教育指导课程体系的设计,L家庭教育服务社还将家庭教育受益的对象——学生作为活动设计的重要原则。很多小志愿者在"在服务他人中学习,学习为更好地服务他人"的小先生课堂中成长。这样的成长,不是散点状的,而是通过项目式活动学习,在真实地问题情境下自然生成的。

项目初期,"一元讲堂"只是作为 L 家庭教育服务社完成预期目标的一个载体,每个服务的课程之间、活动之间也是基本独立的。随着项目的推进,"一元讲堂"的志愿者讲堂成为家庭教育志愿者的孵化场;"小先生课堂"成为学生进行自我学习的研究场。每个活动之间以"家庭公益项目"作为整体串联。"一元讲堂"作为 L 家庭教育服务社的基础服务项目,不断寻求"家校社"的三方家庭教育指导需求的焦点。"一元讲堂"活动项目见图 6。

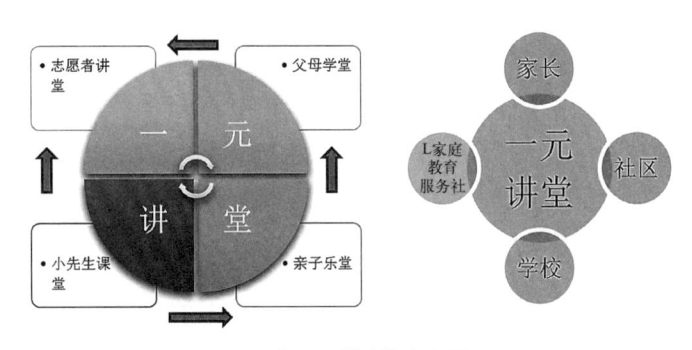

图 6 "一元讲堂"活动项目

案例二:一篇 12 岁男孩组织活动的反思总结。

大家好,我是本次丽江分享会活动的总负责人之一。记得当老师询问我是否愿意来挑战做活动的"总指挥"时,初生牛犊不怕虎的我,听了就毫不犹豫并愉快地答应了。当时第一件要做的事情就是学写活动方案,这可是我的"第一次",虽然有些困难,但是想做,办法总比困难多。晚上回到家,我就开始行动了。我写完了第一稿,妈妈一看就建议我写得更详细一点,要让自己也让别人知道我们要做什么。设计方案的那一天,我也邀请妈妈和我一起主持。所以,我又马不停蹄地开始我们的主持稿了。过了几天,意外发生了,我的妈妈眼睛开了刀,而且活动时间又定于 8 月 19 日,妈妈不能去了,正在我烦恼怎办的时候,妈妈说看看我怎么处理突发情况,我是去找老师还是小伙伴们来一起主持?我还是找了朋友来和我一起主持,真高兴,他欣然答应了。我便让朋友来试试看写主持稿,他当天就把主持稿发给我了,虽然短,但是真心给力,第一次写主持稿写成这样已经很不错的了。为了能够把活动做得更好,我们决定再进行修改。我们一人改一半,合作还是很愉快的。我们感觉已经准备好了,就看现场我们的表现了。可是真的到了现场,发现主持还真不是简单地照着念稿子呢。现场老师突然过来跟我们说,这次活动还有一个从遥远的国家赶来的一位特殊嘉宾……我们就又临时进行了修改。突发状况一个又一个,终于到我分享了,可是老师说,要挑战我的极限,让我不看PPT来分享。一开始我很自信,可是不知道怎么了,越讲不自信,以后我还是要准备充分,那样就能自然地表达,自信地表达。不要紧,至少我尝试过,这次主持活动结束了,但是,留给我的思考却又很多。主持活动中,我们的站姿、坐姿,我们的一举一动都应该怎么做?我没有想过,也不知道这些其实很重要。又比如有老师建议我在台上需要来回走动,但是,我走路的样子不是很好,以后,我需要改进。

　　回想整个活动的过程,作为一个活动策划人,要写方案,写通知,对了,我的通知也写错,真不好意思。还要考虑很多准备工作,比如说谁来做活动的签到、影像设备等。既然是总指挥,就应该想得更多些。就拿这次活动时间来说,没有留给来宾们更多的分享时间,如果在活动前,我接受老师的建议,让大家通过微信上试讲一遍,会不会就心里有数了呢?活动时间就不会这么紧了,后面有些家长想听的内容也没有来得及说。总之,我非常感谢我的伙伴,感谢老师们对我本次活动支持与肯定,虽然我的"第一次",妈妈没有看到,但是,我会再努力,争取再做下一个活动的"总指挥"。

　　看着他的努力,妈妈写了一封信给儿子:

　　亲爱的儿子:

　　　　你好,今天对于你来说,是个重要的日子,因为今天是你第一次精心策划的活动,也是你第一次认认真真努力去做的事,可妈妈今天确不能到达现场。妈妈感到非常抱歉。看着这几个星

> 期,你一直在忙碌着,我感觉你已经慢慢长大了,懂事了,有责任感了。
>
> 自从这次丽江回来后,妈妈反思了很多,想想以前妈妈总是把自己的思想强加于你,觉得你这不行,那不行,也许在这无形的举止中,扼杀了你很多天赋,也阻止了你很多锻炼的机会。
>
> 对于你以后的学习、生活,妈妈帮不了你什么,妈妈只想告诉你,只要主动去思考、去实践、去挑战了,自然你就成为最棒的自己。爸爸妈妈心中永远是你的坚强后盾,我们也要学着去用正确的方式去爱你、去支持你。
>
> 爱你的爸爸妈妈

L家庭教育服务社的家庭公益丽江行,不仅让家长在真实地情境中自我发现,更是学会反思自己,学习同行家长的教育智慧,更是让孩子们带着自己精心准备的"课程"走向了山区孩子的周末课堂。回到上海后,又在"志愿者讲堂"中分享自己的收获,让更多地父母和孩子了解家庭公益的意义。"一元讲堂"在社区的扎根,让更多的家长通过"活案例",学会从自身去反思家庭教育,也践行了家庭教育归根结底是家长的不断学习和成长。

四、L家庭教育服务社承接M区家庭教育成长助教项目的思考与收获

(一) 对L家庭教育服务社组织发展的积极意义

1. 加强L家庭教育服务组织自身治理能力建设

L家庭教育服务社在项目承接的过程中,不以完成预期目标为项目设计。这是因为社团在承接项目后,再次思考承接的目的,不仅仅是为了替政府完成"任务",而是通过自身在一线服务的过程中,发现需求,尽可能用自己的力量去满足需求。不仅如此,还要思考在满足家长需求的同时如何去引领家长正确的家庭教育的理念。全社会都认同家庭教育的重要性,教育

部门主要是通过区校家长学校提供家庭教育指导,妇联主要以购买服务为实施家庭教育指导的责任,然而,不同的部门,指导对象是同一个,是否协同合力,是否有层次差异,如何满足个性化需求非常强的家庭教育,真正从普及和提高不同的维度,建立起立体式、网络状的家庭教育指导服务体系。环节还存在缺失,系统性还需要加强,家庭教育服务体系急需要构建清晰,明晰权责,亟待进一步健全和完善。这些都需要进一步加强组织自身的治理能力建设。

2. 加强L家庭教育服务社组织公信力建设

要实现可持续发展要从项目开发上入手,探索多渠道多形式的项目承接途径,寻求多组织的协同合作发展。不仅要在组织建设中突破资金资源的困境,更要充分意识到人力资源稀缺依赖困境。由于家庭教育服务是一个要求专业性比较强的公共服务,因此,一直以来,组织在建设过程中,建立"学习与服务"并行的原则,力求通过以家庭为单位的公益特色项目,以志愿者讲堂为服务的前站,为小先生课堂、父母学堂做好铺垫,又依托专业化的项目服务输出来获得购买方的满意,增进服务对象的获得感。专业服务的能力不仅仅依靠专业社工的能力提升,还有组织中的每一个志愿者家庭的志愿服务能力的提升。

(二) 从组织发展、项目运行的困境中明确方向

两年的成长助教项目并没有因为组织领导层面的变更、资金的短缺等现实的困难而停滞不前,又面临着作为一个新的社会组织成长的"阵痛期",如何突破困境,寻求到未来的发展向,是团队一直在思考着。

1. 项目开发阶段重视主动开发能力建设

对于一个在初创期的组织来说,这是L家庭教育服务社承接的第一个政府购买项目。因此在进行项目设计和申报的过程中就将是否能够达到项目目标,实现服务成效,作为很重要的一个自评自测环节。甚至,作为一个实践与研究并行的团队,始终以研究先行,引领项目的整个过程。因此除购买方的需求之外,更关键在于摸到真正的需求,及最终受益对象的需要,由此,在每一个子项目开始前,都会切实做好调查研究,通过实地调查、问卷分析、访谈等手段做好需求分析。这就是在"一元讲堂"在M区H社区正式开始前,就做了地区家庭教育的需求调研。

2. 积极尝试，对接项目拓展的平台

社会组织还是需要寻求主动发展的机会，无论是主动寻求政府的扶持，还是寻求相关资深团队的协助，都还需要靠机构自身的主动出击。在成立初期的社会服务机构基本上不会放过任何一个拿到项目的机会。L家庭教育服务社从经历了第一个承接项目中间由于政府机关相关人员的调动而自然夭折后，一直就处于"自谋出路"的状态。机构的主要负责人除了动用自己的人脉等社会资本积极营建良好关系，更在主动联系行业协会类的辅助性组织，不断牵线搭桥扩展新的项目来源。L家庭教育服务社的努力尝试虽然很有限，但是3个镇级项目，1个市级项目进入终评阶段，还是在一定程度上体现了主动尝试的作用。有时候就是要去尝试一下，即使是知道自己不行，也给自己一些思考和启发，也是很好的经验的积累。

3. 为解决困境引入新的运作模式

通过两年的组织运行的实践证明，社会服务机构要获得自主发展与财务稳定是很难单靠外界支持而达到的，就以承接政府项目而言，在没有能足够维持组织的基本运行的现状下，那么引入社会企业模式成为一种必然。据有关专业学者研究，对社会企业模式的引入可促使社会福利的民营化、帮助社会服务机构获得财务的资助与稳定、诱发政府的政策支持与经费补助，成为社会服务机构自我成长与发展进步的新型选择。其通过对欧美学者观点的整理，认为社会企业组织获得收益要基于财务收益和社会收益两大底线，守住底线对于组织的运作功能来讲十分重要。这样，社会企业的运作模式具有提高财务的稳定性、提高服务质量、提供工作机会给到弱势群体以及增进组织的专业化等优点。然而，有些大量进行政府承接项目的团队，鉴于社会服务机构大部分运作资金来自政府部门，受制于"伙伴关系"及"契约关系"的影响，来自政府的干预难以避免，向着社会企业的模式运作存在困难，由此引入新的运作模式势在必行。

（三）L家庭教育服务社在未来承接家庭教育公共服务的举措

1. 项目开发阶段重视主动开发能力

L家庭教育服务社因自身力量弱小，极其需要政府及其他部门扶持，在初期的发展模式上有过一段时间呈现出自上而下被动发展的特征。这一特征在 L 家庭教育服务社承接 M 区家庭教育成长助教项目的背景下格外明显，因组织刚成立，对于社会组织的管理和运行基本处于"盲目期"，加上有些资源与权力向政府的集中，政府职能部门相关人员的变动，项目的实施过程受到很大的影响，对于不得不依赖政府的初生组织无疑是一个重创。又因为家庭教育服务的社会化接受程度很低，所以机构的项目受益群体也很窄。也因为组织自身的能力，在项目开发选择权比较有限。这种有限的项目选择不仅仅是因为政府部门的采购清单中有关家庭教育的公共服务项目类型单一，也因为政府想提供的项目与真正受益的群体需求之间也存在一定差异。L 家庭教育服务社组织自身的项目开发能力是需要两个把握，既要把握政府导向需求，又要把握受众群体。因此在未来的承接项目中，一定是在研发项目的方面突出团队的研究优势，加强现有资源的开发。

2. 不断形成 L 家庭教育服务社服务品牌，重视项目研发能力

家庭教育服务项目的研发能力是一个项目得以生成运作的第一步。L 家庭教育服务社不仅要熟悉政府购买的家庭教育公共服务项目和其他相关的家庭教育项目，而且还要了解其运作模式，从政府发布招标要求起始，L 家庭教育服务社从零开始学习设计出符合指标要求能够中标的标书。当看到 M 区的项目出示后，从自身的能力和现实情况评估。L 家庭教育服务社团队的核心成员经历了头脑风暴—主题选择—相关利益群体的需求分析—策略制定与预算控制后终于形成计划书申请投标。

五、对社会组织参与承接儿童或家庭公共服务项目的实践与思考

社会组织承接政府关于儿童或家庭公共服务项目的过程中，需要主要加强与学校协同。一则是由于目前的家长还是比较信赖学校教师一方提供服务，二则了解和熟悉学校已经做的相关家庭教育方面的指导，就可以更加有的放矢地进行服务。同时在了解所服务对象的需求和现状的情况下，加强服务项目的顶层设计，在项目实施的过程中又能保持或加强与社区家庭的联系。如此，就能在项目的实施过程中事半功倍。

（一）厘清家庭教育指导服务的内涵及分类，以适宜方式提供精准服务

首先，逐渐明晰社会组织承担与学校承担家庭教育指导的职责区分。社会组织承接的"家庭教育"服务进校园，和学校自身的家庭教育指导之间的功能区分还是比较模糊。社会组织承接的家庭教育指导的内涵及分类有家庭教育理念、教育方式、教育内容等方面。目前基本的家庭教育指导服务，需要涵盖面更广，受益人群面大，以更接近于纯公共产品的范畴。项目调研中发现，对家长来说，已经能接受为优质的家庭教育服务买单，因此有些个性化的家庭教育需求，可以需按照谁受益谁负担的原则，采用自愿付费与政府补贴相结合。还是以"三点半现象的学业托管"为例，很多家长都有这方面的需求，可以在自愿付费的基础上，由政府和家庭按比例分担一定的费用，以解决这项困扰已久的"民生需求"。

其次，在政府购买项目之前，是否可以科学调研家庭教育指导服务需求，实现政府购买服务的精准和全覆盖。这类研究的项目也本身可以作为"购买项目"来实行。基于调研的基础上，能比较全面了解公众对基本家庭教育指导服务的需求情况，可以保障政府购买的有效性和针对性。L家庭教育服务社在项目实施的过程中，无论是对于个别家庭的服务还是针对学校和社区，都运用科学调研的方法，针对不同群体的家庭教育调研指导服务需求。不仅以需求和问题为导向，更是通过创新公益项目服务引导家长进入自我学习与成长模式。

（二）强化社区的家庭教育指导中心服务职能，拓展家庭教育指导服务阵地

一直以来，家长比较认同由学校作为家庭教育指导的主体实施者，但是学校教育的特殊性和现状，目前已经无法承担家庭教育指导的所有责任。借鉴国外社区经验，社区组织是家庭教育指导服务的重要载体，据调研发现，家长也比较容易接受有专业资质的从事家庭教育指导服务的组织，这和家长的认同度不谋而合。上述提及过，目前每一个社区建立的"社区家庭教育指导中心"是如何让社区更好地承载起家庭教育指导服务的管理职能的，如以社区为平台开展家庭教育指导服务，围绕社区居民的家庭教育指导服

务需求,依托社区的公共服务设施,通过政府购买的形式开展家庭教育指导,包括亲子实践活动、养育讲座、家长课堂等活动。L家庭教育服务社目前已经集聚了从准妈妈到学前、小学到高中、大学就业婚姻等贯通学生成长的家庭教育的长程课程的开发和相关人员的储备。社区家庭教育指导考验着和显现着社区的治理能力。家庭教育指导服务要想取得良好的效果,不可能单纯依靠社区力量,需要社区、家庭、学校的整体合力。L家庭教育服务社在项目实施的过程中,努力发挥社区组织的纽带作用,加强家庭、学校、社区三者之间的融合。将学校服务、社区服务、家庭服务,三方服务统筹协调,集中力量于同一个关注的对象——孩子的成长,试图通过"跳出"行政使命,通过"各自的需求满足"激发家庭、学校、社区合作的内在动力,建立亲密的伙伴合作关系。

六、存在的主要困难和寻求问题解决的策略

(一) 组织发展的困境

1. L家庭教育服务社亟须转型,加速规范成长

自组织团队是L家庭教育服务社在初期就做出的团队规划目标,是在组织没有充足的人力资源的基础上的设计。L家庭教育服务社的组织不采用传统的管理模式,没有管理者、员工的这样固定概念,而是定义一个研究型、学习型、成长型的自组织。作为初期一个志愿者团队,在公益项目式运行的过程中,随着"家庭公益计划"的推出,鼓励以家庭为单位,作为公益项目的主策划人,团队其他成员作为协助者。每一个人都有机会成为"核心领导者",是根据项目需求而变化的一个动态性的组织。然而,这样一个富有生命力的"自组织"群体中,依然需要有组织的管理形态,L家庭教育服务社面临着从一个合格的社会组织向更高阶转型,加速自身的规范成长。无论是加强社团管理层、理事会的运行机制,更要从整体上全面转型。

2. L家庭教育服务社资金缺乏,力求突破瓶颈

L家庭教育服务社初期,资金的缺乏又是另一个困扰组织成长的重要的问题。尝试引入创投模式来有效缓解政府购买社会服务和专业社会服务机构发展的资金来源困境和专业成长困境,对于推动专业社会服务机构稳

步发展非常有利。因此,组织的未来发展中将从单一的"输血"为"造血"的模式。与以往其他任何形式的公益资助区别开来。相比与提供资金支持,创投更重要的目的是引导被投资的社会服务机构同资金投入方建立起一种长效的合作机制。这个机制可使得资金投入方除了对社会服务机构申报的项目进行资金资助以外,还会从机构运作、人才成长、项目实施、机构督导、财务管理和社会工作服务评估等方面为其提供助力。公益创投将社会服务机构的可持续发展能力放在优先地位,把商业领域中的风投概念引进社会服务机构的项目运作中,强调"非营利性"与公益性,所追求的是受助的公益组织所产生的不断扩大、繁衍的辐射式的社会效益。

3. L 家庭教育服务社亟待创新,以项目化方式推进

放眼全国社会服务机构的服务输出形式,项目化成为主流的地位十分稳固。L 家庭教育服务社在承接本次项目的过程中,也同样尝试 PBL 方式来进行运作。在项目实践的过程中,项目管理已经成为一门学科专业,作为学科专业的项目管理具有一次性的特征,与社会服务机构的项目管理重复性特征有所不同,成功的项目在政府购买服务的背景下是具有推广性的,重复性与推广性使得效益好的项目得以重复运营,节省了项目管理与开发的成本,提高了社会服务机构能力建设的转化率。由此可见,项目化运作基本已经成为社会工作行业发展的新业态。那么考验 L 家庭教育服务社的就是设计创生出更多项目化的"产品",并努力做好专业服务能力管理同项目开发及运作管理的能力的结合。

(二) 寻求解决的策略

项目运作阶段重在家庭教育专业服务能力的提升。

要实现可持续发展不仅要从项目开发上入手,探索多渠道多形式的项目承接途径,寻求多组织的协同合作发展。不仅要在组织建设中突破资金资源的困境,更要充分意识到人力资源稀缺依赖困境。由于家庭教育服务是一个要求专业性比较强的公共服务,因此,一直以来,组织在建设过程中,建立"学习与服务"并行的原则,力求通过以家庭为单位的公益特色项目,以志愿者讲堂为服务的前站,为"小先生课堂""父母学堂"做好铺垫,又依托专业化的项目服务输出来获得购买方的满意,增进服务对象的获得感。专业服务的能力不仅仅依靠专业社工的能力提升,还有组织中的每一个志愿者

家庭发挥自己的作用,志愿者家庭的专业服务同样能加大对其他社区家庭的影响力。

(三) 协同发展阶段为形成家校社协同力量做好"引桥"

协同发展是团队发展持续力量,与政府、与学校、与家庭的协同方式需要不断地创新,这是 L 家庭教育服务社的机构生存发展的活力。尤其对于家庭教育服务,多年来通过调研,家长还是比较依赖和信任由学校进行家庭教育的指导,因此,如何提升专业服务的同时,又能创新服务的形式,提供"家长教育"的平台,创生优质服务项目,对于从事家庭教育服务的组织来说尤为重要。L 家庭教育服务社服务的本质在于通过"活动"让家长自己形成并加强家长家庭教育的意识,自我学习与反思的意识,在这样的基础上再来提升家庭教养能力就显得水到渠成。一切的教育都是"自我教育",这句话同样适用于家庭教育指导中家长教育。再者,作为社会人的家长,对其的服务更是要回归到社会工作的"社会性"上来,而不能以指导者自居。

(四) 做好家庭教育服务市场化准备

一直以来,有关家长教育,家庭教育的指导都是由学校实施,由政府买单,但是随着,家庭教育指导需求的日益高涨,家长的认识也在逐渐发生变化。调研中发现有近 200 多人能接受公益价格,又有超过 1/3 的家长能接受合理的价格(见图 7)。从这点上来看,随着家长意识的转变,有一定的人群是能接受与指导效能匹配的费用的。那么当家长为孩子不惜代价地花费时间、精力,更多经费的同时,对于自我的学习、成长是否关注呢?作为家庭教育的主要实施者父母,自我的能力与修为直接影响孩子。父母是选择

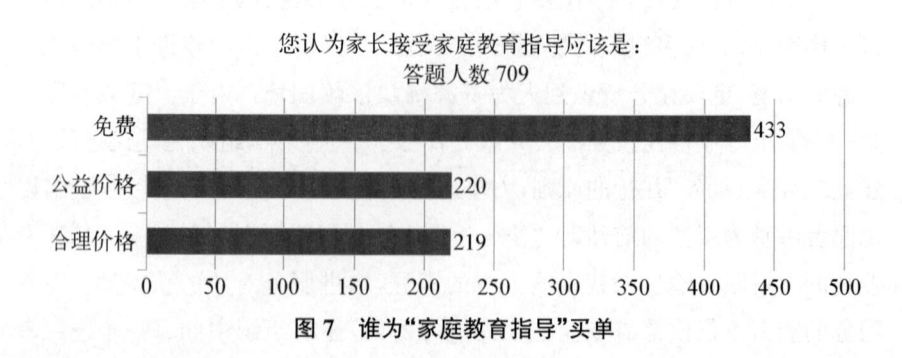

您认为家长接受家庭教育指导应该是:
答题人数 709

选项	人数
免费	433
公益价格	220
合理价格	219

图 7 谁为"家庭教育指导"买单

和孩子共同学习和成长还是选择用不同的校外补习、兴趣班来替代家庭教育的功能？

市场化追求效率，商业模式的相比其他模式形式上更加多元，社会服务机构的服务可以通过开发包装为商品进行销售，但是销售的过程中要注意服务本身就是公益性的，是不可以用作盈利的，低利润低收益的服务可以转化为资金的筹措渠道，推动机构在依照市场供求原则与分配原则的基础上通过不同种类、不同性质的便捷服务产品进行竞争。这样市场化运作模式开辟了新的思路，但是对于机构而言，要求提升自身的项目产品开发、产品营销、服务过程管理等方面的能力。

七、总结与展望

面对家庭教育服务与指导的公共服务需求快速增长，并且日益个性化、多元化，然而传统地依托学校对家长进行家庭教育的指导明显不能满足家长的需求。如何进行全面的家庭教育指导，政府在这一项公共服务供给面临挑战。专门从事家庭教育服务的社会组织对家庭教育指导功能实现的积极意义，在学校与家庭之间构架起一座桥梁，协同学校与家长共同为家庭教育助力。此外，社会组织发展过程中也存在着诸多制约的因素，需要有不断地提升承接政府项目的能力。通过对 L 家庭教育服务社在承接家庭教育服务项目的实践过程中，通过案例分析及行动研究等多种研究方式的开展，社会组织承接公共服务项目，不仅有利于政府公共服务能力的提升，达成综合治理的目的，也有利于社会组织本身的发展与成长。但这些都要基于理论先导、课题引领、规范实践的基础上。本文在国内外理论研究的基础上，首先分析了社会组织参与儿童家庭庭教育公共服务的新机遇和自身公共服务优势，然后从目前 L 家庭教育服务社组织发展的现实背景出发，结合承接 M 区家庭教育公共服务的典型案例，分析了 L 家庭教育服务社的发展现状及在参与公共服务过程中面临的困境，具体分析了社会组织对促进家庭教育指导过程中的积极影响及自身发展困境，通过借鉴、总结国内外的成熟优秀经验，提出了探索性的对策建议。

(一)家庭教育指导需要明确教育对象

家庭教育是一种带有示范性的、业余的成人教育,要充分考虑家长作为学习者特殊角色。作为一个初生的社会组织,在承接项目的同时也是自身得到完善的良机。以"专业从事家庭教育服务"为目标的组织在建立系统规范的家庭教育指导服务体系,在终身教育的视域下思考并提供科学有效的家庭教育指导服务,是未来组织的发展方向。

(二)家庭教育指导需要形成社会支持系统

通过社会组织与政府合作等多种形式来做好家庭教育的社区支持系统,让社区家庭教育指导中心真正发挥作用。社区出于保护儿童、教育儿童,为儿童成长创造一个良好的教育环境,甚至可对家庭或学校的教育活动提供服务和指导(包括对儿童的教养行为的规范和监督)。

(三)家庭教育指导需要实现多主体融合

以社会组织为纽带做好社区、家庭和学校三者家庭教育指导的融合,在共同的教育目标下,互相合作,互相支持,互相促进,形成合力,为孩子提供良好的教育生态系统。

参考文献

[1]才凤伟.服务社区社会组织成长的"三社"模式[J].中国社会组织,2015.
[2]陈丽艳.政府购买家庭教育公共服务研究[D].苏州大学,2016.
[3]陈雅丽.国外社区服务相关研究综述[J].云南行政学院学报,2007.
[4]陈雅丽.非营利组织在社区服务中的作用及发展策略[J].湖北社会科学,2013.
[5]陈颖.家庭教育的社区支持研究[D].重庆师范大学,2012.
[6]胡杰.将家庭教育指导纳入政府公共服务体系的研究[D].上海交通大学,2011.
[7]黄晓春.中国社会组织成长条件的再思考——一个总体性理论视角[J].社会学研究,2015.
[8]李杨.任金涛我国家庭教育指导服务保障体系现状与展望[J].成人教育,2012.
[9]刘黎红.建立完善家庭教育公共服务体系[N].青岛日报,2016.
[10]王斌.社会组织承接政府公共服务的报告[D].苏州大学,2014.

流动儿童的家庭指导策略[①]

丁雪辰

一、引　言

随着我国改革开放的逐步深入以及市场经济的快速发展,一方面农业机械化、规模化程度不断提高,导致农村剩余劳动力不断增长;另一方面城镇化进程逐渐扩大了城乡收入差距,促使农村人口到城市寻求更高的经济利益,出现了农村向城市输出大批剩余劳动力的现象。这些离开家乡来到城市工作的农村人口,成为城市建设中非常重要的一个群体——流动人口。据国家卫生计生委流动人口司2016年发布的《中国流动人口发展报告2016》显示,2015年我国流动人口规模已达到2.47亿,这相当于每6个人中就有1个是流动人口。20世纪90年代以来,随着户籍政策的放松及城市生存环境的持续改善,这种从农村向城市的迁移,由最初的"单打独斗""只身前往"逐渐转变为"举家迁移",儿童跟随父母进入城市学习、生活,继而催生出一个新的群体——流动儿童。据统计,2000—2005年间,17周岁以下流动儿童规模从1 982万增加到2 533万。2010年第六次全国人口普查数据显示,截止到2010年11月1日,全国17周岁以下儿童总量为2.79亿,其中流动儿童数量已达3 581万,每100个儿童中就有13个流动儿童。另据教育部于2016年7月发布的《2015年全国教育事业发展统计公报》报告显示,全国义务教育阶段在校生中进城务工人员随迁子女共1 367.10万人,其中,在小学就读1 013.56万人。回顾发达国家和新兴国家的城镇化进程和近20年我国的人口迁移流动,预计中国人口流动还会持续相当长时间,并且不会

[①] 本文系2017年上海市家庭文明建设立项课题之研究成果,作者系上海师范大学副教授。

在短期内缩小规模。在此相对稳定的人口流动大格局之下,关注流动儿童身心健康显得尤为重要。

国内众多研究表明,流动经历给儿童心理带来了多方面的不利影响,流动儿童容易产生各种心理问题,心理健康状况不容乐观。比如,流动儿童体验到较强的孤独感(侯舒艨等,2011;蔺秀云等,2009);流动儿童由于缺乏社会支持,缺乏自我认同感而容易产生如抑郁、焦虑等不良情绪问题(Chen et al.,2009;尹星、刘正奎,2013;赵燕等,2014);流动儿童相比城市儿童,其自我评价和自尊水平都偏低(李小青等,2008;刘霞、申继亮,2010)。还有研究者认为,流动儿童的被歧视体验是影响其心理适应的最主要因素,相对于群体指向的歧视知觉,流动儿童感受到更多指向于自身的歧视体验(刘霞、申继亮,2010),但随着时间的增加,流动儿童的歧视知觉显著降低(王芳、师保国,2014);流动儿童的孤独感随进城时间的增加而降低(侯舒艨等,2011),这可能是由于政府和舆论的积极导向,使儿童获得了更多的社会支持,降低了孤独感;尹星和刘正奎(2013)发现流动儿童中男生抑郁水平高于女生,抑郁水平随年龄增加而加重,儿童流动时年龄越大、父母关系越差、社会支持越低,流动儿童越容易产生抑郁感;流动儿童的自尊与学业行为和师生关系有显著相关,学业行为中的学习效能感、学习自信心和师生关系中的低冲突性、支持性、关系满意度可以显著预测流动儿童的自尊发展水平(李小青等,2008)。

尽管以上文献表明,流动儿童在心理适应方面比非流动儿童差,但另外一些研究得到了明显不一致的结果。尽管流动儿童在流动过程中遭遇了重重逆境和诸多压力,但有相当比例的流动儿童并未出现严重的心理健康问题。这一结果与国际抗逆力研究领域所获得的发现是一致的:有很多生活在高危环境下的儿童照样发展得很好(曾守锤、吴华清,2007)。刘杨等采用个案访谈的方式,结果显示流动儿童并未出现不良适应(刘杨等,2008)。他们的心理健康状况良好,绝大多数流动儿童认为自己是一个幸福的人(曾守锤,2008);流动儿童拥有乐观、自律、尽责等积极品质(余益兵、邹泓,2008;陈美芬,2006)。流动儿童与农村老家的对照组儿童相比,其创造性思维的流畅性和独特性方面具有更好的表现(师保国等,2007)。流动提升了家庭的经济资本,流动环境下儿童可以享受到更多的家庭内社会资本和教育资源,而且相对于非流动的农村父母,流动儿童父母的受教育水平较高,这些环境条件的改善为流动儿童积极心理的发展和认知能力的提高创造了机会

(申继亮等,2015)。那么,是哪些原因导致了这些不一致?哪些因素是不利于流动儿童发展的?又是否存在使流动儿童免受发展风险的保护因素?

心理学家布朗芬布伦纳(Bronfenbrenner)的生态系统理论(Bronfenbrenner & Morris,1998)强调环境对个体发展的影响。布朗芬布伦纳认为,环境是一组嵌套结构,每一个都嵌套在下一个中,就像"俄罗斯套娃"一样。发展的个体处在直接环境(如家庭)到间接环境(如社会文化环境)的几个环境系统的中间或嵌套于其中。这些环境系统不仅彼此之间相互影响,而且极大地影响着个体的发展。该理论认为个体成长环境系统分为4个层次,分别是微观系统、中观系统、外层系统和宏观系统。微观系统是身处特定环境之中的个体亲身经历的活动、角色及人际关系模式,是个体直接面对和接触的。流动儿童所面对的学校和社区环境并不是很有利。如进入公办学校的流动儿童可能遭遇同学和教师的不公平对待,而若进入专门的流动儿童学校,则又会被局限在一个封闭的文化环境中。中观系统是指各微观系统之间的联系或相互关系,如流动儿童所处环境中不良的家校联系可能使其面临不利的中观系统。外层系统是指那些儿童并未直接参与但却对他们的发展产生影响的系统。如父母在工作中发生的事情会对父母造成影响,进而再影响到儿童的发展。流动儿童家长大多从事"时间长、负荷高、报酬低"的职业,而可能造成其经济资本、时间资源无法满足儿童需要。宏观系统指的是存在于以上3个系统中的文化社会环境,包括特定文化中的意识形态、态度、道德观念、教育、经济及社会等方面的价值观核心思想。城乡分割的二元体制和严苛的户籍制度及其隐含的城乡文化差异不仅使流动儿童遭遇了强大的社会排斥,也容易使得他们产生自我认同危机,难以融入城市文化环境中。上述4个系统之间层层嵌套,对流动儿童的发展起着直接或间接的作用,构成了发展的生态背景。基于布朗芬布伦纳的生态系统理论,流动儿童的发展是环境和社会影响下的发展,家庭是微观系统的典型代表,也是直接影响儿童发展的重要因素。

尽管面临着各种发展风险和重重阻力,但我们发现父母的教养方式是一个充满活力的因素,可以对儿童发展、适应产生影响。父母的教养方式为什么会对儿童的适应产生影响,可以从自我决定理论(Self-Determination Theory,SDT;Ryan & Deci,2000)的角度进行解释。自我决定理论认为,儿童心理适应依赖于3种心理需求的满足,即自主需求、成就需求和关系需求。心理需求的满足对心理健康的发展是至关重要的。心理需求得到满足的儿童报告更多的幸福感、有更强的内部动机、对社交关系有更开放的心态并且耐挫折能力更强(Vansteenkiste & Ryan, 2013)。基于基本心理需求的满足在儿童和青少年心理适应中的重要作用,父母如何影响儿童基本心理需求的满足便是发展心理学中的一个重要的问题。Joussemet 等人(2008)提出3种与基本心理需求相关的父母支持,分别是:① 关系支持/参与,如尊重和温暖;② 能力支持/组织,如提供合理的期待、充分的帮助和非批判性的反馈;③ 自主支持,如对孩子观点的了解,提供选择和鼓励探索。上述3种支持都有其对立面,如关系支持的对立面是冷漠拒绝的父母教养方式。当父母表现出对儿童基本心理需求的支持时,孩子便会适应地更好,而当父母不能满足孩子的基本心理需求时,孩子便容易出现心理适应不良(Soenens, Deci & Vansteenkiste, 2017)。

二、研 究 进 展

本课题的研究采用问卷法,通过标准化的心理学量表测量上海流动儿童的家庭功能指标以及社会、心理与学校适应指标的水平,同时测量父母的教养方式作为家庭因素指标的水平,问卷由儿童、教师和家长共同完成。后续运用描述性统计、回归分析等数据处理方法,探讨教养方式对流动儿童适应状况的影响模式,最终归纳出适用于提高流动儿童心理健康的家庭指导策略。本课题的主要理论突破点及解决的问题是在考察流动儿童心理健康现状的基础上,从家庭因素的视角探索可能减轻流动儿童适应问题风险的保护因素。目前,流动儿童为中国国情特有现象,因其分布广泛、流动性强、取样不易等原因制约,国内外对此主题进行的实证研究较少,关于其发展特点、影响因素的研究相对稀缺,也很少有研究从实践的角度为流动儿童的心理健康问题提供可行的指导方案,因此,本研究对于中国流动儿童心理健康领域的理论框架具有一定的突破性和创新性。

本课题使用的心理适应指标包括自尊、抑郁、孤独感和生活满意度。

心理学家罗森伯格于1965年将自尊定义为一种稳定的个体价值感,并编制出测量工具来评定青少年关于自我价值和自我接纳的总体感受。自尊可被看作"自我能力和自我喜爱"。一般来说,自尊感较高的人认为自己是一个有价值的人,并感到自己值得被别人尊重,也较能接受个人的不足之处。

抑郁是一种较为常见的负性情绪状态,对个体的心理健康具有阻碍作用。通常认为,抑郁是过度忧愁和伤感的情绪体验,从不快乐、不满到极端悲观、悲伤和沮丧,并伴有各种生理、认知和社会性变化,包括饮食或者睡眠习惯的改变,情绪低落、心境悲观、难以集中注意力或者做出决策,觉得不能胜任学习和工作等(李彤,2008)。

孤独感是个体对自身的社会关系网络不满时所产生的一种主观体验,通常伴随着悲伤和空虚等消极情绪反应(Asher & Paquette, 2003)。

生活满意度是指个体基于自身设定的标准对生活质量做出的主观评价,是主观幸福感的重要指标之一(Diener, Emmons, Larsen, & Griffin, 1985)。生活满意度作为认知因素,影响着个体的情绪体验,进而影响个体的生活目标定位和行为追求的取向,对个体有着重要的影响。

本课题使用的学校适应的指标包括学校态度、学业成绩和学校能力。学校态度是指个体对学校生活的适应性以及向往学校生活的程度,积极的学校态度有利于个体参与到学习活动和学校内的社交活动中。学校能力是指个体在学校情境下,个体胜任学校事务、适应学校环境的能力,包括耐挫折性、行为控制、自主性等。

本课题使用社会能力作为社会适应的指标。社会能力是指在社会互动情境中,表现出适当且有效的行为,实现社会目标,获得长远发展的能力,包括社交性、自我控制、自主性、亲社会性等。大量研究发现,儿童早期的社会能力发展对后期的情绪、学业、行为等适应(Stepp, Pardini, Loeber, & Morris, 2011)具有重要作用,社会能力因此被当作衡量个体发展的重要指标。

三、结 果 报 告

本课题收集了上海市 4 所学校共 507 名流动儿童的相关信息,平均年龄 11.86 岁,其中男生占 60%。流动儿童适应状况描述统计见表 1,流动儿童家长教养方式描述统计见表2。

表1 流动儿童适应状况描述统计

	自尊	抑郁	孤独感	幸福感	学校态度	学业成绩	学校能力	社会能力
平均值	3.74	1.34	1.82	3.81	3.32	0.06	0.11	0.09
标准差	0.84	0.34	0.74	0.78	0.66	0.92	0.93	1.00

表2 流动儿童家长教养方式描述统计

	父亲接纳/温暖	父亲拒绝/惩罚	父亲成就鼓励	父亲溺爱和过度保护	母亲接纳/温暖	母亲拒绝/惩罚	母亲成就鼓励	母亲溺爱和过度保护
平均值	4.01	2.04	3.60	3.18	4.02	2.01	3.54	3.19
标准差	0.61	0.70	0.66	0.60	0.60	0.68	0.65	0.62

从初步分析看出，流动儿童的自尊平均值为3.74，幸福感平均分为3.81，对学校的积极态度平均分为3.32，抑郁感平均分为1.34，孤独感平均分为1.82，学校能力平均值为0.11，社会能力平均值为0.09，学业成绩平均分为0.06，其中后三者的数值为标准分数转换得出。在父母教养方式上，我们测量了接纳/温暖、拒绝/惩罚、成就鼓励及溺爱和过度保护几个维度，考察教养方式对流动儿童心理适应的影响。

相关分析结果表明，各适应指标和不同类型的父母教养方式直接存在相关，而各项适应指标之间同样存在着显著的相关关系（具体结果见表3）。我们还在相关分析的基础上进行了进一步的回归分析，并且考察了年级的调节作用，分析中对一些人口学变量进行了控制（如性别），发现了如下结果。

（1）父亲接纳/温暖的教养方式可以正向预测儿童自尊、幸福感水平和对学校的积极态度；年级调节了父亲接纳/温暖的教养方式对儿童社会能力的预测作用，随着年级上升，父亲这一教养方式对儿童社会能力的积极作用减小。

（2）父亲拒绝/惩罚的教养方式可以负向预测儿童学校能力、社会能力和学业成绩。

表 3 各变量相关分析结果

	1	2	3	4	5	6	7	8	9	10	11	12	13	14	15
自尊	1														
抑郁	−.58**	1													
孤独感	−.59**	.66**	1												
幸福感	.50**	−.53**	−.51**	1											
学校态度	.45**	−.57**	−.47**	.45**	1										
学业成绩	.27**	−.29**	−.28**	.10*	.19**	1									
学校能力	.37**	−.29**	−.30**	.21**	.28**	.46**	1								
社会能力	.28**	−.23**	−.28**	.17**	.18**	.47**	.46**	1							
父亲接纳/温暖	.16**	−.17**	−.12**	.16**	.20**	.11*	.12*	0.08	1						
父亲拒绝/惩罚	−.12**	.10*	.13**	−0.08	−.10**	−.13**	−.20**	−.12**	−.31**	1					
父亲成就奖励	.11*	−.19**	−0.07	0.07	.14**	.10*	0.07	0.02	.33**	.18**	1				
父亲溺爱和过度保护	−0.08	0.02	0.09	−0.03	0.01	−0.04	−0.04	−0.03	.22**	.25**	.39**	1			
母亲接纳/温暖	.12*	−0.08	−.10*	.14**	.14**	0.08	0.04	0.02	.64**	−.33**	.15**	0.07	1		
母亲拒绝/惩罚	−.12**	0.05	.11*	−0.04	−0.05	−.10*	−0.08	−0.07	−.19**	.66**	.20**	.27**	−.38**	1	
母亲成就奖励	0.09	−.12**	−0.08	0.05	.12*	.15**	0.08	.09*	.24**	.14**	.63**	.32**	.27**	.20**	1
母亲溺爱和过度保护	−0.03	0.06	.10*	−0.02	0.01	0.01	0.01	0.00	.16**	.15**	.25**	.70**	.14**	.24**	.39**

* 表示 $p<0.05$；
** 表示 $p<0.01$。

（3）父亲鼓励儿童获取成就的教养方式可以正向预测儿童自尊水平、学校能力、对学校的积极态度以及学业成绩，可以负向预测儿童的抑郁水平。

（4）父亲的溺爱和过度保护可以负向预测儿童的自尊水平，可以正向预测儿童抑郁、孤独感水平；年级调节了父亲的溺爱和过度保护对儿童社会能力的预测作用，随着年级上升，父亲这一教养方式对儿童社会能力的消极作用减小。

（5）母亲接纳/温暖的教养方式可以正向预测儿童幸福感水平和对学校的积极态度；年级调节了母亲接纳/温暖的教养方式对儿童社会能力、学校能力的预测作用，随着年级上升，母亲这一教养方式对儿童社会能力、学校能力的积极作用减小。

（6）母亲拒绝/惩罚的教养方式可以负向预测儿童的自尊水平、社会能力和学业成绩。

（7）母亲鼓励儿童获取成就的教养方式可以正向预测儿童自尊水平、学校能力、社会能力和学业成绩，可以负向预测儿童的抑郁和孤独感水平。

（8）母亲的溺爱和过度保护可以正向预测儿童抑郁、孤独感水平；年级调节了母亲的溺爱和过度保护对儿童社会能力的预测作用，随着年级上升，母亲这一教养方式对儿童学校能力的消极作用减小。

尽管父亲和母亲教养方式对儿童适应指标的具体预测模式上存在部分差异，父亲的教养方式主要作用于孩子的社会能力和学业能力，而母亲的教养方式更广泛地影响到孩子的情绪状况，如孤独，抑郁和主观幸福感等。但从总体上可以看出，父母使用更多积极的教养方式（接纳/温暖、鼓励获取成就）能够提高流动儿童的心理、学校、社会适应水平，使得儿童拥有更高的自尊和幸福感水平，对学校有更加积极的态度，获得更高的学校、社会能力，以及达成更高的学业成就；而消极的父母教养方式（拒绝/惩罚、溺爱和过度保护）则对流动儿童的适应水平产生不利影响，使得儿童产生更高的抑郁、孤独感水平。此外，无论是积极的教养方式（接纳/温暖、成就鼓励）还是消极的教养方式（拒绝/惩罚、溺爱和过度保护），对处于较低年级的儿童，都有着更强烈的影响。

四、指 导 意 见

根据社会生态学理论,儿童的发展是多方面因素综合作用的结果。家庭作为孩子最早接触的社会系统,对儿童和青少年的心理与行为发展起着重要的作用(Bronfenbrenner, Morris, 1998)。父母的教养方式被看作家庭影响重要的运作过程。父母不仅是孩子衣食住行上的照顾者,还是孩子行为和性格的塑造者。在影响孩子身心健康的众多家庭因素中(如家庭社会经济地位、父母的受教育水平、父母年龄等),父母的教养方式起到至关重要的作用。父母的教养方式是指父母在与孩子的相处过程中表现出对待孩子的相对稳定的行为模式,是父母传达给孩子的态度、价值观以及随行为表达出来的情感氛围的集合体(Darling, Steinberg, 1993)。

根据上述研究结果,我们提出如下家庭教育指导建议。

(一) 重视家庭教育的塑造作用

家庭是孩子接受教育的第一所学校,父母是孩子的第一任老师,所以家庭教育是一切教育的基础,在塑造儿童的过程中起着非常重要的作用。由于背井离乡,流动儿童的父母,其面临的生存压力比城市儿童的父母的生存压力更大,居住环境更恶劣,社会支持也更少。流动儿童跟随父母一起在城市生活,由于家庭收入增加和教育环境的提升,流动儿童可以得到更好的教育资源和发展,然而父母作为他们最重要的支持者,照顾和陪伴儿童的时间精力有限,忽视了对儿童的成长教育,这可能是流动儿童出现心理适应问题的一个风险因素。因此,在家庭教育中,父母应给予儿童更多的关爱与陪伴,减少夫妻冲突和生活压力带给流动儿童的负面影响,重视其身心健康发展。同时,父母应注重对儿童自信乐观品质的培养,引导其正确认识自己与他人的关系,避免陷入歧视自我知觉的怪圈,从而提高儿童的自我认同感。中国传统文化中对父母的社会角色定位不同,导致了父母的教养方式在儿童成长中的作用不同。从传统意义上说,中国的父母遵循"慈母严父"的角色规则,母亲的角色责任在于提供爱与温暖,父亲的角色责任在于提供规则与纪律,因此父母的教养方式的作用存在一定的差异。在儿童和青少年早期,母亲承担着主要的照料者的角色,为儿童提供温暖接纳。但是,这并不说明父亲的作用是"隐形"的。父亲与母亲相比,有着独特的个性品质,比如爱冒险、进取心强等。已有研究表明与父亲相处时间长的小孩的社交技能发展得更好。本研究的结果也发现了父亲的教养方式能显著预测儿童的学校能力和社交能力。因此,在家庭教养中,要更多地鼓励父亲参与其中,为儿童提供更多样性的发展途径。

(二)发挥家庭教育的支持与保护作用

父母的教育观念和行为对孩子的成长有重要的作用。父母由于流动的原因,加上经济收入压力和受教育水平的局限,容易采取简单粗暴的方式对待流动儿童。如果父母对他们采取支持性的、接纳的教养方式,将有利于帮助个体建立自尊、探寻自我、形成自我同一性;另外也有利于父母与子女之间形成良好的亲子关系,使子女更愿意接受父母的指导,更积极主动的追求学业上的成功。如果父母采取拒绝否定、忽视冷漠的教养方式对待子女,容易使子女认为得不到父母的关心与肯定,产生不安全感,破坏亲子关系,并将糟糕的心境以及从父母那里学得的人际相处模式带到校园中,从而造成孩子在学习、社交以及心理适应上的问题。因此,在家庭教育中,建议父母对子女较多使用支持、接纳鼓励的教养方式,较少使用体罚、漠视等教养方式。具体而言,多理解儿童的言行举止,表达出对于儿童青少年意图或愿望方面的支持,加强与儿童情感方面的沟通和联系,不要儿童一犯错误或成绩不好就采用罚站、虐待、殴打,以及将儿童关禁闭等方式。值得注意的是,溺爱对于流动儿童而言是一个风险因素,会加大儿童的适应不良和行为问题,因此父母不要一味宠溺儿童,或由于担心流动儿童在城市中受欺负而过度保护。流动儿童本身就面临着来自各方面的压力以及发展风险,处于不利的发展情境中。而过度保护和溺爱的教养,则不利于儿童发展出良好的社交技能和学习能力,从而造成适应不良。因此,在家庭教育这一环上,应充分发挥家庭教育对流动儿童心理健康与社会适应的支持与保护作用。

(三)注意针对不同年龄儿童采取不同的家庭教育方式

随着年纪的增长,不同教养方式对儿童的影响也呈现出不同的模式,父亲和母亲的温暖/接纳的教养方式对儿童的社会能力和学校能力的影响在减弱;父亲和母亲溺爱的教养方式对儿童的社会能力的不良影响也在变小。因此,在家庭教育的过程中,要注意儿童的年龄的重要作用,针对不同年龄阶段儿童对教养方式进行适当的调整。在低年级阶段,流动儿童表现出对家庭的依赖性和敏感性,容易受到家庭环境和家长言行的影响,因此家长更应该采取温暖/接纳的教养方式,但是也要注意避免溺爱,呵护孩子的自尊心,给予一定的自主支持,为孩子营造健康安全的生活环境,促使他们能更好地探索世界,发展良好的社交能力,应对将来的挑战。而在高年级,儿童逐渐向青春期过度,面临着前所未有的发展机遇和挑战,尽管教养方式对儿童社会能力的影响作用不再那么显著,但仍应该注意给予儿童充分的自主和支持,帮助孩子顺利成长。

(四) 加强家庭教育与学校教育的联系

流动儿童的家庭教育问题值得关注,学校应注重加强与家长之间的联系,让家长及时了解学生的在校情况,并展开一些家长辅导工作,避免家长采取不适当的教养行为来缓解自己的焦躁情绪。学校也可以通过开办家长学校,向流动儿童父母宣传家庭教育的重要性,传授亲子沟通的技巧和方法,设计家校沟通的新途径和手段,还可以教授流动儿童家长一些减压的方法。学校不仅是教导学生学习、传授知识的场所,也是促进儿童发展的重要情境,同样,作为儿童发展生态环境的一环,学校应该向广大流动儿童家长进行宣传,时刻提醒他们在务工的同时要更加关爱自己年幼的子女,呼唤他们的亲情意识,提高对子女教育问题的重视,呼吁他们在繁重的工作之余抽出精力去关心自己的孩子,关心他们的学习情况和生活状况。多与孩子的老师取得联系,深入了解孩子的学习状况,协同配合,提升流动儿童的教育水平。

参考文献

[1] 曾守锤.流动儿童的幸福感研究[J].中国青年研究(09),2008:37-41.
[2] 曾守锤,吴华清.儿童心理弹性的研究:进展与应用[J].宁波大学学报(教育科学版),2007(02):26-29.
[3] 陈美芬.外来务工人员子女人格特征的研究[J].心理科学,2006(01):178-180.
[4] 侯舒艨,袁晓娇,刘杨,蔺秀云,方晓义.社会支持和歧视知觉对流动儿童孤独感的影响:一项追踪研究[J].心理发展与教育,2011,27(04):401-411.

[5] 李彤.大学生抑郁状况及相关因素调查[J].社会心理科学,2008,23(06):67-73.
[6] 李小青,邹泓,王瑞敏,窦东徽.北京市流动儿童自尊的发展特点及其与学业行为、师生关系的相关研究[J].心理科学,2008(04):909-913.
[7] 蔺秀云,方晓义,刘杨,兰菁.流动儿童歧视知觉与心理健康水平的关系及其心理机制[J].心理学报,2009,41(10):967-979.
[8] 刘霞,申继亮.流动儿童的歧视知觉及与自尊的关系[J].心理科学,2010,33(03):695-697.
[9] 刘杨,方晓义,蔡蓉,吴杨,张耀方.流动儿童城市适应状况及过程——一项质性研究的结果[J].北京师范大学学报(社会科学版),2008(03):9-20.
[10] 申继亮,刘霞,赵景欣,师保国.城镇化进程中农民工子女心理发展研究[J].心理发展与教育,2015,31(01):108-116.
[11] 师保国,申继亮,A. Plucker, J.,林崇德.城乡流动与儿童创造性思维的关系[A].第十一届全国心理学学术会议,中国河南开封,2015.
[12] 王芳,师保国.歧视知觉、社会支持和自尊对流动儿童幸福感的动态影响[J].贵州师范大学学报(自然科学版),2014,32(01):14-19.
[13] 尹星,刘正奎.流动儿童抑郁症状的学校横断面研究[J].中国心理卫生杂志,2013,27(11):864-867.
[14] 余益兵,邹泓.流动儿童积极心理品质的发展特点研究[J].中国特殊教育,2008(04):78-83.
[15] 赵燕,张翔,杜建政,郑雪.流动儿童社会支持与抑郁及孤独的关系:心理韧性的调节和中介效应[J].中国临床心理学杂志,2014,22(03):512-516+521.
[16] Asher, Steven R., Paquette, Julie A. Loneliness and Peer Relations in Childhood [J]. *Current Directions in Psychological Science*, 2003, 12(3):75-78.
[17] Bronfenbrenner, Urie., Morris, Pamela A. The ecology of developmental processes [A]. In *Handbook of child psychology: Theoretical models of human development*, Volume 1, 5th ed. (pp.993-1028). John Wiley & Sons Inc. 1998.
[18] Chen, Xinyin., Wang, Li., Wang, Zhengyan. Shyness-Sensitivity and Social, School, and Psychological Adjustment in Rural Migrant and Urban Children in China[J]. *Child Development*, 2009, 80(5):1499-1513.
[19] Darling, Nancy., Steinberg, Laurence. Parenting style as context: An integrative model[J]. *Psychological Bulletin*, 1993, 113(3):487-496.
[20] Diener, Ed., Emmons, Robert A., Larsen, Randy J., Griffin, Sharon. The Satisfaction With Life Scale[J]. *Journal of Personality Assessment*, 1985, 49(1):71-75.
[21] Joussemet, Mireille., Landry, Renée., Koestner, Richard. A self-determination theory perspective on parenting [J]. *Canadian Psychology/Psychologie canadienne*, 2008, 49(3):194-200.
[22] Rosenberg, Morris. *Society and the adolescent self-image* [M]. Princeton: Princeton University Press, 2015.
[23] Ryan, Richard M., Deci, Edward L. Self-determination theory and the facilitation of intrinsic motivation, social development, and well-being [J]. *American*

Psychologist, 2000, 55(1): 68-78.

[24] Soenens, Bart., Deci, Edward L., Vansteenkiste, Maarten. How Parents Contribute to Children's Psychological Health: The Critical Role of Psychological Need Support[A]. In M. L. Wehmeyer, K. A. Shogren, T. D. Little, & S. J. Lopez (Eds.), *Development of Self-Determination Through the Life-Course*, 2017: 171-187.

远郊九年一贯制学校青春期学生家庭教育指导的实践研究[①]

孙乐晓

一、课题由来

青春期中小学生的心理问题具有普遍性和多样性,心理问题产生的最主要原因是家长的主观性教育和不合理的家庭教育方式。一个孩子的健康成长离不开家庭教育、学校教育和社会教育。这3个因素中家庭教育尤其重要,家庭教育的成功与否对于学生青春期问题的解决是十分重要的,而作为与学生教育最为关系密切的学校,对家长的家庭教育指导发挥着极其重要的作用。

二、课题论证

(一)青春期学生的主要特点

从家长、教师和孩子自身的相关调查情报收集中我们发现,中小学生青春期的特点主要体现在以下几个方面。

1. 性意识骤然增长

由于生理上出现性发育加速,使得青少年对性知识特别感兴趣,对异性有强烈的交往欲望,性的好奇感和神秘感与日俱增。

[①] 本文系2017年上海市家庭文明建设立项课题之研究成果,作者单位为上海市闵行区七宝第三中学。课题组负责人孙乐晓;课题参与人员胡斌、刘芬、胡莉敏、戴宏娟。

2. 智力水平迅猛提高

对问题的精确性和概括性发展迅速,逐步从形象思维向抽象逻辑思维过渡。

3. 自我意识强而不稳

独立欲望增强,对事物能做出自己的判断和见解,但对自我的认识和评价往往过高或过低,常被一些矛盾所困扰,如独立欲望与缺乏独立能力的矛盾,自己心中的"成人感"与成人眼中的"孩子气"之间的矛盾等。

4. 情感世界充满风暴

常常表现出幼稚的感情冲动和短暂的不安定状态,孤独、忧伤、激动、喜悦、愤怒微妙地交织在一起,组成一个强烈、动摇和不协调的情感世界。

5. 兴趣爱好日益广泛

求知欲与好奇心强烈,富有理想,热爱生活,积极向上,乐于参加各种创造性活动,对于竞争性、冒险性和趣味性的活动更是乐不知疲。

6. 人际交往欲望强烈

一方面强烈希望结交志趣相同,年龄相仿,能够相互理解、分享生活感受的知心朋友,另一方面,对自己周围的人尽量保持良好的关系,尤其是对自己所属的集体,有强烈的归属感和依赖性,宁肯自己受点委屈,也要保持生活圈的平衡与协调。

(二) 研究意义

1. 有利于贯彻"以人为本"教育理念,推动学校办人民满意的学校

学生是独立的个体,是一个个存在差异的、发展中的人。这就要求教育必须树立"以人为本"的观念。党的十七大报告指出:科学发展观第一要义是发展,核心是以人为本。马克思认为人的发展的最终归宿是使人们的体力、智力、能力、志趣精神,道德审美情趣等方面的素质得到尽可能的全面发展,在不断延续人类科学发展的过程中,促进学生自身健康成长,这也是教育的根本所在。对于学校而言,树立科学的教育发展观,更应该坚持以人为本,以实现人的全面发展为目标,努力办人民满意的学校。

"以人为本"也是新课程改革的教育理念之一,其基本内涵是:"人类社会的任何活动都要以满足人的生存和发展为目的,它强调人是自然、社会、自身的主体"。我校是一所远郊城乡接合部九年一贯制学校,家长受教育的

文化水平总体还不是很高,对孩子的家庭教育更多的是依赖学校。当代教育,面对学生这一特定的群体,尤其是面对青春期五至八年级的中小学生,如何发挥中小学一体化办学作用,在他们成长的最关键时刻,帮助他们保持良好的身心健康,促进社会主义核心价值观的形成,这一直是作为九年一贯制学校努力思考和实践的大课题。

2. 有利于贯彻上海市"十三五"教育规划,促进班主任工作专业发展

上海市教委主任苏明在解读《上海市教育改革和发展"十三五"规划》中指出:我们把"提升学生思想道德和身心综合素养"作为"十三五"上海教育改革发展的首要任务和首项重点建设计划。同时,还专门研究编制了德育专项规划——《上海市学校德育"十三五"规划》,对学生思想政治教育和德育工作做了全面部署。

中小学班主任是中小学教师队伍的重要组成部分,班主任工作在整个教育教学中具有举足轻重的作用。在普遍要求全体教师都要努力承担育人工作的情况下,班主任的责任更重,要求更高。本课题以开展青春期学生的家庭教育指导为载体,适当地对以班主任为主要对象的教师群体进行培训,有利于促进班主任工作的专业化发展。

3. 有利于贯彻上海市《0~18岁家庭教育指导内容纲要》,促进学生健康成长

青春期是人一生中生理和心理的重大转折期。随着社会的发展,孩子的青春期越来越提前,青春期教育已经受到广泛关注。上海市《0~18岁家庭教育指导内容纲要》对青春期孩子家庭教育的重要性和指导原则进行了阐述,它也是本课题研究的主要理论参考。该纲要明确提出:小学生家庭教育指导重点之一就是关注孩子青春前期的变化。初中生家庭教育的重点就是青春期教育,提高孩子的抗挫折能力,引导孩子遵纪守法,帮助孩子平稳地度过青春早期。

五至八年级的中小学生处于青春期早期,作为一所九年一贯制学校,通过对青春期学生的家长进行指导,让他们及时了解青春期孩子的特征,对孩子在青春早期所发生的一系列生理和心理的变化有所准备,尊重孩子的成长和发展,建立积极的亲子沟通方式,接受孩子在成长过程中的困难并给予正确的指导,有利于促进学生的健康成长,也有利于完善学校心理健康教育服务一体化体系。

家庭教育是整个教育体系中不可分割的重要组成部分,它关系到中华民族整体素质的提高和少年儿童的健康成长。良好的家庭教育是少年儿童成长的摇篮,又是学校教育和社会教育的基础,是学校教育的补充。引导家长关注青春期孩子身体和心理发展方面的变化,探索一些关于青春期孩子家庭教育指导的途径和方法,并运用科学的方法对孩子进行青春期指导,显得尤为重要。本课题研究不仅可以丰富家庭教育理论体系,更能形成家庭、教师、学校教育合力,从而促进青少年学生的全面发展。

三、研 究 概 述

(一) 关键概念界定

1. 青春期

青春期是人生殖器官开始发育到成熟的时期;是由儿童发育到成年人的过渡阶段;世界卫生组织认定青春期的年龄范围是 10～20 岁。

2. 家庭教育指导

家庭教育指导是家庭以外的机构、团体和个人为使家庭正常发挥教育功能而向家庭提供帮助与指引的活动。本课题研究主要是指学校教育工作整合各方资源,发挥家庭教育指导的主力军作用。

(二) 研究目标

通过对我校青春期学生家庭教育现状的调查,了解青春期学生家庭中存在的教育误区和实际需求,探索指导家长更新家庭教育观念、提高家庭教育能力的方法和途径,提炼出可供广大中小学校和教师借鉴的家庭教育合作模式和指导策略,促进青春期学生身心的健康发展。

(三) 研究内容

(1) 调查我校青春期学生家庭教育现状。包括家长们的青春期教育理念、教育方法、教育需求和教育误区等。

(2) 厘清青春期学生、家庭教育及家庭教育指导策略等核心概念和相互之间的关系,研制家庭教育指导内容。如亲子沟通方法、孩子身心变化、孩子情绪稳定、孩子异性交往、孩子性教育、青春期孩子逆反等。

（3）指导青春期孩子家长加强家庭教育的方法和途径，如家长学校建设、心理咨询热线开通、学校家委会作用的发挥、区域家庭教育资源的利用等。

（4）对五至八年级这4个年级段不同个性、不同家长文化背景、不同家长教育理念的青春期孩子家庭教育指导个案进行跟踪指导和分析，积累典型个案。

（四）研究方法

1. 文献法

收集有关资料，了解青春期孩子的主要身心特点。

2. 问卷调查法

从家长、教师和孩子不同对象出发，分别设计调查问卷，了解青春期孩子家庭教育的误区，多角度整理归纳孩子的身心、学习和交友等方面的需求。

3. 行动研究法

制定方案，实施验证，修改完善，在行动中研究，在研究中行动。

4. 个案跟踪法

在各年级段多维度选取典型案例，进行跟踪研究，通过访谈、观察、座谈记录等手段进行前后对比以及实施效果的评价。

5. 经验总结法

通过对整个课题研究阶段性成果的梳理，提炼出有效的青春期孩子家庭教育指导策略。

四、研究主要结果

（一）青春期学生家庭教育的情况分析

为了解青春期学生家长对相关知识的普及情况、家长对青春期家庭教育和青少年情感引导的态度以及具体做法，本课题组开展了青春期孩子家庭教育现状的调查活动。

1. 调查内容

调查内容主要围绕以下问题设计：家长对待青春期教育的态度；青春期学生家庭教育现状；家长对青春期学生教育的需求。

2. 调查方法

设计和印制家长问卷，对本校五至八年级的学生家长进行问卷调查，学生年龄在10~14岁，分发问卷982份，回收924份。

3. 调查结果

(1) 青春期学生家长家庭教育态度。

1) 支持与积极态度的为多。总体来说，91.0%的家长认为对孩子进行青春期教育是必要的，有65.2%的家长认为在孩子青春期教育的责任主体是家庭。

2) 较多的家长意识到孩子处于青春期。在对所有学生家长的调查中，有72.9%的家长都能够意识到自己的孩子进入了青春期。具体来说，家长的这种意识与孩子的年纪有显著正相关（$r=0.96, p<0.01$），随着孩子年级的增加，越多的家长意识到孩子处于青春期。

3) 一半以上家长对异性交往持有较为开放的态度。对于青春期的异性交往，57.9%的家长持有较为开放的态度，支持孩子与异性同学交往。

(2) 青春期学生家庭教育情况。

1) 亲子关系：有75.3%的家长认为与孩子的亲子关系是和谐的，22.8%认为关系一般。

2) 未来规划：59.5%的家长曾经与孩子讨论或引导过孩子的未来规划。

3) 情绪：87.8%的家长能够关注孩子情绪的变化。家长关注孩子情绪的程度与亲子关系有显著正相关（$r=0.76, p<0.01$），家长越多地关注孩子的情绪变化，亲子关系越和谐。

4) 冲突求助：面对与孩子的冲突，64.2%的家长倾向于自己解决，其次是寻求校外机构和亲友的帮助。

5) 对孩子上网的监控：82.6%的家长认为能够对孩子的上网进行有效监控。

6) 聊天内容：家长与孩子的聊天，除了学习之外，65.8%的家长的主要话题集中于身体健康和兴趣爱好。此外，也可以看到家长与孩子聊天内容的多元化,伙伴关系与集体活动等也是很多家长与孩子交流的内容。

7) 性教育情况:有49%的家长对孩子进行过青春期的教育,但是性知识的教育较为匮乏,只有32.3%。

(3) 家长对家庭教育指导的需求。

1) 家长参加教育活动的意愿程度较高,58.3%的家长愿意参加学校关于青春期的教育讲座,其中有24.9%的家长非常渴望能够参加这类讲座。在家长时间允许的条件下,80.9%的家长都愿意参加学校青春期的相关讲座。

2) 家庭教育指导方式。从指导方式上来说,家长更倾向于通过专家讲座和小型座谈会的方式进行学习,68%的家长会选择这两类方式。其次是一对一辅导和电话咨询,分别为22.2%和12.3%。可以看出家长更倾向于来自专家的建议与指导,家长家庭教育需求方式的多元化。

4. 存在问题

在青春期这个人生极其重要的成长阶段,父母的教育起着关键作用。然而,面对处于青春期的孩子,许多父母往往不能正确地引导、教育并帮助孩子顺利度过这个阶段,通过上述调查我们发现青春期家庭教育存在以下问题。

(1) 青春期学生家长的家庭教育理念有待进一步重视。很多家长还没有意识到升入初中的孩子已经进入青春期,更没有把青春期作为孩子的特殊时期来加以重视和研究,忽略了孩子青春期特点的出现和教育。他们更关注孩子学业、身体健康,对孩子青春期存在的心理问题很漠然,孩子面临的青春期困惑时,家长缺乏必要的指导和沟通能力。

(2) 青春期学生家长对性教育回避的态度有待进一步改善。家长对孩子青春期的性教育心理很矛盾,他们支持孩子和异性有一定交往,但又害怕孩子早恋;不想给孩子揭开性神秘面纱,又希望孩子能了解性知识以便保护自己。在这种矛盾下,很多家长抱着侥幸心理,采取搪塞、回避的态度处理孩子提出的性的问题,犹抱琵琶半遮面。等一旦出现了严重问题,往往措手不及,悔之晚矣。还有一部分家长受社会传统思想的影响,性知识的教育觉得"难以启齿"。也有一部分家长低估了现在的孩子,总认为孩子还小,什么都不懂,也决不会做不该做的事,使有早恋迹象的孩子没有得到及时的教育和帮助,不仅会导致上课走神,无心学习,成绩下滑,还很有可能做出越轨的事情,类似未成年人怀孕的例子也不在少数。

（3）青春期学生家长亲子冲突的解决能力有待进一步提高。逆反心理是青春期特有的现象,有近六成家长承认难以处理好青春期问题,是导致亲子关系不和谐,矛盾升级的主要原因。值得注意的是,家长们对"主动与孩子交流沟通"这点认识不够,只有37％的家长非常重视。实际上,处于青春期的孩子普遍存在不愿与老师和家长多交流的现象,而且情绪波动大,喜欢意气用事,此时家长若不重视,也和孩子一样赌气、沉默,就会错过教育的时机,家庭氛围紧张,不利于孩子的健康成长。

5. 意见和建议

基于上述调查,我们提出学校的家校合作和家庭教育指导工作要注意以下内容。

（1）青春期教育在心理交流和行为指导上具有隐私性和个体性,我们建议指导家长在自然性、亲和性和适时、适量、适度等方面把握好基本的原则。

（2）帮助家长树立正确的亲子观和成长观,鼓励家长通过报纸、杂志、电台青春期教育专题栏(节)目等,学习和了解到青春期家庭教育知识,树立科学正确的青春期家庭教育理念。

（3）家长要做孩子的朋友,进行有效的亲子沟通。这一时期,家长要改变居高临下、命令式的单向教育,采取平等、探讨式的双向教育。

（4）宽松和谐的家庭气氛家庭是青春期教育的基础载体。家庭气氛是孩子成长的软环境,对孩子起着潜移默化的影响。特别是夫妻关系对孩子的心理健康有很大影响,所以,父母有责任、有义务为孩子的成长创造和谐的家庭氛围,更要更新思想观念,做好自我教育,给孩子有效的示范。

（二）青春期学生家长的家庭教育指导途径

1. 普适性专家讲座

（1）学校家庭教育专业教师专题性讲座。学校有专门的家庭教育分管领导胡莉敏老师对家长开展针对性系列讲座。针对调查中发现的问题,有意识地根据青春期学生的心理特点及常见心理问题的预防,开设系列讲座,传授与子女的沟通技巧、青春期性教育以及未来学业及职业生涯的规划等,指导家长如何做好青春期孩子的引路人。2017年3月,对八年级的学生家长做了"快乐的孩子更幸福"的报告,通过大量的案例与数据,建议家长朋友们要培养乐观的孩子,鼓励孩子不断接受挑战,战胜自我。同年9月,对六年级的家长开展了关于青春期孩子的困惑以及相应的对策指导的讲座,引导家长多关注孩子的心理需要。

(2) 区家庭教育讲师团普及性讲座。2018年6月,我校邀请了区著名家庭教育志愿者张惠老师为我校七年级及部分六年级家长进行了"孩子长大了"的青春期孩子家庭教育的讲座,带领家长解读青春期的关键密码,做好青春期孩子的场外指导。讲座之后,小玲(化名)妈妈在班主任王老师的引荐下,寻求张惠老师的帮助。

原来,小玲同学是班级里的班干部,聪明活泼,性格开朗,深得老师、同学的喜爱。到了七年级第二学期以后,开始变得有些沉默寡言。七年级升八年级的暑假返校活动中,班主任王老师发现她的着装发生了奇怪的变化,不像平时学校要求的,扎马尾辫,穿校服或T恤。相反,她披着长发,趿着拖鞋,穿着低腰牛仔裤,画风剧变。王老师感觉情况有变,马上及时联系其父母,才发现小玲同学由于父母离异,家中缺少有人管束。而七、八年级又正好是青春叛逆期,原本聪明活泼的小玲自尊心强,父母的离异表面上并没有让人感觉她受到什么心理上的影响,而事实上她是通过着奇装异服装来吸引大家对她的注意,更让人担心的是她利用父母之间因离异而造成的沟通不畅及父母对她的高度信任,夜不归宿,跟妈妈说在爸爸家,跟爸爸说在妈妈家。班主任找到了小玲的妈妈,让小玲妈妈意识到了问题发展下去的严重性,而此时的小玲已经变得非常敏感和叛逆,性格较为软弱的妈妈一筹莫展。

此案例张惠老师高度重视,针对小玲同学自尊心强、活动组织能力强的特点,在王老师的协助下,以雏鹰假日小队探究的名义,让小玲同学做队长,以礼仪教育为主题,组织队员们来到张惠工作室进行采访,同时也邀请了小玲妈妈作为家长志愿者一起参与。经过多次来回沟通交流,以及班级主题队会的分享感悟,小玲逐渐恢复了正常的生活起居,并真正恢复自信,学业也有了很大的进步。

(3) 家长学校专题性讲座。我校在家长学校办学形式和教学方式上做了大胆的改革,家庭教育指导课融合青春期教育要求,以专题教育的形式向全体家长进行指导,每学期举办1次(专指青春期教育1次)。具体做法是学校聘请家庭教育方面的专家领衔,辅以学校家庭教育辅导员、心理教育辅导员为家长排忧解难,送上科学的家庭教育知识和解决问题的方法。

2. 专业老师一对一辅导

(1) 学校专职心理教师。我校有两位心理辅导老师:国家二级心理咨询师王诗晗老师和上海市中小学中级心理咨询师胡莉敏老师。这两位教师在学校开设的家长开放日、各类亲子活动以及其他家校互动活动中,分别对有需求的小学四、五年级和初中六、七、八年级的青春期学生家长进行一对一地辅导,通过谈话、记录、指导和分析,帮助家长找出问题所在,并提出建设性的意见,积累典型个案。

(2) 班主任的随访及跟踪指导。在接受学校心理老师的辅导后,由这些典型个案的班主任再进行后续跟踪,对家庭教育中出现的矛盾、问题等进行引导,以帮助家长切实解决在教育青春期孩子中的困惑。

3. 电话热线和心语信箱并驾齐驱

我校自成立心理辅导室以来,就开通了家长电话热线,旨在为家长们适时有效地提供应对青春期孩子家庭教育的应急方法。对孩子出现的青春期逆反表现等情况给家长提供暂时缓解孩子情绪的安抚措施,为后续的指导工作做好铺垫。同时,还设置了心语信箱,欢迎广大家长针对孩子的一些青春期困惑等来信交流探讨。

4. 同类型问题家长沙龙研讨

通过家长会、共性问题家长座谈等方式开展家长家庭教育经验交流(或心得)分享学习。要搞好青春期教育,家长的教育作用是学校无法替代的。家长是学生最亲密的人,也应成为学生的第一任青春期教育老师。为了有针对性地对家长进行指导,对班级中时常出现一些典型的教育案例进行分析和归纳,邀请有关家长进行座谈研讨。为了提高家长的参与兴趣,根据具体情况加入了"做好青春期孩子家长的技巧""如何应对孩子的叛逆期""怎样注意孩子的异常"等话题,并根据孩子年龄及其他具体情况决定向家长宣传的侧重点。同时根据各班的具体情况举行分班级、分类别的家长小型座谈会。

5. 多形式个别化家访指导

(1) 上门家访。通过传统的老师上门家访,以拉家常式的面谈,更能让学生和家长感受到老师的关系和重视,更能敞开心扉,增进彼此情感的交流。

（2）邀请个别家长来访。在平时的教育教学过程中老师发现有些孩子存在着一些青春期共性的问题时，我们为及时解决某些问题而特意邀请这些家长来访，通过耐心的倾听，坦诚的分析，科学的指导，与家长制定切实可行的措施，帮助孩子及时顺利地度过青春期。

（3）在线个别指导。随着社会的进步，网络时代的到来，电话、微信、QQ等已成为家访的一种形式，通过在线个别指导，可以发布一些家庭教育的信息，家长也可以及时与老师反馈，甚至可以解决时空的问题，"指尖家访"能够使教师的指导工作快速顾及每一个学生家长，加强了教师与家长的沟通。

（三）青春期学生家庭教育指导的策略

1. 建构良好的亲子关系

在家庭教育中，专家的责任就是理念的指导，家长的责任是智慧的教育。家长如果用脚后跟想问题，再好的专家都无法让你开悟，你无法改变自己和自己的教育方法。所以，面对出现的问题，学校要引导家长去学习去思考。青春期孩子的成长规律是什么？到这个年龄段生理变化、心理变化、精神变化、情绪变化是什么。为什么会出现这种恋情，碰到这种恋情应该用什么理念对待，孩子最需要的是什么，什么条件下才可以转化，才可以把问题解决？

中国式家庭教育一直以来有一个硬伤——不尊重儿童权利（生存权、发展权、受保护权、参与权）。中国儿童中心曾做过调查，国内75％的家长没有听说过"儿童权利"这个词，不知道儿童权利包含什么内容，而听说过的家长在生活实践里并不尊重的高于75％。这部分家长很少考虑孩子也有独立人格、有选择参与权。

一个孩子一把锁，不同的孩子需要靠家长要用自己的智慧去教育自己的孩子。而产生这个智慧的前提是什么？是充分信任孩子，真正把他作为和你对等的人平等看待，而不是居高临下或者作为自己的私有财产，建立良好的亲子关系。

2. 创设和谐的家庭关系

现在众多社会专家提倡，家庭教育应该首先对年轻夫妇开始进行教育。

确实有道理,选择做父母就意味着选择了人生最重要的投入。对年轻夫妇讲,在孩子出世之前,要做好思想准备。为人父母所做的就是一种生命的工作,我们面对的是一个活生生的人,无论你面对的是什么样的孩子,你都没办法反悔或者"退货"。孩子是"上帝"一次性给予家长的"礼物",伴随这份礼物的降临,做家长的也在人生道路上不断修炼、不断成长。所以,这份礼物只能接纳,不能更换,也难调整,只能担当起做父母的责任。

二胎政策开放后,三口之家还会成为四人世界。夫妻二人从单纯的配偶关系转为双亲关系,夫妻双方之间角色的重新定位是不容忽视的。夫妻之间,在对待孩子教育问题时,要学会进行自我教育。

众所周知,所有结构中最坚固的就是三角形,并且也是最简单的结构。原生家庭成员的和谐关系也是如此,见图1。

在和谐家庭关系中,又以夫妻关系的和谐最为重要。当代社会,一个正常的家庭中,理应"夫妻关系"是第一位的,其次才是孩子和妈妈、孩子和爸爸的关系。按照著名学者"全国家庭教育指导大纲"首席专家,上海社会科学院社会学所原所长杨雄的说法,理想和谐的家庭是家庭全体成员共同成长,夫妻俩手拉手,孩子站在父母的前面中间位置,这样的位序,孩子既有独立性、又有安全感。因为小朋友要受到爸爸妈妈的呵护才有安全感。妈妈是情感的代表,爸爸是理性的代表,孩子靠情感来滋养他内在的生命,靠理性来发展他外在的世界,两者必须是同步的。所以学校在家庭教育指导中,特别要对家长们提倡创设和谐温馨的家庭氛围,特别是夫妻良好关系的建立。

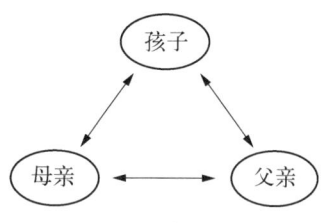

图1 原生家庭亲子关系图

3. 协调亲密的师生关系

学生自身都有"亲其师"的本性,心理学上称为"向师性",好像花草树木都趋向于阳光一样,趋向于老师。这种"向师性"具体表现在3个方面。

(1) 凡是学生都具有一种"学生感":都感觉到自己是学生,要学习,要听老师的教导和指挥。

(2) 学生有一个共同心理:不论学习哪一门课,都希望有个"好老师";不论在哪一个班学习,都希望有个"好班主任"。学生的这种希望表明:老师对他们来说,实在是太重要了。

（3）学生还有一种共同心理，就是希望自己能得到老师的注意。

从"向师性"这个角度来讲，维护教师在孩子心目中的"好"形象至关重要。这需要多方努力，如教师自身的维护、学生的认识、家长的引导等。理论上，从孩子还没有上学之前，家长就应该开始关注和引导，让孩子心目中的老师是个美好的形象。一个人只有在亲近、尊敬自己的师长时，才会相信、学习师长所传授的知识和道理。喜欢一个老师，就喜欢听他的课，喜欢学这一科，相应的这一科学习成绩就好，反之就不好。"亲其师"的好处有很多很多，比如：你爱老师，老师也会更爱你，你就会有更好的习惯、更好的性格、更好的品行，等等。

对于七、八年级学生的家长来说，学习始终是我们绕不开的话题。我们可以自己教孩子，可以进外面的培训机构辅助孩子的学习。但是，学校各学科教师对孩子的学业成长始终起着很重要的作用。为了孩子爱上学习，有个好的学习成绩，在孩子学业方面，家长有义务通过良好的家校沟通帮助孩子"亲其师""信其道"。

青春期正处于学习兴趣培养的关键期，也是最佳期。而学习兴趣可以说很大程度上依赖于孩子对老师的喜欢，也就是依赖于"向师性"。因为孩子他还未成年，还不能完全靠目标、靠爱好、靠意志等完成学业任务。在这样的关键期，我们要引导家长"不在孩子面前说老师不好""捍卫老师在孩子心目中的正面形象"。

学校与家庭是担负儿童教育的两个法定责任主体，构建和谐的家校关系、形成合作共育的格局，是儿童健康成长的根本保障，也是我国教育的基本理念。引导家长在家庭教育中，首先进行自我教育，处理好亲子关系、夫妻关系，协调好师生关系，这是一个父母与孩子双向互动、彼此受益、共同成长的过程。

五、研究成效和创新点

本课题研究重在实践，在实践过程中，重点运用行动研究法开展了系列活动，如家长学校建设、心理咨询热线开通、学校家委会作用的发挥、区域家庭教育资源的利用等，指导青春期孩子家长加强家庭教育，梳理出了青春期孩子家庭教育指导的主要内容：① 爱打扮的孩子有问题吗；② 与异性过于亲密怎么办；③ 小学升入初中，学习退步了怎么办；④ 网络诱惑如何面对；⑤ 青春如何拒绝自卑；⑥ 亲子沟通难怎么破解；⑦ 孩子恋爱怎么办？

在指导家长寻找问题解决的对策时，参与研究的教师们也同时了解了一个个青春期孩子的心理问题，并正向引导，帮助孩子解决心里困惑，在积累个案中，从良好亲子关系、和睦夫妻关系、亲密师生关系三个方面逐步梳理出了青春期家庭教育指导的策略，这三个策略也是本课题研究的创新之处，但还不成熟，有待于进一步深入研究和完善。

家庭教育与特殊儿童

中度智障儿童家庭功能及与其适应行为关系的研究[①]

江琴娣

一、引　　言

(一) 问题的提出

家庭对每个人都是不可或缺的重要日常生活领域,对家庭成员的身心健康和儿童成长造成直接影响。家庭也是训练智力落后儿童适应行为的主体力量。而家庭功能是对家庭系统运行状况的整体评价。近20年来,有关家庭功能的研究越来越受到西方心理咨询和心理治疗领域研究的重视。许多心理治疗师或研究者在临床实践中发现家庭对个体行为和心理问题有巨大影响。他们认为,影响个体心理和问题行为的原因,不能简单以遗传或父母养育方式来进行解释。因此,要改变个体的行为模式、治疗个体心理、解决其情绪行为等问题,必须对患者家庭的整体交往或情感模式加以干预和调整(曾文星等,1994)。目前,在我国社会文化背景下对智障儿童家庭功能的相关研究的文章大都是探讨家庭功能中教育方面的内容,查阅有关正常儿童此方面研究的文章同样发现,研究的大部分也是家庭的教育功能。按照家庭社会学的分析,家庭最基本的功能是分享感情,以及给予成员无条件的爱(赵孟营,2000)。家庭其他功能的发挥是家庭教育功能所不可替代的,家庭各个功能发挥之间的平衡性非常重要,过分强调家庭教育功能而忽略其他功能的发挥,对培养智力落后儿童的适应行为极为不利,也会影响其家庭的生活质量。

[①] 本文系2012年度上海市家庭文明建设立项课题之研究成果,作者系华东师范大学特殊教育学系副教授。

本研究通过对上海市辅读学校一至三年级中度智障儿童的家庭功能和适应行为进行问卷分析,结合对其家长进行深度访谈分析智障儿童的家庭功能主要特点,探讨智障儿童的家庭功能是如何影响其适应行为的发挥,分析影响其家庭功能发挥的相关因素,期望为提高智障儿童家庭功能发挥的水平,培养智障儿童的适应行为能力和实施教育干预提供科学依据。

(二)国内外研究现状

1. 国内外对家庭功能的相关研究

国外对家庭功能的相关研究大量集中在家庭功能与家庭成员的心境障碍的关系上。如 Gabor I. Keitner 和 Ivan W. Miller(1987)在家庭功能与抑郁症的研究中,利用以往相关研究的结果,对家庭功能与抑郁症的相关性进行研究,结果发现家庭功能在抑郁症的发病过程中扮演重要的角色。其研究表示,在抑郁症患者发病期间家庭成员报告他们感到家庭功能严重紊乱;与其他类型心境障碍的家庭相比,抑郁症患者家庭功能在其发病过程中的问题更为严重。Booth A 等(2001)在一项关于父母的婚姻状况与孩子的幸福感的研究中发现,父母的固有特征如反社会特征直接导致家庭功能失调和婚姻的不和谐,对孩子的幸福感产生消极影响,进一步导致孩子行为问题的产生。国外还有研究关注临床上病人的家庭功能,如 Bishop 等(1988)对脑外伤病人家庭功能进行研究,结果发现家庭功能可以预测病人受创伤后接受治疗的坚持程度和利用健康护理的程度。BA Mulvihill 等(2005)在一项关于儿童需要健康护理的程度与家庭功能和教养者间关系的相关研究中,对亚拉巴马州的需要特殊健康护理儿童的家庭进行调查,结果发现,需要额外健康护理的儿童家庭经济功能和教养者的关系都受到显著消极影响。另外还有研究关注家庭功能与儿童问题行为的关系,如 Smets(1988)关于行为问题儿童的家庭适应性和合作性的研究发现问题儿童的家庭亲密度,家庭适应度和合作度以及总的家庭功能比无行为问题儿童的家庭显著降低。Bierman 和 Smoot 的研究发现惩罚性的效率低下的家庭规则能够预测儿童的问题行为(辛自强、池莉萍,2003)。

国内也有研究人员对家庭功能与家庭成员的心理健康方面进行了相关研究。如汤毅晖等(2004)采用疏离感量表、家庭亲密度和适应性量表(FACESⅡ)和 16PF 对 528 名中学生进行调查调查中学生的疏离感以及家庭功能、人格与疏离感三者之间的关系,结果发现,疏离感与人格和家庭功能因子相关。叶苑等(2006)采用家庭功能量表和 SCL-90 对西安市的 928 名中学生进行问卷调查,考察青少年家庭功能的发展特点及其与心理健康的关系,结果发现在家庭功能的沟通、父母控制和父母关注维度上,女生得分低于男生。蓝利明(2005)将 46 名抑郁患者与 40 名正常人的家庭功能和心理防御机制进行比较研究,结果发现抑郁患者的家庭功能显著差于正常人。李彩娜等(2007)在亲子间家庭功能知觉相似性的特点及其与青少年自尊的关系中采用家庭功能评定量表对北京和西安 4 所普通中学的 1 317 名高中生及其父母进行调查,结果发现:家庭功能知觉相似性的性别和年级差异显著,女生的家庭功能高于男生,初一年级的家庭功能状况最好。

国内已有研究人员对家庭功能与儿童问题行为相关性进行研究。如魏宝玉(2004)等人的研究显示,家庭环境的亲密度、组织性与儿童社会能力和行为问题显著负相关,矛盾性与行为问题显著正相关,亲密度、情感表达、组织性与社会能力显著正相关,家庭成员之间相互承诺、帮助和支持程度差,家庭活动和责任时组织性和秩序性的程度低,以及家庭成员之间公开表露愤怒、攻击和矛盾程度高的儿童易有行为问题;情感表达与内化性行为问题呈现显著负相关,表明家庭成员直接表达其情感程度低的儿童易出现退缩、躯体主诉、焦虑抑郁问题。

2. 国内外对特殊儿童家庭功能的相关研究

特殊儿童由于本身的缺陷会对家庭成员的关系存在一定影响,他们家庭的功能也比普通儿童有了很多改变。如许多有发展障碍、失聪、慢性病或需要技术照顾的孩子的家庭都需要医疗方面的指导,需要提供特殊服务、开展行为干预和其他康复程序,这些都会对特殊儿童家庭功能造成影响。如国外学者 LL Dyson(1993)在残疾孩子的父母应对压力的研究中发现,孩子的残疾会影响父母应对家庭压力的能力。国外学者 Hamilton I. McCubbin 和 Marvin B. Sussman(2006)对发展障碍儿童的情绪行为问题与父母的心理和家庭功能的关系进行一年的研究,初期结果发现,儿童行为和情绪问题与家长心理健康问题、家长的压力和家庭功能正相关;一年后的研究结果发现儿童的情绪和行为问题比发展迟缓对母亲的压力、父母的心理健康问题、家庭功能障碍影响更大。Gillian King 等(1999)在一项以家庭为中心的日常护理服务与残疾儿童父母幸福感的关系研究中,采用家庭功能量表等测量工具对164对有发展障碍孩子的父母进行调查,利用结构方程模型分析,结果发现孩子的行为问题和解决问题策略能预测家庭功能水平,而家庭功能与社会支持能预测父母的幸福感和压力。

目前国内针对特殊儿童家庭功能所进行的调查研究数量比较少,通过搜索结果只有以下几篇相关研究。如张东枚(2003)在残疾人日常生活能力与家庭负担研究中显示发现,不同残疾类型的家庭功能构成比差异有统计学意义,非残疾家庭在适应度、成长度和情感度方面均优于残疾家庭,而在合作度与亲密度则是非残疾家庭比残疾家庭差。于松梅(1994)在异常儿童与家庭的互动研究中指出,家庭系统不仅是个体获得信仰、价值观以及行为模式的主要源泉,而且对个体的养育、社会化、教育以及职业选择等方面也起到了很关键的作用,是影响残疾儿童成长的重要环境因素之一。国内已有研究对特殊儿童的家庭环境特点与其问题行为的关系进行了初步的探讨,如孙军宁等(2007)在对培智学校学生的问题行为与家庭环境的研究结果表明培智学校学生行为问题受家庭环境的显著影响,影响因素包括父母文化程度、职业、家庭收入、家庭社会经济地位、家庭环境的矛盾性和娱乐性。家庭社会经济地位指标评分越高的学生,行为问题检出率越高;有行为问题的学生家庭环境的矛盾性评分较高、娱乐性评分较低。家庭娱乐性低、矛盾性高是智力落后儿童行为问题的主要影响因素之一。张莹等(2009)在评估慢性病患儿的心理社会行为问题和家庭功能的研究中运用儿童行为量表和Feetham家庭功能量表对慢性病患儿家长进行调查,并与正常儿童进行比较,结果发现慢性病患儿家庭功能与正常家庭比较,差异有统计学意义,家庭功能、家庭结构和家庭经济状况影响患儿行为问题。

国内大部分关于特殊儿童家庭研究的文章只是涉及了特殊儿童家庭功能中的教育作用。如李祚山(1997)在《试论智力落后儿童的家庭教育》中指出了智力落后儿童家庭教育的意义、家长的角色认同及对智力障碍儿童的正确认识、家庭教育的内容和方法。张毅等(2004)对北京市学前特殊儿童家庭教育进行调查中发现,极少特殊儿童有机会受到专业机构的学前特殊教育,特殊儿童父母对早期教育的认识不够。林云强等(2007)在波特奇法在智障儿童家庭教育中的作用详细介绍美国的波特奇方法以及在智障儿童家庭中的应用情况。朱静君(2010)在对智障儿童家庭教育探讨中指出智障儿童家长创造良好的家庭氛围有利于智障儿童的康复。徐胜(2007)在《智力障碍儿童家庭教育原则》中指出了对智障儿童进行家庭教育时所应该遵循的儿童生理、心理需求原则、环境生态化原则、生活质量导向原则、家校合作原则、家庭支持原则。王静明(2008)在谈学前特殊儿童的家庭教育中指出家庭教育在特殊儿童的早期干预中起着重要的作用。

结合以上所述,可以发现以往研究者们较多地关注智障儿童的家庭教育,而单独研究智障儿童家庭功能的文章还不是很多,因此有待进一步的实证研究的数据来探讨、验证和丰富这一研究领域。

3. 国内外对家庭功能与适应行为的相关研究

适应行为一般是指个体适应自然和社会环境的有效性,即个体独立生活和维持自身的能力,达到其年龄和所处社会文化条件所期望程度的能力。2002年美国智力落后协会(AAMR)将适应行为定义修订为"正常适应行为包括:独立能力、身体发育、经济活动、语言发展、计数与计时、职业活动、责任、社会化等几个领域;而适应不良行为包括:社会性行为、服从、可信赖性、刻板行为和活动过度、自虐行为、社会社交活动、令人烦恼的人际行为等方面"。(贾严宁,2001)。从定义中可以发现此次修订突出了功能性的导向和生态学的观点,强调能力(智力和适应行为)、环境以及支持系统之间的相互作用(刘春玲等,2004)。

自美国智力落后协会将适应行为作为判断智力落后程度的重要标准之一以来,国内外已经有较多学者对智障儿童的适应行为进行相关研究分析,而家庭环境作为影响智力落后儿童适应行为发展的关键因素之一,也受到越来越多研究者的关注。本研究将国内外对家庭功能与适应行为的相关研究进行综述分析。

(1) 国外研究现状。根据研究搜索的资料发现,国外有关家庭功能与适应行为的相关研究非常少,有关的研究主要集中在研究家庭功能与社会适应行为方面。如国外的 Fauber R L(1991)在关于家庭治疗临床实践中表明,家庭功能不良易导致子女出现更多社会适应行为不良的问题。AS Cater(2000)在对ADHD儿童与抽动症儿童的家庭功能与社会情感能力的关系研究中发现,家庭功能与患儿的行为问题和社会适应能力显著相关。

(2) 国内研究现状。

1) 目前国内对普通儿童家庭功能与适应行为相关研究的研究报告只有少数几篇,如赵小菲等(2002)研究发现,母亲健康状况、母亲年龄、父母关系、学龄前养育类型及住家地区社会风气是影响儿童社会适应行为的重要因素,其中父母关系与儿童适应行为密切相关。方晓义等(2004)在家庭功能的理论,影响因素及与青少年的社会适应的研究中,对国内外相关研究结果归纳总结,最后发现家庭功能与青少年社会适应有着密切的关系。安博欣(2004)在对父母的教养方式,亲子关系与青少年社会适应的关系研究中发现父母教养方式,亲子关系与青少年适应能力正相关。张华等(2005)在家庭生态环境与儿童早期数学认知能力的研究中发现,家庭经济地位以及母亲对孩子的教育与儿童早期数学能力显著相关。张静等(2006)在对学龄期儿童适应行为影响因素研究中表明,父母关系、亲子关系、孩子是否经常和同伴玩耍、家长每天和孩子在一起的时间、父亲性格和孩子性格对学龄前儿童适应行为有影响。

2) 国内有关特殊儿童家庭功能与适应行为关系的研究也非常少,并且多数关注的是家庭环境对儿童适应行为的影响。如王倩等(2007)在关于我国近年来智力落后儿童适应行为相关因素研究发展报告中指出,智力落后儿童适应行为发展不仅与其智力因素和不良情绪相关,还与其生存环境显著相关,其中学校,家庭和社区是影响智力落后儿童适应行为的 3 个主要因素。王娜(2006)的研究报告指出,父母教养方式对智力落后儿童的适应行为有间接和直接的预测作用。王佳佳(2007)对 ADHD 小学生适应行为与家庭环境的关系研究发现,家庭环境与 ADHD 小学生适应行为存在着显著相关;家庭环境量表中的亲密度与适应行为各因子存在显著正相关;情感表达与适应行为各因子存在显著正相关;矛盾性维度与适应行为的语言发展、认知因子、社会自制因子存在显著负相关;知识性、娱乐性、道德宗教观与认知因子存在正相关;组织性与 ADQ、社会自制因子正相关。李萍等(2007)使用家庭关怀度指数问卷(APGAR 量表)和自设的调查问卷对 104 名智障者进行调查,结果显示智障者家庭功能较好,合作度表现一般,日常生活自理能力特别是工具性生活自理能力偏低。

本研究查阅文献资料发现,目前国内外有关智障儿童家庭功能与适应行为关系的研究非常匮乏,对智障儿童家庭功能的状况调查以及家庭功能的基本现状的调查寥寥无几,对家庭功能与智障儿童适应行为能力关系的研究更少,因此对中国文化背景下的智障儿童家庭功能和个体发展的关系展开研究很有必要。

二、调 查 研 究

(一) 研究的目的和意义

1. 研究目的

本研究对上海市辅读学校一至三年级儿童的家庭功能现状进行深入的分析,同时结合深度访谈探讨影响智障儿童家庭功能发挥的相关因素,探讨智障儿童家庭功能与其适应行为之间的关系,分析与适应行为发展密切相关的家庭环境因素,目的是为改善智障儿童家庭功能、培养智障儿童的适应能力和实施教育干预提供科学依据。

2. 研究意义

本研究欲对中度智障儿童家庭功能的现状以及家庭功能与其适应行为的关系做较为详尽的分析,有利于进一步弄清中度智障儿童家庭功能发挥的过程。本研究对中度智障儿童家庭功能的性别、年级、家长学历、区域等特征进行差异分析,欲探究这种差异是否会给其家庭功能带来影响,为现有的家庭功能理论深化一步,希望本研究能够提供一些实证数据,充实中度智障儿童家庭功能的理论研究,这将对今后的相关研究具有积极的理论意义。

适应行为是判断智力落后程度的重要标准之一,对智障儿童的康复有着重要的意义,而家庭系统是影响儿童适应行为的重要因素,家庭功能是对评价家庭系统运行状况的整体评价,因此本研究通过中度智障儿童家庭功能与其适应行为的关系研究探究家庭功能是否与其适应行为相关以及是否对其适应行为有预测作用,以期为中度智障儿童发展良好的适应行为提供有价值的指导和帮助,为学校、家庭、社会开展家庭康复教育提供参考,本研究的现实意义也在于此。

(二) 研究内容

本研究采用测评问卷包括家庭功能量表(FAD),以及儿童适应行为评定量表对智障儿童进行测评,并结合深度访谈对影响智障儿童家庭功能发挥的因素进行探讨。

研究主要内容如下。

（1）通过对智障儿童家长使用家庭功能量表(FAD)了解其家庭功能的特点。

（2）通过对智障儿童的班主任使用儿童适应行为评定量表了解其适应行为的特点。

（3）通过问卷分析了解智障儿童家庭功能与其适应行为的关系。

（4）根据问卷结果将研究对象分类，对家长进行深度访谈，探究家庭功能是如何对其适应行为产生影响，通过访谈结果探讨影响中度智障儿童家庭功能发挥的因素。

(三) 研究对象

本研究选取研究对象为辅读学校一至三年级中度智障男女儿童共140名，分别来自上海市7所辅读学校，回收的有效问卷共同部分为117份，其中87人就读于市区（包括普陀、浦东、长宁、卢湾）的学校，30人就读于郊区（包括嘉定、金山、松江）的学校。家庭功能问卷作答者最主要是学生的父亲和母亲，共117人。调查样本基本资料见表1。

表1 调查样本基本资料

变项	组别	人数	百分比(%)	累计百分比(%)
学生资料	年级 一年级	34	29.1	29.1
	二年级	33	28.2	57.3
	三年级	50	42.7	100
	性别 男生	76	65	65
	女生	41	35	100
	区域 市区	87	74.4	74.4
	郊区	30	25.6	100
	家庭形态 双亲	103	88	88
	单亲	8	6.8	94.8
	隔代	2	1.7	96.5
	再婚	4	3.4	100

(续表)

变项	组别	人数	百分比(%)	累计百分比(%)
家长资料	角色 父亲	28	23	23
	母亲	81	70.5	93.5
	祖父母	8	6.5	100
	学历 高中及以下	78	66.7	66.7
	大专及以上	38	32.5	100
	收入水平 10 000 以上/月	2	1.7	1.7
	5 000~10 000/月	8	6.8	8.5
	2 000~5 000/月	47	40.2	48.7
	小于 2 000/月	55	47	95.7

(四) 研究方法

本研究采用的家庭功能问卷量表(Epstein 编制的家庭功能评定量表, FAD)由被试的家长填写,适应行为量表(姚树桥和龚耀先教授编制)由学生班主任填写评定。在填写评定量表以前,由研究者对班主任进行量表操作方面的培训。提出具体要求,讲明注意事项。由班主任向学生家长发放问卷。填写后,研究者对于不确定的问题进行回访。研究人员在各个学校由学生班主任发放家庭功能评定量表共 140 份,由被试的家长填写,每位家长填写 1 份问卷。适应行为量表由学生班主任填写评定。

回收问卷,剔除不合格的问卷,其中回收家庭功能评定量表 119 份,适应行为量表 132 份,两种问卷的共同有效部分为 117 份。将回收的有效问卷进行数据汇总,并采用 SPSS17.0 进行分析处理,得出研究结论。

(五) 调查结果

1. 中度智障儿童家庭功能基本状况

中度智障儿童家庭功能评定结果与分析见表 2 和表 3。从表 2 和表 3 来看,中度智障小学生家庭总的功能(General Functioning, GF)得分为 2.007±0.258,各分量表得分在 2~2.3 之间。得分在 1~4 之间,得分越低,家庭功能越好，分数越高表示家庭功能越倾向于不健康。结果显示中度智障儿童家庭总体功能得分低于平均数2.5，GF值人数分布集中在1.92～2.17，处于中等水平。其他各个维度得分由低到高顺序依次为问题解决、沟通、情感反应、行为控制、情感介入、角色，其中，问题解决得分最低，角色得分最高，说明问题解决功能发挥最好，角色功能发挥较弱。

表2 家庭功能基本状况

	最小值	最大值	平均值	SD
问题解决	1.500	2.833	2.051	0.270
沟通	1.333	3.001	2.182	0.268
角色	1.455	2.909	2.306	0.257
情感反应	1.500	3.167	2.252	0.320
情感介入	1.286	3.001	2.304	0.287
行为控制	1.333	2.778	2.290	0.260
总的功能	1.250	2.583	2.007	0.258

表3 家庭功能各维度得分人数分布状况

项目	1.0≤得分≤2.0 (N/%)	2.0<得分<3.0 (N/%)	3.0≤得分≤4.0 (N/%)
问题解决	30(25.6)	87(74.4)	0
沟通	17(14.5)	100(84.6)	1(0.9)
角色	9(7.7)	108(92.3)	0
情感反应	14(12.0)	99(84.6)	4(3.4)
情感介入	7(6.0)	108(92.3)	2(1.7)
行为控制	4(3.4)	113(96.6)	0
总的功能	41(35.0)	76(65.0)	0

2. 中度智障儿童家庭功能的特征

（1）中度智障儿童家庭功能的性别差异。本研究采用T检验对中度智障儿童家庭功能各个维度得分进行性别上的差异比较，结果见表4。

表 4　家庭功能各维度性别差异检验

	男生(N=76) M	男生(N=76) SD	女生(N=41) M	女生(N=41) SD	t	p
问题解决	2.046	0.267	2.061	0.278	−0.284	0.777
沟　　通	2.188	0.291	2.171	0.219	0.343	0.732
角　　色	2.299	0.268	2.319	0.237	−0.405	0.686
情感反应	2.269	0.311	2.219	0.338	0.809	0.421
情感介入	2.351	0.257	2.216	0.321	2.488	0.014*
行为控制	2.281	0.261	2.306	0.261	−0.506	0.614
总的功能	2.027	0.271	1.969	0.231	1.158	0.249

* 表示 p(双侧)<0.05；** 表示 p<0.01；*** 表示 p<0.001。

表 4 说明中度智障儿童男生和女生的家庭功能在情感介入维度出现显著差异($t=2.488, p=0.014<0.05$)。根据男女生的情感介入维度平均分比较,中度智障儿童中女生得分显著低于男生,得分越低,家庭功能越好。这说明中度智障女童的家庭在情感介入功能上要显著好于男童。其他家庭功能维度得分在性别上并未出现显著差异。

(2) 中度智障儿童家庭功能的年级差异。本研究采用单因素方差分析对中度智障儿童家庭功能在年级上进行差异分析,见表 5。结果显示,3 个年级的中度智障儿童在情感反应和情感介入维度上出现显著差异;其他各个维度并未出现显著差异。

表 5　不同年级家庭功能各维度差异检验

变项	一年级(N=34) M	一年级(N=34) SD	二年级(N=33) M	二年级(N=33) SD	三年级(N=50) M	三年级(N=50) SD	F	p
问题解决	1.975	0.293	2.045	0.264	2.106	0.271	2.455	0.09
沟　　通	2.183	0.22	2.141	0.287	2.208	0.284	0.628	0.536
角　　色	2.307	0.282	2.231	0.283	2.354	0.211	2.33	0.102
情感反应	2.299	0.330	2.136	0.352	2.296	0.274	3.122	0.048*

(续表)

变项	一年级(N=34) M	SD	二年级(N=33) M	SD	三年级(N=50) M	SD	F	p
情感介入	2.407	0.277	2.298	0.243	2.237	0.305	3.738	0.027*
行为控制	2.333	0.227	2.246	0.293	2.289	0.256	0.951	0.39
总的功能	2.056	0.249	1.967	0.243	2.001	0.273	1.032	0.36

*表示 p(双侧)<0.05；**表示 $p<0.01$；***表示 $p<0.001$。

本研究进一步运用 LSD 多重比较法对 3 个年级组在情感反应和情感介入维度进行了事后检验，结果见表 6。

表6 不同年级家庭功能各维度的事后检验

变项	(I)年级	(J)年级	M(I−J)	p
情感反应	一年级	二年级	0.163	0.036*
		三年级	0.002	0.973
	二年级	一年级	−0.163	0.036*
		三年级	−0.160	0.025
	三年级	一年级	−0.002	0.973
		二年级	0.160	0.025*
情感介入	一年级	二年级	0.109	0.115
		三年级	0.170	0.007**
	二年级	一年级	−0.109	0.115
		三年级	0.062	0.330
	三年级	一年级	−0.170	0.007**
		二年级	−0.062	0.330

*表示 p(双侧)<0.05；**表示 $p<0.01$；***表示 $p<0.001$。

结果显示，在情感反应维度上，一年级与二年级学生得分出现显著差异（$p=0.036<0.05$），二年级与三年级学生得分出现显著差异（$p=0.025<0.05$），从平均数来看，二年级得分低于一年级和三年级，得分越低，家庭功

能越好,说明二年级学生家庭情感反应能力要强于一年级和三年级的家庭。

在情感介入维度上,一年级与三年级学生得分出现显著差异($p=0.007<0.05$),从平均数来看,三年级得分低于一年级,得分越低,家庭功能越好,说明三年级学生家庭情感介入能力要强于一年级的家庭。

(3) 不同学历水平家长的家庭功能比较。本研究将选取的被试的家长的学历水平分为2个等级,第一等级为高中及以下,第二等级为大专及以上。本研究采用T检验对两组不同学历水平家长的家庭功能各维度比较,结果见表7。从表7中可以看出,不同学历家长的智障儿童家庭在角色维度具有显著差异,在情感反应维度和情感介入维度得分具有极显著差异,其他家庭功能的维度未出现显著差异。从不同学历家长的得分均值比较可知,第一等级的家庭功能的角色纬度,情感反应维度和情感介入维度得分均高于第二等级,得分越高功能家庭功能障碍越大,说明家长学历大专以上家庭的角色功能,情感反应和情感介入功能要强于家长学历为高中及以下的家庭。

表7 不同学历家长的家庭功能各维度的差异比较

	父母教育程度	N	均值	标准差	t	p
问题解决	高中及以下	78	2.036	0.269	−0.875	0.384
	大专及以上	38	2.083	0.276		
沟通	高中及以下	78	2.189	0.288	0.427	0.670
	大专及以上	38	2.166	0.228		
角色	高中及以下	78	2.346	0.270	2.374	0.019*
	大专及以上	38	2.227	0.214		
情感反应	高中及以下	78	2.309	0.354	2.894	0.005**
	大专及以上	38	2.131	0.194		
情感介入	高中及以下	78	2.353	0.285	2.708	0.008**
	大专及以上	38	2.203	0.271		
行为控制	高中及以下	78	2.306	0.280	1.005	0.317
	大专及以上	38	2.254	0.214		

(续表)

	父母教育程度	N	均值	标准差	t	p
总的功能	高中及以下	78	2.033	0.272	1.552	0.124
	大专及以上	38	1.954	0.227		

* 表示 p(双侧)<0.05；** 表示 p<0.01；*** 表示 p<0.001。

（4）不同地区的中度智障儿童家庭功能比较。本研究选取的被试来自上海市7所辅读学校，其中87人就读于市区（包括普陀、浦东、长宁、卢湾）的学校，30人就读于郊区（包括嘉定、金山、松江）的学校，本研究将被试按市区与郊区分为两组，采用T检验对不同地区中度智障儿童的家庭功能比较，结果见表8。从表8中可以看出不同地区的中度智障儿童家庭功能在问题解决维度上出现显著差异，而在其他家庭功能各个维度并未出现显著差异。通过均值比较可知，市区家庭的问题解决维度得分低于郊区家庭，得分越低家庭功能越强，说明市区智障儿童家庭功能的问题解决能力要好于郊区家庭。

表8 家庭功能各维度的区域差异比较

区 域		N	均值	标准差	t	p
问题解决	市区	87	2.013	0.232	−2.648	0.009**
	郊区	30	2.161	0.340		
沟 通	市区	87	2.165	0.278	−1.213	0.228
	郊区	30	2.233	0.232		
角 色	市区	87	2.314	0.257	0.524	0.601
	郊区	30	2.285	0.261		
情感反应	市区	87	2.238	0.317	−0.839	0.403
	郊区	30	2.294	0.330		
情感介入	市区	87	2.300	0.293	−0.226	0.822
	郊区	30	2.315	0.274		
行为控制	市区	87	2.277	0.256	−0.886	0.377
	郊区	30	2.326	0.272		

(续表)

区域		N	均值	标准差	t	p
总的功能	市区	87	1.996	0.259	−0.780	0.437
	郊区	30	2.039	0.257		

* 表示 p(双侧)<0.05;** 表示 $p<0.01$;*** 表示 $p<0.001$。

(5) 中度智障儿童家庭功能其他特征上的比较。本研究根据智障儿童家庭收入的实际情况,将家庭按实际收入分为 4 组:第一类总收入为 2 000 元以下,属于经济情况较差;第二类家庭总收入在 2 000～5 000 元,属于经济情况中等偏下;第三类家庭总收入在 5 000～10 000 元,属于中等偏上;第四类家庭总收入在 10 000 元以上,属于经济情况良好。本研究采用单因素方差分析,对不同经济水平的家庭的家庭功能各个维度得分进行差异比较发现,不同经济水平的家庭的家庭功能各个维度得分均无显著差异。本研究选取研究对象的家庭形态大多数为双亲家庭($N=103$ 人),单亲家庭($N=8$ 人),隔代家庭($N=2$ 人),再婚家庭($N=4$ 人),运用单因素方差分析对不同家庭形态间中度智障儿童家庭功能各个维度检验差异情况,未发现显著差异。

3. 中度智障儿童适应行为基本状况

中度智障儿童适应行为基本状况见表 9。从表 9 可以看出,被试各分量表的平均值均在 60 以下,最高值为生活能力 27.68,最低值为时空能力 2.14。说明中度智障儿童各项适应能力均处于较低水平,特别是在时空、劳动技能、经济活动能力得分很低,这也说明智障小学生适应行为各方面的发展是不均衡的,即存在明显的个体内差异。

表 9 中度智障儿童适应行为基本状况

	N	最小值	最大值	M	SD
适应能力商数	117	66.910	128.110	100.000	15.000
感 觉	117	11.000	25.000	19.880	3.046
生 活	117	1.000	59.000	27.692	9.151
语 言	117	0—	39.000	13.017	6.835

(续表)

	N	最小值	最大值	M	SD
个 人	117	2.000	28.000	14.838	5.463
社 会	117	0—	21.000	10.333	4.455
时 空	117	0—	12.000	2.145	2.040
劳 动	117	0—	19.000	3.718	3.751
经 济	117	0—	11.000	2.470	2.654

4. 中度智障儿童家庭功能与其适应行为的关系

(1) 不同家庭功能水平的中度智障儿童适应行为的差异比较。本研究根据家庭功能问卷中总的功能得分分布情况,将中度智障儿童分为总的功能一般组(2.0＜得分＜3.0)和总的功能良好组(1.0≤得分≤2.0),并采用 T 检验,对这两组儿童的适应行为能力进行差异分析,结果见表10。

表10　两组中度智障儿童适应行为各因子差异检验

	组别	N	M	SD	t	p
独立因子 T 分数	功能一般	76	51.258	9.051	1.870	0.064
	功能良好	41	47.670	11.315		
认知因子 T 分数	功能一般	76	50.014	9.127	0.016	0.987
	功能良好	41	49.983	11.581		
社会因子 T 分数	功能一般	76	50.497	9.531	0.729	0.468
	功能良好	41	49.082	10.877		
适应能力 商数	功能一般	76	101.092	13.938	1.069	0.287
	功能良好	41	97.985	16.798		

＊表示 p(双侧)＜0.05;＊＊表示 p＜0.01;＊＊＊表示 p＜0.001。

表10的研究结果显示,家庭总体功能一般与家庭总体功能良好的两组中度智障儿童的适应行为各维度并无显著差异,这说明家庭总体功能良好与否对中度智障儿童的适应行为能力影响并不大。

(2) 中度智障儿童家庭功能各维度与适应行为。本研究运用皮尔逊双变量相关对中度智障儿童家庭功能的各个维度与其适应行为各个量表得分进行分析,结果见表11。从表11中可以看出,中度智障儿童家庭功能中的角色维度与适应行为的独立因子显著相关,而情感反应维度与适应商数、独立因子和社会因子显著相关。

表11 中度智障儿童家庭功能与其适应行为的相关分析($N=117$)

	问题解决	沟通	角色	情感反应	情感介入	行为控制	总的功能
独立因子T分数	0.110	0.119	0.187*	0.240**	−0.104	0.087	0.163
认知因子T分数	−0.009	−0.165	0.040	0.176	−0.111	−0.114	−0.117
社会因子T分数	0.020	0.025	0.134	0.255**	0.022	−0.118	0.002
适应商数	0.050	−0.009	0.148	0.276**	−0.080	−0.060	0.020

* 表示 p(双侧)<0.05;** 表示 $p<0.01$;*** 表示 $p<0.001$。

进一步探讨家庭功能的角色维度与适应行为独立因子中的各个项目,情感反应维度与独立因子和社会因子的各个项目的相关性,结果见表12和表13。从表12和表13可以得知,家庭功能角色维度与适应行为的劳动技能显著正相关,与经济活动显著正相关;情感反应维度与个人取向显著正相关,与社会责任显著正相关。

表12 角色功能、情感反应功能与独立因子各项目的相关分析($N=117$)

	感觉	生活	劳动	经济
角色	−0.020	0.162	0.232*	0.246**
情感反应	0.045	0.206*	0.269**	0.279**

* 表示 p(双侧)<0.05;** 表示 $p<0.01$;*** 表示 $p<0.001$。

表13 情感反应功能与社会因子各项目的相关分析($N=117$)

	个人	社会
情感反应	0.211*	0.243**

* 表示 p(双侧)<0.05;** 表示 $p<0.01$;*** 表示 $p<0.001$。

5. 中度智障儿童家庭功能对其适应行为的回归分析

本研究在以上分析的基础上,为了进一步整体探讨中度智障儿童家庭功能与适应行为之间的关系,以家庭功能各个维度为自变量,以适应行为的适应商数和独立因子、认知因子、社会因子作为因变量进行逐步多元回归分析,在此之前事先进行残差分析、自相关性及多重共线性检验,确认结果符合回归分析要求,结果见表14。

表14 中度智障儿童家庭功能对其适应行为的回归分析($N=117$)

因变量	自变量	B	β	t	相关系数R	决定系数R^2	调整R^2	p
适应商数独立因子T分数	情感反应	18.777	0.4	3.368	0.389	0.151	0.097	0.001**
	情感介入	−8.819	−0.253	−2.437	0.334	0.112	0.055	0.016*
认知因子T分数	沟通	−9.706	−0.26	−2.195	0.39	0.152	0.098	0.03*
	情感反应	12.312	0.394	3.325				0.001**
社会因子T分数	情感反应	18.777	0.4	3.368	0.363	0.132	0.076	0.001**

*表示p(双侧)<0.05;**表示$p<0.01$;***表示$p<0.001$。

从表14中可以看到,逐步排除因素后,对于中度智障儿童适应能力商数而言,仅家庭功能的情感反应因子变量保留进回归方程,$Y_{适应商数}=0.4X_{情感反应}$,情感反应因子能解释其变异量的15.1%;对于独立因子而言,仅家庭功能的情感介入因子变量保留进回归方程,$Y_{独立因子}=-0.253X_{情感介入}$,家庭功能的情感介入因子能解释其变异量11.2%;对于认知因子而言,家庭功能的沟通因子与情感反应因子变量保留进回归方程,$Y_{认知因子}=-0.26X_{沟通}+0.394X_{情感反应}$,沟通因子和情感反应能解释其变异量的15.2%;对于社会因子而言,家庭功能的情感反应因子变量保留进回归方程,$Y_{社会因子}=0.4X_{情感反应}$,情感反应因子能解释其变异的13.2%。

从以上结果本研究发现对中度智障儿童适应行为能力的总体而言,家庭功能功能中的情感反应因子对其具有预测作用;家庭功能中的情感介入因子对适应行为的独立因子具有预测作用;家庭功能中的沟通因子和情感反应因子对适应行为的认知因子具有预测作用,家庭功能中的情感反应因子对适应行为的社会因子具有预测作用。

另外本研究发现,家庭功能角色因子与其适应行为独立因子虽然呈现相关趋势,但并未纳入回归方程,反映中度智障儿童家庭角色能力并不能预测其适应行为能力;而家庭功能的沟通因子虽然与其认知因子关联不显著,但是却能与情感反应因子共同预测其适应行为的认知能力,反映中度智障儿童家庭情感反应与沟通能力共同影响其认知能力;家庭功能的行为控制因子与问题解决因子被排除在回归模型之外,其相关分析结果也表明这两个因子与其适应行为关联不显著,反映家庭功能行为控制与问题解决能力不能预测中度智障儿童的适应行为能力。

三、访谈研究

(一) 访谈的目的

问卷调查后,通过对家庭功能与适应行为的回归分析,发现中度智障儿童家庭功能中的情感反应因子,角色因子与其适应行为具有显著相关。其中情感反应因子对中度智障儿童适应行为的生活自理、劳动技能、经济活动、时空定向、社会责任因子具有预测作用。角色因子与中度智障儿童的独立因子显著相关。为了深入探究中度智障儿童家庭功能具体如何对其适应行为产生影响,以及影响中度智障儿童家庭功能发挥的因素,本研究对研究对象的家长进行深入访谈。

(二) 访谈对象和方法

本研究根据问卷结果,从研究对象中选取6位研究对象家长进行半结构化深度访谈。其中就读于郊区辅读学校里的儿童的家长2名,就读于市区辅读学校的儿童的家长4名,具体资料见表15。访谈皆为一对一面谈,研究者当场用纸笔以及经过家长同意后采用MP3录音记录访谈对话,访谈结束后根据记录概要和本人记忆重新整理访谈记录。

表 15　受访者基本情况

受访者	角色	年龄	工作性质	收入/月	区域	家庭形态	家庭总体功能	儿童性别	儿童年级
JZ1	母亲	30	超市营业员	2 000 元	郊区	三代同堂	一般	男	三年级
JZ2	母亲	37	无	无	郊区	双亲	一般	男	一年级
JZ3	母亲	33	小时工	2 500 元	市区	双亲	一般	男	三年级
JZ4	父亲	36	外企职员	5 000~10 000 元	市区	双亲	良好	女	二年级
JZ5	父亲	37	职员	3 000~5 000 元	市区	双亲	良好	男	三年级
JZ6	母亲	31	企业会计	3 000~5 000 元	市区	双亲	良好	女	一年级

（三）访谈提纲

访谈提纲从家庭功能问卷中 6 个纬度的问题入手，每个纬度主要包括 3 个层次的问题：家庭功能各个纬度的现实状况、理想状况以及家长是如何来做的这 3 个方面。根据问卷调查结果，中度智障儿童家庭功能中的情感反应因子、角色因子与其适应行为显著相关，所以访谈的重点放在家庭的情感反应能力和角色能力两个因子的表现以及与其适应行为的关系上。

在访谈的过程中，根据具体的情况对访谈的内容进行必要增添或筛选，以求获得相关的最直接有效的信息。

（四）访谈研究的结果

家庭实现其基本功能，完成其基本任务的能力主要表现为 6 个纬度，访谈研究则聚焦于中度智障儿童家庭功能在这 6 个纬度上的现实状况，理想状况和如何实现 3 个方面。

1. 情感反应功能

情感反应能力是家庭成员对刺激的情感反应程度，对家庭整体功能的平衡发挥至关重要。从问卷调查结果本研究发现对中度智障儿童适应行为能力的总体而言，家庭功能功能中的情感反应因子对适应行为的总体水平和大部分因子均具有预测作用,由此访谈首先从家庭的情感反应功能开始调查研究。

对于中度智障儿童的家庭而言,家长首先感到的是情感方面的困惑、不安、怀疑、孤独和焦虑,家庭的情感功能显得尤为重要。家长们对家庭情感反应状况的描述见表16。

表16 情感反应状况的访谈描述

家庭功能一般的受访者	家庭功能良好的受访者
JZ1:我也想能多夸夸他,但是你越是表扬他,他越是不听话,表扬奖励对他作用不大,刚开始还可以,后来就没用了,只有骂他,吓唬吓唬才肯听话。你跟他说好听的他根本不懂,叫他不要欺负人家小朋友,他不会听的,所以就不怎么说了。	JZ4:我和太太每天晚上睡觉前都要陪女儿看看电视,都是她喜欢的动画片之类的,有的时候她还扮演喜羊羊,叫我和妈妈扮演灰太狼……我女儿也会发脾气,要不到东西就会大叫,那我和她说话时要她看着我的眼睛,还会经常拍拍她的头,帮她理理衣裳这些小事情,等她情绪平静再讲道理。
JZ2:我有时感到很累很不舒服,想和家里人说,可是他们也很忙,每天上班也很累,没有时间……我们家人没有当面说出来的习惯,我们家比较传统的,父母都是农民,很少当面说喜欢你啊,爱你啊之类的,觉得老奇怪的,说不出口。	JZ5:我经常表扬我的小孩,比方他今天自己去超市买东西了,或是认识了新的朋友,我都会夸他,他也很高兴,以后会做得更好……他开始是没什么反应,但是我表扬的次数多了,他就做得越来越开心。
JZ3:我每天都要打工,很少时间和家里人吃饭,有时候他们在说的时候我就想着明天要做的事,每天我出门小孩还没起来,也没时间好好说……我脾气比较急,他爸爸也是,有时候我叫他好好走路,不要慢腾腾,要跟人家小孩一样,他爸爸听了就这么一点小事争起来,后来我也就少去多讲什么了……这样子还好些。	JZ6:我和她爸爸结婚时候的照片她看见了也要拍,后来我们家就一起去拍了,回来我们家还一起照着样子画了一幅画挂在房里……女儿非常需要人的关爱。我每次上班前她经常拉着我的胳膊,流露出依恋之情。我也会给孩子讲故事,把她抱在怀里,紧紧地贴着,她虽然不是很懂我讲的,但是也晓得这样是爱她的。

访谈中可以看到受访者家庭成员关系都比较亲密,但是家庭功能一般的家庭成员在情感表达方面的能力比起家庭功能良好的家庭相对较差,如JZ2的家庭在表达情感方面比较保守,家庭成员间认为没有必要将表达感

情的语言说出来，这方面的知识也较为缺乏。

本研究中的父母在回答对家庭情感反应能力的期望时，主观上都表示愿意和孩子以及家庭成员建立良好的情感互动，大部分家长了解智障儿童也有被人接受、欣赏和爱的需要，正如一位家长所述：我的孩子尤其需要别人的欣赏和爱。

研究者从两种类型家庭的访谈比较发现，这两种家庭功能类型的受访者都在早期与孩子和家人尝试进行过情感互动，但是受到不同程度的拒绝和冷漠的回应。情感反应功能良好的父母通常能对儿童表达骄傲和愉悦，能与孩子交流对他们的欣赏，尊重他们的独特性，尊重他们与众不同的做事方法等。相反情感反应功能一般的父母如JZ3常常直接或间接地告诉孩子他们应该表现得像正常孩子那样尽可能看不出残疾，而这种态度会将孩子置于危机感和无力感中，伤害他们的自信心和自尊心。

访谈结果反映出对家庭的情感反应功能发挥有利的因素主要有：父母积极的生活态度；与智障儿童眼神和肢体语言的交流；父母对孩子的尊重和欣赏；父母表达情感的能力。对智障儿童来讲，与父母眼神和肢体的交流会加强情感交流互动感。对家庭情感反应功能不利的因素主要有：智障儿童本身表达能力欠缺；家长工作生活的压力；消极的个性特征；时间因素以及传统家庭表达感情的方式等。

2. 角色功能

角色是指家庭是否建立了完成一系列家庭功能的行为模式，如提供生活来源，营养和支持，支持个人发展，管理家庭，提供成人性的满足，还包括任务分工是否明确和公平以及家庭成员是否认真地完成了任务。家长对自己家庭角色功能的现实状况描述见表17。

表17 角色功能现实状况的访谈描述

家庭功能一般的受访者	家庭功能良好的受访者
JZ1：我们是和父母住在一起的，他们退休在家主要负责买汰烧，我老公每天开出租，一个月三四千，我以前是公司里做的，后来在百货公司做营业员，每天上半天班，其他时间负责接送照顾孩子……感觉现在状况还好，压力不是很大。	JZ4：我们家请了位阿姨，平时我都比较忙，太太她会在生活上对孩子多加照顾，我只要没有应酬，晚上都会回家和孩子一起吃饭。

(续表)

家庭功能一般的受访者	家庭功能良好的受访者
JZ2：我以前也上班的，后来小孩老是打人家小朋友，没有幼儿园肯要他，我就辞职在家带他到现在，家里面的事他爸爸是不管的。	JZ5：女儿上学前是我父母帮忙带，后来上学后和我们住在一起，但是我父母住的离我们很近，也会经常帮忙照顾。
JZ3：我是做钟点工的，一天要做好几家，有时根本没有时间来烧饭，经常叫孩子就在外面小店里吃吃，我老公身体也不好，病退在家，就靠我一个人的工资……很累，自己没有什么娱乐活动。	JZ6：我和先生都是企业职工，每天都是我先生送孩子上学，我去接她放学。孩子大部分时间是在学校度过，对我们的工作影响不是很大。

从访谈结果来看，大部分家庭母亲扮演承担家庭成员的日常照料工作的角色，父亲则是家庭经济支柱的角色。采访中两个家庭中父母均是全职，一个家庭中母亲是家庭收入主要来源，多数智障儿童的母亲没有正式全职工作。当母亲在承担照料工作角色常对维持家庭生活抱怨，又时常会抱怨自己时间不够，因为大量时间照顾孩子而很少有自己的生活，放弃了自己的工作和休息。而父母都是全职工的家庭对家庭角色的满意度更高，拥有较好的心理状况，自我评价也更高。这表明工作能缓冲照料责任的压力，提高对自我价值的评价。

受访者对于理想的家庭角色的描述见表18。

表18 理想家庭角色的访谈描述

家庭功能一般的受访者	家庭功能良好的受访者
JZ1：现在这样也蛮好，但是希望老公能理解我，每天照顾家里很累，根本没有时间，希望能多交流，不要回来就玩电脑，也要帮帮忙。	JZ4：我们家典型的"严父慈母"，我对女儿管教比较严，她妈妈比较溺爱。有时会因为这个有点意见不一致了。如果这方面能达成共识就更好了。
JZ2：我也想找份好点的工作，主要是想找个好点的看护，如果孩子的奶奶能来带带孩子就好了……我就有时间出去工作了。	JZ5：我们家现在的家务事分工很明确，我和老婆都有自己的工作，孩子平时在学校，生活上我父母都很照顾，基本上没有什么问题。
JZ3：我一天做好几家很累，希望钞票能多点，他爸爸能帮帮我，我也轻松点……多点时间留给自己和孩子。	JZ6：现在还可以，但是学校放假时我们就比较忙，如果有人帮忙当然好了。

从访谈结果来看,那些不得不在家照顾孩子的母亲希望丈夫能重新看待看护工作,并且在外工作更加积极。多数受访者期望得到家人认同自己在家的角色,并能找到妥善安置孩子的方式。

同时,访谈中发现父母的角色对情感反应的能力也有影响。访谈中的2位父亲均表示家庭的情感互动情况良好,对家庭成员的情感反应也表示满意,3位母亲家庭成员情感反应表示不满,认为没有足够得到家人的安慰和鼓励。

关于家庭角色能力对孩子的劳动能力影响,多数受访者表示家庭良好的角色分配对孩子的劳动能力有积极影响。有的家长这样评价:

> JZ5:家里每个人分工都很明确,自己该做的事情自己做,孩子对此也很认同,平时都是自己洗碗,打扫卫生,有时候还会主动帮家里做点事情……他相信每样东西都有自己的位置,他的房间自己整理得比其他人更好,他还能拔草,将楼下花坛里的杂草整理干净。

相应地,孩子在家务事上做出积极的贡献能加强他们的自我评估,角色功能和创造力,又能促进智障儿童的适应行为的发展。

家庭角色能力良好的受访者表示对生活保持平和的心态对扮演好家庭中的角色是至关重要的。其次夫妻双方对彼此的角色表示理解和支持,对家庭成员的付出抱有表示感恩之心,社会和学校在物质与精神上的支持都对家庭角色能力有积极作用。访谈反映出对家庭角色功能有利的因素主要包括:正确的自我认知、平和的心态、家庭成员的理解与支持、社会的支持等。

访谈同时发现家庭角色功能较差的被访者常常抱怨生活,负面情绪较多。家人的冷漠与不理解大大打击了被访者的角色认同感,同时这种负面情绪也会影响到培养孩子的适应行为。访谈结果也发现不少对家庭角色功能不利的因素,主要包括:消极人格特征、时间因素、冷漠的家庭氛围、经济压力等。

3. 沟通功能

沟通的本质是指家庭成员间的信息交流,这里主要是指家庭成员言语信息的交流沟通。评价家庭沟通功能主要是看言语信息的内容是否清晰,信息传递是否直接。中度智障儿童家庭沟通的类型主要包括亲子沟通和夫妻沟通,从访谈结果来看,母子沟通的频率和深度要高于其他类型沟通。这可能与智障儿童家庭中母亲作为主要的养育者相关。本研究对功能一般与功能良好的两种典型家庭进行具体分析,访谈描述见表19。

表19　沟通功能的访谈描述

家庭功能一般的受访者	家庭功能良好的受访者
JZ1:上次本来答应他要是一周拿到5朵小红花就陪他去长风公园海底世界玩的,后来他爸爸那天正好要开车不能去,我就跟他说后趟再去,他根本就不听,哭啊闹啊非要去,怎么哄都没用,我也没办法,只好随他去吵。后来再跟他说表现好就带他到哪里去玩,他好像也不大起劲了。	JZ4:我们家人一般不会在孩子面前说她不好的地方,我们家里有条规定就是不要讨论别人的缺点……小孩平时话也蛮多的。
JZ3:反正你跟他说叫他不要这样不要那样,他就嗯嗯两声……还是老样子,说不好的,他也不大欢喜跟我说说学校里面的事。	JZ6:我女儿很喜欢我讲故事给她听,即使基本上只能了解一些非常简单的日常概念,但她很懂得翻页,还不时地点着画面。她能在我身边坐上1个多小时听故事,所以她一发脾气我就会给她讲她爱听的图画书……她喜欢《小老虎翻翻书》,每次她不听话,我就说看看小老虎吃饭了吗,小老虎洗澡了吗,小老虎是不是该上学了……小老虎不听话她妈妈是不是很生气啊?她听了会慢慢平静下来的,再过会就会好了。

本研究主要表现从3个方面评价家庭沟通的有效性:信息表达的有效性、沟通方式的有效性和接收信息的有效性。

首先,看看作为信息的发出者家长是否能将信息清楚完整地表达给孩子。比如访谈中的JZ1告诉孩子"爸爸开车出去了,今天不能去公园"这种表达JZ1自己知道,因为一个人带孩子出去玩不方便照顾,但是孩子并不明白为什么爸爸出去了,妈妈和自己就不能去公园了;相反,JZ6用孩子喜欢明白的方式,借助故事书里的小老虎将自己的意思和要求传达给女儿。这说明家长应该从孩子的理解接受的角度来传达信息,而不是用自己理解的方式。其次,再来看看家长与孩子的沟通方式。JZ1采用主要是说教型和利诱型,如表现好就给奖励等,这种沟通方式只能短时有用,经常使用会让孩子产生反感；而JZ6采用平等一致式的沟通方式，用小老虎这个与孩子平等的角色来和孩子商量事情，孩子也愿意和与自己亲近平等的人互通信息。最后，再看看作为信息接收方的孩子的反应。JZ1的孩子较难理解父母的观点，采用的方式是哭闹等激烈的反抗方式，在达不到效果的最后又对父母善意的安慰采取不理不睬的态度，一味沉浸在自我的世界中，这种反应也加剧了双方的沟通障碍；而JZ6的孩子能从小老虎身上理解母亲的要求，能体会到妈妈的情绪，比较平静地接受母亲的观点，显然JZ6这种双向开放的沟通要比JZ1单方面的有效得多。

访谈也发现沟通功能一般的家庭亲子沟通经常以说教性内容为主，如JZ3常常要求孩子应该怎样，不要怎样，这会让孩子产生厌倦情绪，从而不愿和母亲交流；而沟通功能较好的家庭多以肯定性的积极的内容为主，这样孩子比较有信心，也更加愿意与家人交流。

由此，从上面的访谈中可以看出，沟通功能好的家庭亲子沟通比沟通功能一般的家庭更为有效。

4. 情感介入功能

情感介入功能是家庭成员相互间对对方的活动和一些事情关心和重视的程度，是指家庭成员之间的情感距离，家庭对各成员个性、兴趣、爱好的尊重和对个体需要的满足程度。访谈中发现，无论是家庭功能良好的还是较差的家庭都存在着两种现象，一种是缺乏介入，对家人漠不关心，缺乏了解家人兴趣、爱好、行为的兴趣和愿望；另一种是过分介入，与家人之间缺少应有的距离，过分关注和干涉其他家庭成员的生活。根据受访者家庭功能问卷中情感介入功能维度的分析结果来看，6位受访者中的4位受访者家庭情感介入都比较极端，只有JZ1与JZ4的情感介入功能较好，因此本研究将这两种极端介入的家庭进行对比分析，受访者的相关描述见表20。

从访谈结果可以看到，JZ2与JZ3的家庭成员之间由于工作时间紧张、性格的差异，夫妻之间、母子之间都缺乏认同，如JZ3母亲急性子的气质与孩子慢吞吞的气质不合，导致母亲经常责骂孩子和父亲，成员间缺乏亲密的情感交流，对彼此的生活和情感缺乏了解的兴趣和愿望；JZ5与JZ6的家庭表面看来家人和睦相处，感情特别融洽，但是细细分析却发现家庭成员长期处于高度焦虑中，对孩子过于关心。比如JZ5的家长明显对孩子的缺陷有种负罪感，为了孩子的生活他们牺牲了自己个人的空间，所有私人时间都用

表 20　情感介入功能的访谈描述

家庭情感缺乏介入的受访者	家庭情感过分介入的受访者
JZ2：家里面都是我一个人，平时他爸爸上班很忙，回来也就在房间里看看电脑打打游戏，小孩他管的很少，也没这个精力，学校的事他也不会问的，反正孩子大大小小的事都是跟我说。	JZ5：我经常带我女儿参加外面的活动，我们全家都一起去的。我们家里人关系都比较亲近，我父母住的近，有什么事大家一起商量也方便。孩子也是他们带大的，从小就很亲。平时节假日有时间我们就会陪她一起到她喜欢的必胜客去吃披萨，反正只要她喜欢我们都会尽量满足……自己考虑的很少，我们都想给小孩最好的，现在一切都是为了她以后过得好。
JZ3：我个性比较外向，脾气也比较急，他和他爸爸都是慢性子的人。有的时候我会要他们吃饭快点，走路快点，不要老是慢吞吞的，我时间比较紧啊！他有什么也不大和我讲，有时候我很想和他们讲讲，除了叫他听话也找不到啥好话题……他们也不大感兴趣，我也就不多讲了。也不晓得为什么，我这个人和外面的人话反而更多些。	JZ6：我女儿很粘人，爱哭，开始怎么都不肯上学，后来我还陪读了一段时间……除了上班，到哪她都跟着我，像我的小尾巴。

来补偿孩子，这样的家庭成员间缺乏应有的距离，过多的干涉了彼此的生活。这种情感过分介入的家庭，不仅家人的自我不能得到分化而粘成一团，对孩子适应行为的独立行为能力和社会行为能力的培养也是不利的。

鉴于这两种不健康的家庭情感介入的弊端，研究者认为在强调智障儿童家长要与孩子互动的同时，也要注意在父母与孩子之间划出一条清晰的边界。这样能维持孩子与父母之间的互动，比如，父母与孩子一起吃饭，一起看电视，分享许多共同的生活；而父母之间的一些活动如两人谈心、私人应酬，甚至争吵和夫妻生活等，应该保留独立的空间，避免孩子介入。但遗憾的是，因为智障儿童的特殊性，常常使父母把全身心都投在孩子身上（特别是母亲），早已将个人与夫妻之间的需要置之脑后。

5. 行为控制功能

行为控制功能是指家庭在对环境压力进行反应时，不同的反应方式，包括对家庭成员行为方式的限制和容许程度。这些环境包括：① 危险的物理环境，这种环境下家庭必须管理控制其成员的行为；② 满足家庭成员的生理需要的环境，如吃饭、睡觉、性和欲望等；③ 涉及个人社会化行为的环境，既包括家庭内成员也包括家庭外成员（Miller et al.，2000）。智障儿童家庭的行为控制主要是家长对孩子行为方式的控制,从问卷结果来看,6名受访者家庭行为控制功能有4名表现一般,所以本研究对两种典型家庭的做法进行具体分析,访谈描述见表21。

表21 行为控制功能的访谈描述

行为控制功能一般的受访者	行为控制功能较好的受访者
JZ1:我儿子胆子很大的,他什么也不怕,你要是不管他,他就到处跑惹事,好几次人家家长都找上门来……还喜欢说谎,做错了经常不肯承认,我就每天接他放学的时候问问老师今天他做了什么事……反正是不能太相信他的话,管的严一点,平时也不怎么让他出门……我们家是自己建的房子,三层够大,他有玩的地方。	JZ4:家规当然有,像是对人要有礼貌,不准随便拿别人的东西,不能乱发脾气,这些我们都会教她。孩子还小,有些事要慢慢教……平时我是反对她吃太多的垃圾食品的,不过她生日的时候还是和小朋友们一起在肯德基庆祝的……规矩是要的,但是也要看情况。
JZ2:我们家也没有什么规定,以前也有对他说过一些规矩,好像也没什么作用,当时说了过后又忘了。不过他要是做得不对时我看见了也会教他啊,也不会骂他的,就是跟他说做得好就可以玩,做得不好就不准看动画片……效果好像也一般,没什么作用。	
JZ3:我每次管他时他爸爸总要帮他的,他们两个倒是经常联合起来,没法管啊!	JZ6:这要看看是什么事了,如果是原则性的问题,我是一定要她照做的,要是小事情我会和她爸爸商量商量……如果是撒谎之类的我肯定要惩罚的,我会没收她的玩具,告诉她妈妈很生气。但是如果是特殊原因的,我也会弄清楚再看用什么方法。
JZ5:我家家教比较严,主要是我父母带她的时候就是这样了。比如晚上八点钟就要上床睡觉,不能吃冷的食物,吃饭不能剩下等,反正是给她安排好的作息时间表,她一般都是按着规矩来,我们大人都是这样的,定好的事哪能随便变动,没有规矩不成方圆嘛!	

访谈结果显示,多数家庭行为控制功能不良的父母对孩子采用的控制方式比较刻板,对家庭成员应该或不应该做什么做出明确而严格的规定,这些规定一经制定就很难更改,很少随环境需要而进行调整或妥协;而家庭功能良好的父母都采用较为灵活的控制方式,他们会在合理的范围内,根据环境条件的变化接受和容许家庭成员在特殊情况下表现一定的违规行为。

访谈还发现孩子的问题行为也会影响家庭的行为控制功能,如JZ1的儿子经常说谎又喜欢动手打架,这些问题行为不得不让母亲处于高度紧张的状态,时刻不敢放松,甚至限制孩子的活动范围,让他接触不到外面的世界,和其他同龄人的交流也很少,基本处于封闭的环境,这对培养孩子的独立行为与社会行为能力极为不利。

访谈也发现,夫妻关系和家庭形态对行为控制方式有影响。比如夫妻间不能很好沟通的家庭 JZ3 和三代同堂的家庭 JZ1 有时严格要求孩子按照一定的要求行为,违规即重罚,有时又完全放弃要求,放任不管,这样会使孩子产生困惑,不清楚自己应该做什么,不了解自己在什么样的情况下可以做或不能做什么。该类家庭经常发生争吵,在子女教育方面常常出现要求不一致或前后矛盾之处,容易使子女产生不稳定的情绪和性格特征。这种家庭混乱的行为控制方式对孩子适应行为的发展也是不利的。

6. 问题解决功能

问题解决功能是指在维持有效地家庭功能水平时,这个家庭解决问题的能力。问题解决的过程一般有:确定问题、思考各种解决问题的办法、选择合适的解决方法并实施、评估解决的效果。本研究对这两种典型的家庭对问题解决的过程进行具体分析,访谈描述见表 22。

表 22 问题解决功能的访谈描述

家庭功能一般的受访者	家庭功能良好的受访者
JZ1:小孩的运动不大好,他们学校的体育老师说瑜伽球蛮好可以锻炼平衡能力,还可以训练动作协调。我就买了一个,反正我们家大,楼上楼下的随便他玩,开始还蛮有劲,后来小孩觉得没什么意思,我也不知道该怎么弄,就放在那没动了。	JZ4:我们家比较习惯有事情大家一起商量解决,那时候小孩上小学时我们就商量怎么安排接送孩子,谁来烧饭,谁来做家务,谁又来负责教育小孩,后来决定请个阿姨……有的时候也会有点冲突,就是太太比较宠女儿,我教育她时太太就会帮着她,有的时候我会单独和太太讨论这件事,后来她也认可,答应尽量不插手,我也尽量在她不在场的时候教育孩子。
JZ2:本来小孩上小学后我准备去找工作的,但是小孩放学早要人接送,我就想要他奶奶来帮帮忙,可是她来后没几天就嫌我们住的地方小,孩子又不听她的话,很难带,以后就不肯带了,我也没时间去找好的工作,而且年纪也大了,人家单位也不肯要了。	JZ5:我们平时也很忙的,但是会经常去他们学校的网站看看,有时候在网上和他的班主任交流下他的学习情况……我在网上还加入了个论坛,可以和其他家长交流交流经验,有的时候还是很有用的。

(续表)

家庭功能一般的受访者	家庭功能良好的受访者
JZ3：我最怕的就是生毛病，家里什么事都是我一个人在做，有一次我发热实在动不了，叫他爸爸早点起来烧好早饭送他到学校去，叫都叫不动……我是指望不上的。	JZ6：其实平时也不是很累，小孩还算听话的，就是学校放假没人照顾……后来小区里有个幼托班，我就送他进去半天，蛮好的。

访谈发现对于大部分智障儿童的家庭而言，他们面临的最大的问题就是孩子的日常生活照料，特别是对于孩子主要的教养者母亲来讲，照顾孩子往往耗去她们大量的时间和精力，让她们疲惫不堪。经济状况好的家庭解决这个问题的选择余地更大，比如JZ4可以请保姆看护照料孩子，JZ6可以送孩子到幼托班，但是家庭经济条件差的家庭往往是母亲承担所有的照料责任。研究者建议这些家庭可以首先和家人讨论协商家庭任务的重新分配，让父亲也承担一部分家务；其次可以积极寻求亲友的帮助，毕竟亲人的支持最容易获得，比如可以请女性亲友帮助在某段时间照看孩子等；另外，母亲也可以选择时间比较灵活的工作或是选择在家工作等，这样既可以兼顾照料孩子与自己的工作时间，也能缓解家庭经济压力。

访谈还发现问题解决能力差的家庭常常在思考解决问题的方法上比较僵硬，灵活变通能力较差。比如JZ2在工作时间和照顾孩子时间有冲突时，只知道一味埋怨别人不能帮她，自己却没有想办法，比如可以找份时间比较灵活的工作或者是在家利用电话、网络工作等；其次，JZ2在与家人起了冲突后也没能积极想办法去消解冲突，弥补与家人间的裂痕，而是消极地以敌对情绪埋怨他人，这样的方式不仅不能解决问题反而进一步引发扩大家庭矛盾。反观问题解决能力好的家庭，JZ4的家人间能积极沟通，充分发挥每个家庭成员的作用，顺利解决各项家庭问题。

同时，访谈也发现家处郊区的家长由于信息和可以利用的资源比市区少，家长在寻找问题解决的途径上缺少相关支持和有效的手段，导致他们家庭问题解决功能不如市区家庭。比如郊区的JZ1在不会正确帮助孩子利用瑜伽球进行康复训练时,也没有相关专业人员可以请教。但是市区的JZ5则会利用网络等手段搜集解决问题的信息,从而找到顺利解决问题的方法。研究者认为这可能也与家长的文化教育水平相关,郊区家长的文化程度相对较低也是原因之一。

(五)访谈总结

访谈结束后,研究者想起托尔斯泰的一句话:幸福的家庭都是相似的,不幸的家庭各有各的不幸。在这些受访者家庭中,多数功能良好的家庭无论是情感、角色、沟通、控制或是问题解决能力都比较强,而功能一般的家庭或多或少在某些功能上有所不足。这也说明家庭功能是整体的一个系统,一个家庭功能的问题和作用常常会影响到其他功能。比如访谈中家长反映:"上有老下有小还要还房贷,平时放假也要加班,休息时很少出门,出门就要花不少钱。"这说明经济压力会给家庭成员的社会活动和创作活动带来负面影响。同样,经济压力也会给角色功能和情感反应功能带来负面影响。

家庭功能是一个整体系统,解决各种问题的过程中需要家庭成员分配并各自承担不同的角色;角色的分配就需要沟通;沟通过程必然存在情感的表达;家庭成员相互介入程度也对家庭任务完成有影响;控制是家庭成员相互影响的过程(易进,1997)。若只是单独改善家庭的某种功能对家庭功能整体的发挥都是不利的。

家庭成员的个体特征和互动也会影响家庭功能的发挥,包括智障儿童。这种影响可能是积极的、消极的或是中性的。访谈中有些家长认为残疾孩子会给家庭带来负面的影响,比如JZ1提到孩子的特殊性受到别人异样眼光和嘲讽时感到不适宜,自己也不大敢带着孩子到公共场合,平时家庭集体活动很少,范围也很有限。然而,也有些家长表明残疾孩子会给家庭带来积极的影响,比如JZ5表示自己就常会和孩子参加一些公益活动,认识很多新的朋友,获得不少来自各方面的支持。

家庭是个互动的系统,家庭功能只有在取得平衡时家庭的优越性才表现得最为明显(Turnbull,1988)。因此,改善特殊儿童家庭功能必须家庭每个成员的努力参与才能取得最好的效果。

四、讨论和建议

(一) 中度智障儿童家庭功能总体状况

本研究的结果显示,中度智障儿童家庭总的功能(General Functioning, GF)处于中等水平,说明多数智障者家庭并未因智障者智力低下而严重影响。这与李萍等(2007)对智力障碍者家庭功能与日常生活能力现状的研究结果相符,而李萍等采用的研究工具是家庭关怀度指数问卷,这也进一步验证本研究结果。中度智障儿童家庭功能其他各个维度得分由低到高顺序依次为问题解决、沟通、情感反应、行为控制、情感介入、角色,其中问题解决得分最低,角色得分最高,得分越低功能越强,说明问题解决功能发挥最好,角色功能发挥相对较弱。

本研究结合问卷调查结果与访谈结果对中度智障儿童家庭功能各个纬度的表现进行分析讨论。

1. 问题解决功能发挥状况

中度智障儿童家庭功能中问题解决功能发挥得最好,25.6%的家庭问题解决能力良好,74.4%的家庭问题解决能力处于中等水平,这说明多数家庭在遇到危险家庭完整和功能容量的问题时,能较好地迅速找到问题解决渠道和方法来维持有效的家庭功能水平。中度智障儿童家庭问题解决能力并未因儿童的特殊性而受到显著影响,这也与 Kazak A E(1987)关于特殊儿童家庭压力与社会网络的研究结果一致,即尽管特殊儿童的家长处于高水平压力之下,但他们的问题解决策略并未受到影响。

问题解决一般需要 7 个步骤,依次为:① 明确问题;② 组织相关人员进行讨论和交流;③ 设想解决问题方法;④ 选择解决方法;⑤ 实施行动;⑥ 监控和调整行动;⑦ 评价方法和实施效果(易进,1997)。访谈结果发现问题解决能力高的家庭能很顺利地完成这 7 个步骤;而能力较低的家庭则常常缺失其中的步骤,最差的情况是都不清楚问题所在。问题解决能力最直接体现了中度智障儿童家庭应对生活的能力,本研究结果也说明这些家庭在确定问题、思考寻求解决途径、选择合适方法、实施并进行评估等方面的能力值得肯定。同时访谈也发现,家庭的角色功能、沟通功能等都对问题解决功能有着正相的影响。如角色分工情况较好的家庭能够充分发挥每个家庭成员的作用,顺利解决各项家庭问题;角色分工情况较差的家庭容易发生角色冲突,或经常使一些家庭问题不能得以解决。这也说明家庭功能是一个整体,各种功能互相影响。

2. 沟通功能发挥状况

沟通是指家庭成员间的信息交流,沟通可以表达情感,彼此互动,解决问题。本研究显示14.5%中度智障儿童的家庭的沟通功能良好,84.6%的家庭沟通功能处于中等,0.9%的家庭沟通功能存在障碍。从访谈研究结果来看,中度智障儿童家庭沟通的类型主要包括亲子沟通和夫妻沟通,母子沟通的频率和深度要高于父子沟通和夫妻沟通。这可能与智障儿童家庭中母亲作为主要的养育者相关。家庭沟通的方式主要有一致型、责备型、说教型。访谈研究发现,家庭功能良好的家庭成员多采用一致型沟通方式,能将自己的感受和要求真诚有效地表达出来,让对方感到舒服与安全并接受;家庭功能较差的家庭多采用责备型消极的沟通方式,如模棱两可、批评抱怨等,这会降低家庭成员分享情感和信息的能力,阻碍家庭对环境变化做出适宜反应。良好的沟通需要一定的技巧,良好的家庭成员沟通技能较好,能促进家庭成员在感情和信息等方面达成相互理解,并增强家庭应付环境变化的能力,家庭沟通功能较差的成员在这方面能力明显不足。

3. 角色功能发挥状况

研究问卷结果显示中度智障儿童家庭的角色能力在家庭功能的各个纬度中得分最高,得分越高功能越差,说明角色能力总体最弱。角色功能是指家庭建立完成家庭任务的行为模式,包括任务分工是否明确和公平以及家庭成员是否认真完成任务。访谈研究发现中度智障儿童家庭母亲常扮演承担家庭成员的日常照料工作的角色,父亲则是家庭经济支柱的角色。全职妈妈常对维持家庭生活抱怨,没有自己的工作和休息,而双职工父母拥有更好的心理状况。这表明工作能缓冲父母照料责任的压力,提高对自我价值的评价。家庭角色能力良好的家庭对家庭成员的角色认同感高于角色能力差的家庭,在角色学习能力和评价上也好于角色能力差的家庭。角色功能差的家庭对角色的适应上较差,不能灵活转换自己在家庭中各个不同的角色,比如不能很好区分母亲与妻子的角色,从而影响夫妻沟通。

4. 情感反应功能发挥状况

情感反应是家庭对特定刺激做出适宜而适度的情绪情感反应的能力。其具体表现为，家庭成员能否在应该产生积极情感的情境下，依照具体情境状况体验不同程度不同性质的积极情绪情感，如爱、温暖、支持、亲密、快乐等；同时对引发消极情绪的情景产生强度和性质适宜的愤怒、恐惧、悲伤、失望、抑郁等体验。较高的情感反应能力则表现为能产生与各种刺激相对应的适度的情绪情感体验；情感反应能力较低表现为情感体验在性质上或在程度上经常与情境、刺激不相适应（易进，1997）。从研究结果来看，中度智障儿童家庭情感反应功能总体状况处于中等水平。从访谈中可以看到，情感反应功能良好的父母通常能对儿童表达骄傲和愉悦，能与孩子交流对他们的欣赏，尊重他们的独特性，尊重他们与众不同的做事方法等。父母积极地生活态度，与智障儿童眼神和肢体语言的交流，父母对孩子的尊重和欣赏，父母表达情感的能力都会积极提高家庭情感反应能力。而智障儿童本身表达能力的欠缺，家长工作生活的压力，消极的个性特征，时间因素以及传统家庭表达感情的方式等会影响家庭情感反应功能的发挥。

5. 情感介入功能发挥状况

情感介入是家庭成员相互间对对方的活动和一些事情关心和重视的程度，是指家庭成员之间的情感距离，家庭对各成员个性、兴趣、爱好的尊重和对个体需要的满足程度。从研究结果来看，1.7%的家庭情感介入能力较差，93.3%的家庭情感介入能力中等，这说明中度智障儿童家庭情感介入功能总体情况一般。家庭成员间的情感介入方式主要有6种：① 缺乏介入；② 缺乏情感的介入，对家人的关心主要出于理智驱使，只是由于意识到"应该关心家人"才关心家人；③ 自恋式的介入，只关注与自己切实相关、可能给自己造成影响的家人行为或情绪反应；④ 移情式介入，是出于对对方的考虑和为了对方的利益而关心家人的行为和情感，并参与其他家庭成员的活动；⑤ 过分介入；⑥ "共生"式介入，这是一种极端而带有病态特征的情感介入方式，这种家庭从表面看所有家庭成员在价值取向和兴趣爱好方面都保持一致，就像是"同一个人"，实际上各成员很难保留自己的独特兴趣和爱好，也很少尝试和体验独立自主的行动（易进，1997）。访谈中发现，中度智障儿童家庭在情感介入纬度上存在两种极端的表现，一种是缺乏介入，对家人漠不关心，缺乏了解家人兴趣、爱好、行为的兴趣和愿望；另一种是过分介入,与家人之间缺少应有的距离,过分关注和干涉其他家庭成员的生活。这两种都是不健康的情感介入方式。

对此研究者认为主要原因有3点：① 中度智障儿童本身情感表达能力缺陷影响他们彼此对对方生活的关心;② 家庭成员间的性格差异让他们彼此没有共同语言,缺乏共同感兴趣的话题,失去了交流的兴趣;③ 有些家长因为担心过分关心孩子的生活,将所有人的时间精力集中在孩子身上,让彼此失去了个人空间。

6. 行为控制功能发挥状况

行为控制功能是指家庭在面对环境压力进行反应时不同的反映方式,包括对家庭成员行为方式的限制和容许程度。本研究结果显示 96% 的中度智障儿童家庭行为控制功能处于中等水平,仅 3% 的家庭行为控制功能较好。

行为控制方式主要有 4 种：① 刻板的控制方式;② 灵活的控制方式;③ 放任的控制方式;④ 混乱的控制方式(曾文星等,1994)。访谈结果显示,多数家庭功能不良的父母对孩子采用刻板或混乱的控制方式,而家庭功能良好的父母都采用较为灵活的控制方式,他们会在合理的范围内,根据环境条件的变化接受和容许家庭成员在特殊情况下表现一定的违规行为。访谈中发现,夫妻关系和家庭形态对行为控制方式有影响。沟通不良的父母常不能统一教育方式,导致行为控制方式混乱,而祖父母比较溺爱孙辈,多采用放任的控制方式,这些都是不健康的行为控制方式。

(二) 中度智障儿童家庭功能的特征分析

1. 中度智障儿童家庭功能的性别特征

本研究发现,中度智障儿童男生和女生的家庭功能在情感介入维度出现显著差异。根据男女生的情感介入维度平均分比较,中度智障儿童中女生得分显著低于男生,得分越低,家庭功能越好。这说明中度智障女童的家庭在情感介入功能上要显著好于男童。

访谈发现,女童家庭比男童家庭的家庭集体活动要多,女童家长与孩子交流的时间比男童要长。男童家长在情感介入方式上较多采用极端的过分介入或缺乏情感介入。父母在教育女童的过程中较为重视言语信息的交流,而男童父母的极端介入方式对家庭情感介入功能产生负面影响。这可能与中度智障男童比女童存在更多问题行为有关。由于中度智障男童喜欢使用撒谎和激烈的手段达到目的,所以父母对他们的行为控制更为严格,也影响了家长与孩子之间良好的情感介入。

2. 中度智障儿童家庭功能的年级特征

本研究结果显示 3 个年级的中度智障儿童在情感反应和情感介入维度上出现显著差异。在情感反应维度上,二年级学生家庭情感反应能力要强于一年级和三年级的家庭;在情感介入维度上,三年级学生家庭情感介入能力要强于一年级的家庭。

研究数据显示智障儿童家庭功能的情感功能发挥随着年级增长而增长。这说明随着年级的增长,家人与儿童间的情感交流也越来越频繁,双方投入的关心的感情也越来越多,智障儿童随着年级上升对情感的认知也逐步提高,他们也能逐步学会对家人提出要求并给予,而不是如同低年级时对要求与付出都不闻不问,这也说明智障儿童年级增长的同时伴随情感认知能力的增长。

3. 中度智障儿童家庭功能家长学历水平的特征

本研究结果显示不同学历家长的智障儿童家庭在角色维度具有显著差异,在情感反应维度和情感介入维度得分具有极显著差异。从不同学历家长的得分均值比较可知,家长学历为大专以上家庭的角色功能,情感反应和情感介入功能要强于家长学历为高中及以下的家庭。

从采访结果也可以看到,受过高等学历教育的家长比低学历的家长更能在认同自己的角色,也能有效地制定家庭行为的规章制度并较为灵活的执行。而低学历的家长普遍缺乏良好表达情感的知识,并且多为低收入者,这说明这些家长在为家庭经济忧心的同时缺少时间和精力与家人进行情感交流。

4. 中度智障儿童家庭功能的区域特征

本研究结果显示不同地区的中度智障儿童家庭功能在问题解决维度上出现显著差异。通过均值比较可知,市区家庭的问题解决维度得分低于郊区家庭,得分越低说明家庭功能越强,说明市区智障儿童家庭功能的问题解决能力要好于郊区家庭。

访谈结果发现区域发展不平衡会影响到家长应对各种家庭风险的能力。市区学校智障学生家长在陪伴孩子参与集体活动的时间明显高于郊区的家长。访谈中发现原因主要有3点：① 郊区学校的教育资源配置比市区弱，郊区社区各种配套公共服务设施比较缺乏，如有的家庭住宅离辅读学校很远，交通也不方便，来回要花几个小时，这样的家庭大多将孩子寄宿在学校，只有周末放假才接回家，与孩子相处的时间很少；② 大多郊区家长的参与孩子教育观念稍落后、参与积极性稍低、参与财力物力稍差，认为孩子只要学校老师教育就行了，并表示没有合适的地方能和孩子一起游戏活动，大多时间只有待在家里；③ 郊区家长在寻找问题解决途径上缺少有效的外部支持，获得相关资讯和物质辅助的机会也比市区家长少。这也导致了郊区家庭的问题解决能力要差于市区家庭。

（三）中度智障儿童适应行为总体状况

本研究结果显示中度智障儿童各项适应能力均处于较低水平，特别是在时空、劳动技能、经济活动能力得分很低，智障小学生适应行为各方面的发展是不均衡的，存在明显的个体内差异。从研究结果可以看到，中度智障儿童在生活自理能力如穿衣、进餐等能力相对较强，而时空、劳动技能、经济活动能力如使用电器、交通工具、购物等能力较差。

访谈结果发现智障儿童家庭对智障者的期望值较低。很多家长对智障者要求不高，认为智障儿童能够进行生活基本自理即可，因而只注重对智障者基本生活自理能力的培养，而忽略了时空、劳动技能、经济活动能力的培养，如洗衣、做家务、购物等活动常由家人代劳。而对于打电话、使用简单电器（如微波炉、电水壶等）、使用交通工具和处理钱物等活动，很多智障儿童家长不放心智障儿童独立去完成这些活动，导致他们没有机会或很少有机会尝试。因此，中度智障儿童的时空、劳动技能和经济活动能力没有得到很好的发展。

（四）家庭功能与中度智障儿童适应行为的关系分析

本研究结果显示，家庭总体功能良好与否在儿童适应行为商数关联并不显著。通过对家长的访谈中了解到，虽然家庭功能总体良好的智障儿童会得到家人较好的照顾，但部分功能好的家庭存在保护过度的现象。部分家长因害怕智障儿童受到歧视和不公正待遇而对其过分保护，甚至代劳了大部分的事务，忽略了对智障儿童社会适应能力的培养。这样易使智障儿童养成依赖心理,从而使其适应能力下降。而家庭功能不良的家庭常常由于缺乏内外支持,经济压力较重,为维持生活而疲于奔波,对智障儿童关心不够,这也会影响到对智障儿童的适应行为能力培养。因而家庭总体功能良好与功能不良的智障儿童均存在适应行为不良的情况,两者差异并不明显。

本研究结果也显示显示,中度智障儿童家庭功能中的角色维度与适应行为的独立因子显著相关,而情感反应维度与独立因子和社会因子显著相关。

家庭功能角色维度与适应行为的劳动技能显著正相关,与经济活动显著正相关;情感反应维度与个人取向显著正相关,与社会责任显著正相关。

访谈也发现适应行为良好的智障儿童的家庭在角色如提供生活来源、支持个人发展、明确公正的家庭分工等,情感介入如家庭成员间相互关心程度、情感反应纬度等比适应行为较差的儿童的家庭发挥得好。而家庭中儿童的不良适应行为必然会影响亲子关系的改变,抚养压力的增加也会影响父母之间的关系,影响家庭角色和分配,导致家庭功能发挥不良。这说明中度智障儿童的家庭功能与其适应行为的作用过程是双向的,家庭的角色功能和情感反应功能能影响其适应行为,适应行为也能影响其家庭功能的发挥。

本研究在中度智障儿童家庭功能对其适应行为的回归分析中发现,对中度智障儿童适应行为能力的总体而言,家庭功能功能中的情感反应因子对其具有预测作用;家庭功能中的情感介入因子对适应行为的独立因子具有预测作用;家庭功能中的情感反应和沟通因子对适应行为的认知因子具有预测作用,家庭功能中的情感反应因子对适应行为的社会因子具有预测作用。这说明在家庭功能的各个维度中,情感反应能力对中度智障儿童适应行为能力的预测作用最为明显,这也进一步证明要提高中度智障儿童适应行为能力必须对其家庭的整体交往或情感模式加以干预和调整。

另外,家庭功能的角色因子虽然与其适应行为独立因子呈现相关趋势,但是并不能预测其适应行为能力;而家庭功能的沟通因子虽然与其认知因子关联不显著,但是却能与情感反应因子共同预测其适应行为的认知能力。研究者认为主要原因是家庭功能问卷中沟通功能的测量主要是言语沟通,智障儿童由于智力缺陷言语能力明显不足,但是情感反应却能弥补言语沟通的不足,两者共同构成更完整的互动模式,包括言语与非言语的交流,共同影响智障儿童的认知能力。

(五) 建议

从以上研究结果可以看到,中度智障儿童的家庭功能受到儿童的性别、家长的学历水平、学校所在的区域、家庭各个成员的特征和相互的关系等多重因素的交互影响。因此改善外在的社会生态环境,完善社区和学校的配套设施,给予家庭必要和有效的社会政策、人文关怀和服务支持,加强家长的培训,提高家庭成员的情感、角色、沟通、行为控制等方面的能力等对智障儿童家庭功能的良好发挥以及儿童适应行为的发展意义重大。

1. 完善社会支持系统

影响智障儿童家庭功能的外部因素主要是社会支持系统的不完善,郊区社区和学校的配套也不完善,许多特殊儿童的家庭面临经济和心理的压力。目前国内相关的社会救助资源只能满足部分家庭最初级的生存需求,对解决和减轻智障儿童家庭的生活压力作用有限。政府要采取有力措施完善福利制度,呼吁社会从各个渠道帮助这些家庭。如对家庭经济条件差的智障家庭开展社会救济活动,邀请相关专家进行免费指导等,加大对郊区辅读学校的资金投入等。调查中发现智障家庭的主要支持来源于亲属朋友,社区应该为他们建构自然支持环境,组织智障家庭联谊会,鼓励智障家庭相互交流帮助等。

2. 加强对家长的培训,提高家庭成员各方面能力

访谈结果发现家庭功能较差的家长在如何有效与家人沟通,如何与家人进行良好的情感互动,如何进行家庭任务分工等方面缺乏专业、系统的知识和技能。学校和社区应该给家长们定时举办一些家长活动,教授他们一些具体的可操作的方法,时常为他们疏导心理压力,及时地鼓励、支持他们。

特殊儿童家庭成员需要得到培训,作为普通儿童的家长同样也需要得到培训。社区和学校有义务向全社会宣传提高家庭功能的重要性,同时对如何与特殊家庭沟通合作进行理论和技能的指导。

3. 建立有效的家庭互动模式

有效的家庭互动是家庭功能健康发挥的基础。从研究结果中,笔者归纳了几条中度智障儿童家庭建立有效家庭互动模式的原则。

（1）家庭成员间要能经常进行有效沟通。沟通的途径要多样，方式要直接，内容要清楚。父母要借助智障儿童容易理解和接受的手段，如讲故事、画画、游戏等语言或非语言的方式与儿童沟通。家人之间以互相理解，互相支持为目标，能够自由展示自我，关心他人。

（2）家庭成员要对自己家庭具有充分的情感投入与表达。成员间能站在他人立场，表达对对方的真切关心。父母要肯定智障孩子对家庭的贡献，向孩子表达为他的进步感到骄傲之情，让智障孩子对自己家庭有自豪感和认同感。

（3）家庭成员的权利和义务要有一定的规则。制定规则的方式采用民主讨论做决定，智障孩子也可以自由表达自己的想法，接受各种可能解决问题的态度和方法。制定好的规则要切实执行，但是有不是僵化的，可以修改和补充。

（4）家庭内部间要有清楚的界限。家庭中的角色界限要清晰，家庭成员明白自己的角色，并能有效扮演自己的角色，还能满足其他角色的需要。成员间彼此互相支持和需要，同时又不会过分介入对方的生活，个人有独立和自由的需要和权利。不要随便替其他家庭成员做决定，也不要产生依赖意识，家庭要保持开放心态，乐观向上，维持家庭生命的活力。

参考文献

［1］安伯欣.父母教养方式、亲子沟通与青少年社会适应的关系研究［D］.陕西师范大学硕士论文,2004.

［2］方晓义,徐洁,孙莉,张锦涛.家庭功能：理论、影响因素及其与青少年社会适应的关系［J］.心理学报,2004,12(4)：554－553.

［3］贾严宁.弱智儿童适应行为研究［D］.华东师范大学硕士论文,2001.

［4］蓝利明,吴绍长,吴素琴,汤亚男.抑郁症患者家庭功能和心理防御特征研究［J］.中国行为医学科学,2005(6)：77－81.

［5］林云强,张福娟.美国"波特奇方法"在智障儿童家庭教育中的应用［J］.现代特殊教育,2007(10).

［6］李祚山.试论智力落后儿童的家庭教育［J］.重庆师范学报哲社版,1997(1)：78－84.

［7］李萍,江丽萍,符丽艳,张琴辉.智力障碍者家庭功能与日常生活能力现状调查［J］.护理学杂志,2007(11)：70－72.

［8］刘春玲,昝飞.智力落后定义的演变及启示［J］.中国临床康复,2004(3)：530－531.

［9］李彩娜,邹泓.亲子间家庭功能知觉差异的特点及其与青少年孤独感的关系［J］.心理科学,2007(4).

[10] 孙军玲,季成叶,李玉玲,徐轶群,籍红.培智学校学生行为问题和家庭环境影响因素分析[J].中国儿童保健杂志,2007(2):35-38.

[11] 汤毅晖,黄海.青少年疏离感与家庭功能、人格的关系研究[J].中国临床心理学杂志,2004.

[12] 王佳佳.注意缺陷多动障碍小学生适应行为与家庭环境的关系研究[D].辽宁师范大学硕士论文,2007.

[13] 王倩,袁茵.我国近年来智力落后儿童适应行为相关因素研究进展[J].中国特殊教育,2007(4).

[14] 王静明.谈学前特殊儿童的家庭教育[J].沧州师范专科学校学报,2008(4):45-46.

[15] 王娜.智力落后儿童的适应行为及其与父母教养方式、同伴关系的相关研究[J].首都师范大学研究生毕业论文,2006.

[16] 魏宝玉,金正勇,苏林雁.ADHD儿童行为与教育子女方式问题的相关分析[J].中国心理卫生杂志,2004(10).

[17] 辛自强,池丽萍.家庭功能与儿童孤独感的关系:中介作用[J].心理学报,2003,35(2):216-221.

[18] 徐胜.智力障碍儿童家庭教育原则[J].南方论刊,2007(5):77-78.

[19] 易进.心理咨询与治疗中的家庭理论[J].心理学动态,1997,6(1):37-42.

[20] 于松梅.异常儿童与家庭环境的互动[J].中国特殊教育,1994(4):6.

[21] 叶苑,邹泓,李彩娜,柯锐.青少年家庭功能的发展特点及其与心理健康的关系[J].中国心理卫生杂志,2006(6).

[22] 曾文星,徐静.《心理治疗·理论与分析》[M].北京:北京医科大学、中国协和医科大学联合出版社,1994:118-121.

[23] 张莹,魏珉.慢性病患儿的心理社会行为问题和家庭功能调查[J].护理学杂志,2009(7):41-44.

[24] 张华,庞丽娟,许晓辉,陶沙,董奇.家庭生态环境与儿童早期数学认知能力[J].北京师范大学学报,2005(3):55-57.

[25] 张毅,陈亚秋,何文辉,刘艳红.北京市特殊儿童家庭学前教育状况调查报告[J].中国特殊教育,2004(11):73-76.

[26] 张静,孙春阳,刘慧燕,汪乾翠,卿孟霞,赵桂兰,刘建琼.学龄前儿童适应行为影响因素的研究[J].中国行为医学科学,2006(12):18-21.

[27] 张东枚.残疾人日常生活能力与家庭负担研究[D].暨南大学硕士论文,2003.

[28] 赵孟营.《新家庭社会学》[M].华中大学出版社,2000:223-227.

[29] 赵小菲,张秋水,单友荷等.儿童社会适应行为影响因素的研究[J].华西医大学报,2002,33(2):259-261.

[30] AS Carter, DA O'Donnell, RT Schultz. Social and emotional adjustment in children affect. ed with Gilles de la Tourette's syndrome: Associations with ADHD and family functioning[J]. Journal of Child psychology and psychiatry, 2000, 41(2): 215-223.

[31] BA Mulvihill, MS Wingate, M Altarac. The association of child condition severity with family functioning and relationship with health care providers among children and youth with special health care needs[J]. Maternal and child, 2005, (9):

236-249.

[32] Bierman K L, Smoot D L.Linking family characteristics with poor peer relations: The mediating role of conduct problems [J]. Journal of Abnormal Child Psychology, 1991, 19(3): 341-355.

[33] Bishop, D., Evans, R., Minden, S., et al. Family Functioning across different chronic illness/disabilitity groups [J]. Archives of Physical Medical and Rehabilitation, 68: 79-87.

[34] Booth A, Amato P R.Parental predivorce relations and offspring postdivorce well-being[J]. Journal of Marriage and Family, 2001, 63(1): 197-212.

[35] Fauber R L, Long N. Children in context: The role of family in child psychotherapy [J]. Journal of Consulting and Clinical Psychology, 1991, 59(6): 813-820.

[36] GI Keitner.Family functioning and major depression: an overview[J]. American Journal of Psychiatry, 1990.

[37] G King, S K, P Rosenbaum. Family-centered caregiving and well-being of parents of children with disabilities: Linking process with outcome[J].Journal of Pediatric Psychology, 1999, 24(1): 41-53.

[38] HI McCubbin, Marvin B. Sussman. The family stress process: The double ABCX model of adjustment and adaptation[J]. Social stress and the family, 1983(6): 6-11.

[39] Kazak, A E. Differences, difficulties and adaptation: Stress and social networks in families with a handicapped child[J]. Journal of Abnormal Child Psychology, 1984, 15, 137-146.

[40] LL Dyson.Response to the presence of a child with disabilities: Parental stress and family functioning over time[J]. American Journal on Mental Retardation, 1993, 98(2): 207-218.

[41] Turnbull, Summers & Brotherson.Family Functons[M].1988: 136-139.

特殊儿童家庭的服务充足性与家庭生活质量

——基于上海市地区特殊儿童家长的研究[①]

周　晶　韩央迪等

一、研究背景

与正常儿童相比，特殊儿童不管在感知、记忆还是在思维、语言、情绪等方面都存在较大的差距。许多特殊儿童由于身心发展异常，部分或全部丧失日常的生活自理以及学习等社会适应能力，面临着各种独特的需求。这使得特殊儿童的家长在养育孩子的过程中，面临着比正常儿童的照顾者更多的压力和困难，同时，由于照顾的长期性和资源单一性，给家长的生理、心理、经济、家庭关系、社会交往等各方面带来很大的负荷(Song,2006；陶叡、陶学荣,2013；彭虹,2010；Chou,2007；杜可元,2011)。而社会支持对于特殊儿童家长而言是至关重要的资源，良好的社会支持对缓解压力，改善他们的生活质量具有非常重要的意义。

西方特殊教育的发展，在一定程度上与其相对完善的社会支持系统有关。社会支持作为科学研究的对象和专业上的概念，自20世纪70年代提出以来，在社会学、精神病学、心理学、教育学等学科中迅速发展；研究对象也从成人逐渐扩大到老人、儿童及各种社会弱势群体。近20年来，越来越多的研究者从不同角度对特殊儿童家庭社会支持予以关注。伊利诺斯州大学的 Laurie 和 Doris(1999)通过对特殊儿童领养家庭的研究，提出基于社区

[①] 本文系2016年上海市家庭文明建设立项课题之研究成果，作者系上海立信会计金融学院周晶副教授、复旦大学社会发展与公共政策学院韩央迪副教授等。

模式的服务传输系统；Liora(2000)研究了祖父母在特殊儿童母亲支持系统中的作用。此外，还有一些研究则探讨了各类特殊儿童家庭社会支持的模式和内容(Amy & Traci，2002；Lyke，et al.，1997)。同时，国内近几年来对特殊儿童家庭的研究也有了较大发展，研究对象不断扩大，关注问题也不断深入(李方方、杨柳，2015)，但是现有文献对特殊儿童家长的社会支持的研究却很少。因此，了解家长的切实需要，提高家长支持的适宜性，有助于提高特殊儿童的教育成效及其家庭的生活质量；了解家长需要及其对现有支持的评价，可以为相关专业人员更好地提供特殊儿童家长有效的社会支持服务和制定符合家长需要的社会政策提供一些启示。

而且，在过去的二三十年里，"去机构化"已成为全球照护体系发展中一股重要的浪潮。但是，对特殊儿童而言，家庭仍是他们实现康复与成长的焦点场域(Di Giulio & Philipov，et al.，2014)。作为福利传递系统中的末梢，家庭系统的运行状况会直接影响特殊儿童的福利水平和权利实现。加之，残疾在人类生命历程中日趋普遍化，特别是家庭在儿童成长中的重要性，这更加凸显了家庭在特殊儿童支持体系中的不可替代性(Priestley，2009)。对此，西方福利国家不仅发展了基于家庭视角的助残政策与服务，而且形成了对应的检视指标——家庭生活质量。关注特殊儿童的家庭生活质量及家庭政策现状，有助于完善特殊儿童家庭支持的相关政策与服务体系；而弥补、支持和激活家庭功能的政策与服务则有利于发挥残障家庭的能动性，提升家庭整体包括家长，尤其是特殊儿童的福祉。

从已有资料发现，目前我国特殊儿童绝大多数留在家中，由家庭教养。对于广大已入学的特殊儿童来说，他们由于受自身发展条件的制约，生活空间相对狭小，除了学校以外，大部分时间也待在家中。特殊儿童家庭由此承担了比正常儿童家庭更多的责任。为了保障特殊儿童事业的发展和特殊儿童身心的健康发展，政府制定了一列相应的制度法规和对策，许多机构团体和个人也纷纷向特殊儿童家庭伸出援助之手。但是，这些支持资源目前是否得到合理利用？家庭获得这些资源的渠道是否畅通？家庭获得支持的状况如何？家庭最迫切需要哪些支持？这些家庭的生活质量到底是什么样的状态？为此，我们以社会学中关于社会支持的理论视角出发，采用问卷和访谈调查的形式，对当前特殊儿童家长的社会支持需求和现状进行了调查研究，并深入探索了这些家长所能获取的社会支持对其家庭生活质量的影响，并希望在这些实证研究基础上提出合适的对策和建议。

二、文献回顾

(一) 对特殊儿童家长(家庭照顾者)及其需求的研究

家庭照顾者一般是指与有照顾需要的家庭成员生活在一起的父母、子女或子女的配偶等,他们是承担家庭成员照顾责任或者提供其他支持服务的具有血缘/亲缘关系的亲属。对于特殊儿童而言,其照顾者一般是其父母或(外)祖父母,本研究中统一称其为家长。

现有研究发现,特殊儿童的家长的生理健康状况不良明显要比健康儿童的家长更差(彭虹,2010;李家琦,2008),通常伴有精神疲惫、失眠噩梦、头晕心悸、记忆力下降等症状(陶叡、陶学荣,2013;马欣荣,2011)。除了生理疾病,还有精神方面的压力,譬如无尽的等待感、无助、无望和挫败感(李宗华,2009),以及家庭经济困难、家庭关系破裂、社交与工作压力、社会歧视和自身养老等问题(周长虹,2010)。特殊儿童家长在长期照顾孩子的过程中,面对这特殊儿童成长发展过程中的异常繁重以及独特的需求,总是体验者生理、心理、家庭关系、经济社会等各方面的压力,并因此出现一系列的身心反应,影响其个体及家庭的生活质量(李方方、杨柳,2015)。而生活质量的改变仅仅依靠照顾者自身是极其艰难的,社会支持提供各种照顾者需要的帮助不仅有助于照顾者改善身心健康,提高其生活质量,也能够使特殊儿童在更加健康的家庭环境中进行恢复和发展。

对于普通儿童的家庭照顾者,特殊儿童家庭照顾者可能面临着更多需求不能满足的情况,这为他们需要获得社会支持提供了事实依据,并为指明构成其支持系统的基本组成部分提供了参考。陈耀红(2007)认为特殊儿童家庭有经济援助需要、教育需要、专业训练需要以及心理辅导,其中特殊儿童的父母对专业帮助的需求最大,这与谷长芬的研究一致,但后者提出特殊儿童的家长对法律政策的需求显著高于其他需求。此外,多数家长对家属支持服务的内容、形式以及时间安排也表现出不同的需求(梁露尹,2011),还有一些家长渴望获得有关心理调适、教养孩子的知识和技能,沟通与社会交往以及社会资源的亲职教育,尤其表现出对社会资源的强烈需求(谌小猛,2011)。但是,现有研究并未考量家长对既有可获得服务的评估,未考察既有服务是否能够满足特殊儿童家长及其家庭的需要,以及这种服务的不充分性对其家庭生活质量的影响。

(二) 对特殊儿童家庭生活质量的研究

家庭适应理论(Family Adaptation Theory)认为,家庭在不同生命周期会遇到不同的变化、挑战与危机;作为一个系统,如果家庭能立足自身既有资源并在外界支持下有效应对各类冲击,便能有效保护家庭及其成员顺利度过转型(McCubbin & McCubbin, 1996)。这意味着,对特殊儿童家庭更有效的支持和服务,将有助于提高特殊儿童家庭的潜能和抗风险能力,进而更好地应对特殊儿童康复与成长中的问题和困境。

在这一理论的导引下,西方国家的助残服务自20世纪80年代后期以来日益强调以家庭为中心的服务模式,这激发了对"家庭生活质量"(Family Quality Of Life, FQOL)的热烈探讨。作为对生活质量(Quality Of Life, QOL)的发展,家庭生活质量是由家庭成员对家庭福祉状况整体的综合界定(Schalock, 2000),所指称的是"有特殊儿童的家庭成员需求满足程度;家庭成员共度时光、共享生活的程度;家庭成员能从事对自己重要的事情的程度"(Zuna & Selig, 2009)。这一指标呈现了个体需求与家庭需求的交汇(Hu & Summers, 2011),实现了从残障人士个体生活质量到家庭生活质量的超越,为家庭政策与家庭服务的优化提供了方向。

目前,针对家庭生活质量研究主要集中在3个方面展开。① 家庭生活质量的概念和理论发展。在20世纪40年代以前的残障研究中,家庭作为一个科学研究单位一直被隐没其中(Blacher & Hatton, 2007),机构则是残障(特殊)儿童照料的重要研究单位(Risdal & Singer, 2004)。从径向上看,特殊儿童社会权利的实现已得到了长足进展。但是,受制于特殊儿童成长需求、助残服务"去机构化"大潮等的影响,家庭仍被视为特殊儿童的首要照顾者,由此揭开了家庭生活质量概念与理论的发展。② 测量工具的发展与改进。目前,健康照料和家庭研究领域已形成了至少25种以上的测量工具(Hu & Summers, 2011)。其中,生活质量问卷、家庭生活质量量表(Hoffman & Marquis, 2006)、(国际)家庭生活质量问卷(Isaacs, et al., 2007)、拉丁美洲家庭生活质量量表(Aznar & Castanon, 2005)是相对重要的量表。③ 相关支持与服务在提升家庭生活质量上的潜在影响。现行研究检视了以家庭为本的服务项目或照顾模式的有效性（Wang, et al., 2006），特殊儿童的父母对相关家庭支持的评价趋于一致。

在有关家庭生活质量的测量中，美国 Beach Center on Disability 的家庭生活质量量表结构较为合理，适用性较好，获得了西方学者以及国内学者的一致肯定和应用（Summers & Poston, 2005; Hu & Summers, 2011; Hu, Wang & Fei, 2012）。这一量表包括残障（特殊）儿童家庭的五大结构——家庭互动、父母养育、情感健康、身体健康与物质福利以及与残障相关的支持等，并分别从重要性和满意度两方面进行测量（Summers & Poston, 2005）。Summers 等人（2007）对美国中西部州的特殊儿童家庭的调研发现，家庭照料者对孩子获得的服务量满意，对家庭获得的服务量较不满意；对获得的基础性服务较满意，对为孩子提供个别化服务和信息提供的能力较不满意；对其家庭物质生活较满意，但对情感生活较为不满意。在对特殊儿童的家庭生活质量满意度影响因素的研究中，现有研究发现特殊儿童的残障状况（Zuna & Selig, 2009）、家长的收入和家长的工作状况（Hu, Wang & Fei, 2012）、助残服务的充足性（Summers, et al., 2007）对其家庭生活质量影响显著。国内的相关研究主要是针对发展性障碍的特殊儿童家庭，对其他残障种类的特殊儿童家庭则关注较少（Hu, Wang & Fei, 2012）。

纵观国内的残障研究，特殊儿童一直来都是国内弱势群体研究中的重要研究对象。在既有研究中，学者多从特殊儿童的法律权利、教育、就业、社区康复、社会保障等角度进行探讨；而在生活质量研究领域，国内学者多通过主客观相结合的综合生活质量评价方法来测定残障人士个体的生活状况（许家成、王勉、向友余，2004；彭虹、许家成，2007；曾凡林、王霄、张晓昕，2008），而忽视了其主要照顾者（家长）及整个家庭的生活质量研究。尽管目前的特殊儿童照顾研究已关注到对特殊儿童家长和家庭支持的重要性（佟新，2008），并强调了特殊儿童家庭的需求问题（曾凡林，2008；谷长芬、陈耀红等，2010），但以家庭视角系统探讨其家庭生活质量的研究仍非常欠缺，探讨专业服务支持对其家庭生活质量的影响则更为鲜见。

基于此，本研究从家庭适应理论出发，试图探讨以下问题：① 不同背景的特殊儿童家长（家庭）对支持服务的需求有何不同？② 现有针对特殊儿童家庭的助残服务充足性如何？③ 特殊儿童家长感知的家庭生活质量的重要性和满意度呈何特征？④ 特殊儿童家长对其家庭所获服务的充足性是否与家庭生活质量相关？本研究希望通过对上海地区特殊儿童家庭所获得的支持服务充足性与家庭生活质量的探究，以期对相关家庭政策的完善和家庭服务的发展提出建议，进而更好地促进特殊儿童家庭支持需求的满足和特殊儿童的康复成长。

综合而言，本研究的框架如图1所示。

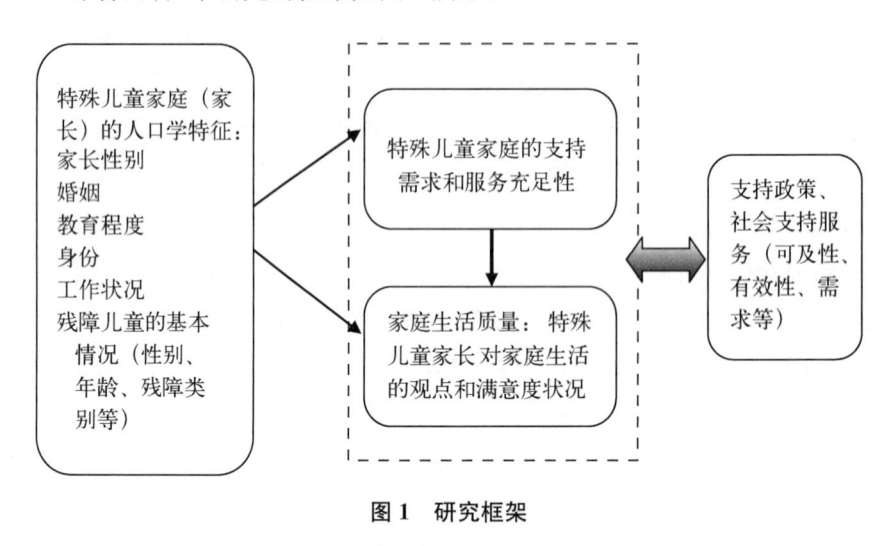

图1 研究框架

三、研究设计与方法

（一）研究对象与抽样方法

本研究首先通过电话——联系了上海特殊教育学校名录中的各所学校，向他们介绍了本项目的研究目的与研究内容。其后，共有12所学校同意参与研究。具体地，先由学校老师向特殊儿童发放本研究的知情同意书和研究介绍；同意参加的则由特殊儿童的家庭照料者（家长）填写问卷，并在问卷填写完毕后由学生带回学校，学校老师负责回收问卷，研究者最后统一回收。

本研究一共发放问卷1 115份，回收问卷985份，问卷回收率为88.34%。①

---

① 本研究的参与者中，有10人表示不需要任何量表中的服务。结合实际情况对这些个案进行了删除处理。

根据研究目的,本研究设定参与者须回答至少15%的家庭生活质量量表中的问题,剔除了在家庭生活质量量表中缺失值达到85%、且异常对[1]数量大于10和其他带有异常项的样本;再剔除掉不需要量表中的任何服务的参与者和户籍为"外籍或港台"样本后,最后得到有效问卷940份。同时,在问卷调查的过程中,也访谈了一些特殊儿童的家长以及康复教育机构的服务者。

除助残服务和家庭生活质量状况之外,被访家长还需对其个人、特殊儿童的情况及其家庭的总体信息进行回答。这些问题包括被访者个人和特殊儿童的基本人口社会背景。样本的基本情况见表1。六成左右的特殊儿童家庭是独生子女家庭,家长为全职工作,家庭收入较低。

表1 特殊儿童家长及其家庭基本情况

	个 案 数	比例(%)
家长性别		
男	443	47.94
女	481	52.06
年龄段		
29岁及以下	14	1.49
30~39岁	421	44.79
40~49岁	353	37.55
50岁及以上	152	16.17
与特殊儿童的关系		
父母	844	92.65
(外)祖父母	59	6.48
其他	8	0.88
婚姻状况		
已婚	827	91.28
未婚	79	8.72

---

[1] 为了得到更有效的量表测量值,本研究采用方差法和相关系数法验证了量表结果的可靠性。详见王卫东等的《抽样调查资料的清理与验教》,载于蔡禾、边燕杰、李路路著《社会调查方法与技术:中国实践》(北京:社会科学文献出版社,2006:230-253)。

(续表)

	个 案 数	比例(%)
文化水平		
小学及以下	118	12.72
初中	301	32.44
高中和中专	252	27.16
大专及以上	257	27.69
工作状况		
全职工作	550	60.37
打零工	134	14.71
待业但正在寻找工作	52	5.710
没有工作	175	19.21
家庭年收入情况		
低于17 200元	132	14.47
介于17 201和24 800元之间	164	17.98
介于24 801和31 400元之间	134	14.69
介于31 401和40 700元之间	141	15.46
介于40 701和70 000元之间	176	19.30
超过70 000	165	18.09
特殊儿童性别		
男	587	63.67
女	335	36.33
特殊儿童残障类型		
听力障碍	319	35.05
发展性残障[1]	494	54.29
其他(包括身体残障或其他)	97	10.66

[1] 在本研究中,发展性障碍残障儿童具体包括注意力不集中或小儿多动症(36,3.96%)、自闭症(92,10.11%)、发育迟缓或早期儿童残障(43,4.73%)、情感或行为异常(11,1.21%)、学习障碍(36,3.96%)、智力障碍(261,28.68%)。

(续表)

	个 案 数	比例(%)
残障程度		
轻度	170	18.50
中度	253	27.53
重度	386	42
不知道	110	11.97

(二) 研究工具与测量

本研究的问卷包括特殊儿童家庭的服务需求、所获得的服务充足性、家庭生活质量量表，以及相关人口学信息。

1. 特殊儿童家庭的服务清单和所获得的服务充足性

针对特殊儿童家庭的服务清单、所获服务的充足性基于美国 Beach Center on Disability 对智障类特殊儿童家庭的服务需求、服务充足性的测量改编而成。该测量包括特殊儿童家庭是否需要某项服务，并评价所获得的服务是否充足。这些服务大致分为针对特殊儿童的和特殊儿童家庭的两类，分别细分为特殊性服务和一般性服务。针对特殊儿童的服务包括辅助器具、健康服务、专业服务（如语言康复服务、特殊教育）、贫困残疾人救助与扶持及其他。针对残疾儿童家庭的服务包括照护服务（如看护小孩的服务）、家务代劳（如帮助支付账单）、自助团体、信息获取等。每个参与者需要回答，他们的特殊儿童及其家庭是否需要某项服务。如果参与者的选择是"是"，那么还需要回答他们已经获得的服务较之其需求的满足程度，即感知的服务充足性（包括 0＝"没有服务"，1＝"有一些服务，但不够"，2＝"有充足的服务"）。

2. 家庭生活质量量表

在对美国堪萨斯大学 Beach Center on Disability 开发的汉译版"家庭生活质量量表"(Family Quality of Life Scale)基础上，结合胡晓毅等(Hu, et al., 2011)对北京地区发展性特殊儿童家庭生活质量的研究，进行了语言上的调整和内容上的修改，使之更符合中国特殊儿童家庭的实际情况，也使研究对象能够更好地理解问卷内容并完成问卷的填写。

本量表测量特殊儿童家庭对家庭生活质量量表中5个因素的重要性的看法和对家庭生活中这5个因素的满意度。该量表包含25个项目和5个因素的分量表：家庭互动(6项)、父母养育(6项)、情感健康(4项)、身体健康/物质福利(5项)、与残疾相关的支持(4项)，量表各因素的重要性和满意度的克隆巴赫系数(Chronbach's α)见表2，各因素的克隆巴赫系数均高于0.78，量表的整体重要性克隆巴赫系数＝0.97，满意度克隆巴赫系数＝0.961，均超过0.96，故本研究具有良好的信度。重要性的选择范围是从1("不重要")到5("非常重要")，满意度的选择范围是从1("非常不满意")到5("非常满意")。

表2 各因素与总量表的克隆巴赫系数

	重要性	满意度
家庭互动	0.89	0.90
父母养育	0.89	0.88
情感健康	0.81	0.78
身体健康/物质福利	0.85	0.84
残疾支持	0.91	0.88
总量表	0.97	0.96

(三) 数据分析方法

本研究利用STATA13.0软件进行了单变量统计、方差分析、多元线性回归等分析。

四、研究结果

(一) 上海地区特殊儿童家庭的服务需求与服务充足性

上海地区特殊儿童家庭的服务需求与服务充足性见表3。

表3 服务需求与服务充足性

服务内容	需要服务 是(N/%)	服务充足性 没有服务(N/%)	服务充足性 有一些服务,但不够(N/%)	服务充足性 有充足服务(N/%)
为有特殊需要的孩子提供的服务				
1. 检测听力和视力的服务	665/72.44	162/26.09	314/50.56	145/23.35
2. 粗略动作和精细动作理疗服务	518/57.05	176/35.48	259/52.22	61/12.30
3. 语言康复服务	658/71.21	161/26.01	348/56.22	110/17.77
4. 特殊教育服务	755/82.07	76/10.61	387/54.05	253/35.34
5. 辅助行动自由的交通设施及相关服务	470/52.22	179/40.22	199/44.72	67/15.06
6. 生活自理技能的培训（如帮助穿衣服或使用洗手间）	436/47.49	60/14.49	249/60.14	105/25.36
7. 职业教育与培训	780/84.97	277/38.00	291/39.92	161/22.09
为孩子提供的一般性服务				
8. 帮助您的孩子更好地生活、学习,并且成长的辅助器具	707/76.27	126/18.89	451/67.62	90/13.49
9. 健康服务（体检、营养咨询、护理知识）	765/82.70	206/27.99	436/59.24	94/12.77
10. 心理咨询服务	680/74.32	253/39.04	333/51.39	62/9.57
11. 教育费用补助或减免	762/83.83	63/8.71	321/44.40	339/46.89
12. 贫困残疾人救助与扶持	620/68.81	172/29.81	316/54.77	89/15.42
13. 其他服务	91/26.45	38/51.35	32/43.24	4/5.41
为家庭提供的特殊服务				
14. 看护小孩的服务	265/29.28	175/68.09	67/26.07	15/5.84
15. 交通工具	365/40.74	198/56.57	109/31.14	43/12.29
16. 对特殊儿童兄弟姐妹的支持与服务	449/50.39	202/48.44	191/45.80	24/5.76

(续表)

服务内容	需要服务 是(N/%)	服务充足性		
		没有服务 (N/%)	有一些服务, 但不够 (N/%)	有充足服务 (N/%)
为家庭提供的一般性服务				
17. 临时保姆服务	230/25.44	167/73.25	52/22.81	9/3.95
18. 帮助支付各种账单	250/27.93	140/59.07	76/32.07	21/8.86
19. 家庭保洁服务	221/24.56	135/64.90	48/23.08	25/12.02
20. 互助团体	511/56.90	247/52.00	197/41.47	31/6.53
21. 咨询服务	601/67.00	260/46.43	277/49.46	23/4.11
22. 家长及家庭培训	579/63.91	243/44.67	265/48.71	36/6.62
23. 特定残障知识的信息	589/65.15	248/45.09	273/49.64	29/5.27
24. 为您的特殊孩子提供服务的信息	709/77.91	306/46.02	311/46.77	48/7.22
25. 为您的家庭提供服务的信息	606/66.89	300/52.72	231/40.60	38/6.68
26. 有关法律权利的信息	670/73.79	383/61.28	205/32.80	37/5.92
27. 其他服务	60/19.61	33/68.75	14/29.17	1/2.08

注：当被访者需要某项服务,但未对服务充足性进行评价时,则认为其对该项服务的充足性的评价缺失。

从表3可以看出,对家庭所需服务和已有服务的充足性的填写质量较好。在第13、27项,表示需要其他服务的家庭较少,这表示表中所列举的服务比较全面,基本上能够涵盖特殊儿童及其家庭所需要的服务类型。本研究中,特殊儿童家庭所需服务排前5位的分别是：职业教育与培训(84.97%)、教育费用补助或减免(83.83%)、健康服务(82.70%)、特殊教育服务(82.07%)、为残障孩子提供信息的服务(76.95%),这体现了家庭对这些发展性服务的需求。通过访谈也发现,特殊儿童家长最为担心的是孩子的未来成长,特别是其自立自理能力。这对发展性残障儿童的家长而言尤为重要。

在服务的充足性方面,除了教育费用补助或减免服务以外,大部分所需服务呈无或不足的状况,这和一些学者得出的我国现有的特殊儿童家庭服务中亲职教育、特殊教育发展不足等结论是一致的(胡晓毅、王勉,2012;王倩,2014;金炳彻、张金峰,2014)。值得注意的是,在教育费用的补助或减免上,大部分家庭(46.89%)表示已经获得了足够的服务,这和表示有一些服务但不够的家庭(44.40%)基本持平,可见目前上海市在特殊儿童教育补助方面已取得了长足进展,相较北京等地区发展得更为完善(胡晓毅、王勉,2012)。这点通过访谈也得到了印证,接受访谈的家长表示,上海市近年来针对特殊儿童的康复补贴逐年增长,在一定程度上可以覆盖部分孩子的康复训练费用;而外省市的一些家长在比较下也对此表示羡慕,期待自己孩子的户籍所在地也能够有相应地支持。并且,由数据以及访谈资料可知,家庭对给特殊孩子提供的服务的量比较满意,认为上海相关的服务机可选择性是比较广的,但同样也认为给家庭特别是家长(主要照顾者)提供的服务比较少甚至是缺失,这与已有国外学者对西方研究的结论也较一致(Summers, et al., 2007)。而这方面的服务也是他们所亟须的。

将所涉服务项目的需求进行汇总,可以得到不同家庭对助残服务需求的整体状况,见表4。

表4 不同状况下的特殊儿童家庭对助残服务的需求状况

		N	M	SD	p
残障程度	轻度	170	12.43	6.81	0.00
	中度	253	16.07	6.27	
	重度	386	16.40	6.26	
	不知道	110	10.95	5.93	
孩子年龄	6岁以下	20	15.70	6.09	0.00
	7~12岁	383	17.08	6.14	
	13~17岁	391	13.12	6.72	
	18岁及以上	113	14.32	6.24	
家长就业情况	全职工作	550	14.48	6.71	0.05
	兼职	134	15.99	6.20	
	待业	52	16.12	6.49	
	无业	175	15.25	6.64	

(续表)

		N	M	SD	p
户籍	城市	559	14.97	6.71	0.79
	农村	357	14.82	6.61	
家庭去年总收入	低于 17 200 元	132	16.47	6.89	0.00
	介于 17 201 和 24 800 元之间	164	15.10	6.14	
	介于 24 801 和 31 400 元之间	134	14.23	6.52	
	介于 31 401 和 40 700 元之间	141	14.16	6.69	
	介于 40 701 和 70 000 元之间	176	14.06	6.96	
	超过 70 000 元	165	15.92	6.46	
所在地区	城区	424	14.48	6.90	0.31
	郊区	259	15.39	6.34	
	农村	229	15.06	6.47	
	其他	4	13	7.26	

从表4可以看出,特殊儿童的残障程度、年龄、家长就业状况、家庭收入水平等都是影响特殊儿童家庭需求的显著因素。当特殊儿童的残障程度为重度、孩子年龄为7~12岁、家长的就业情况为待业、家庭去年总收入处于最低端的家庭对相关服务的需求最多。首先,重度残障的特殊儿童往往因为残疾程度比较严重,在自理能力培养等方面需要更多的服务,这必然使得这些家庭对服务的需求更为突出。其次,7~12岁年龄段的孩子尚未独立并处于接受义务教育年龄段,特别是可能需要接受特殊教育,其日常生活照料、在校教育以及亲职教育的叠加,加重了家长的负担,家庭因而需要更多的帮助。再次,受访者的就业情况为待业的家庭中,同时面临着失业和特殊儿童照料等多重压力,可能需要更多的帮助;另一方面,兼职的家长为了增加收入,可能会从事一些工作时间不固定的兼职工作,这使得照顾孩子的时间变得不稳定,也可能会需要更多的服务。最后,低收入家庭在物质条件和购买服务等方面会比其他家庭遇到更大的困难,对相关服务和支持的需求也会更多。

家庭照料者所感知的针对残障孩子和家庭的服务充足性见表5。

表5 家庭照料者所感知的针对残障孩子和家庭的服务充足性

	N	M	SD
为有特殊需要的孩子提供的服务	910	0.99	0.49
为孩子提供的一般性服务	886	0.98	0.51
为家庭提供的特殊服务	800	0.57	0.53
为家庭提供的一般性服务	785	0.57	0.53
服务的充足性总体情况	915	0.85	0.49
一般性服务的充足性总体情况	906	0.79	0.51

根据各项服务，求得对应服务类别充足性的均值，可进一步厘清现有针对特殊儿童家庭的助残服务供给特征。整体上，目前特殊儿童家庭所感知的对残障孩子和家庭的服务充足性还处于比较低的水平，相关的服务基本上处于缺失的状况，现有服务还远远不能满足特殊儿童和其家庭的需求。家长对于给特殊儿童所提供的服务充足性较满意，对于针对家长或家庭的服务充足性较不满意。为特殊儿童提供的服务中，特殊性服务、一般性服务的供给均要优于助残服务整体。而在为家庭提供的服务中，特殊性服务和一般性服务均处于整体水平之下，说明现有助残服务的家庭视角比较欠缺。

家庭生活质量各因素在重要性和满意度上都存在差异（$p=0.00$）。满意度的均值为3.53，标准差0.61。并且，各因素的满意度大致处于中等水平，这和台湾地区、北京地区的结果类似（胡晓毅、王勉，2012）。数据显示，家庭生活质量各因素的得分按均值由大到小依次排序：在重要性层面，与残疾相关的支持（$M=4.30, SD=0.67$）、父母养育（$M=4.22, SD=0.63$）、家庭互动（$M=4.19, SD=0.65$）、情感健康（$M=4.16, SD=0.65$）、身体健康/物质福利（$M=4.11, SD=0.68$）；在满意度层面，家庭互动（$M=3.67, SD=0.68$）、父母养育（$M=3.57, SD=0.66$）、与残疾相关的支持（$M=3.55, SD=0.71$）、情感健康（$M=3.49, SD=0.67$）、身体健康/物质福利（$M=3.33, SD=0.73$）。

图2所示为FQOL量表的重要性和满意度落差侧面图。

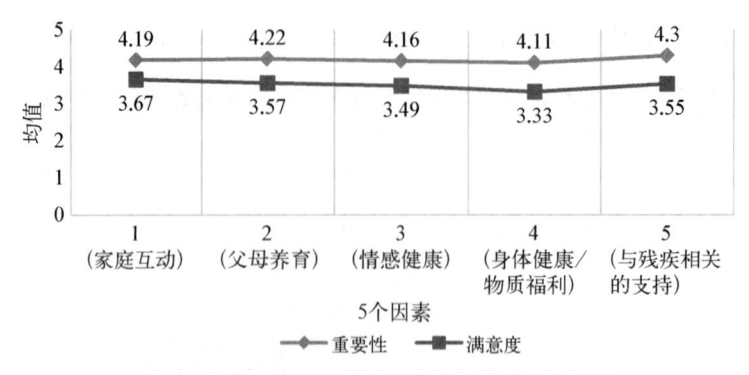

图 2　FQOL 量表的重要性和满意度落差侧面图

通过图 2 所示落差侧面图可以发现，各个因素在重要性和满意度上均存在着差异（$t=7.69\sim16.52, p=0.00$）。其中，在身体健康/物质福利、与残疾相关的支持、情感健康 3 个因素上落差较大，呈现显著差异。这些因素呈现出 3 种现象：① 重要性程度较高，满意程度也较高，即父母养育、家庭互动两个因素；② 重要性程度较高，满意程度较低，即与残疾相关的支持、身体健康/物质福利两个因素；③ 重要性程度较低，满意程度较高，即情感健康因素。这个现象和胡晓毅等（胡晓毅、王勉，2012）在北京地区的研究发现基本一致。其中，重要性程度高、满意度低的因素——身体健康/物质福利、与残疾相关的支持两个因素，说明现有的助残服务还未能有效回应特殊儿童家庭的基本需求，这在政策制定中需要特别注意优先考虑。

身体健康/物质福利和与残疾相关的支持两个因素的重要性与满意度落差分析见表 6。

表 6　身体健康/物质福利和与残疾相关的支持两个因素的重要性与满意度落差分析

身体健康/物质福利	M	SD	与残疾相关的支持	M	SD
交通工具	0.36	1.02	帮助残障小孩在学校实现自己的目标	0.76	0.87
获得外援	0.78	1.07	帮助残障小孩在家实现自己的目标	0.79	0.87
医疗补助	1.07	1.20	帮助残障小孩结交朋友	0.82	0.99
支付日常开销	0.70	1.03	专业关系	0.64	0.90
定期体检	1.06	1.26	—	—	—

从表 6 可以看出,除交通工具外,身体健康/物质福利因素中重要性和满意度的落差都比较大,特别是医疗补助、定期体检两项上的落差最大;在与残疾相关的支持因素中,帮助残障孩子结交朋友这一项上落差最大。这说明,未来的助残政策与服务亟须对特殊儿童的医疗、康复、社会融入等方面进行回应。

(二) 上海地区特殊儿童家庭生活质量的影响因素

基于前述分析,本研究试图拟合 3 个模型:模型 1,考察家长和家庭的相关因素对特殊儿童家庭生活质量满意度的影响;模型 2,在模型 1 的基础上加入对特殊儿童的服务充足性,以考察其对家庭生活质量满意度的解释程度变化;模型 3,在模型 2 的基础上,进一步增加对家庭的服务充足性变量,以综合检验服务充足性对家庭生活质量的影响。3 个模型均控制了特殊儿童的户籍、残障程度、残障类型、住房条件等因素。

特殊儿童家庭生活质量满意度影响因素的多元线性回归见表 7。

表 7 特殊儿童家庭生活质量满意度①影响因素的多元线性回归

	模型 1	模型 2	模型 3
对家庭的服务充足性			0.034*
对残障孩子的服务充足性		0.075**	0.079**
家庭年收入(ref:≤17 200 元)			
17 201~24 800 元	−0.020	−0.007	0.015
24 801~31 400 元	−0.015	0.001	0.024
31 401~40 700 元	0.004	0.009	0.034
40 701~70 000 元	−0.019	−0.008	0.028
>70 000 元	0.014	0.032	0.075**
就业(ref:全职工作)			
打零工	0.014	0.014	0.019
待业但正在寻找工作	−0.059*	−0.045	−0.030
没有工作	0.005	0.006	0.016

① 经由正态分布检验显示,家庭生活满意度(均值)在偏度($p=0.000\ 0$)或将偏度和峰度结合考虑($p=0.000\ 1$)时都显示出显著的非正态。故对应变量做了非线性转换,即取原有的平方根,并呈正态分布。

(续表)

	模型 1	模型 2	模型 3
户籍(ref：城市)			
农村户籍	−0.035*	−0.044**	−0.048**
其他	−0.044	−0.025	−0.030
残障程度(ref：轻度)			
中度	−0.015	0.001	−0.010
重度	−0.044*	−0.028	−0.042*
不知道	−0.029	−0.022	−0.046†
残障类型(ref：听力残障)			
发展性障碍	−0.056**	−0.055**	−0.067**
其他障碍	−0.057*	−0.064**	−0.079**
家庭住房条件(ref：很挤)			
有点挤	0.008	−0.004	−0.011
刚好	0.019	0.005	0.004
宽敞	0.055*	0.042†	0.033
常量	1.933**	1.848**	1.822**
N	654	631	546
调整后 R^2	0.036 1	0.087 8	0.133 5

注：† 表示 $p<0.1$；* 表示 $p<0.05$；** 表示 $p<0.01$（双侧检验）。

经过 VIF 统计检验，各模型方差膨胀因子均小于 2，显示 3 个模型均不存在多重共线性。在模型 1 中，被检验显著的变量为：残障程度、残障类型、孩子户籍、住房条件、住房类型，调整后的 R^2 约为 0.04，模型解释力非常有限。相对而言，孩子残障程度较重、孩子残障类型为发展性障碍、住房条件拥挤的残障家庭更需要专业的助残服务支持。模型 2 确认了针对特殊儿童的服务充足性是影响家庭生活质量的重要因素。相比模型 1，调整后的模型解释力提高到 9%。其中，农村户籍这个因素对特殊儿童家庭生活质量的影响有所增强。模型 3 在模型 2 的基础上，进一步检视了针对家庭的服务充足性这一变量，发现整个模型的解释力提高到了 13.35%，并增强了针对特殊儿童的服务充足性、发展性障碍等变量对家庭生活质量的影响。从中可以看出，服务充足性是影响家庭生活质量满意度的重要因素。并且，针对家庭的服务充足性的引入提高了针对特殊儿童的服务充足性对家庭生活质量的影响。在未来的政策制定上，有必要对那些残障程度重、家庭经济条件差、住房拥挤、农村户籍的家庭给予更多针对性的服务，以提高这些特殊儿童的家庭生活质量，支持特殊儿童和家庭的发展。同时，研究结果也预示了增加对特殊儿童家长的服务支持，可以有效增强家长对于其生活满意度的提升，改善其家庭生活质量。

五、结论与政策意涵

有成长中的特殊儿童家庭是抗风险最弱的群体之一。在特殊儿童的康复和成长过程中，特殊儿童父母面临着比一般家庭严峻得多的负担和挑战。他们更需要家庭政策和家庭服务的介入与支持。援引2004年全球疾病负担研究报告(Global Burden of Disease study of 2004)，全球约5%的0～14岁儿童伴有中度或严重残疾[①]，这迫切需要各国助残政策与服务加强家庭介入的意识。

本研究通过对上海地区特殊儿童及其家庭的助残服务充足性、家庭生活质量等的研究，得到了一些重要的发现。首先，汉译版家庭生活质量量表具有较好的信度，能比较可靠地测量出特殊儿童家庭的福祉状况。其次，上海特殊儿童其家庭所需服务供给不足，大多处于"没有服务"的状态，且现有的助残服务缺乏视家庭为一个整体的视角。特殊儿童处于7～12岁的家庭、重度特殊儿童家庭、低收入家庭等要比其他家庭有着更大的服务诉求；以特殊儿童为中心的个体取向服务明显要比以家庭为中心的服务充足。再者，特殊儿童家庭照料者的家庭生活质量满意度处于中等水平，户籍、残障程度、残障类型等都对家庭生活质量有着显著影响。无论是针对特殊儿童的助残服务充足性，还是针对家庭（特别是家长）的助残服务充足性，都会对特殊儿童家庭生活质量产生显著影响，这些发现对未来的助残政策与服务的发展提出了新的方向和议题。

未来，亟待加强以家庭为视角的助残政策与服务体系建构，以此激活家庭在特殊儿童康复与成长中的能动性。这需要对特殊儿童家庭的相关服务

---

① 参考：World Health Organization (2011) World Report on Disability. Geneva：WHO/World Bank, p.36. http://www.who.int/disabilities/world_report/2011/en/index.html.

需求进一步聚焦和评估，特别是在家长认为重要性程度较高、但满意程度较低的"与残疾相关的支持""身体健康/物质福利"方面，要加大从家庭层面的投入，更好地满足特殊儿童家庭需求，进而激发家庭在特殊儿童康复与成长中的潜能。与此同时，应当从宏观层面完善我国的家庭政策与服务体系，走出"碎片化"的政策困局；发展形成以家庭为本的助残福利政策与服务，实现"家庭化"与"去家庭化"的理念融合（韩央迪，2014），形成针对特殊儿童家庭的常态干预体系。

同时，基于残障体验的一般化，引入生命历程视角，建构支持残障人士家庭的动态服务体系，促进残障人士的权利实现。党的十八大特别提出要"健全残疾人社会保障和服务体系，切实保障残疾人权益"，这突出强调了残疾人事业在中国特色社会主义事业中的公民权利导向。这也反映了一个社会以人为本的发展理念和对公平正义的价值追求。结合本研究的发现，应当基于残障类型、残障程度、家庭综合条件等因素，动态回应不同家庭生命周期中残障家庭的需求。并在中国现有的助残服务介入体系中，引入专业化的助残社会工作服务，提高残障家庭的获得感；进行政策倡导，促成更多证据为本的助残政策与服务。

囿于时间、地域等因素限制，本研究不可避免存在局限，如：① 家庭生活质量量表原版是针对智障儿童家庭的测量，而本项研究的研究对象为范围更广的特殊儿童，尚需进一步对一致性信度以外的信效度检验；② 研究范围仅限于上海地区的特殊教育学校中的特殊儿童家庭，不能反映出更多的中国其他地区的特殊儿童家庭生活质量现状；③ 本研究是一项截面研究，未能收集残障家庭动态，如残障家庭如何应对助残服务的不足，这些信息对家庭生活质量的主观评分可能会有影响。今后的研究可进一步完善测量工具，针对更有代表性的特殊儿童家庭进行数据收集，从而得出更科学的结论。

参考文献

[1] 陈晨.智障人士照顾者心理压力的小组工作介入研究[D].华东理工大学硕士论文，2013：1-28.
[2] 陈耀红.特殊儿童家庭康复需求的调查报告[J].中国特殊教育，2007(9)：15-18.
[3] 杜元可.自闭症儿童照顾者的社会支持网络研究——以江浙地区10个自闭症儿童照顾者为例[D].中国青年政治学院硕士论文，2011：4-40.
[4] 谷长芬,陈耀红等.北京市0～7岁残疾儿童家庭需求调查研究[J].中国特殊教育，

2010(10)：7-11.
[5] 韩央迪.家庭主义、去家庭化和再家庭化：福利国家家庭政策的发展脉络与政策意涵[J].南京师大学报(社会科学版),2014(6)：21-28.
[6] 胡晓毅,王勉.北京地区发展性障碍儿童家庭生活质量的研究[J].中国特殊教育,2012(7)：3-10.
[7] 金炳彻,张金峰.残疾儿童家庭支持体系研究综述[J].残疾人研究,2014(1)：24-27.
[8] 李家琦.自闭儿母亲的自我效能、社会支持与压力因应历程之关系[D].台湾长庚大学硕士论文.
[9] 李宗华.康复教育中孤独症儿童家长的压力及其因应方式研究——基于照顾者视角[J].山东教育学院学报,2009(5)：1-4.
[10] 梁露尹.智障儿童家长服务需求调查[J].社会工作,2011(4)：45-47.
[11] 马欣荣.孤独症儿童父母生活质量与睡眠的相关研究[J].四川精神卫生,2011(2)：77-79.
[12] 彭虹,许家成等.智力残疾人生存质量与自然支持的相关性研究[J].中国康复医学杂志,2007(7)：619-621.
[13] 彭虹.北京市学前残疾儿童家长心理压力问卷调查[J].中国特殊教育,2010(5)：12-17.
[14] 陶叡,陶学荣.家庭照顾者的政策支持分析——以广州市脑瘫儿童家庭照顾者为例[J].中国行政管理,2013(8)：49-51.
[15] 佟新.给残疾人家庭更多的社会支持[J].北京观察,2008(10)：47-48.
[16] 王倩.残疾儿童亲职教育研究[J].残疾人研究,2014(1)：19-23.
[17] 曾凡林.上海市成年智障人士家庭需求调查[J].中国特殊教育,2006(9)：21-25.
[18] 曾凡林,王霄,张晓昕.上海市"阳光之家"智障人士生活质量调查[J].中国特殊教育,2008(7)：3-9.
[19] 许家成,王勉,向友余.关于中国智障者生活质量的分析研究[J].中国特殊教育,2004(8)：41-45.
[20] 谌小猛.特殊儿童家庭亲职教育需求的调查研究[J].中国特殊教育,2011(1)：4-11.
[21] 周长虹.孤独症儿童父母的生活质量与应对方式相关性研究[J].中华行为医学与脑科学杂志,2010(12)：113-1115.
[22] Amy, R. & Lederberg, T. G. Parenting stress and social support in hearing mothers of deaf and hearing children: a longitudinal study[J]. Journal of Deaf Studies and Deaf Education, 2002(10): 330-345.
[23] Aznar, A. S. & Castanon, D. G. Quality of life from the point of view of Latin American families: A participative research study[J]. Journal of Intellectual Disability Research, 2005(10): 784-788.
[24] Blacher, J. & Hatton, C. Families in context: Influences on coping and adaptation. In Odom, S. L.; Home, R. H.; Snell, M. E.; Blacher J. (Eds.), Handbook of developmental disorde[M]r. NY: Guilford, 2007: 531-546.
[25] Chou, Y. C. The quality of life of family caregivers of adults with intellectual

disabilities in Taiwan[J]. Journal of Applied Research in Intellectual Disabilities, 2007(20): 200-210.

[26] Di Giulio, P.; D. Philipov, et al. Families with disabled children in different European countries[J]. Families And Societies Working Paper, 2014(23).

[27] Hoffman, Lesa; Marquis, Janet, et al. Assessing family outcomes: psychometric evaluation of the beach center family quality[J]. Journal of Marriage and Family, 2006(6): 1069-1083.

[28] Hu, X.; Wang, M.; Fei, X. Family quality of life of Chinese families of children with intellectual disabilities[J]. Journal of Intellectual Disability Research, 2012(1): 30-44.

[29] Hu, X.; Summers, J. A. et al. The quantitative measurement of family quality of life: a review of available instruments[J]. Journal of Intellectual Disability Research, 2011(12): 1098-1114.

[30] Hu, X.; Summers, J. A. et al. The quantitative measurement of family quality of life: a review of available instruments[J]. Journal of Intellectual Disability Research, 2011(12): 1098-1114.

[31] Isaacs, B.J. et al., International family quality of life project: goals and description of a survey tool[J]. Journal of policy and practice in intellectual disabilities, 2007 4(3): 177-185.

[32] Laurie, K. & Doris, H. Hope for the children: a community-based approach to supporting families who adopt children with special needs[J]. Child Welfare, 1999, 9(10): 611-635.

[33] Liora, S. F. (2000). The role of grandparents in the social support system of mothers of children with a physical disability[J]. Families in Society, 7(8): 370-381.

[34] Lyke, T., Christian, L., Richard E., & Sandra, H. (1997). Path ways to family empowerment: effects of family-centered delivery of early intervention services[J]. Exceptional Children, 3: 99-113.

[35] McCubbin, M. A. & McCubbin, H. I. Resiliency in families: a conceptual model of family adjustment and adaptation in response to stress and crises. Family Assessment: Resiliency, Coping and Adaptation, Inventories for Research and Practice[M]. Madison, WI: University of Wisconsin Press, 1996: 1-64.

[36] Priestley, M. Disabled Children: challenging social exclusion[J]. Disability and Society, 2000(5): 835-837; Zavirsek, D. Social Work with Adults with disabilities: an international perspective[J]. British Journal of Social Work, 2009(7): 1-13.

[37] Risdal, D. & Singer, G. H. S. Marital adjustment in parents of children with disabilities: A historical review and meta-analysis[J]. Research and Practice for Persons with Severe Disabilities, 2004(2): 95-103.

[38] Schalock, R. L. Re-considering the conceptualization and measurement of quality of life. Quality of life: Re-conceptualization and measurement[M]. Washington, DC:

American Association on Mental Retardation, 1996: 123 – 129; Schalock, R.; Bonham, G.; Marchand, C. Consumer-based quality of life assessment: A path model of perceived satisfaction[J]. Evaluation and Program Planning, 2000(1): 77 – 87.

[39] Song, L. Y. Life stress, social support, coping and depressive symptoms: a comparison between the general population and family caregivers[J]. International Journal of Social Welfare, 2006, 15(2): 172 – 180.

[40] Summers, J. A. & Poston, D. J. et al. Conceptualizing and measuring family quality of life[J]. Journal of intellectual disability research, 2005(10): 777 – 783;

[41] Summers, Jean Ann; Marquis, Janet, et al. Relationship of Perceived Adequacy of Services, Family-Professional Partnerships, and Family Quality of Life in Early Childhood Services Programmes [J]. International Journal of Disability, Development and Education, 2007(3): 319 – 338.

[42] Wang, M.; Summers, J. A. et al. Perspectives of Fathers and Mothers of Children in Early Intervention Programmes in Assessing Family Quality of Life[J]. Journal of Intellectual Disability Research, 2006(50): 977 – 988.

[43] Zuna, Nina I.; Selig, James P., et al. Confirmatory Factor Analysis of a Family Quality of Life Scale for Families of Kindergarten Children without Disabilities[J]. Journal of Early Intervention, 2009(2): 111 – 125.

中文版儿童用家庭功能评估量表 FFAS-C 的修订及在 ADHD 患儿家庭评估中的应用[①]

栾风焕　杜亚松

家庭(family)是个人生存和发展的主要环境,一方面提供了生活所需的基本物质基础,另一方面也提供着重要的心理支持,因此,家庭对个体的健康发展有着举足轻重的作用。家庭功能(family functioning)的发挥是家庭对个体作用的主要途径,对家庭功能的测量是衡量一个家庭健康与否的重要步骤。在家庭功能理论的指导下,国外学者编制了一系列家庭功能的评估量表并证明了其有效性,将抽象的家庭功能具体化,国内学者纷纷引进,进行量表的修订和编制。

一、注意缺陷多动障碍儿童家庭功能特征

注意缺陷多动障碍(Attention Deficits Hyperactivity Disorder, ADHD)是一种神经发育性疾病,儿童期是就诊的高发时期,在学龄期儿童中的患病率高于其他精神疾病,以与其年龄发展不相适应的注意力不集中、注意持续时间短、冲动行为和活动过多为主要特征,严重影响着儿童的日常生活和学习。杜亚松团队 2010 年在上海地区的调查的显示,5~15 岁儿童 ADHD 的患病率约为 4.6%~6.3%。我国 ADHD 流行状况的 Meta 分析表明,ADHD 的总体患病率为 5.36%~7.22%,学龄期儿童的患病率居各年龄段患病率之

[①] 本文系 2017 年上海市家庭文明建设立项课题之研究成果,作者栾风焕系上海市静安区精神卫生中心心理治疗师,杜亚松系上海市精神卫生中心主任医师。

首。国外针对ADHD患病率的Meta分析显示，ADHD的患病率在6.7%～7.8%。国内外对于儿童青少年ADHD的患病率的报道较为接近，并且均有逐年上升的趋势。其中30%～70%的儿童ADHD症状会持续至青少年阶段，甚至持续终身，全球约5%的儿童和2.5%的成年人忍受着ADHD的影响，并且导致成人后反社会人格障碍、犯罪行为和酒精、药物滥用等的风险增加。

（一）ADHD儿童家庭环境特点

从家庭环境看，ADHD儿童的家庭环境往往表现得更不和谐，甚至呈现分离、僵化的状态。首先，研究显示，ADHD儿童的家庭在家庭环境量表中文版（FES-CV）中亲密度、情感表达、组织性的评分均低于正常儿童，而矛盾性则高于正常儿童，显示ADHD儿童家庭的亲密度较低，情感表达更为不适，组织性较差且矛盾性较高；其次，ADHD儿童在日常生活中更多地表现为对立性高，教养困难等特征，导致父母体罚孩子的行为增加、对孩子评价较低等不良环境因素，ADHD儿童处于更为不利的家庭环境中。吴明飞等人发现，与家庭环境良好的家庭相比，不良的家庭环境更容易导致儿童出现注意缺陷多动障碍的症状或者加重原有的症状。并且不良的家庭环境是ADHD发生的危险因素之一，包括重组家庭类型、母亲体弱多病、家庭中使用暴力、家庭亲密性差和夫妻关系不和睦等因素。

（二）ADHD儿童家庭冲突特点

从家庭冲突看，ADHD儿童受其症状影响，在学习上存在更多的困难，家庭面对学习问题时，更容易引发家庭成员之间的冲突，导致ADHD的症状表现更为突出。第一，亲子关系的冲突对ADHD儿童的影响是最直接的，研究发现，与正常儿童家庭相比，ADHD儿童家庭中，父母与孩子之间的冲突明显增多，破裂的亲子关系在不同家庭中对ADHD儿童有着不同程度的影响。第二，夫妻之间的冲突对ADHD儿童的影响不容忽视，养育ADHD儿童会给整个家庭带来极大的压力，而这种压力可能导致更多的亲子冲突甚至是夫妻冲突，夫妻关系不和睦容易导致家庭冲突的产生，夫妻关系不和睦的家庭儿童患ADHD的危险性是正常儿童的2.48倍。第三，相比较于正常儿童，ADHD儿童也有更高的可能性与同胞之间发生冲突，这显示了这些孩子社会功能损害的程度，与同胞之间的冲突也预示着ADHD

孩子可能有更差的同伴关系。

(三) ADHD 儿童家庭教养方式特点

从教养方式看，ADHD 的症状表现与父母的教养方式之间存在紧密联系。王建忠等研究表明，ADHD 儿童的父母教养方式较不合理，多以斥责打骂为主，因此孩子和父母均产生更多的不良体验和疲惫感，体验到更多的焦虑等不良情绪，使家长放弃尝试正确的教养方式，ADHD 儿童的父母的教养方式呈现两极的模式，一方面对孩子过度关注、过度保护；另一方面对孩子放任自流甚至淡漠忽视。Shah 等研究证实，父母的理解与否和教养方式的选择是儿童 ADHD 发生的重要影响因素，严厉约束、体罚打骂和简单粗暴的教养方式更容易导致儿童 ADHD 的发生，儿童自尊受到伤害，引起逆反心理的产生，导致更多多动症状的产生。较差的家庭支持和过度保护的教养方式与更多的 ADHD 症状表现具有相关性，甚至导致更高概率的网络成瘾，家庭功能、父母的教养方式、社会支持以及 ADHD 的症状表现都可能是网络成瘾的重要预测因素。

(四) ADHD 儿童家庭沟通特点

从沟通情况看，ADHD 儿童及其父母面临着更多沟通上的困难。第一，由于儿童在注意力和多动行为等方面存在问题，使得父母往往选择命令式、重复式的沟通方式，甚至减少沟通的频率以降低矛盾冲突的产生，结果反而加剧家庭的矛盾，使得沟通更加不畅；第二，中国文化环境中，ADHD 儿童同祖辈在一起生活的情况较多，祖孙之间由于年龄、经历和环境的不同而导致沟通的缺乏的现象是普遍存在的；第三，家长和孩子的沟通多局限于学习方面，缺少儿童感兴趣的内容，导致由于沟通产生的家庭矛盾更为突出。Crea 等人的研究显示，亲子之间经常性的冲突以及亲子之间长时间的沟通不畅会提高 ADHD 的患病率，家庭成员之间沟通缺乏或者交流不畅则是 ADHD 发生的危险因素之一。

二、国内常用家庭功能评估量表存在的问题

随着近年来对家庭及其功能发挥的重视，临床中对患者家庭功能的评

估变得十分必要。目前我国常用的家庭功能评估量表在证实其可用性之外,仍旧存在不可忽视的问题。

(一) 家庭功能评定量表(FAD)

FAD 在我国的应用最为广泛,具有良好的信效度。但其条目较多,限制了在临床中的使用。FAD 的适用人群主要是 12 岁以上的家庭成员,12 岁以下的儿童使用受限制。有研究者曾让在 12 岁以下的儿童独自完成 FAD 的问答以探究 FAD 在儿童中的应用情况,结果 FAD 的 7 个分量表的信度系数区间为 0.48~0.79。FAD 是基于英文环境制定的,在语言表达和理解方面与汉语有一定差异,使用时应充分考虑文化背景的差异是否对结果有影响。一项概述了 148 篇与 FAD 相关的文献的荟萃研究表明,FAD 在家庭功能的评估中发挥着重要的作用,对家庭和系统干预的效果有着较好的预测能力,肯定了其在临床和研究中的应用价值。

(二) 家庭关怀度指数问卷(APGAR)

APGAR 条目较少,操作简单,用时很短,在实际应用中也被证实有着较好的信度和效度,因此在实际临床上有着较多的应用。但 APGAR 仍存在着无法忽视的问题,一是 APGAR 从家庭成员的主观感受来评估家庭功能,不同的家庭成员对同一个家庭的评价侧重不同,也没有一个统一的界定标准,对家庭功能的评估缺乏客观性;二是家庭成员之间存在理解上的差异,年龄、性别、工作性质、受教育程度等都会影响一个家庭成员对于同一个家庭功能的评价,个体差异对家庭功能得分的影响是显著的,Chou 等人的研究证实了同一家庭内的不同成员在 APGAR 评分上的不一致;三是 APGAR 的得分并不能作为家庭功能好坏的预测标准,某一个家庭成员对家庭功能的评分低并不能说明该家庭功能实际上较差。

(三) 家庭亲密度和适应性量表(FACES)

作为测量家庭环境适用的量表,FACES 在使用时需注意文化差异和受试者文化程度对测量结果的影响。在使用 FACES 时,首先,要注意不同受试者的理解差异,受文化水平的限制,有的受试者无法理解理想亲密度和现实亲密度的差异,无法区分理想适应性和现实适应性的概念,很多精神疾病患者甚至家属很难理解"理想中"这一抽象概念。其次,中国家庭对"亲密度"的理解也与西方国家有很大差异,受中西文化差异的影响,独立性在西方家庭得到了很好的体现,其对独立性的要求远大于中国家庭,相对于独立性,中国家庭可能更加重视亲密度,不管是核心家庭还是大家庭都以亲密度高为追求,使得 FES 的独立性和亲密度两个分量表在中国家庭中的适应性需进一步验证。中外文化中对于宗教的态度也大不一样,不管是信仰的种类还是程度都有着明显的文化差异,因此,在量表的使用过程中要格外注意由于文化背景的差异所造成的理解上的偏差。此外,FACES 在临床使用时在理解上过于复杂,即使给予家属解释,也会让其产生抵触情绪,影响其配合程度,造成样本的脱落。这些问题需要在今后的使用中加以注意。

(四) Feetham 家庭功能调查(FFFS)

FFFS 是在家庭生态模型的基础上建立起来的,包括了对于家庭内部子系统的功能评价,也包括了对家庭外部环境的测量,便于从内外两方面全面评价家庭功能,但其应用范围仍需进一步扩大。总体来说,国内常用的家庭功能评估量表目前均为国外引进,在国内外的研究中被证实有较好的信度和效度,因此,在注意文化背景差异的前提下,积极引进国外优秀的家庭功能评估量表,验证其在中国人群中的信度和效度,检验量表的敏感度和特异性,制定中国地区的常模和划界值,是丰富和发展我国家庭功能评估量表的重要途径之一。目前国内未见对儿童版本的家庭功能评估量表的使用报道,因此基于最新的社会环境编制本土化的量表、简短省时、方便有效的且尊重包括学龄期儿童在内的家庭成员的评估量表在今后量表的选择、使用以及推广中会更具优势。

三、儿童用家庭功能评估量表的信度和效度

(一) 参与调查的家庭情况

参与家庭情况调查的有 2 631 组家庭,家庭类型主要有核心家庭(57.7%)和大家庭(35.6%),其他家庭类型占 6.7%;孩子数量最少的家庭有 1 个孩子,最多的家庭有 8 个孩子,其中独生子女家庭为 1 447 例,占所有家

庭的56.1%,二孩家庭为977例,占所有家庭的37.1%,多孩家庭共177例,占所有家庭的6.8%;家庭总人口最少的有2口人,包含丧偶家庭或离婚家庭等家庭类型,家庭总人口最多的有17人,其中总人口为3人及以下的家庭有875例,占33.3%,总人口为4~6人的有1 658例,占63%,总人口在6人以上的有97例,占3.7%。家庭月收入小于5 000元的家庭有400例,占所有家庭的15.2%,月收入在5 000~10 000元之间的有1 218例,占所有家庭的46.3%,月收入大于10 000元的有1 012例,所有家庭的占38.5%;婚姻状况和睦的家庭有2 358例,占89.7%,婚姻状况一般的家庭有233例,占8.9%,婚姻状况不和睦的家庭有39例,占1.5%。

从家庭月收入来看,定义月收入小于5 000元的家庭为经济较差,月收入在5 000~10 000元的家庭为经济一般,月收入在10 000元以上的家庭为经济较好。年级越高,经济较差的家庭所占比例越高,经济一般的家庭所占比例也越高;年级越低,经济较好的家庭所占比例越高,家庭月收入在各年级儿童家庭之间的差异具有统计学意义($\chi^2=43.16, p<0.001$)。从婚姻状况看,各年级儿童婚姻和睦的家庭所占比例都是最高的,婚姻状况在各年级儿童家庭之间的差异没有统计学意义($\chi^2=8.97, p=0.175$)。

(二) FFAS-C 的信度

FFAS-C在2 931名7~12岁儿童中的内部一致性信度为0.808,与Tom Jewell在80名7~11岁儿童中的结果差距不大,Tom Jewell得出量表的内部一致性信度为0.80,家庭优势的内部一致性为0.55,家庭困难的内部一致性为0.71,家庭沟通的内部一致性为0.65,本研究得出家庭优势的内部一致性为0.729,家庭困难的内部一致性为0.603,家庭沟通的内部一致性为0.658,FFAS-C具有较好的内部一致性信度。对于量表各层面或维度来说,克隆巴赫系数在0.60~0.70表示信度尚佳,克隆巴赫系数在0.70~0.80表示信度高,克隆巴赫系数大于0.80表示信度很好,对于量表整体来说,克隆巴赫系数大于0.80表示量表信度高。本研究中FFAS-C各维度和总分在我国学龄期儿童中有较好的内部一致性信度。

FFAS-C的重测相关系数为0.749,其中家庭优势的重测信度系数为0.666,家庭困难的重测信度为0.630,家庭沟通的重测信度为0.623,表明FFAS-C各维度和总分具有较好的重测信度。Tom Jewell间隔1周后让

17名儿童再次填写量表,得出重测信度为0.81,高于本研究中得出的重测信度系数,但其间隔时间较短,且参与重测的样本量较小,因此考虑样本量和间隔时间,本研究中所得的重测信度系数较为可靠。

由于量表奇偶分半后不等长,计算得出量表分半信度系数为0.822和0.815,表示FFAS-C具有较好的分半信度。总之,本研究结果显示FFAS-C在中国7~12岁学龄期儿童中具有较好的内部一致性信度、重测信度和分半信度。

(三) FFAS-C的效度

目前关于儿童用家庭功能评估量表的文献中,未见关于效度的文献报道。探索性因素分析结果表明中文版FFAS-C具有3个特征值大于1的因子,能够累积解释方差变异的50.31%。使用验证性因子分析来验证探索出来的三因子结构模型A,除卡方值以外,绝对适配度指数、增值适配度指数和简约适配度指数都在可接受范围之内,模型与数据的拟合度较好。同时也验证了量表原始的三因子结构模型B,与成人版的因子分析结果比较,本研究中模型B同样符合适配度指标,但模型A在RMR、RMSEA、GFI和AGFI等指标上优于模型B,根据Akaike信息准则,AIC值越小,代表模型适配度越好,模型A的AIC小于模型B,本研究中模型A优于模型B最终选用模型A作为FFAS-C的因子结构。O'hanrahan等人对成人版量表的因子分析发现,SCORE-15的原始三因素模型适配度一般,一方面是由于样本量未达到因子分析所需要的值指标,另一方面可能是量表原始的三因素模型适用于原始的40个条目,之后修订的29个条目的SCORE-29和15个条目的SCORE-15需要各自探索新的因子结构。

本研究采用分组法,根据家庭功能评估总的功能得分,以GF-12得分的划界值为标准,将数据分为家庭功能的高分组和低分组,t检验的结果显示两组在FFAS-C总得分和3个维度上的得分差异均具有统计学意义($p<0.01$),表明FFAS-C在不同水平的家庭功能分组中具有较好的效度。O'hanrahan等人将成人版量表在患病人群家庭功能评估中的应用结果和Lecturer等人在正常人群家庭功能评估中的应用结果进行比较,发现两组人群在量表总分和各维度得分差异均具有统计学意义,显示量表具有较好的效标效度。

Carr A 等人的研究为该量表在家庭治疗以及儿童和成人心理问题的干预等治疗方法的有效性方面提供了循证证据。该量表在家庭治疗中也得到了较多应用。这为 FFAS-C 的未来发展和应用方向提供了借鉴和依据。

四、ADHD 患儿与健康儿童家庭功能的比较研究

(一) 健康儿童和 ADHD 儿童及其家庭的一般特征

本研究调查了 2 446 组健康儿童家庭和 125 组 ADHD 儿童家庭,其中健康儿童组男女生性别之比约为 1∶1,ADHD 儿童组男女生性别之比约为 4∶1,已有研究表明,ADHD 患儿中男女性别之比约为(4～9)∶1,可能原因是男孩较女孩表现出更多的多动冲动、注意力缺陷、品行问题等 ADHD 的症状,前来门诊就诊的患儿以男性患儿居多。两组儿童中男女生的年龄差异没有统计学意义。

将两组儿童一般情况进行对比时,考虑到两组儿童样本量相差较大,因此以性别和年龄相匹配的原则从健康儿童组中随机抽取与 ADHD 儿童配对的 125 位健康儿童,配对前后除"年龄"和"孩子同哪位家庭成员关系密切"在两组儿童之间的差异没有统计学意义之外,两组儿童在父亲年龄、母亲年龄、家庭类型、孩子数量、家庭月收入、父母婚姻状况、教养方式、家庭沟通、父母争吵频率等方面的差异均具有统计学意义($p<0.05,p<0.01,p<0.001$)。

ADHD 儿童父亲年龄和母亲年龄均高于健康儿童父母,差异具有统计学意义($p<0.001$),有研究表明,父母年龄与儿童是否存在精神疾病具有相关性,芬兰的一项研究中,将 10 409 名 ADHD 患者与 39 125 名性别、年龄和出生地相匹配的对照组进行比较,发现父母年龄低于 20 岁是儿童患有 ADHD 的危险因素,说明 ADHD 的发生可能与父母年龄低有关。本研究中 ADHD 儿童父母年龄偏高,可能原因是我国倡导晚婚晚育等政策,但这不能说明父母年龄高是 ADHD 发生的危险因素,我国儿童中,父母年龄与儿童 ADHD 之间的相关性需要进一步研究。

ADHD 儿童和健康儿童家庭类型的差异具有统计学意义($p<0.05$),健康儿童大家庭所占比例高于 ADHD 儿童,ADHD 儿童核心家庭、单亲家

庭所占比例高于健康儿童,张亚峰综合文献检索,认为核心家庭是儿童ADHD的保护性因素。澳大利亚一项对6310名4~17岁患有不同精神疾病的儿童进行调查,包括ADHD、社交恐惧症和焦虑症等,发现单亲家庭、重组家庭等家庭中儿童有更高的风险罹患精神疾病。家庭类型无法决定儿童是否患有ADHD,但不同的家庭类型应引起研究者和教育人员的注意,单亲家庭和重组家庭等家庭类型是否会对儿童ADHD的症状造成影响值得进一步研究。

ADHD儿童家庭中,独生子女所占比例大于健康儿童家庭,健康儿童家庭2个以上孩子所占比例大于ADHD儿童家庭,差异具有统计学意义($p<0.001$)。原因可能是ADHD儿童家庭存在更高儿童忽视的发生率,朱庆庆等人对2044名7~10岁的儿童家庭进行调查,独生子女家庭中儿童忽视的发生率较高,受我国传统观念的影响,独生子女承载了家庭中的全部希望,父母及祖辈更多关注的是儿童的学业成就、教育程度和身体素质,而忽视了其心理需求,ADHD儿童为吸引父母的注意力,表现出更多的行为问题。关于独生子女和多子女家庭中,ADHD儿童的症状是否存在显著差异,需要进一步研究。

ADHD儿童家庭经济水平较健康儿童家庭好,差异具有统计学意义($p<0.001$),这与熊伟等人的研究结果不一致,但家庭经济水平对ADHD儿童的影响是存在的。健康儿童家庭中,父母婚姻和睦的家庭所占比例远高于ADHD儿童家庭,差异具有统计学意义($p<0.001$),这与薛漳等人的研究结果一致,ADHD儿童父母的婚姻质量较健康儿童较差($p<0.01$),不良的婚姻质量导致ADHD儿童的症状表现更为明显,限制了儿童的发展。可能原因是ADHD父母面对孩子的症状表现,存在更多的压力,导致更多的情绪问题,在孩子的教养问题上面临更多的困难,父母有更高的可能性存在教养方式的不一致,导致夫妻矛盾的产生。

健康儿童组"帮助开导"的教养方式所占比例高于ADHD儿童组,ADHD儿童家庭中,"粗暴打骂""过分溺爱""严厉约束"和"放任自流"的教养方式所占比例均高于健康儿童家庭,差异具有统计学意义($p<0.01$)。ADHD儿童组父母教养方式不一致所占比例更高,差异具有统计学意义($p<0.01$),这与朱文礼的研究结果一致。

与健康儿童家庭相比,ADHD儿童家庭存在更多的沟通问题,"有时沟通"和"基本不沟通"所占比例高于健康儿童家庭,而健康儿童家庭"经常沟通"所占比例明显高于 ADHD 儿童,差异具有统计学意义($p<0.05$)。这与 Crea 等人的研究结果基本一致,沟通不畅容易导致家庭冲突的产生,ADHD 儿童组父母争吵频率高于健康儿童组,差异具有统计学意义($p<0.01$)。可能原因一方面与 ADHD 儿童有更多的行为问题,容易引发亲子冲突,另一方面 ADHD 儿童的父母面临着更多的压力,更容易产生情绪问题,引发家庭矛盾。

(二) 健康儿童和 ADHD 儿童家庭功能的比较

健康儿童组 FFAS-C 总分平均得分为 30.32±9.03 分,ADHD 儿童组平均得分为 35.74±9.46 分,差异具有统计学意义($p<0.001$),FFAS-C 得分越高,意味着家庭功能越差,ADHD 儿童家庭功能总分高于健康儿童,意味着 ADHD 儿童家庭功能存在更多的问题。

从各维度得分看,ADHD 儿童在"家庭优势""家庭困难"和"家庭沟通"3 个维度上得分都高于健康儿童,差异具有统计学意义($p<0.05$,$p<0.01$,$p<0.001$),表明 ADHD 儿童家庭在"家庭优势""家庭困难"和"家庭沟通"方面存在更多的问题。"家庭优势"中,两组儿童在"我的家人彼此信任""当有人不开心的时候,其他人都会去关心他(她)"和"我们善于用新方法去处理困难的事"3 个问题上得分的差异具有统计学意义($p<0.01$),ADHD 儿童家庭成员之前缺少互相信任,家庭成员之间缺乏关心,且在问题解决上存在更多困难,相较于健康儿童家庭来说,家庭优势较少;"家庭困难"中,两组儿童在"待在家里让我觉得很痛苦"和"我的家人对彼此的生活插手或管得太多"两个问题上得分的差异具有统计学意义($p<0.01$,$p<0.001$),ADHD 儿童家庭氛围更差,儿童体验更差,家庭成员之间干涉过多,相比较于健康儿童家庭来说,存在更多的困难;"家庭沟通"中,两组儿童在"我们觉得处理日常遇到的事情很吃力""我的家里总是会发生一个又一个麻烦事"和"很多事情总是会出错"3 个问题上得分差异具有统计学意义($p<0.05$,$p<0.01$),ADHD 儿童家庭由于沟通不畅会产生更多的问题,影响生活质量,导致较差的家庭环境,而 ADHD 儿童家庭在维护积极的家庭环境方面存在较多困难。

家庭环境是儿童身心发展的空间,ADHD 儿童的家庭环境在亲密度、适应性和情感表达等方面存在不足，不良的家庭环境会阻碍家庭成员之间有效的沟通，增加家庭冲突的产生，需要对不良家庭环境的成因进行研究，以改善 ADHD 儿童的成长环境，增加良好家庭环境的积极影响。家庭冲突对孩子的影响是显著且长远的，表现在亲子冲突、夫妻冲突和同胞冲突 3 方面，尤其是亲子冲突和夫妻冲突，多数表现在儿童的学习方面，冲突的产生会对家庭环境造成消极影响，影响亲子之间和夫妻之间有效的沟通，甚至造成粗暴打骂、冷漠忽视等错误的教养方式。

ADHD 儿童接受着更多不良的教养方式，而教养方式和 ADHD 症状之间存在相关性，不良的教养方式会导致亲子冲突的增加，造成沟通上的困难，导致家庭亲密度变差。沟通是家庭成员之间最为重要的互动方式，ADHD 儿童及其父母面临着更多的沟通困难，这与父母的教养方式有关，沟通不畅会引发家庭成员之间更多的矛盾和冲突，造成不良的家庭环境。无论家庭环境的变化、家庭冲突的产生、教养方式的错误还是家庭沟通的不畅，都会对 ADHD 儿童的症状产生影响。

（三）ADHD 儿童家庭功能影响因素

ADHD 儿童情绪和行为问题与家庭功能之间存在相关性。SDQ 的"品行问题"与 FFAS-C 的"家庭优势"之间存在正相关（$p<0.05$），家庭功能得分越高，品行问题得分越高，意味着家庭功能越差，儿童品行问题越多；SDQ 的"多动注意不能"与 FFAS-C 的"家庭困难"之间存在正相关（$p<0.05$），家庭功能得分越高，多动注意不能得分越高，意味着家庭功能越差，儿童行为问题越多；SDQ 的"品行问题"和"多动注意不能"与 FFAS-C 家庭功能总分之间存在正相关（$p<0.05$），表明家庭功能越差，儿童的情绪和行为问题越突出。

ADHD 儿童症状表现与家庭功能之间存在相关性。PSQ 各个维度与 FFAS-C 各个维度及总分之间存在正相关，相关均具有统计学意义（$p<0.01$），表明家庭功能得分越高，家庭功能越差，儿童的症状表现更突出，行为问题更多，这与既往研究得到了类似的结论。将一般人口学资料中的性别、年龄、家庭类型、孩子数量、家庭月收入、婚姻状况、父母年龄、教养方式、家庭沟通、父母争吵频率和家庭成员关系密切等因素分别与是否存在家庭功能缺损做相关分析，结果发现性别、家庭类型、婚姻状况、教养方式、父母

教养方式是否一致、沟通频率、争吵频率等因素与是否存在家庭功能缺损的相关具有统计学意义（$p<0.01$），Logistic 回归结果表明，家庭功能的保护因素为儿童性别为女生（$p<0.001$）、婚姻和睦（$p<0.001$）、帮助开导的教养方式（$p<0.001$）、父母教养方式一致（$p<0.001$）以及经常沟通（$p<0.05$）。家庭功能的危险因素为粗暴打骂（$p<0.01$）和严厉约束（$p<0.05$）的教养方式。

女生家庭较男生家庭会产生更少的家庭问题，婚姻和睦、良好的教养方式、和睦的婚姻关系以及有效的沟通预示着良好的家庭功能，而不良的教养方式尤其是粗暴打骂和严厉约束则意味着更多的家庭功能缺陷。

五、总结及展望

儿童用家庭功能评估量表 FFAS-C 在中国的修订及应用，将为临床工作者、科研人员以及家庭治疗的评估提供较为快捷有效的评估工具；从儿童的角度评估家庭功能，为家庭功能的评估拓展了视角；丰富了对于儿童用家庭功能评估量表的研究，尤其是对于结构效度和效标效度的研究，对量表的发展提供了借鉴。

将 ADHD 儿童与健康儿童的家庭功能进行比较，拓展了 FFAS-C 的应用领域，探讨了 ADHD 儿童情绪和行为问题与家庭功能之间的关系以及 ADHD 儿童症状表现与家庭功能的关系，从多角度理解家庭功能的重要性及其影响因素。

（一）研究的局限性

从因子结构看，验证性因子分析的结果证实量表的原始三因素结构和本研究探索得出的三因素结构都具有良好的适配度，因此尚不能完全确定 FFAS-C 三因素模型和原始模型的取舍，需要在更广泛的样本中，使用更加科学多样的统计方法加以验证。在进行 ADHD 儿童和健康儿童家庭功能的比较研究时，由于样本量差异较大，将 ADHD 儿童和健康儿童按照性别和年龄配对后进行比较，对于其他样本来说造成了数据的浪费，故后续将继续入组 ADHD 儿童，增大样本进行进一步统计。

（二）今后发展方向

本研究修订了儿童用家庭功能评估量表，后续研究可引进父母版的家庭功能评估量表，比较父母和儿童对于家庭功能评估的差异，同时从父母和儿童的角度来比较父母和儿童对于家庭功能评价的差异，探讨家庭功能的发挥及其影响因素。本研究在上海地区使用FFAS-C，我国地大物博，东部沿海地区和中西部地区从经济发展水平和文化发展水平来看，都存在较大的差异，农村和城市的发展也存在着较大的差异，因此要考虑地域差异的影响，未来可以将FFAS-C应用于沿海和内陆、农村和城市等不同地区，探讨我国不同地区家庭功能的差异。此外，国外学者将FFAS-C应用于家庭治疗和夫妻治疗的过程中，以检验量表对治疗的敏感度，探讨治疗的疗效，这为FFAS-C在我国的进一步发展提供了方向。

参考文献

[1] Boterhoven de Haan K L, Hafekost J, Lawrence D, et al. Reliability and validity of a short version of the general functioning subscale of the McMaster Family Assessment Device[J]. Family process, 2015, 54(1): 116-123.

[2] O'hanrahan K, Daly White M, Carr A, et al. Validation of 28 and 15 item versions of the SCORE family assessment questionnaire with adult mental health service users[J]. Journal of Family Therapy, 2017, 39(1): 4-20.

[3] Stratton P, Lask J, Bland J, et al. Detecting therapeutic improvement early in therapy: validation of the SCORE-15 index of family functioning and change[J]. Journal of Family Therapy, 2014, 36(1): 3-19.

[4] Hamilton E, Carr A, Cahill P, et al. Psychometric Properties and Responsiveness to Change of 15- and 28-Item Versions of the SCORE: A Family Assessment Questionnaire[J]. Family process, 2015, 54(3): 454-463.

[5] Jewell T, Carr A, Stratton P, et al. Development of a children's version of the SCORE index of family function and change[J]. Family process, 2013, 52(4): 673-684.

[6] 杜亚松.儿童心理障碍诊疗学[M].北京：人民卫生出版社,2013,383-414.

[7] 邓思宇,杜亚松.注意缺陷多动障碍患儿家庭功能的研究现状[J].中国儿童保健杂志,2016,24(9): 931-933.

[8] Carr A, Stratton P. The Score Family Assessment Questionnaire: A Decade of Progress[J]. Family process, 2017,56: 285-301.

[9] 栾风焕,杜亚松,钟向阳,等.儿童用家庭功能评估量表的信度和效度研究[J].中国儿童保健杂志,2017,25(9): 868-867.

[10] 栾风焕,杜亚松.家庭功能对注意缺陷多动障碍儿童症状影响的研究[J].中国儿童保健杂志,2017,25(12):1229-1232.
[11] 栾风焕,杜亚松,江文庆,等.上海市区学龄期儿童情绪和行为问题及其影响因素研究[J].中国儿童保健杂志,2018,26(2):137-140.

后　记

　　家庭是人生的第一所学校,家长是孩子的第一任老师。中国自古以来就有重视家庭教育的传统——从"岳母刺字"到"孟母三迁"、从《颜氏家训》到《钱氏家训》,无不如此。党的十八大以来,习近平总书记对注重家庭、注重家教、注重家风建设作出过一系列重要指示。当前我国正处于社会转型时期,物质文明的日益发达、互联网的深度融合、多元文化的持续冲击等,对新时代的家庭教育提出了新挑战新要求。在新的历史时期,要继续按照党和政府对家庭教育以及未成年人思想道德建设工作的部署和要求,不断深化家庭教育指导服务,切实提高家庭教育总体水平,促进儿童全面健康成长,以更好地培养中国特色社会主义事业建设者和接班人。

　　2010年以来,上海市家庭文明建设协调小组、上海市家庭教育研究会共立项资助64项家庭文明建设重点课题。这些课题围绕家庭文明建设、家庭教育、儿童发展等前沿议题开展经验分析、理论研究与政策建言,产生了良好的学术影响和社会效应。本书主体内容遴选自这些课题的优秀结项成果,另有部分文章属于专家约稿。这些成果聚焦于"家庭教育新理念""家庭教育与亲子互动""家庭教育与社会支持""家庭教育与特殊儿童"4个主题,阐释家庭教育的新理念与新方法、总结家庭教育的新实践与新模式,可为推动新时期家庭教育事业再上新台阶提供启示。

　　本书分工如下:上海社会科学院社会学研究所杨雄负责全书框架设计;上海社会科学院社会学研究所程福财、刘程、魏莉莉、裘晓兰负责统稿和指导作者修改完善;上海市妇女联合会家庭儿童部顾秀娟、蔡红霞、朱亮佳负责审稿;上海市妇女联合会徐枫最后审定。

　　最后,还要特别感谢上海市家庭文明建设立项课题的各课题组、撰稿专家,以及为本书顺利出版付出辛劳的上海社会科学院出版社杜颖颖女士。

因作者学识有限及出版时间较紧,书中难免有疏漏或不当之处,敬请专家同仁予以批评指正。

编 者

2020 年 8 月